Die Deutschen

Guido Knopp ■ **Stefan Brauburger** ■ **Peter Arens**

Die Deutschen

Von Karl dem Großen bis Rosa Luxemburg

Von Guido Knopp, Stefan Brauburger, Peter Arens
In Zusammenarbeit mit Carl Dietmar, Georg Graffe, Friederike Haedecke, Peter Hartl, Friedrich Klütsch,
Sebastian Scherrer, Ricarda Schlosshan, Daniel Sich, Mario Sporn

C. Bertelsmann

**KURZERKLÄRUNGEN DER ABBILDUNGEN
AUF DEN TITELSEITEN :**

Seite 1: Karl der Große
Seite 3: Ludwig II., König von Bayern,
Hildegard von Bingen, Karl Marx
Seite 6: Belagerung Pamplonas
778 durch Truppen Karls des Großen

Umwelthinweis

FSC
Mix
Produktgruppe aus vorbildlich
bewirtschafteten Wäldern,
kontrollierten Herkünften und
Recyclingholz oder -fasern
Product group from well-managed
forests, controlled sources and
recycled wood or fibre
Zert.-Nr. SGS-COC-004238
www.fsc.org
© 1996 Forest Stewardship Council

Verlagsgruppe Random House
FSC-DEU 0100
Das für dieses Buch verwendete
FSC-zertifizierte Papier Eurobulk von
Biberist liefert Papier Union.

Impressum

1. AUFLAGE 2010
Copyright © by
Verlag C. Bertelsmann, München,
einem Unternehmen der
Verlagsgruppe Random House GmbH

GRAFISCHE GESTALTUNG UND SATZ:
Thomas Dreher, München
(dreher@gestaltungswelten.de)

BILDREDAKTION:
Dietlinde Orendi

KARTOGRAFIE:
Peter Palm, Berlin

DRUCKVORSTUFE:
Lorenz & Zeller, Inning a. A.

DRUCK UND BINDUNG:
Appl, Wemding
Printed in Germany

ISBN 978-3-570-10035-6
www.cbertelsmann.de

Vorwort

Das geeinte Deutschland ist in seinen Zwanzigern. Inzwischen hat eine ganze Generation Mauer und Stacheldraht auf deutschem Boden nicht mehr erlebt. Dass 1990 zum ersten Mal die großen Ziele in Einklang miteinander kamen, die deutsche Einigung in Freiheit und in Frieden, mutet heute noch wie ein Wunder an. Zwei Jahrzehnte später ziehen wir Bilanz, wie weit die Mauern in den Köpfen wirklich eingerissen sind, was uns eint oder noch trennt in Anbetracht der gemeinsamen und geteilten Vergangenheit.

Doch geht es nicht um innerdeutsche Selbstbespiegelung. Das »Sommermärchen« von 2006 wurde während der Fußball-Weltmeisterschaft in Südafrika weitergeschrieben, gilt als Projektionsfläche des Deutschlandbildes nach innen und außen. War die Welt damals »zu Gast bei Freunden«, sprachen internationale Stimmen diesmal von der »Weltoffenheit« der deutschen Gäste. Dass viele Menschen mit Migrationshintergrund hierzulande ganz selbstverständlich mit schwarz-rot-goldenen Fahnen ihre (Multi-)Nationalmannschaft bejubelten, dass Mitbürger unterschiedlicher Herkunft und Prägung in ihren deutschen Heimatstädten gemeinsam feierten, ist ermutigend in einer Gegenwart, in der allenthalben von hoher Mobilität die Rede ist, von globaler Vernetzung und von Problemen einer inneren Einigung unter multikulturellen Vorzeichen.

2010 lädt zur Erinnerung ein, ist aber auch ein Jahr der Herausforderungen. Wie weit reicht die Solidarität in Zeiten der Finanzkrise, wie weit reicht sie unter den Partnern im geeinten Europa? Dies sind Fragen, die sich immer öfter stellen. Die Geschichte hat gezeigt, dass deutsche und europäische Belange nie voneinander zu trennen sind. Die Lage in der Mitte des Kontinents, die Verbindungen zu den Nachbarn, die gegenseitigen Abhängigkeiten, die Erfahrung der Kriege, von denen die schlimmsten von Deutschland ausgingen – immer ist auch Europa gemeint, wenn von »den Deutschen« die Rede ist, immer geht es um eine gemeinsame Geschichte.

Zwanzig Jahre nach der Wiedervereinigung sendet das ZDF die zweite Staffel der Reihe »Die Deutschen«. Die überaus positive Resonanz auf die ersten zehn Filme und das Begleitbuch 2008 hat uns zu der Fortsetzung ermuntert. Im Schnitt über fünf Millionen Menschen haben die Sendungen mitverfolgt, womit »Die Deutschen« die erfolgreichste Dokumentationsreihe im deutschen Fernsehen wurde – ein Beleg mehr dafür, dass Geschichte kein Thema nur für einen kleinen Kreis von fachlich Interessierten ist, sondern jedermann anzusprechen vermag.

Die Weiterführung des Projekts ermöglicht auch, wesentliche Inhalte zu ergänzen, wo zuvor Aussparungen erfolgen mussten. Das gilt für die Filmreihe wie für dieses Buch, das die Inhalte der Sendungen vertiefen soll. Auch diesmal richten wir den Blick auf historische Persönlichkeiten, deren Geschichte uns das Tor zu den verschiedenen Epochen öffnet. Es sind zehn weitere bekannte und weniger bekannte Namen, die uns begleiten auf einer spannenden Reise durch die Zeit.

Die zweite Staffel spannt den Bogen chronologisch weiter als die erste – und zwar in beide Richtungen der Zeitachse. Am Anfang steht Karl der Große – nicht etwa um deutsche Geschichte vorzudatieren, sondern um wichtige Voraussetzungen späterer Entwicklungen auf deutschem Boden zu beschreiben, um vor Augen zu führen, dass viele europäische Völker Wurzeln in der Zeit des großen Frankenkaisers haben.

Die Kapitel über den Staufer Friedrich II. und den Luxemburger Karl IV. reflektieren, wie Dynastien deutsche und europäische Kultur überbrückten und miteinander verbanden. Die Biografie der Hildegard von Bingen wirft ein Schlaglicht auf die Rolle der Frau im Mittelalter – im Angesicht der Mächtigen. August der Starke von Sachsen, der zeitweise König von Polen war, sowie Ludwig II. von Bayern, der eine deutsche Einigung unter preußischer Regie zunächst verhindern wollte, stellen Herrschertypen dar, die zeigen, dass Deutschland stets ein Land der kulturellen und politischen Vielfalt war.

Thomas Müntzer, Karl Marx, Rosa Luxemburg markieren Etappen der sozialen Revolution. Es sind Persönlichkeiten, die in der DDR zum Kult erhoben wurden, aber stets auch gesamtdeutsch ausstrahlten. Auf Marx, der in mehreren europäischen Ländern lebte, wirkte und verfolgt wurde, berief sich später die gesamte sozialistische Welt, auch auf ihren totalitären Abwegen. Rosa Luxemburg stammte aus Polen, erwarb die deutsche Staatsbürgerschaft und focht gegen den Kaiserstaat und seinen Militarismus, nach dem Ersten Weltkrieg für eine deutsche Revolution – immer wieder zeigt sich, dass bedeutende Figuren nicht auf nationale Räume zu beschränken sind.

Der Reichskanzler und Außenminister Gustav Stresemann führt vor Augen, dass die erste deutsche Demokratie nicht zwangsläufig scheitern musste. Er bewältigte die schwersten Krisen der jungen Republik. Er war einer der ersten deutschen Staatsmänner, die erkannten,

dass die deutsche Zukunft nur mit und nicht gegen Europa zu gestalten war. Es war ein Vermächtnis, auf dem die Gründerväter des geeinten Europa nach dem Zweiten Weltkrieg aufbauen konnten.

Karl der Große und die Sachsen

Er galt schon bei seinen Zeitgenossen als »Vater Europas«: Karl der Große (vermutlich 748–814). Er schuf ein Fundament, das den Kontinent prägte. Deutsche und Franzosen betrachten den legendären Karolinger gleichermaßen als Stammvater.

Karls Imperium reichte von der Nordsee bis nach Mittelitalien, von Ungarn bis nach Spanien. Der Umriss erinnert an die Ausdehnung der europäischen »Sechsergemeinschaft« 1200 Jahre später. Der Frankenherrscher schuf nicht nur ein Imperium, er gab ihm auch eine Ordnung, setzte Ankerpunkte für eine gemeinsame religiöse und kulturelle Identität. Er wollte nicht nur Herrscher der Franken sein, sondern der gesamten römischen Christenheit. Wo er regierte, sollte auch ein Glaube die Teile seines europäischen Reiches miteinander verbinden.

Am Weihnachtstag im Jahr 800 wurde er in Rom zum Kaiser gekrönt. Die römische Kaiserwürde und Reichsidee gingen damit auf das fränkische Herrscherhaus über. Daran konnten später die ostfränkischen und dann die deutschen Könige anknüpfen. Die Grundlage für ein späteres Reich der Deutschen schuf Karl auch durch seine Eroberungen in der Mitte Europas. Dreißig Jahre lang hatte er Krieg gegen die Sachsen geführt, bis er sie schließlich blutig unterwarf und zwang, Christen zu werden. Mit ihrer Eingliederung verschob sich der

Schwerpunkt des Frankenreichs nach Osten. Nachdem sich das Imperium Karls ein Jahrhundert später endgültig in ein West- und in ein Ostreich geteilt hatte, waren es ausgerechnet die Nachfahren der einst heidnischen Sachsen, die Macht, Willen und Einfluss genug besaßen, um in die Fußstapfen des großen Karolingers zu treten. So erwarb Otto der Große als von den deutschen Stämmen gewählter »ostfränkischer« König die Kaiserkrone und legte damit den Grundstock zur Entwicklung der römisch-deutschen Tradition.

Hildegard von Bingen und die Macht der Frauen

Hildegard von Bingen (1098–1179) war Visionärin und Theologin, Heilkundige und Komponistin. Die große Äbtissin des 12. Jahrhunderts gründete zwei Klöster und beeindruckte Kaiser und Päpste. Ihren Mut schöpfte sie aus religiösem Sendungsbewusstsein, sie berief sich auf Visionen seit frühester Kindheit. Eine solche Nähe zu Gott zu behaupten war nicht ungefährlich. Doch Papst Eugen III. höchstpersönlich erlaubte Hildegard, ihre Visionen niederzuschreiben und kundzutun.

Als Ratgeberin der Reichen und Mächtigen erreichte sie eine Bekanntheit, die von keiner anderen Frau des Mittelalters überliefert ist. In einer Zeit, in der Frauen meist nur in den Quellen vermerkt wurden, wenn sie Ehefrauen von Herrschern waren, ragt sie wie eine Lichtgestalt hervor. Hildegard verstand es, ihr Wirken so publik zu machen, dass sie bis heute die populärste Deutsche des Mittelalters überhaupt ist. Ob ihr Leben sich tatsächlich so spektakulär abgespielt hat, wie ihre Vita und viele Briefe glaubhaft machen wollen, wird von

Die visionären Bilder der Hildegard von Bingen beeindruckten selbst die Mächtigen ihrer Zeit.

der modernen Forschung eher bezweifelt. Und doch war ihre Lebensleistung gewaltig. Sie sprengte viele Grenzen, die Frauen ihrer Zeit gesetzt waren, und überlieferte ein Werk, das noch Jahrhunderte später in vielerlei Hinsicht seine Aktualität nicht eingebüßt hat.

Friedrich II. und der Kreuzzug

»Das Staunen der Welt« nannten manche Zeitgenossen den Staufer Friedrich II. (1194–1250), dessen Reich von Sizilien bis zur Nordseeküste reichte. Neben Deutsch sprach er Italienisch, Französisch, Griechisch und Arabisch, dichtete, philosophierte, schrieb ein Buch über die Falkenjagd.

Als Kleinkind schon besaß er die deutsche Königswürde, seine Mutter, Konstanze von Sizilien, ließ ihn dort zum Monarchen krönen. Auf deutschem Boden tobte wieder ein erbitterter Thronstreit zwischen Staufern und Welfen. Wieder einmal war das Fürstenlager gespalten, und der Papst mischte mit. Später eroberte Friedrich die Herrschaft im Norden zurück. Seine Heimat aber blieb Italien. Er lebte die meiste Zeit außerhalb deutscher Lande und machte auch keinen Hehl aus seiner Vorliebe für den Süden. Herkunft, Wesen und Auftreten ließen ihn in Deutschland zu einem Fremden werden, und doch fühlten sich dort viele zu diesem exotisch anmutenden Monarchen auf seltsame Weise hingezogen. Friedrich regierte das Land vor allem durch die Verteilung von Privilegien, was die Fragmentierung des Reiches und die Selbstständigkeit der Landesherren förderte. Nach langem Zögern unternahm Friedrich II. einen Kreuzzug ins Heilige Land. Großes Interesse zeigte der Staufer an der arabischen Kultur und Wissenschaft. Als einzigem Herrscher dieser Zeit gelang es Friedrich II., das Heilige Grab in Jerusalem ohne einen einzigen Schwertstreich zu erobern. Allein durch sein Verhandlungsgeschick und seine Kompromissfähigkeit brachte er Sultan al-Kamil dazu, ihm Jerusalem, Bethlehem und Nazareth in einem Waffenstillstand zuzubilligen. Doch andere Kreuzfahrer wollten den »heiligen Krieg« im Namen der Christenheit fortsetzen.

Karl IV. und der Schwarze Tod

Karl IV. (1316–1378) war der wichtigste römisch-deutsche Kaiser des Spätmittelalters. Durch geschicktes politisches Taktieren vergrößerte er seine böhmische Hausmacht und versuchte, der Schwächung des deutschen Königtums durch die Fürsten entgegenzutreten. Bewaffnete Konflikte waren allerdings nicht Karls Sache. Auf dem römisch-deutschen Thron, den der Sohn König Johanns von Böhmen 1346 bestieg, etablierte er sich, den Wittelsbachern zum Trotz, durch Geschick und Intrige. Als das Reich im Innern gefestigt war, begab er sich 1354 auf einen Italienzug und errang im April des folgenden Jahres die Kaiserkrone. In der 1356 verkündeten »Goldenen Bulle« wurde der Modus für die künftige Kaiserwahl durch geistliche und weltliche Kurfürsten festgeschrieben. Eine Art »Grundgesetz« des Heiligen Römischen Reiches entstand, das bis zu dessen Untergang 1806 gültig blieb.

Karl IV. nannte man später einen »Friedenskaiser« und stilisierte ihn zu einem »zweiten Konstantin«. Unter ihm erlebte Mitteleuropa eine kulturelle Blüte. Dennoch kannte die Regierungszeit Karls auch Tiefen, sie stand im Schatten der schlimmsten Katastrophe des Hochmittelalters, der Pest. Der »Schwarze Tod«, wie man die Krankheit nannte, raffte über ein Drittel der Bevölkerung des Reiches hinweg. »Schuldige« wurden rasch gefunden: die Juden. Als Geldverleiher waren sie zwar unverzichtbar für die mittelalterliche Wirtschaft, aber gleichzeitig verhasst und sozial ausgegrenzt. Als angebliche »Brunnenvergifter« wurden die Juden für die verheerende Seuche verantwortlich gemacht und zu Tausenden verbrannt. Dass mit den Juden oft auch ihre Schuldscheine verbrannt wurden, wirft ein bezeichnendes Licht auf die wahren Motive der Täter. Kaiser Karl IV. versagte in der christlichen Pflicht, seine Untertanen vor den Übergriffen zu schützen, und profitierte sogar von der Ermordung der Juden.

Thomas Müntzer und der Bauernkrieg

Es war die Zeit der Umwälzung, die Reformation schürte schon früher geäußerte Zweifel an der bestehenden Ordnung nicht nur in Glaubensfragen. 1521 herrschte Aufruhr in Zwickau: Ein junger Priester, der an der Marienkirche in Vertretung predigte, wandte sich gegen die kirchliche und weltliche Obrigkeit und sprach von Umsturz. Thomas Müntzer (1489–1525) war kein Mann der Kompromisse. Die Kirchenkritik Luthers, den er einst bewundert hatte, ging ihm nicht weit genug. Nicht nur das Papsttum, sondern auch die ständisch geprägte weltliche Ordnung war ihm ein Dorn im Auge. Christus sei in einem Viehstall geboren, schrieb er, er sei auf der Seite der Armen und Entrechteten. Die Fürsten, die in Pelzmäntel gekleidet auf Seidenkissen säßen, seien »Christo ain greuel«. In seiner Schrift »Hochverursachte Schutzrede und Antwort wider das geistlose, sanftlebende Fleisch zu Wittenberg« nahm er 1524 gegen Luther Stellung und vertrat darin die Ansicht, dass zur Durchsetzung seines Zieles einer gerechteren Ordnung Gewalt notwendig sei. Nach Müntzers theologischer Überzeugung forderte die Heilige Schrift eine gerechte Gesellschaft und die Freiheit des Menschen. Er wurde von den Fürsten misstrauisch beäugt und geriet immer wieder in Konflikt mit den Obrigkeiten.

Als 1524 der Deutsche Bauernkrieg ausbrach, schlug Müntzer sich auf die Seite der Landleute. Den Kampf gegen die bestehende kirchliche und weltliche Ordnung predigend, wurde er zu einer Leitfigur des Aufstands. Die Niederlage der Bauern besiegelte sein Schicksal. Als Verräter und Ketzer gefoltert, wurde er 1525 vor den Toren der Stadt Mühlhausen hingerichtet.

Wetterleuchten eines historischen Umbruchs: Das Panoramagemälde zum Deutschen Bauernkrieg von Werner Tübke im thüringischen Bad Frankenhausen zeigt den Konflikt einer ganzen Epoche.

August der Starke und die Liebe

Er gilt als einer der schillerndsten Monarchen der Neuzeit: Kurfürst Friedrich August I. von Sachsen, genannt »August der Starke« (1670 bis 1733). Seine fürstliche Selbstdarstellung war nur mit der eines anderen europäischen Monarchen vergleichbar: Ludwigs XIV. Der Hof Augusts sollte dem des französischen Sonnenkönigs in nichts nachstehen. Hunderte von Festen im Jahr, Bälle, Maskeraden und Tierhat-

Eine vergoldete Sonnenmaske mit Gesichtszügen von August dem Starken aus dem Jahr 1709.

zen veranstaltete der König. Dem 1,76 Meter großen und 121 Kilogramm schweren August eilte sein Ruf als »der Starke« weit voraus. Der »sächsische Herkules« soll Hufeisen mit bloßen Händen zerbrochen haben und wurde bekannt als Mann, der schöne Frauen liebte. Mit der Treue nahm er es dabei nicht allzu genau. Mehr als ein Dutzend Mätressen des lebensfrohen Monarchen sind bekannt – mit ihnen und etlichen anderen Geliebten soll er hunderte uneheliche Nachkommen gezeugt haben. Nur ein einziger Sohn entstammte seiner Ehe mit Christiane Eberhardine von Brandenburg-Bayreuth.

Als er den sächsischen Thron bestieg, drängte er den Einfluss des Adels zurück und etablierte sich selbst als Prototyp des absolutistischen Herrschers in Deutschland. Seine prachtvolle Hofhaltung, die rege Bautätigkeit und seine Sammelwut verwandelten Dresden in eine prunkvolle barocke Metropole und bescherten dem Kurstaat eine wirtschaftliche und kulturelle Blüte.

Außenpolitisch war ihm weniger Glück beschert. Als im Jahr 1696 der polnische König Jan III. Sobieski starb, versuchte August, den Thron der polnischen Wahlmonarchie zu erringen. Dafür zahlte er einen hohen Preis. Nicht nur, dass der protestantische Kurfürst dafür zum Katholizismus übertrat und damit viele seiner Untertanen entsetzte. Auch stürzte er sein Land in hohe Schulden, um die benötigten Bestechungsgelder an den polnischen Adel aufbringen zu können. Zudem versprach er den Polen Livland, das er den Schweden abringen wollte, doch das Heer des schwedischen Königs siegte – und so verlor der sächsische Kurfürst die polnische Krone zunächst wieder. Die Glanzzeiten Augusts des Starken waren in jeder Hinsicht teuer bezahlt.

Karl Marx und der Kommunismus

Er ist einer der größten Bestsellerautoren der Weltgeschichte, und doch haben die wenigsten sein Werk vollständig gelesen. Seine Lehre wurde zu einer Ersatzreligion, auch wenn der Urheber sich nie als Glaubensstifter verstanden hat, sondern als wissenschaftlicher Analytiker. »Ich bin kein Marxist«, kokettierte Karl Marx (1818–1883), der mit seinem Werk wie kein anderer Deutscher – außer Luther – den Lauf der Weltgeschichte beeinflusste. Aufbauend auf den dialektischen und materialistischen Studien seiner Zeit, sezierte Karl Marx in seinem Hauptwerk »Das Kapital« mit brillanter Tiefenschärfe das komplexe System der wirtschaftlich-gesellschaftlichen Zusammenhänge. Zusammen mit dem Fabrikantensohn Friedrich Engels schuf er 1848 im »Kommunistischen Manifest« das theoretische Rüstzeug für eine internationale Arbeiterbewegung, die später in sozialdemokratisch orientierten Parteien ihren Siegeszug antrat. Sein Gedankengut diente gleichwohl als Legitimation für kommunistische Diktaturen, die dazu beitrugen, dem 20. Jahrhundert einen totalitären Stempel aufzudrücken.

Dabei hatte der scharfsinnige, bisweilen zum Sarkasmus neigende Denker es stets vermieden, sich allzu intensiv in die Belange der praktischen Politik einzumischen. Gleichwohl zogen deren Folgen ihn mit seiner Familie zeitlebens in Mitleidenschaft. Seit die preußische Zensur die regierungskritische, von ihm redigierte »Rheinische Zeitung« in Köln 1843 verboten hatte, war Karl Marx unter zuweilen bedrohlichen Umständen immer wieder auf der Flucht vor politischer Verfolgung. In Paris, Brüssel und London wurde er unmittelbar

Sie schufen die Grundlagen der kommunistischen Weltanschauung: Karl Marx und sein Mitstreiter Friedrich Engels.

Zeuge der Revolutionen und gesellschaftlichen Umwälzungen des 19. Jahrhunderts, die er in einem ebenso umfangreichen wie fragmentarisch gebliebenen Gesamtwerk kommentierte. 1883 starb der zu Lebzeiten kaum bekannte Autor, von Krankheiten und Schicksalsschlägen heimgesucht, im Londoner Exil. Erst nach seinem Tod entfaltete die Sprengkraft seiner Ideen ihre durchschlagende Wirkung.

Ludwig II. und die Bayern

Sein Bild in der Geschichte ist behaftet mit Mythen und Legenden. Ludwig II. (1845–1886), den man auch den »Märchenkönig« nennt, habe die Politik gescheut und sich vor allem seinen schwärmerischen Leidenschaften hingegeben: den Opern Richard Wagners und dem Bau prunkvoller Schlösser wie Neuschwanstein, Linderhof und Herrenchiemsee.

Der Wittelsbacher, der nach dem plötzlichen Tod seines Vaters Maximilian II. im Alter von 18 Jahren an die Macht kam, war auf sein Königsamt nur unzureichend vorbereitet. Doch diesen Makel wollte der Jüngling durch Arbeitseifer wettmachen. Kein Zweifel, zu Beginn seiner Herrschaft schaltete sich Ludwig II. durchaus in die Politik seines Königreichs ein – doch die bayerische Verfassung, vom Gedankengut der Französischen Revolution und Napoleons geprägt, hatte die Macht im Land weithin einer Ministerregierung übertragen.

Ludwig pochte im damaligen »Deutschen Bund« auf die Eigenständigkeit Bayerns. Er versuchte, wie schon sein Vater, ein »Drittes Deutschland« zu formen, eine dritte Kraft neben Preußen und Österreich, einen föderalen Staatenbund der kleinen und mittleren deutschen Staaten als Gegenmodell zu einem Bundesstaat unter preußischer Führung. Als es nach dem Krieg gegen Frankreich 1870/71 um den Beitritt Bayerns zum Deutschen Reich ging und um die Erhebung des preußischen Königs Wilhelm I. zum deutschen Kaiser, ließ sich der Schwärmer seine Zustimmung von Reichsgründer Bismarck belohnen. Auf rein repräsentative Auftritte, mit denen er den tatsächlichen Machtverlust nach der deutschen Einigung hätte bemänteln können, ließ sich Ludwig nicht

Er ging als Träumer in die Geschichte ein: der bayerische König Ludwig II. auf Schloss Neuschwanstein.

ein: »Ein Schattenkönig will ich nicht sein!« Er verlegte sich fortan auf das Bauen. Fernab der Residenzstadt München errichtete er Schlösser, die als weithin sichtbare Monumente an die Epoche des Absolutismus erinnern sollen. Bald konnte der König seine kostspieligen Bauvorhaben nicht mehr aus eigener Tasche finanzieren. Hochverschuldet drohte Ludwig auch seiner Regierung. Ihrer Absetzung wollten die Minister mit einem Staatsstreich zuvorkommen. Der Machtkampf sollte den letzten »wahren« König Bayerns das Leben kosten.

Rosa Luxemburg und die Freiheit

Sie stammte aus dem von Russland annektierten Teil Polens. Rosa Luxemburg (1871–1919) wurde politische Aktivistin in einer Zeit, in der Frauen in Deutschland noch gar nicht wählen durften. Die Arbeiterbewegung in Europa befand sich im Aufbruch, Sozialisten wurden überall verfolgt. Schon in jungen Jahren kämpfte Rosa Luxemburg für die Rechte der Arbeiterschaft – ab 1898, nachdem sie die deutsche Staatsbürgerschaft angenommen hatte, auch in der SPD im Deutschland Kaiser Wilhelms II.

Rosa Luxemburg war Jüdin, sehr gebildet, besaß einen scharfen Verstand und ein mitreißendes Temperament. Sie war eine großartige Rednerin und brillante Schriftstellerin. Konflikte scheute sie nicht. Ihr Engagement brachte sie wiederholte Male ins Gefängnis – verurteilt wegen Majestätsbeleidigung, Aufforderung zum Ungehorsam, Gefährdung des öffentlichen Friedens. Unermüdlich sprach sich Rosa Luxemburg gegen preußischen Militarismus und gegen den Krieg aus. Als die SPD im August 1914 die Kriegskredite für den Ersten Weltkrieg bewilligte, brach sie aus Enttäuschung über den »Verrat« an der internationalen Arbeiterbewegung fast zusammen.

Als am 9. November 1918 die Revolution in Deutschland ausbrach und die Monarchie gestürzt wurde, war sie zur Stelle. Im Gegensatz zu den nun herrschenden Sozialdemokraten, die eine freiheitliche Republik errichten wollten, traten sie und ihre Mitstreiter für eine sozialistische Revolution ein. Zusammen mit Karl Liebknecht gründete sie die Kommunistische Partei Deutschlands. Als Liebknecht im Januar 1919 zum bewaffneten Kampf für die Revolution aufrief, ließ die Regierung den Aufstand, der sich gegen die junge Republik richtete, blutig niederschlagen. Rosa Luxemburg und Karl Liebknecht, die Köpfe der revolutionären Bewegung, wurden von Freikorps-Soldaten ermordet. Die sozialistische Revolution blieb aus. Die große Mehrheit der Deutschen stimmte für die Demokratie – zunächst.

Gustav Stresemann und die Republik

Gustav Stresemann (1878–1929) wurde Reichskanzler, als die junge Weimarer Republik im Chaos zu versinken drohte: im Krisenjahr 1923. Deutschland litt noch immer an den Folgen des verlorenen Krieges und des Versailler Vertrags. Das Ruhrgebiet wurde von Frankreich und Belgien besetzt, um milliardenschwere Reparationen zu erzwingen. Die Inflation erreichte ihren Höhepunkt. Kommunistische Aufstände drohten von links, die radikale Rechte forderte eine nationale Diktatur. Stresemann stand einer Großen Koalition vor, deren innere Gegensätze das labile Parteienbündnis zu sprengen drohten. Der Kopf der Deutschen Volkspartei (DVP) war einst Monarchist, hatte im Weltkrieg für Eroberungen plädiert, nun sollte er die Demokratie retten.

»Vernunftrepublikaner« – so nannte man Köpfe wie ihn. Mit dem Herzen noch in der alten Zeit verhaftet, waren sie mit dem Verstand allmählich in der Demokratie angekommen. Die Brutalität der extremen Rechten und Linken, die tiefgreifenden Gegensätze in der Gesellschaft hatten in ihm die Überzeugung reifen lassen, dass nicht Verachtung, sondern Vernunft die Politik zu regieren habe, Kompromisse und der Sinn für das Machbare. Er rettete die Republik in seinen etwas mehr als 100 Tagen Kanzlerschaft. Hitlers Putschversuch vom 9. November 1923 endete im Kugelhagel der Polizei.

Als Außenminister für weitere sechs Jahre ebnete Stresemann dem Deutschen Reich den friedlichen Weg in die Gemeinschaft der Völker. Es kam zu einer Annäherung an Frankreich. Er wusste, dass Deutschland nur mit und nicht gegen seine Nachbarn bestehen konnte. Doch sein früher Tod und der Schwarze Freitag, der 1929 die Weltwirtschaftskrise einläutete, markierten den Anfang vom Ende. Und so stellt sich noch heute die Frage, ob der herausragendste Staatsmann der Weimarer Republik den Untergang der Demokratie, die Machtübernahme Hitlers, hätte verhindern können, wenn ihm noch weitere Jahre im Amt vergönnt gewesen wären.

Das Porträt des in der Öffentlichkeit nahezu vergessenen Kanzlers, Außenministers und Friedensnobelpreisträgers beschließt die zweite Staffel der Reihe »Die Deutschen«. Mehr als 60 Jahre nach der Gründung der Bundesrepublik, zwanzig Jahre nach der Wiedervereinigung bleibt Stresemanns politische Haltung beispielhaft für jedes Bemühen, die demokratische Ordnung vor Extremismus und Fanatismus jeglicher Couleur zu schützen.

Herzlicher Dank gebührt den Autoren und Rechercheuren der Filme, den Mitautoren der Buchbeiträge sowie den historischen Fachberatern, die das gesamte Projekt von Anfang an begleiteten und ihre Kenntnisse auch bei der Erstellung und Durchsicht der Manuskripte einbrachten, vor allem den Professoren Stefan Weinfurter, Franz J. Felten, Bernd Schneidmüller, Hans Michael Körner, Reinhard Rürup, Andreas Rödder, Professorin Beatrix Bouvier und Dr. Leonhard Horowski. Es ist auch diesmal unser gemeinsames Anliegen, Ergebnisse der Forschung einem möglichst großen Publikum verständlich und spannend zu vermitteln und weitere Denkanstöße zum Gespräch über eine Nation zu geben, die ihre ganze Geschichte entdeckt: »Die Deutschen«.

Guido Knopp

Stefan Brauburger

Peter Arens

Karl der Große

und die Sachsen

Er prägte die Geschichte Europas wie kein Zweiter – der Frankenherrscher Karl, schon zu Lebzeiten »der Große« genannt. Seine Eroberungen bildeten das Fundament des Abendlands. Als christlicher Kaiser trat er das Erbe der antiken Cäsaren an. Ein Herrscher, ein Reich, ein Glaube – dieser Gedanke geht auf Karl den Großen zurück. Doch ein brutaler Krieg trübt das Bild der Lichtgestalt. Im Osten des Reiches, dem späteren Deutschland, lehnte sich der Stamm der Sachsen gegen den mächtigen Herrscher auf. 33 Jahre führte Karl Krieg gegen ein rebellisches Volk, das seinen alten Göttern nicht entsagen wollte.

Ein Frevel mit Folgen

Furchterregend sahen die Krieger aus, die in ihren Panzerrüstungen durch das Unterholz des Waldes brachen. Waffenstarrend, in schweren Eisenpanzern bahnten sie sich einen Weg durch das Dickicht. An ihrer Spitze marschierte ein junger Mann: der fränkische König Karl. Schon den gesamten Sommer des Jahres 772 zog er mit seinen Männern auf einer Strafexpedition durch das Grenzland der Sachsen. Dieser wilde Volksstamm, der keinen König über sich kannte, hatte wiederholt Städte und Dörfer des Frankenreichs überfallen. Die Antwort Karls darauf war so brutal wie entschieden. In einem schnellen Feldzug hatte der Frankenkönig viele Siedlungen niedergebrannt und auch die sächsische Eresburg erobert. Er und seine Männer hatten viele Gefangene gemacht, und durch diese hatte Karl auch von einem ganz besonderen Ziel erfahren. Eines, das Beute versprach.

Unmittelbar vor den Franken, auf einer kleinen Lichtung, erhob sich eine gewaltige

Die Zerstörung der Irminsul durch Karl den Großen erwies sich als folgenschwerer Stich ins Wespennest. 33 Jahre sollte der Krieg gegen die Sachsen dauern. Dem Chronisten Einhard zufolge war kein Konflikt »langwieriger und grausamer und für das Frankenvolk mühseliger«.

Holzsäule. Sie war mit Gold und Silber verziert, an ihrem Fuß lagen Opfer: Lebensmittel, Blumen und wertvolle Kultgeräte. Die Franken waren Christen, doch ihre Feinde, die Sachsen, hingen noch immer den germanischen Göttern an. Diese Holzsäule war ihr wichtigstes Heiligtum. Sie nannten sie die »Irminsul« oder »All-Säule«. Ihrem Glauben nach trug dieser Pfeiler den Himmel. Er war ein Sinnbild der Weltesche Yggdrasil, an deren Wurzel die Midgard-Schlange nagt und in deren Wipfeln einst Wodan neun Nächte, vom eigenen Speer durchbohrt, als Selbstopfer hing.

Welcher Teufelsglaube! Für Herrscher wie Karl galten nicht Wodan, Donar und Saxnot, sondern Vater, Sohn und Heiliger Geist. Kultstätten wie die Irminsul waren für ihn Zeichen einer rückständigen, vergangenen Zeit. Gut benötigen konnte er jedoch all das Gold und Silber des Kultschatzes. Sein jüngster Feldzug gegen den Fürsten Aquitaniens hatte viel Geld gekostet. Auch war Karl erst seit Kurzem König und musste großzügig die ihm erwiesene Treue belohnen. Die Männer sollten wissen, dass es sich auszahlte, mit Karl in den Krieg zu ziehen.

Dass er dabei auch noch die Gelegenheit erhielt, die alten Götzen zu erniedrigen, kam Karl gelegen. Hatte nicht der heilige Bonifatius den Erzählungen nach fünfzig Jahre zuvor seine Axt in die heidnische Donar-Eiche geschlagen? Auch er würde ein Zeichen setzen und die Überlegenheit christlicher Herrschaft deutlich demonstrieren.

Auf ein Zeichen des Königs hin holten seine Krieger Äxte und Seile hervor. Einige Knechte kletterten an der Irminsul empor und wickelten feste Taue um die Skulptur. Andere schlugen ihre Äxte in das Holz der All-Säule. Die Franken stemmten sich in die Seile, bis unter Knacken und Prasseln das heidnische Heiligtum zu Boden stürzte. Wilder Jubel brach aus. Ein gutes Zeichen. Der Christengott hatte sich als stärker erwiesen. Und die geborstene Irminsul würde die heidnischen Sachsen dauerhaft daran erinnern, dass an der Überlegenheit von Karls christlicher Herrschaft besser nicht zu zweifeln war.

Das Leben im 8. Jahrhundert

Möglicherweise hat es sich so abgespielt, die Zerstörung der Irminsul – ein zentraler Wen-

In dieser karolingischen Darstellung des 9. Jahrhunderts thront Jesus zwischen seinen Aposteln. Das Christentum sollte unter Karl die Menschen politisch verbinden.

depunkt in Karls Leben. Diese Axthiebe gegen ein sächsisches Heiligtum eröffneten den schlimmsten Guerillakrieg des frühen Mittelalters. Doch die Episode zeigt auch das Gespür eines Herrschers, der sich schon früh darauf verstand, Menschen durch Symbolkraft zu einen.

Karls Reformen beflügelten die Landwirtschaft und den Handel. Diese karolingische Darstellung aus dem 9. Jahrhundert zeigt die bäuerlichen Arbeiten für jeden Monat.

Die politische Ordnung Mitteleuropas zur Zeit Karls des Großen ähnelte nur in wenigem dem, was wir heute kennen. Im Zentrum, etwa im Gebiet des heutigen Frankreich und Südwestdeutschland, erstreckte sich das Frankenreich, bestehend aus den Teilreichen Neustrien, Aquitanien, Burgund und Austrasien. Bayern war ein selbstständiges Stammesherzogtum, Spanien stand unter arabischer Herrschaft, und im heutigen Italien dominierte der Volksstamm der Langobarden.

Unser Land in jener Zeit war von der heutigen Kulturlandschaft weit entfernt. Deutschland war ein halbwildes Grenzgebiet, bedeckt von kalten und nebligen Urwäldern. Schon der römische Geschichtsschreiber Tacitus beschrieb Germanien als einen Landstrich, »der so völlig ohne landschaftlichen Reiz ist, so rau im Klima, trostlos zum Leben und trostlos zum Anschauen für jeden, dem er nicht gerade die Heimat ist«.

Nur wenige Menschen lebten in jener Zeit in Städten, die meisten hingegen auf dem Land, zusammengerottet in kleinen Zivilisationsinseln inmitten der Wildnis. In den primitiven Siedlungen hausten die Menschen in zugigen Hütten aus Holz und Lehm, ganze Familien mitsamt dem Gesinde und den Tieren unter nur einem Dach.

Das Leben im frühen Mittelalter war vielfachen Gefahren ausgesetzt. Hunger, Krankheiten und Naturkatastrophen bedrohten die Menschen. Der Altersdurchschnitt der mittelalterlichen Gesellschaft war sehr niedrig. Mündig wurde man schon mit 15 Jahren, kaum jemand wurde älter als 50. Kein Wunder also, dass alles Jenseitige den Menschen sehr nahestand und der Religion eine große Bedeutung zukam. Europa war damals noch nicht voll-

723 ▶ Bonifatius fällt die Donar-Eiche bei Fritzlar

732 ▶ Bei Tours und Poitiers siegt Karl Martell (der »Hammer«) über Abd ar-Rachman, Statthalter des Kalifen in Spanien

748 ▶ 2.4. Karl der Große wird geboren

ständig christianisiert. Das Reich der Franken war seit dem 6. Jahrhundert römisch-christlich, doch je weiter man in den Nordosten vordrang, desto stärker blieb der Glaube an die alten germanischen Götter lebendig.

Karl und seine Franken waren es gewöhnt, dass ein König an der Spitze ihrer politischen Ordnung stand. Doch im frühen Mittelalter war es keineswegs so, dass das System der Königsherrschaft bereits in ganz Europa Verbreitung gefunden hätte. Gerade an den östlichen Grenzmarken des Frankenreichs endete oft auch die Akzeptanz eines christlichen Königtums. So bestimmten in vielen Landstrichen des heutigen Deutschland, in Thüringen, Friesland und Sachsen, germanische Traditionen das Leben der Menschen. Hier organisierte man sich in Stämmen wie zur Römerzeit, ohne politische Fremdbestimmung. Besonders dem Volk der Sachsen war das Königssystem fremd. Sie kannten nur kleinteilige Gefolgschaften, selbstständige Zellen, die keinem fernen Fürsten oder König folgten. Als sich das Frankenreich vergrößerte, waren Konflikte in dieser Region vorprogrammiert.

Einhards Biografie Karls des Großen, die »Vita Karoli Magni«, berichtet viele interessante Details aus dem Leben des Kaisers.

Das Bild eines Kaisers

Karl kennt man heute unter vielen Bezeichnungen, vor allem als Kaiser und Heiligen. Der »Vater Europas« soll er gewesen sein, aber auch ein brutaler Sachsenschlächter. Doch die Legenden verdecken das historische Bild.

Der einzige Zeitgenosse, der umfangreich über ihn geschrieben hat, ist der fränkische Chronist Einhard. In seiner »Vita Karoli Magni«, die im 9. Jahrhundert entstanden ist, finden wir ein sehr detailliertes Bild von Karl. Einhards literarisches Vorbild sind die Kaiser-

biografien des antiken Geschichtsschreibers Sueton. Dies bedeutet, dass vieles in seinem Bericht genau hinterfragt werden muss. Denn seine Biografie dient nicht nur dem wahrheitsgemäßen Bericht, sondern an vielen Stellen auch der posthumen Verklärung des Kaisers.

Wie müssen wir uns das Äußere Karls des Großen vorstellen? Ein zeitgenössisches Bild des Frankenkaisers ist leider nicht überliefert. Da Einhard hier jedoch recht schonungslos vorgeht, können wir seiner Beschreibung Glauben schenken. Seinen Beinamen »der Große« muss man zunächst wohl wörtlich nehmen. Karl war für seine Zeit wirklich sehr groß, ganze sieben Fußlängen, wie Einhard schreibt. Untersuchungen an seinem Skelett haben diese Angaben bestätigt. Wissenschaftler vom Zürcher Institut für Anatomie ermittelten 2009 für Karl eine Größe von etwa 1,84 Metern. In einer Zeit, in welcher der Durchschnittsmann knapp 1,70 Meter groß wurde, muss Karl aufgefallen sein wie heute ein Zweimetermann.

Er war von breitem und kräftigem Körperbau ... seine Größe betrug, wie man weiß, sieben seiner Füße. ... So bot seine Gestalt im Stehen wie im Sitzen eine höchst würdige und stattliche Erscheinung, wiewohl sein Nacken feist und zu kurz, sein Bauch etwas hervorzutreten schien, doch das Ebenmaß der anderen Glieder verdeckte das.

EINHARD ÜBER KARL

Die berühmte Reiterstatuette Karls des Großen (um 870). Umstritten ist, ob sie nicht seinen Nachfolger Karl den Kahlen zeigt.

Karl hatte einen rundlichen Kopf, der auf einem kräftigen Nacken saß, ein heiteres Gesicht, große Augen, einen hervorstehenden Bauch und eine ungewöhnlich prominente Nase. Bis ins hohe Alter erfreute er sich vollen Haares. Außerdem trug er einen mächtigen Schnurrbart nach der damals üblichen fränkischen Mode. Bemerkenswert war seine hohe Fistelstimme, von der Einhard schreibt, sie habe in eigenartigem Gegensatz zu der sonst so imposanten Erscheinung des Franken gestanden.

Über den Charakter Karls weiß Einhard von seiner »constantia mentis«, seinem »festen Sinn«, zu berichten und meint damit seinen langen Atem und seine politische Durchsetzungsfähigkeit. Diese Eigenschaft zieht sich durch Karls politisches Leben wie ein roter Faden. Der Franke war entscheidungsfreudig, dachte im Voraus und besaß die Kraft, auch langfristige Vorhaben umzusetzen. Dies bedeutete aber auch, dass Karl gegenüber seinen Feinden oft unnachgiebig und grausam auftrat. Eine harte Behandlung hatte jeder zu erwarten, der sich Karl widersetzte.

Karl hatte aber auch eine sehr lebensfrohe Seite. Von Alkohol hielt der fränkische Herrscher zwar wenig, doch er aß von Herzen gern. Ärztliche Klagen sind überliefert, Karl weigere

Einhard (um 770 – 14. März 840)

Karl lernte Einhard im Jahr 794 kennen. Der hoch gebildete Gelehrte wurde Teil jener Bildungsentourage, die der Frankenherrscher an seinem Hof versammelte. Dort avancierte Einhard zu Karls wichtigstem Gesandten und Baumeister. Seine Karlsbiografie ist zwar parteiisch, doch als Bericht eines Zeitgenossen von einzigartigem Wert. Nach Karls Tod wurde Einhard Berater von Ludwig dem Frommen, doch sein Einfluss sank, und so machte er in späteren Jahren vor allem als Kirchenstifter von sich reden. Nach seinem Tod wurde er in der nach ihm benannten Abtei in Seligenstadt beigesetzt.

sich, den fetten Braten gegen gesottenes Fleisch einzutauschen. Das Einhalten der christlichen Fastenzeit gelang ihm nie, was im Alter zu Korpulenz führte. In späteren Jahren verlegte Karl seinen Hauptsitz nach Aachen. Das hatte nicht nur mit der Politik zu tun. Karl liebte das Baden und war ein guter Schwimmer. In den heißen Quellen Aachens fühlte er sich wohl und hielt gleichsam von der Wanne aus Hof, wenn er mit großem Gepränge und vielen Freunden und Verwandten dort ins Wasser stieg.

Im Essen jedoch konnte er nicht so enthaltsam sein, vielmehr klagte er häufig, das Fasten schade seinem Körper.

EINHARD

Dazu passt, was man über Karls Geselligkeit überliefert hat. Einhard beschreibt den Kaiser als einen Mann, der gerne und viel redete. Der Chronist berichtet sogar, Karl sei manchmal geradezu »geschwätzig erschienen«. Das

23

754 ▶ Papst bittet Pippin III. um Hilfe gegen den Langobardenkönig Aistulf

754 ▶ Stephan II. salbt Pippin III. und seine Söhne in Saint-Denis. Die Franken werden Schutzherren des Papsttums

754 ▶ In der »Pippinischen Schenkung« überantwortet Pippin III. der Kirche die Gebiete der Langobarden in Italien

überrascht bei einem Herrscher von seinem Rang, doch es passt ins Bild. Kein nach innen gekehrter Menschenfeind regierte vom Thron der Franken, sondern ein Mann der Emotion, der aussprach, was ihn bewegte, und sich gerne mit Menschen umgab. Vielleicht war es gerade jenes Talent für Verbindungen und Freundschaften, welches dem Kaiser zu solcher Größe verhalf.

Ob Karl ein Mann tieferer Bildung war, ist schwer zu beurteilen. Zwar sprach Karl nicht nur Fränkisch und Romanisch, sondern wohl auch flüssig Latein und ein passables Griechisch. Sein Chronist Einhard zeichnet das Bild eines wissbegierigen Herrschers, der an Kunst, Kultur und Wissenschaft sehr interessiert war. Ganz besonders begeisterte er sich für die Astronomie und den Lauf der Gestirne. Doch lesen konnte er nur leidlich, und erst im hohen Alter versuchte er sich – unter Mühen und des Nachts – im Schreiben. Ob Karl es darin je zu großer Meisterschaft brachte, bleibt dahingestellt.

Vielleicht fehlte dem Franken zum Philosophenkaiser ein gutes Stück Bildung, doch Wissenschaft schätzte und förderte er. Gerade in späteren Jahren avancierte sein Hof zu einem Zentrum des Wissens, an dem er Dichter und Denker aus allen Ecken der damals bekannten Welt versammelte.

Er versuchte auch zu schreiben. Unter seinem Kopfkissen hatte er ein Täfelchen, um in Mußestunden seine Hand daran zu gewöhnen, Buchstaben zu malen, aber weil er damit erst spät im Leben anfing, blieb der Erfolg gering.

EINHARD

An der Hofschule Karls des Großen entstand diese Buchmalerei eines Lebensbrunnens, der Taufe und Paradies symbolisiert.

In das Bild eines lebensfrohen, offenen Mannes passt auch, was wir über das Privatleben Karls wissen. Frauen war er sehr zugetan, bis ins hohe Alter. Fünfmal war der Frankenkaiser verheiratet. Und zu seinen Ehefrauen kam noch ein ganzer Schwarm an Geliebten und Konkubinen. Insgesamt zeugte er 18 Kinder. Der Klerus war ob dieses unsittlichen Verhaltens brüskiert. Freilich wagte es niemand, dem

756 ▸ Pippin III. besiegt die Langobarden unter König Aistulf

757 ▸ Desiderius wird König der Langobarden

757 ▸ Der Herzog von Bayern leistet Pippin III. den Vasalleneid

Kaiser offen einen Vorwurf zu machen. Und so fantasierten die besonders puritanischen Visionäre vorsichtshalber erst nach dem Tode Karls von den Qualen des Kaisers im Fegefeuer.

Trotz aller Libertinage liebte der Kaiser die Seinen sehr. Überliefert ist, dass der Tod von Familienmitgliedern oder Freunden den Gefühlsmenschen tief traf und er ihren Verlust, so Einhard, »mit weitaus weniger Fassung ertrug, als man bei der bewundernswerten Größe seines Geistes erwartet hätte«. Auch die Hochzeit seiner Töchter zögerte er lange hinaus, da er sie angeblich nicht aus dem Haus geben wollte. Den Chronisten zufolge geschah dies aus Vaterliebe. Dieses Verhalten enthüllt aber auch erneut die kluge und vorausschauende Politik, die Karl zu jeder Stunde auszeichnete: Entsprang die verzögerte Hochzeit nicht eher dem Kalkül, nicht zu früh Konkurrenten für seine eigene Herrschaft um sich zu haben?

Macht im Mittelalter

Denn im Mittelalter konnte ein Herrscher nur überdauern, wenn er geschickt vorging. Allianzen, Familienbande oder Treuebündnisse waren trotz glühender Schwüre und heiliger Eide nie in Stein gesetzt. Wenn es ein Erfolgsrezept gab, dem Karl seine Herrschaft verdankte, dann ist es das: Er suchte immer nach neuen Wegen, um die Menschen unter seiner Herrschaft zu vereinen und zu verbinden.

Die Notwendigkeit wird deutlich, wenn man sich die politische Realität jener Zeit verdeutlicht: Unter dem Begriff »Land« oder »Reich« verstand man im Mittelalter etwas völlig anderes als heute. Nationen mit festen Grenzen gab es noch nicht. Herrschaft im Mittelalter war eine Frage der Einflusssphäre. Könige

Mit vier seiner insgesamt fünf Ehefrauen ist Karl auf diesem Holzschnitt dargestellt: »Desiderata«, Hildegard, Fastrada und Luitgard.

mussten permanent über ausreichend Macht verfügen, um ihre Reichsgebiete zu dominieren. Ohne Zusammenarbeit mit den örtlichen Fürsten oder Kriegsherren ging dies nicht, denn zu keiner Zeit besaß ein Herrscher ausreichend eigene Truppen, um die vielen hundert oder sogar tausend Quadratkilometer seines Reiches selbst zu kontrollieren. Daher war die Königsherrschaft zu ein sehr instabiles Herrschaftssystem. Zu herrschen hieß, ständig zwischen den eigenen Interessen und denen der Fürsten abzuwägen. In jeder Stunde galt es, alle Fäden in der Hand zu behalten. Schwäche konnte das Ende bedeuten. Denn auch für die Gefolgsleute war ein konstantes Abwägen zwischen ihren eigenen Interessen und der Treue

zu ihrem König überlebenswichtig. Indem sie sich einem König unterordneten, konnten sie auf seinen Schutz zählen. Erwies sich der König an ihrer Spitze jedoch als schwach, gerieten auch sie in Gefahr, von ihren Feinden vernichtet zu werden. Und wuchs ihre eigene Macht in ausreichendem Maße, konnten sie ebenso schnell versuchen, den König in einem Aufstand zu stürzen.

Aus diesem Grund gab es in Karls Reich auch noch keine Hauptstadt. Regiert wurde buchstäblich vom Sattel aus. Der König reiste den Großteil des Jahres durch sein Einflussgebiet. So konnte er Präsenz zeigen, sich der Probleme seiner Gefolgsleute annehmen und allzu ambitionierte Lokalfürsten von ihren Umsturzplänen abhalten. Hof hielt er dann in den im ganzen Land verteilten Palästen, den sogenannten »Pfalzen«, sprach Recht und ließ sich öffentlich sehen.

Auch wegen seiner Reisen ist Karl ein Herrscher der Extreme. Bis zur Herrschaft Karls V. hat kein mitteleuropäischer Herrscher mehr sein Reich in so großem Umfang bereist. Karl war nicht nur der erste Frankenkönig, der die Ostsee erblickte, er zog auch ins spanische Saragossa, an die französische Küste bei Boulogne-sur-Mer sowie weit in den ungarischen Osten. Diese Art der Herrschaft war sehr mühsam, denn die Straßen waren schlecht und die Reisen von den Jahreszeiten abhängig. Wichtig war für Karl daher immer die Frage, wie man all die Menschen und Territorien des Frankenreichs auch ohne seine permanente Anwesenheit zusammenhalten konnte.

Einhard berichtet, dass zur Lieblingslektüre des Kaisers auch die Schrift »Über den Gottesstaat« des spätantiken Kirchenlehrers Augustinus von Hippo zählte. Als Vorbild führt

Der Thron Karls des Großen in der Aachener Pfalzkapelle. Er spielte im Krönungszeremoniell seiner Nachfolger eine wichtige Rolle.

763 ▶ Der Herzog von Bayern verweigert Pippin III. die Heeresfolge und bricht damit seinen Vasalleneid

768 ▶ 24.9. Tod Pippins III.

768 ▶ Karl der Große und Karlmann werden gemeinsam Könige des Frankenreichs

Augustinus darin den römischen Kaiser Konstantin an, der Byzanz groß gemacht und das Christentum zur Staatsreligion erhoben hatte. Für Karl musste sich das Werk wie eine Art Anleitung zur Herrschaft lesen: Glücklich nenne man diejenigen Herrscher, die »gerecht herrschen, wenn sie trotz aller schmeichlerisch verhimmelnden ... Reden sich nicht überheben und vergessen, dass sie Menschen sind, ... die Gottesverehrung ausbreiten, ... harte Erlasse ... durch erbarmende Milde und gütige Freigebigkeit ausgleichen«.

Es ist die Tradition antiker Kaisertugenden, die direkt aus diesen Worten spricht: Bescheidenheit, Frömmigkeit, Durchsetzungsfähigkeit und Milde. Tatsächlich sah Karl im Kaisertum auch für seine Herrschaft ein gutes Vorbild. Das Kaisertum der Römer hatte eine Qualität des Heiligen, alles Verbindenden besessen, und so war es den Römern über Jahrhunderte hinweg geglückt, ihr gewaltiges Reich unter einem Banner von Rom aus zusammenzuhalten.

Zum Christentum fanden die Franken unter dem merowingischen König Chlodwig I., der sich um das Jahr 500 taufen ließ.

Karls Herrschergeschlecht

Karl der Große gehörte zu dem Stamm der Franken. Ihr Name bedeutet übersetzt in etwa »die Mutigen, Freien«. Sie dominierten Mitteleuropa bereits seit den Tagen der Völkerwanderung. Ihr erstes Herrschergeschlecht waren die Merowinger gewesen, die seit dem 5. Jahrhundert unter König Childerich das fränkische Gebiet regierten.

Diese waren es auch, die das römische Christentum in Mitteleuropa einführten. Den Anfang machte König Chlodwig I., der sich um das Jahr 500 taufen ließ. Dabei entdeckten die Franken, dass ein gemeinsamer Glaube die Menschen politisch aneinanderbindet. Die

Religion wurde zum politischen Werkzeug. Um 590 christianisierten die Franken Gebiete rechts des Rheins und banden sie damit in ihr Reich ein. Nur in den weiter entfernt gelegenen Provinzen wie Thüringen, Sachsen oder Friesland blieben ihre Missionen ohne Erfolg.

Doch die Macht der Merowinger war bald im Niedergang begriffen. Bruderkriege zwischen den beiden Teilreichen Neustrien und Austrien zerrissen das Reich. In dieser Lage erlangten einige Adlige eine Vorrangstellung: die sogenannten »Hausmeier«. Diese Kriegsherren, deren Titel aus dem lateinischen Begriff »maior domus« hervorging, waren die

769 ▶ Rebellion Hunalds gegen die Franken in Aquitanien. Karlmann weigert sich, mit Karl gegen die Rebellen zu ziehen

769 ▶ Karl der Große heiratet eine Tochter des Langobardenkönigs Desiderius

771 ▶ 4.12. Nach dem Tod Karlmanns wird Karl der Große alleiniger Frankenkönig

732 besiegten die Panzerreiter des fränkischen Hausmeiers Karl Martell die Truppen des Kalifen Abd ar-Rachman.
Die Schlacht bei Tours und Poitiers wurde als Rettung des Abendlandes überhöht. Hier ist sie in einem romanti-
sierenden Ölgemälde des Malers Carl von Steuben aus dem Jahr 1837 dargestellt.

höchsten Amtsträger am merowingischen
Königshof. Sie beaufsichtigten das Gesinde
des Hofes, die Justiz sowie das Heer, was ihnen
erhebliches politisches Gewicht verschaffte.
Im gleichen Maße, wie die Wirren der merowingischen Kriege den König schwächten,
wuchsen Macht und Einfluss ihres Amtes. Bald
waren die Merowinger nur noch der Form nach
Könige. Die Hausmeier übernahmen die Herr-

schaftsgewalt über das fränkische Reich. Einer
dieser Kriegsherren, Pippin II., überwand im
7. Jahrhundert seine Konkurrenten und riss
das gesamte Reich an sich. Er begründete ein
neues Herrschergeschlecht – das der sogenannten »Pippiniden« oder »Karolinger«, wie
man sie später nach Karl dem Großen benannte.
Sein Sohn Karl Martell erbte 715 das Frankenreich. Er ist für seinen Sieg bei Tours und

771 ▶ Karlmanns Familie
flüchtet an den Hof des
Königs der Langobarden

772 ▶ Der Langobardenkönig
Desiderius versucht ver-
geblich, den neuen Papst Hadrian I. zu
frankenfeindlicher Politik zu bewegen

772 ▶ Karl der Große beginnt
den Krieg gegen die
Sachsen, erobert die Eresburg und
zerstört das Heiligtum Irminsul

Pippin der Kurze und Stephan II. – hier bei der Krönungszeremonie – begründeten das besondere Verhältnis zwischen dem Frankenreich und der Kirche. Die »Pippinische Schenkung« vergrößerte die materielle Macht des Klerus und etablierte den Kirchenstaat in Italien.

Poitiers über die aus Spanien vordringenden Mauren berühmt geworden. Auf ihn folgte sein 714 geborener Sohn Pippin III. – genannt »der Kurze« –, der Vater Karls des Großen.

Unter Pippin dem Kurzen emanzipierten sich die Karolinger vollends aus ihrer nachgeordneten Stellung. 751 setzte Pippin den letzten Merowingerherrscher Childerich III. ab und machte sich selbst zum König. Ein neuer

Spieler betrat dort das Feld im Wettbewerb um die Herrschaft über Mitteleuropa: das Volk der Langobarden. Diese waren ein germanischer Stamm, der seit 568 in Norditalien residierte. Die »Langbärte«, wie man sie nannte, hatten ein mächtiges Reich mit der Hauptstadt Pavia gegründet. Sie waren Christen, allerdings arianische Christen, die nicht der römischen Kirche unterstanden.

29

Sie eroberten 751 das byzantinische Ravenna und bedrohten Papst Stephan II. in Rom. Dieser entsann sich des mächtigen Frankenreichs im Norden und bat Pippin um Hilfe. Als Gegenleistung bot er die päpstliche Königssalbung an, was Pippins ursurpierte Herrschaft endgültig in ein von Gott gewolltes Königtum verwandelte. Auch ernannte er die Franken zu den Schutzherren der Kirche. Dieses Bündnis begründete die enge Freundschaft zwischen dem Papst in Rom und den fränkischen Karolingern. Pippin besiegte im Gegenzug die Langobarden in zwei Kriegen und vermachte deren Gebiete an den Papst. In der sogenannten »Pippinischen Schenkung« – die allerdings nur in späteren Abschriften überliefert ist – überantwortete der fränkische König im Jahr 754 der Kirche weite Teile Mittelitaliens. Diese Gebiete, die Pippin den Langobarden abgenommen hatte, vergrößerten den Besitzanspruch des Papstes erheblich und erlaubten einen wachsenden politischen Einfluss der Kirche. Darunter fielen weite Teile Mittelitaliens, darunter die Pentapolis (Rimini, Ancona, Senegallia, Pesaro, Fano), Tuszien (heutige Toskana mit dem nördlichen Teil des Latium), Venetien, Istrien sowie Spoleto und Benevent. Pippins Geschenk schuf das Fundament für den Aufstieg der römischen Kirche zur Universalmacht des Mittelalters.

Feindliche Brüder

Pippin hatte zwei Söhne, die für eine Thronfolge in Frage kamen, Karlmann und Karl – der spätere »der Große«. Karl wurde vermutlich am 2. April des Jahres 748 geboren, Karlmann am 28. Juni 751. Die Namen der Söhne waren mit Bedacht gewählt, erinnerten sie doch an ihren Großvater, den legendären Karl Martell. Über Karl und Karlmanns Jugend ist wenig bekannt, doch das Verhältnis der beiden Brüder zueinander war wohl schon zu Lebzeiten ihres Vaters nicht gut.

Bevor Pippin III. im Jahr 768 starb, teilte er sein Reich zwischen den beiden Söhnen auf. Karl erhielt den Norden und den Westen des Reiches und Karlmann den Süden und den Osten. Aus der Rivalität der Brüder wurde schnell offene Feindschaft. Anlass war ein Streit, der sich gerade einmal ein halbes Jahr nach dem Tod des Vaters entzündete. Das Krisengebiet des Reiches, Aquitanien, hatte der alte König in weiser Voraussicht der Verantwortung beider Söhne zugeteilt. Doch als dort Aufstände ausbrachen, weigerte sich Karlmann, seinem Bruder bei der Wiederherstellung der Ordnung beizustehen. Karl musste allein ins Feld ziehen.

Nur die Vermittlung ihrer Mutter Bertrada konnte einen Bruderkrieg verhindern. Denn die mächtige Königswitwe sorgte sich weiter um die große Politik. Sie erkannte, dass sich in Italien wieder die Feinde ihres verstorbenen Mannes, die mächtigen Langobarden, rührten. Ein Zwist der Söhne hätte das Reich preisgegeben. Bertrada ersann einen komplizierten Plan, um das Reich zu bewahren.

Der König der Langobarden, Desiderius, hatte eine junge Tochter, deren Name leider nicht überliefert ist, jedoch oft mit »Desiderata« umschrieben wird.

769/70 heiratete Karl die Tochter des Desiderius. Dass er zu jener Zeit bereits verheiratet war, stellte für den Franken kein größeres Problem dar. Seiner ersten Frau Himiltrud entledigte er sich kurzerhand mittels eines Klosters. Liebe war für Karl hier sowieso nicht im

773 ▶ Rachefeldzug der Sachsen gegen das Frankenreich

774 ▶ Karl der Große feiert das Osterfest in Rom und bestätigt gegenüber Papst Hadrian I. die »Pippinische Schenkung«

774 ▶ Pavia fällt nach langer Belagerung. Karl zwingt Desiderius in ein Kloster und krönt sich selbst zum König der Franken und Langobarden

Wie ein römischer Kaiser: Eine Tuchmalerei aus dem 8. Jahrhundert zeigt Karl den Großen als den Lenker einer Quadriga.

Spiel, sondern allein politische Erwägungen. Karl eröffnete diese Heirat wesentliche Vorteile. Nicht nur, dass die Verbindung mit den Langobarden den Frieden im Süden sicherte, auch errang Karl mit dem Bündnis die Oberhand gegenüber seinem Bruder Karlmann. Im Verbund mit dem mächtigen Stammesherzog aus Bayern, Tassilo, hatte Karl seinen widerspenstigen Bruder eingekreist.

Doch Karl hatte sich zu früh gefreut. Ein wichtiger Verbündeter, einer, zu dem beide Brüder dank ihres Vaters bislang gute Beziehungen unterhielten, war über diese Hochzeit gar

nicht glücklich. Der neue Papst, Stephan III., sah sich durch Karls Heirat vom fränkischen Hof verraten. Denn die neuen Verbündeten des Franken bedrohten den von Pippin einst gestifteten Kirchenbesitz. Für Stephan waren die Langobarden das »treulose und stinkende Volk«, welches »in der Zahl der Völker keineswegs zählt und aus dessen Sippschaft sicherlich das Geschlecht der Aussätzigen hervorgeht«. Was für ein Affront, dass man die Interessen des Papsttums einfach übergangen hatte! Und das auch noch durch den Sohn jenes Herrschers, den einst ein Papst zum König von Gottes Gnaden gesalbt hatte!

Enttäuscht wandte sich der Papst Karlmann zu. Doch unter der Gefahr, die Freundschaft des Papstes zu verlieren, war Karl zum Einlenken gezwungen. Tatsächlich gelang es ihm, den erbosten Stephan III. wieder zu beschwichtigen. Über den wankelmütigen Papst war wiederum Karlmann erzürnt. Er drohte sogar, gegen Rom zu ziehen und den Papst in seine Allianz zu zwingen. Dies versetzte Karl in Alarmstimmung. Schon sammelten beide Brüder ihre Heere.

Bevor es zum Äußersten kommen konnte, verstarb Karlmann völlig unerwartet am 4. Dezember 771. Ob sein Bruder ihn ermorden ließ, bleibt Spekulation. Wahrscheinlich war es eine kurze, aber schwere Krankheit, die den jungen König nach nur drei Jahren auf dem Thron seines Teilreichs dahinraffte. In jedem Fall veränderte der Tod Karlmanns die Lage grundlegend. Sein Bruder übernahm die Herrschaft über die nun vereinigten Königreiche. Karl wurde damit zu einem der mächtigsten Herrscher Europas.

Das Reich der Langobarden geriet erneut vom Verbündeten zum lästigen Konkurrenten.

31

775 ▶ Karl der Große zieht gegen die Sachsen. Er erobert die Hohensyburg und stellt die zerstörte Eresburg wieder her

775 ▶ Tod Konstantins V., des Kaisers des Byzantinischen Reichs, ihm folgt sein Sohn Leo IV.

777 ▶ Karl der Große beruft in Paderborn erstmals einen Reichstag auf sächsischem Boden ein

Sie verärgerten den jungen Herrscher, denn Karlmanns Erben – potenzielle Herausforderer Karls um den Königsthron – gewährten sie Asyl. Also kündigte Karl das Bündnis auf. Jetzt, da die politische Notwendigkeit nicht mehr bestand, verstieß er auch die Tochter des Desiderius und schickte sie zurück ins Langobardenreich. Lieber war ihm die neue Heirat mit einer zauberhaften Alemannin namens Hildegard. So kehrte die Langobardenprinzessin nach nur einem Jahr Ehe zu ihrem erzürnten Vater zurück. Das Bündnis zwischen Franken und Langobarden war damit ein für alle Mal zerbrochen. Ein Krieg in Italien schien unausweichlich.

Stich ins Wespennest

Karl ließ jedoch zunächst von den Langobarden ab und wandte sich einem neuen Gebiet zu – den Sachsen im Osten seines Reiches. Und so stand Karl im Sommer des Jahres 772 schließlich vor der Irminsul. Der rasche Feldzug gegen die Sachsen überrascht zunächst, sieht man sich Karls Lage an. Hatte Karl zu jener Zeit nicht eigentlich andere Sorgen? Desiderius zürnte dem König wegen seiner Tochter, und die Langobarden rüsteten schon zum Kampf gegen die Franken. Die rückständigen Sachsen dagegen waren keine ernsthafte Bedrohung. Hin und wieder überfielen die heidnischen Reiterbanden die Grenzgebiete von Karls Reich. Größere Gefahr ging von ihnen jedoch kaum aus. Wieso eröffnete Karl hier nun eine zweite Front?

Der König hatte gute Gründe. Karls erfolgreicher Kleinkrieg gegen einen schwachen Gegner war gut fürs Prestige und demonstrierte die Handlungsfähigkeit des jungen Königs. Außerdem versprach die Zerstörung der Irminsul reiche Beute, einen riesigen Gold- und Sil-

berschatz. Damit konnte sich Karl der Gefolgschaft all jener Adligen, die ihm in den Krieg gegen die Aquitanier gefolgt waren, versichern und jene Fürsten überzeugen, welche vielleicht noch seinem Bruder Karlmann und seinen Söhnen anhingen und die er bestimmt bald im Krieg gegen die Langobarden brauchen würde.

Ganz nebenbei verbreitete Karl auch noch das Christentum unter den Heiden, was ihm nur nützen konnte. Denn seit der Salbung seines Vaters Pippin waren die Frankenherrscher Könige von Gottes Gnaden, was sie in ihren Augen auch zu legitimen Herrschern über alle Christen machte. Heidnische Sachsen konnten sich widersetzen, doch christliche Sachsen waren durch ihre Religion automatisch an Karls Herrschaft gebunden.

Wirklich intensiv bekämpft hat Karl die Sachsen damals jedoch noch nicht. Als sich ihm einige Engern ergaben, ließ er es mit dem Überfall auf seine Nachbarn gut sein. Die Schatzkammern gefüllt, glaubte der Herrscher, seinen Kleinkrieg erfolgreich abgeschlossen zu haben. Jetzt konnte er wieder in Italien für Ordnung sorgen.

Sieg über die Langobarden

In Italien war Karl sowieso lieber als in Sachsen. Das Klima war dort viel angenehmer als in den nasskalten Wäldern, und hier befand sich einst das Zentrum des von ihm bewunderten Römischen Reiches. Hier erwuchsen auch mit jedem Tag neue Probleme, um die es sich zu kümmern galt. Der Streit mit Desiderius schwelte noch immer. Eifrig warb der Langobardenkönig um jeden Gegner Karls, dessen er habhaft werden konnte. Bald war sein Hof ein Sammelbecken all jener, die mit dem jun-

777 ▶ Widukind, Herzog der Sachsen, bleibt dem Reichstag fern und bittet Dänemark um Hilfe gegen die Franken

778 ▶ Karl der Große zieht auf Bitten des Herrschers von Saragossa in den Krieg ins arabische Spanien

778 ▶ Auf dem Rückzug aus Spanien kommt es zu schwerem Kampf mit den Basken, Markgraf Hroutland stribt (Rolandslied)

gen Franken noch eine Rechnung offen hatten. Und dann waren da noch die Frau und die beiden Söhne Karlmanns, die Desiderius aufgenommen hatte. Nicht nur, dass er ihnen Asyl gewährt hatte, der Langobarde spielte sich jetzt auch noch als Anwalt des verstorbenen Karlmann auf. Desiderius erklärte, der Papst solle Karlmanns Söhne salben und damit zu legitimen Anwärtern auf Pippins Erbe erheben. Damit wäre Karls Anspruch erloschen und sein Thron ernsthaft ins Wanken gebracht worden.

Zum Glück für Karl weigerte sich Papst Hadrian I., der Nachfolger Stephans III., die Zeremonie durchzuführen. Doch jetzt eskalierte die Situation endgültig. Die Langobarden zogen gegen Rom, um den Papst mit Waffengewalt zur Salbung zu zwingen. Rasch brannten Städte und Siedlungen im päpstlichen Einflussgebiet, und die Lage in Italien geriet völlig außer Kontrolle. Ein Eingreifen Karls war zwingend geboten. Wenn Desiderius den Papst besiegte und dieser die Erben Karlmanns salbte, war ein erneuter Zwist um die Krone unausweichlich. Desiderius musste aufgehalten werden.

Der junge Franke sammelte seine Truppen bei Genf, teilte sie in zwei Kolonnen auf und überquerte die Alpen. Im Sommer 773 erreichte er Italien. Dank der zwei Heereszüge gelang es ihm, die Langobarden in die Zange zu nehmen und ihren Verteidigungsgürtel zu umgehen. Desiderius wurde durch das Manöver überrumpelt, doch er dachte überhaupt nicht daran, bei Karl Frieden zu erbitten. Stattdessen zog er sich in das befestigte Pavia zurück, die wichtigste Stadt des Langobardenreichs. Auch Karlmanns Söhne flüchteten vor ihrem Onkel nach Verona, zusammen mit ihrer Mutter Gerberga und Adelchis, dem Sohn des Desiderius.

Als Karl in Italien einfiel, zog sich Desiderius ins stark befestigte Pavia zurück. Nur durch eine langwierige Belagerung konnte Karl die Stadt 774 zur Aufgabe zwingen.

Der Rückzug des Desiderius verärgerte Karl. Er hatte auf eine rasche Feldschlacht gegen die Langobarden gehofft, in der er seine eisernen Panzerreiter zum Einsatz bringen konnte. Auf Belagerungen war er nicht vorbereitet. Doch unverrichteter Dinge konnte er

33

778 ▸ Sachsen fallen ins fränkische Rheinland ein

779 ▸ Karl der Große führt einheitliche Maßsysteme für den königlichen Fuß als Längen- und das »Karlspfund« als Gewichtsmaß ein

782 ▸ Sachsen wird von Karl in Grafschaften eingeteilt

Die eiserne Krone der Langobarden wird im Domschatz von Monza aufbewahrt. Der Name rührt von einem eisernen Stirnreif her, der im Inneren der Krone befestigt ist und angeblich aus einem Nagel des Kreuzes Christi gefertigt wurde.

auch nicht abziehen. Das Problem mit Desiderius musste gelöst werden. Schweren Herzens ließ Karl sich auf einen Angriff gegen die Städte der Langobarden ein.

In Mittelalter-Spielfilmen werden Belagerungen gerne als aussichtslose Situation für die Eingeschlossenen dargestellt, die von Belagerungsmaschinen und immerfort anstürmenden Feinden bedrängt werden und nur über wenig Vorräte oder Wasser verfügen. In diesem Fall lag die Situation jedoch anders. Karl hatte kaum Belagerungsgerät, denn die steilen Alpenpässe hatten den Transport größerer Militärmaschinen verhindert. Er konnte nur die Stadt blockieren, Herolde mit Schmähschriften vor die Stadtmauern entsenden und

hoffen, dass schwindende Vorräte die Eingeschlossenen zur Aufgabe zwangen.

Tatsächlich war die Belagerung für die Belagernden aber genauso gefährlich wie für die Belagerten. Die großen Heere, die man zur Abriegelung einer Stadt benötigte, verbrauchten eine Unmenge an Nahrungsmitteln, die in der Umgebung der Stadt schon bald nicht mehr zu beschaffen waren. Auch waren sie genauso von Krankheiten und Seuchen bedroht wie die Belagerten. Die Chancen des Desiderius standen also nicht schlecht, und tatsächlich hielt Pavia den gesamten Winter über stand.

Vor Verona erwies sich die Lage als günstiger. Die Stadt ergab sich rasch. Möglicherweise hat Adelchis Karlmanns Familie ausgeliefert – sicher ist, dass Karls Erben den Franken übergeben wurden. Was mit den beiden Söhnen und Karlmanns Witwe geschah, ist nicht überliefert.

774 pilgerte Karl nach Rom. Er vertiefte die diplomatischen Beziehungen zu Papst Hadrian I., indem er mit ihm das Osterfest feierte und die Pippinische Schenkung bestätigte.

Erst im Juni wandte sich auch der Kampf um Pavia zu seinen Gunsten. Von Seuchen bezwungen, ergab sich die Stadt. Damit war das Schicksal des Langobardenreichs entschieden. Desiderius fiel Karl in die Hände, der den niedergerungenen Herrscher in ein Kloster im Frankenreich verbannte. Karl nutzte die Gunst der Stunde und krönte sich in der Basilika San Michele Maggiore selbst zum Langobardenherrscher. Von nun an nannte er sich »rex francorum et langobardorum« – König der Franken und Langobarden.

Der Untergang des Langobardenreichs erschütterte das Machtgefüge in ganz Mitteleuropa. Eine Großmacht wurde von ihrem Hauptkonkurrenten geschluckt. Fatal wirkte

sich die Niederlage auch auf das bis dahin eigenständige Stammesherzogtum der Bayern aus. Regiert wurde das Gebiet seit 757 von Herzog Tassilo III., einem Vetter Karls. Die Bayern waren Verbündete der Langobarden gewesen, doch von jenem Moment an, da Karl sich selbst die eiserne Krone der Langobarden aufs Haupt setzte, war das isolierte Bayern zu einem Ziel fränkischer Expansionspolitik geworden. Karl setzte der Eigenständigkeit Bayerns im Jahr 788 ein Ende. Er zwang Tassilo mit Waffengewalt in sein Reich, um ihn dort auf der Basis uralter Vorwürfe, die noch in die Zeit Pippins III. zurückreichten, der Rebellion und der Verschwörung mit den Feinden der Franken anzuklagen. Tassilo wurde zu lebenslänglicher Klosterhaft verurteilt. Bayern wurde konfisziert und Karls stetig wachsendem Reich einverleibt.

Karl gegen die Sachsen

Karl hatte seinen mächtigsten Feind überwunden. Auch die Nachkommen seines Bruders waren beseitigt und Karls Herrschaftsanspruch gefestigt. Der Zug gegen die Langobarden

Die germanischen Götter

Das Pantheon, an welches die Sachsen glaubten, war mindestens so vielfältig wie das der Römer oder der Griechen. Allen voran stand Göttervater Wodan, ein einäugiger Seher, der auf einem achtbeinigen Pferd ritt und als Allvater Menschen wie Götter beherrschte. Bedeutend war auch Donar, Herr der Blitze und des Donners, als dessen heiliger Baum die Eiche galt. Für die Sachsen besonders bedeutend war Saxnot, der Sohn Wodans, den man bei anderen Völkern Tyr nannte. Er war ein germanischer Rechts- und Kriegsgott. Sein Name bedeutet »Schwertgenosse« und bezieht sich auf die »sax«, ein Hiebschwert, welches auch den Sachsen ihren Namen gab.

35

782 ▶ Kultureller Aufschwung (Bildung, Dichtung, Buch- und Baukunst), ausgehend vom Hof Karls (»karolingische Renaissance«)

783 ▶ In China verkehren auf Flüssen mit Schaufelrädern angetriebene Schiffe

783 ▶ Erneute Aufstände erschüttern Sachsen. Die Rebellen unterliegen bei Detmold und Osnabrück

war zu einem Kriegsunternehmen geworden, auf das der gerade einmal 27-jährige König stolz sein konnte.

Doch die Freude trübte sich bald. In Karls Abwesenheit hatten sich die Sachsen zu einem Rachefeldzug gegen die Schänder der Irminsul formiert. Überall brannten die Stützpunkte der Franken im Sachsenland, darunter die von Karl befestigte Eresburg. Auch viele Kirchen in Nordhessen wurden zum Ziel der Überfälle, darunter das Kloster Fritzlar und der Bischofssitz Büraburg.

Damit hatte der junge König sicherlich nicht gerechnet, als er nur wenige Jahre zuvor die Irminsul hatte zerstören und plündern lassen. Sein Raubzug erwies sich als Stich ins Wespennest. Immerhin gelang es Karl, den Aufstand nach seiner Rückkehr rasch niederzuschlagen. Im Jahr 775 vernichtete er die sächsische Hohensyburg und vertrieb die Aufständischen aus dem Grenzgebiet.

Doch während Karl gegen die Aufständischen zu Felde zog, müssen ihm erste Zweifel gekommen sein, ob er diese Heiden nicht vielleicht doch unterschätzt hatte. Möglicherweise waren sie ja rückständig und unzivilisiert, doch sie waren eindeutig mutige Krieger. Ihre zersplitterte Lebens- und Siedlungsweise erwies sich als ihr Vorteil. Führt man sich die Kriege der USA in Vietnam oder der UdSSR in Afghanistan vor Augen, so kann man nachvollziehen, wie schwierig die Lage für den Franken war. Das unwirtliche, entlegene, schlecht erschlossene Gelände begünstigte Überfälle und Hinterhalte und ließ sich kaum kontrollieren.

Hinzu kam, dass die Sachsen höchst vielfältige Feinde waren, die keinen hierarchisch gegliederten Verband bildeten, sondern aus einer Vielzahl unterschiedlichster Stämme und Volks-

gruppen bestanden. Die drei bedeutendsten waren die Stämme der Ostfalen, der Engern und der Westfalen. Daneben gab es noch die Nordalbingier, die Widmodier und die Bewohner des Bardengaus. Einen gemeinsamen Fürsten an ihrer Spitze hatten sie nicht, vielmehr sprach und handelte jeder Stamm weitestgehend für sich selbst. Das führte dazu, dass auch nicht für alle Sachsen verbindliche Verträge oder Abkommen geschlossen werden konnten. Erzielte Karl mit dem einen Stamm eine Übereinkunft, so hieß dies keineswegs, dass die anderen Gruppen sich daran gebunden fühlten. Das bedeutete, dass bis zu einer vollständigen Unterwerfung der Sachsen praktisch jeder Stamm einzeln besiegt werden musste, was eine fast unmögliche Aufgabe darstellte. Und durch Karls Vernichtung der religiös verehrten Irminsul hatte sich die Zahl seiner Feinde in Sachsen eher noch vergrößert.

Kaum war die Ordnung wiederhergestellt, versuchte Karl eine Lösung des Problems zunächst durch Präsenz und politische Integration. Die Eresburg wurde wiederaufgebaut, und Karl errichtete neue Stützpunkte auf sächsischem Boden.

Die Psychologie war dabei entscheidend. Es galt, die fränkische Präsenz in den Köpfen der Menschen zu verankern. Karl ließ sich dabei, wie es scheint, von den antiken Kaisern inspirieren, denn der König gründete auch eine eigene »Karlsstadt«. Der Name erinnert an »Konstantinopel« oder »Konstantinstadt« in Byzanz, wo der römische Kaiser Konstantin auf der Grundlage des griechischen Byzantion seine eigene Stadt gestiftet hatte.

Wo genau Karls Stadt gelegen hat, ist nicht überliefert, doch wahrscheinlich ist, dass Karl sie in der Gegend des heutigen Paderborn errichten ließ.

Der Heilige Liudger übergibt Karl dem Große das Petruskloster in Leuze. Als König von Gottes Gnaden war für Karl die Verbreitung des Christentums entscheidend.

Der Rebell

Ein anderer Herrschaftsmechanismus war für Karl noch bedeutender: die Integration der Sachsen durch einen gemeinsamen Glauben. Damit die Sachsen dauerhaft befriedet werden konnten, mussten sie römische Christen werden. Nur so würden sie Karl als ihren König von Gottes Gnaden anerkennen.

Doch hier traf Karl einen wunden Punkt im Selbstverständnis der Sachsen. Diese standen dem Christentum, welches ihnen fränkische Missionare nahezubringen versuchten, skeptisch gegenüber. Sie erkannten darin sehr wohl das Instrument, mit dem die fränkischen Invasoren versuchten, sie zu unterwerfen. So mancher Sachse dachte daher überhaupt nicht daran, seinen eigenen Göttern abzuschwören. Statt Brücken zu schlagen, vertiefte die Missionierung die Gräben sogar noch.

Dabei schien es, als gäbe der Erfolg Karl in den ersten Jahren nach dem Aufstand recht. Die Missionierung verlief in den Augen der Franken sehr positiv. Massentaufen der Sachsen und die Errichtung einer Erlöserkirche überzeugten Karl davon, dieses Volk befriedet zu haben. In Anbetracht dieses offensichtlichen Sieges über die Stämme hielt Karl im Jahr 777 auf sächsischem Boden sogar eine Reichsversammlung ab. In der Karlsburg, mitten im einstigen Feindesland, trafen sich die Großen aus Karls Reich und machten fränkische Politik.

Nun, da im Osten offensichtlich Ruhe herrschte, wandte sich Karl neuen Aufgaben zu. Er fühlte sich so sicher, dass er sogar der Bitte des Herrschers von Saragossa folgte und ins arabische Spanien gegen den Emir von Córdoba zog. Zunächst ließ sich auch dieser Feld-

Bei Roncesvalles vernichtete ein Aufgebot der Basken die Nachhut Karls des Großen. Die Schlacht erlangte im Rolandslied Weltruhm.

788 ▶ Beginn einer mehrjährigen Auseinandersetzung zwischen Franken und Awaren

789 ▶ Erster Feldzug Karls des Großen gegen die Slawen. Seine Truppen dringen bis zur Peene vor

789 ▶ Allmähliche Entfremdung zwischen Franken und Byzantinern

Das Rolandslied

Karls Zug gegen Córdoba endete zwar in der Katastrophe, doch das militärische Abenteuer brachte es im »Chanson de Roland«, dem Rolandslied, zu literarischem Weltruhm. Das 4002 Verse umfassende Heldenepos entstand im 12. Jahrhundert und schildert den heldenmütigen Untergang des Markgrafen Hruotland (Roland). Der Gefolgsmann Karls wurde in der Schlacht von Roncesvalles von aufständischen Basken getötet. Das Rolandslied ist das bedeutendste Epos in altfranzösischer Sprache und beeinflusste die Heldendichtung des Mittelalters maßgeblich.

zug gut an. Pamplona wurde 778 erobert. Doch vor Saragossa blieb Karls Unternehmen stecken, und auf dem Rückzug durch das Baskenland geriet Karl in einen Hinterhalt aufständischer Basken. Die Schlacht bei Roncesvalles, in deren Verlauf Karls bretonischer Verbündeter Hruodland fiel, erlangte im Versepos des Rolandslieds Weltruhm.

Dann waren da noch die Sachsen. Karl ahnte nicht, dass sich hinter seinem Rücken erneut ein Krieg zusammenbraute. Die zersplitterten Sachsenstämme hatten sich unter einem gemeinsamen Anführer vereint. Dieser nannte sich Widukind und war ein Häuptling der Westfalen. Über die Person des mythischen Rebellen ist nur wenig bekannt. Sicher ist nur, dass er schon seit 777 den sächsischen Widerstand gegen die Franken organisierte. Karls Hoftag in der Karlsburg war er demonstrativ und als einziger Sachsenfürst ferngeblieben. Jetzt, da der Frankenkönig mitten in einem militärischen Abenteuer in Spanien steckte, sah Widukind die Zeit für die offene Rebellion gekommen. Und er wusste, wie man den Franken schlimm zusetzte. Im Verbund entwickelten die sächsischen Stammeskrieger eine ungeheure Schlagkraft. Sie zerstörten nicht nur ein weiteres Mal die Eresburg, sondern vernichteten auch Karls Gründung, die Karlsburg. Als Symbol für die verhasste fränkische Besatzungsmacht schleiften sie den Stützpunkt bis auf die Grundmauern. Dann verschärfte Widukind den Konflikt noch um eine weitere Stufe. Die Sachsen vergalten den Franken ihre Eroberungspolitik mit gleicher Münze und erwiderten das Eindringen der fremden Heere durch eine eigene Invasion ins Frankenreich.

Brennend und mordend fielen Widukinds Truppen weit in Karls Gebiet ein. Erst bei Köln wurde ihr Vorwärtsdrang gestoppt – durch den Rhein, denn sie besaßen keine Schiffe zum Übersetzen. Dann formierten sich die Heere neu, und die Sachsen überzogen das gesamte rechtsrheinische Gebiet mit Raub, Brand, Mord

792 ▶ Der älteste Sohn Karls des Großen, Pippin der Bucklige, unternimmt einen Umsturzversuch und scheitert

792 ▶ In Japan wird die Wehrpflichtarmee durch ein Freiwilligenheer ersetzt, was die Voraussetzung für das Aufkommen der Samurai ist

793 ▶ 8.6. Beginn der Wikingerzeit mit dem Überfall auf das englische Kloster Lindisfarne

und Totschlag. Die Lage war so schlimm, dass die Mönche des Klosters Fulda bereits wertvolle Reliquien in sicherere Gebiete evakuierten. Erst an der Moselmündung wurde der sächsische Vormarsch gestoppt – doch auch hier allein nur dadurch, weil den Sachsen die Schiffe fehlten.

Karl traf der Aufstand völlig unvorbereitet. Als er im Feldlager bei Auxerre von dem schlimmen Überfall auf sein Reich erfuhr, war er sprachlos: Hatte er nicht die Sachsen wiederholt unterworfen und tributpflichtig gemacht? Allen Burg- und Klostergründungen, Taufen und Reichsversammlungen zum Trotz war der rebellische Kampfgeist der Sachsen ungebrochen.

Die sächsischen Invasoren in seinem Rücken stürzten Karl in die schwerste Krise seiner Herrschaft. Sein spanischer Feldzug hatte in einer Katastrophe geendet, und sein eigenes Reich wurde von marodierenden Heidenstämmen verwüstet. Jetzt musste der Franke zeigen, dass er noch immer Herr der Lage war. Karl reagierte mit äußerster militärischer Entschlossenheit. In Eilmärschen kehrten die fränkischen Truppen in das Reich zurück, um zum Gegenschlag auszuholen. Im August 779 überschritten sie den Rhein und attackierten die Sachsen bei Bocholt.

Ich schwöre vor Gott und vor Euch, das treulose und wortbrüchige Volk der Sachsen mit Krieg zu überziehen und nicht eher zu ruhen, bis es entweder besiegt und zur christlichen Religion bekehrt ist – oder aber, wenn die Sachsen es nicht anders wollen, dass sie vollständig von der Erde vertilgt werden!

KARLS EID
AUS EINHARDS ANNALEN

Panzerreiter und Sachsenkrieger

Im Kampf der Sachsen gegen die Franken trafen militärische Welten aufeinander. Karls Armee war für die damalige Zeit hochmodern. Die fränkischen Krieger des 8. Jahrhunderts waren gut gewappnet. Sie trugen Helme aus Metall, Kettenrüstungen oder Schuppenpanzer und waren mit Langschwertern bewaffnet, die man »Spatha« nannte. Gefürchtet waren auch die fränkischen Panzerreiter, die »Scara Francisca«, die als Berufskrieger den Kampf zu ihrem Handwerk gemacht hatten. Unter Karls Großvater Karl Martell hatten sie den Sieg über die Mauren 732 bei Tours und Poitiers ermöglicht. In schweren Rüstungen, auf mächtigen Schlachtrössern reitend, zermalmten diese Elitekrieger jeden Feind. Den effektiven Kampf vom Sattel aus ermöglichte ihnen dabei eine Erfindung der Awaren: eiserne Steigbügel. Sie erlaubten es Karls Reitern, mit langen Stoßlanzen vom Pferd herab zu kämpfen, ohne durch den Aufprall dieser Waffe aus dem Sattel gehoben zu werden.

Die Sachsen dagegen waren viel einfacher bewaffnet und verließen sich hauptsächlich auf schnelle Überfälle. Sie kämpften oft ohne Rüstung, mit einfachen Speeren, Äxten sowie der »Sax«, einem langen Messer, dem die Sachsen auch ihren Namen verdanken. Im Guerilakrieg lehrten die schnellen Krieger die Franken das Fürchten. Doch in der offenen Feldschlacht waren sie Karls Panzerreitern völlig ausgeliefert.

Voller Zorn über den erneuten Aufstand, griff Karl entschlossen durch. In einem brutalen Kriegsunternehmen brach er den sächsischen Widerstand. Dann gliederte er die bis dahin eigenständigen Gebiete der Sachsen offiziell in sein Reich ein und teilte die neuen Besitztümer unter ihm genehmen sächsischen Kollaborateuren auf. Auch von friedlicher Mission war nun keine Rede mehr. Als »Prediger mit der eisernen Zunge« machte Karl das Christentum zum gnadenlosen Gesetz. In der »Capitulatio de partibus Saxoniae« verordnete er 782 ein kompromissloses Besatzungsstatut. Hierin wurde der Vorrang des Christengottes vor den heidnischen Göttern verordnet. Zwangstaufen und Unterwerfung machten die Widerspenstigen gefügig. Den Unbekehrbaren drohte die völlige Vernichtung. Auf jede Form heidnischer Religionsausübung stand jetzt genauso die Todesstrafe wie auf fortgesetzte Rebellion.

Allen Maßnahmen zum Trotz hielt der Widerstand der Sachsen an. Die Lage eskalierte weiter. Das zeigte sich im Sommer des Jahres 782, als ein fränkisches Heer, das Karl gegen die Slawen ausgesandt hatte, von Widukinds Sachsen nördlich des Süntelgebirges bis auf den letzten Mann vernichtet wurde. Karls Rache ist legendär: Bei Verden an der Aller soll es zum Massenmord an den Sachsen gekommen sein. Der Franke ließ sich dort der Legende nach 4500 Rebellen ausliefern, um sie alle an Ort und Stelle zu köpfen, allein Widukind soll entkommen sein. Dieses Massaker ist als das »Blutgericht von Verden« in die Geschichte eingegangen und unter Historikern stark umstritten. Doch auch wenn sich nicht mehr beweisen lässt, ob Karl dort im November 782 wirklich tausende Sachsen enthaupten oder nur deportieren ließ – der große Zorn des Frankenkönigs wird deutlich.

Nur die Taufe konnte aus den Sachsen treue Gefolgsleute machen – das glaubte Karl der Große zumindest. Buchillustration des frühen 9. Jahrhunderts.

1. Alle stimmen dem Prinzip der höheren Fälle zu, dass die Kirchen Christi in Sachsen nicht geringere, sondern erheblich höhere Geltung haben sollen als die Götzenstätten.

...

Sterben soll, wer Heide bleiben will und unter den Sachsen sich verbirgt, um nicht getauft zu werden, oder es verschmäht, zur Taufe zu gehen.

»CAPITULATIO DE PARTIBUS SAXONIAE«

797 Karl der Große lockert seine Politik in Sachsen durch den Erlass des milderen »Capitulare Saxonicum«

797 Harun al-Raschid und Karl der Große nehmen diplomatische Beziehungen auf

799 25.4. Attentat auf Leo III. Als Verbrecher angeklagt, flieht der Papst zu Karl dem Großen nach Paderborn

Den Krieg gegen die Sachsen betrieb Karl mit erbitterter Härte. Der brutale Kampf ist hier in einer französischen Buchmalerei des 14. Jahrhunderts dargestellt.

ihnen sogar, die Sachsen in offenen Feldschlachten bei Detmold und Osnabrück zu stellen, wo sie den fränkischen Panzerreitern hoffnungslos unterlegen waren.

Der Frankenherrscher zeigte jetzt stetig Präsenz, überwinterte sogar in der Eresburg. Und tatsächlich: Der ständige Druck auf die Rebellen zeigte Wirkung. Im Jahr 785 signalisierte Widukind seine Bereitschaft, sich Karl zu unterwerfen und zum Christentum überzutreten. Er folgte Karl ins Frankenreich nach Attigny, wo die Zeremonie mit großem Prunk am Weihnachtstag des Jahres 785 vollzogen wurde. Der Frankenherrscher selbst war der Taufpate seines einstigen Widersachers. Die Reichsannalen von 790 vermerkten: »Et tunc tota Saxonia subiugata est« – ganz Sachsen sei nun unterworfen.

Zwar war diese Einschätzung noch immer allzu optimistisch. Jahrzehntelang sollte es zu weiteren Aufständen in Sachsen kommen. Doch die Taufe Widukinds markierte den Endpunkt der schlimmsten Auseinandersetzungen in den Sachsenkriegen. Mit zunehmender politischer Entspannung lockerte Karl seinen Griff um Sachsen sogar wieder. Stand seit 782 auf beinahe alle Vergehen gegen die Kirche zwingend die Todesstrafe, so wandelte sein 797 erlassenes zweites »Capitulare Saxonicum« die Strafen in Geldbußen um. Später ging Karl sogar noch weiter: 802 kodifizierte er das alte sächsische Volksrecht und stellte es dem fränkischen Recht gleich.

Karls Strategie des Zuckerbrots und der Peitsche erwies sich als Erfolg: 805 endeten die Sachsenkriege. Doch der Preis des Sieges war immens. Einhard urteilte, kein Krieg sei »langwieriger und grausamer und für das Frankenvolk mühseliger gewesen« als der Sach-

Seine brutale Missionierungspolitik brachte Karl viel Kritik ein. »Sachsenschlächter« nannten ihn manche. In England zweifelte man an seinem Verstand. Sogar die Kirche kritisierte Karl. Ein enger Freund, der englische Mönch Alkuin, ermahnte Karl, das Christentum könne man nicht mit Gewalt erzwingen – nur die freiwillige Annahme der Sakramente und der Übertritt ohne Zwang könnten einen wirklich festen und dauerhaften Christenglauben einpflanzen.

Doch der Erfolg gab dem König recht. Das gnadenlose Vorgehen brach den Widerstand nach und nach. Die fränkischen Truppen bekamen die Lage in den Griff, es gelang

41

Widukinds Unterwerfung markierte den Wendepunkt in dem erbitterten Kampf gegen die Sachsen. Karls Erzfeind bekehrte sich zum Christentum. In der Wissenschaft ist sein weiteres Schicksal umstritten, möglich ist, dass er seine Tage als Mönch beschloss.

senkrieg, welcher »mit großer Feindseligkeit auf beiden Seiten« geführt worden sei. Der vermeintlich schnelle Raubzug eines jungen Königs war zu einem 33 Jahre währenden Vernichtungsfeldzug geworden.

Doch jetzt war das Land der Sachsen erfolgreich in Karls christliche Herrschaft integriert. Dies galt auch für seine Anführer. Der Rebell Widukind wird nach seiner Taufe in den Quellen kaum noch erwähnt. Möglicherweise hat er als einfacher Mönch im Kloster Reichenau seine Tage beschlossen. Ironischerweise hat man den einst heidnischen Freiheitskämpfer nach seinem Tod, vermutlich im Jahr 807, in das Pantheon der christlichen Heiligen aufgenommen.

Karl und die »karolingische Renaissance«

Die Langobarden besiegt, den Papst gestützt, die Sachsen bekehrt, die Bayern einverleibt: Karl saß fest im Sattel. Sein Reich hatte sich als Großmacht Mitteleuropas etabliert. Das manifestierte sich auch in einem enormen kulturellen Aufschwung.

802 ▶ Der Elefant »Abul Abbas«, ein Geschenk Harun al-Raschids an Karl den Großen, erreicht Aachen und erregt großes Aufsehen

802 ▶ Die Sachsen erhalten weitgehend ihr altes Volksrecht zurück

803 ▶ 9.8. Tod der byzantinischen Kaiserin Irene

In Karls Erlassen, den sogenannten Kapitularien, widmete sich der Kaiser einer Vielzahl weltlicher und geistlicher Probleme. Die »Capitulatio de partibus Saxoniae«, ein gnadenloses Besatzungsstatut, sollte die Sachsen zum Christentum zwingen.

Man hat dieses Phänomen wiederholt die »karolingische Renaissance« genannt, auch wenn der Begriff »Renaissance«, der ja eigentlich eine Epoche der Rückbesinnung auf die Antike im 15./16. Jahrhundert bezeichnet, nicht gut passt. Denn tatsächlich erfuhr das Frankenreich unter Karls Herrschaft eine Blüte in weitaus umfassenderer Hinsicht als nur in der Rückbesinnung auf Vergangenes.

Man erzielte wesentliche Fortschritte in der Organisation der Landwirtschaft. Erste Ansätze zur sogenannten Dreifelderwirtschaft, bei der im Wechsel ein Feld mit Winter-, dann mit Sommergetreide bestellt wurde und schließlich brachlag, sorgten für ein erheblich besseres Nahrungsangebot. Dazu kam ein beispielloser Aufschwung in Handel und Handwerk. Im Bereich der Textilherstellung entwickelte sich sogar eine einfache Industrie. Verstärkter Straßenbau erschloss die unwirtlichen Grenzgebiete und förderte den Warenverkehr. Handelsrouten verbanden jetzt die Wirtschaftszentren von der Nordsee bis ans Mittelmeer. Auch Richtlinien für Maße, Gewichte und Münzwesen wurden unter Karls Herrschaft erlassen.

Ein Goldsolidus Karls des Großen. Auf seinen Münzen bezeichnete er sich als König der Franken und Langobarden.

43

Darunter findet sich auch eine Art Vorläufer des Euro, der »Karlspfennig«. Hierbei handelte es sich um eine einheitliche Silbermünze, die nicht nur in allen Bereichen des Frankenreichs, sondern auch bei den Nachbarn akzeptiert wurde. So wurde ein einheitlicher Wirtschaftsraum geschaffen, der den Handel förderte. Karls Einteilung eines Pfundes Silber in zwanzig Schillinge oder 240 Pfennige galt in Großbritannien sogar bis ins Jahr 1972.

Bedeutend war auch Karls Beitrag zur Entwicklung der Schrift. In Karls Kanzleien erschuf man die sogenannten »karolingischen Minuskeln«. Die schnell schreibbare und gut lesbare Normalschrift vereinheitlichte den Zeichenwirrwarr und breitete sich in fast ganz Westeuropa aus. Sie ist uns noch heute in unserer »lateinischen Schrift« mit ihren Kleinbuchstaben erhalten.

Der Hof des wissbegierigen Herrschers, der mit einer Hofschule und einer Bibliothek hervorragend ausgestattet war, wurde zunehmend zu einem Zentrum der Bildung, wo sich die Weisen und Klugen der Zeit trafen. Sicherlich der wichtigste unter diesen Köpfen war Karls englischer Freund Alkuin. Den Mönch aus York hatte Karl im Jahre 781 in Parma kennengelernt und an seinen Hof ins Frankenreich mitgebracht. Alkuins Unterrichtskonzept, die aus der Antike übernommene Einteilung in die Themenkomplexe Trivium (Grammatik, Rhetorik, Dialektik) und Quadrivium (Arithmetik, Geometrie, Musik, Astronomie) beeinflusste das Schulsystem des Mittelalters wesentlich.

Herausragend war auch die Bedeutung von Karls Herrschaft für die Architektur. Für Karl war sie eine sehr bedeutsame Kunst, denn die prachtvollen Bauwerke, die unter ihm entstanden, rückten ihn in die Nähe der großen römischen Kaiser. Noch heute prägt sie das Bild vieler Städte, ganz besonders aber das von Karls Lieblingspfalz Aachen.

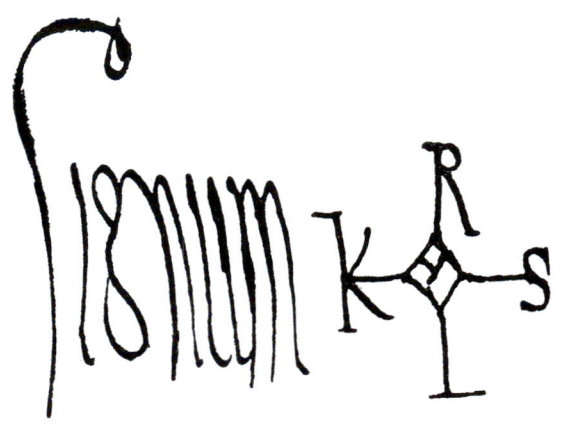

Dokumente unterschrieb Karl in Form eines Strichs, den er in eine Raute zwischen die Buchstaben seines königlichen Monogramms malte.

An Karls Hofschule lehrten die größten Wissenschaftler – im Bild Hrabanus Maurus und Alkuin, wie sie Martin von Tours ein Manuskript überreichen.

44

807 ▶ Karl der Große entscheidet, nur noch Freie mit großem Grundbesitz dürften in den Krieg ziehen: Entstehung des Rittertums

810 ▶ Errichtung des Limes Saxoniae

811 ▶ Friedensvertrag zwischen den Dänen und Karl dem Großen

Der Aachener Dom, Karls berühmtestes architektonisches Erbe, verbindet die Stadt Aachen bis heute untrennbar mit dem großen Frankenkaiser. Hier befand sich einst Karls Lieblingspfalz, da sie günstig lag und über heiße Quellen verfügte.

Eingangs wurde erwähnt, dass die fränkischen Könige in der Regel keine feste Hauptstadt hatten, sondern ständig durch ihr Reich reisten, um ihre Machtposition in ihren Ländern durch Präsenz zu vergegenwärtigen und aufrechtzuerhalten. In den Pfalzen – der Begriff stammt vom lateinischen Wort »palatium« für »Palast« – hielt auch Karl Hof. Paläste waren diese Pfalzen jedoch nicht. In Ausstattung und Größe sowie im Komfort waren sie höchst unterschiedlich, so dass Karl bald bestimmte Pfalzen als seine Lieblingsresidenzen bevorzugte.

Aachen schätzte er aus vielerlei Gründen. Es lag günstig an einem Verkehrsknotenpunkt und nicht allzu weit entfernt vom Land der Sachsen, so dass Karl hier eventuelle Aufrührer gut im Blick behalten konnte. Dies und die heißen Quellen vor Ort führten dazu, dass Karl sich immer häufiger hier aufhielt.

In der Aachener Pfalzkapelle, die er im Jahr 805 sogar vom Papst persönlich weihen ließ, verbindet sich höchste karolingische Baukunst mit einem wahrhaft kaiserlichen Herrscheranspruch. Beeinflusst vom spätantiken Stil, fasziniert besonders das Oktogon der Karlskapelle, in der sich auch Karls Thron erhalten hat. Ganz offensichtlich ist dies nicht nur die Kapelle eines Königs, sondern eines Herrschers, der die antiken Vorbilder kannte und auch den Glanz und die Pracht eines Kaisers auch für sich beanspruchte.

45

812 ▶ Karl der Große wird gegen die Herausgabe Venedigs von Konstantinopel als weströmischer Kaiser anerkannt

812 ▶ Kaiserproklamation Karls in Aachen

813 ▶ Karl der Große erhebt seinen Sohn Ludwig zum Mitkaiser und Reichserben

Im Oktogon der Aachener Pfalzkapelle verbinden sich mittelalterliche Heilsvorstellungen und antike Baukunst miteinander.

Ein Papst in Not

Dennoch blieb es vorerst beim Wunsch, selbst ein römischer Kaiser zu sein. Karl hatte den höchsten Gipfel seiner Herrschaft noch nicht erklommen. Erst der Zufall spielte ihm eine einmalige Gelegenheit in die Hände.

Karl weilte in seiner Pfalz in Paderborn, als im September 799 zwei besonders bemerkenswerte Gesandtschaften seinen Hof beehrten. In der einen Gruppe befand sich Papst Leo III., auf der Flucht vor einem aufständischen Mob, in der anderen die Vertreter genau jener Aufständischen, die den Papst vertrieben hatten.

Die päpstliche Partei beklagte das Unrecht, das man Leo III. angetan hatte, und die Aufständischen bezichtigten den Pontifex vor Karl der schlimmsten Verbrechen.

Ein Machtkampf hatte die Stadt Rom erschüttert. Leo III., der anders als sein Vorgänger Hadrian nicht einer der traditionellen Herrscherfamilien Roms entstammte, stand im Konflikt mit der Oberschicht. Vor allem ein Neffe des alten Papstes namens Paschalis und der Adlige Campulus machten ihm zu schaffen. Beim Volk war Leo III. ebenfalls wenig beliebt. Dort warf man ihm ein sündiges Privatleben vor.

Ein mörderisches Komplott gegen Leo hatte sich entwickelt. Am 27. April 799 war er nur mit knapper Not einem brutalen Anschlag entkommen. Während einer Prozession zur Kirche San Lorenzo hatte ein wütender Mob versucht, den Papst zu lynchen. Vom Pferd geworfen, versuchte man ihm die Augen auszustechen und die Zunge abzuschneiden – nach mittelalterlicher Denkweise eine durchaus geeignete Art, einen Papst zu bestrafen, ohne sich gleich der Sünde des Mordes am Heiligen Vater schuldig zu machen. Dies misslang zwar, doch der schwer verletzte Papst wurde im Kloster des heiligen Erasmus festgesetzt und sollte vor einem Gericht angeklagt werden. Leo entkam seinem Gefängnis mit knapper Not und floh zu den Franken.

Die Verschwörer wagten es nicht, einen neuen Papst zu wählen, ohne vorher Karls Einverständnis einzuholen. Denn der war ja als fränkischer König ein Schutzherr Roms. Somit war der Streit um Leo III. auch eine Angelegenheit für Karl geworden.

Es ist ein altes Sprichwort, dass der Streit von zweien einem Dritten nur zum Vorteil gereichen kann. Nun, da in Paderborn sich beide Parteien an seinem Hof gegenüberstanden, hielt Karl alle Karten in der Hand. Und er wusste sie zu nutzen: Wenn Leo auf ein Machtwort des Königs gehofft hatte, so wurde er enttäuscht. Anders als zu seinem Vorgänger Papst Hadrian I., den er vor den Langobarden gerettet hatte, pflegte Karl zu Leo keine tieferen freundschaftlichen Beziehungen. Die Vorwürfe von Hadrians Neffen wollte oder konnte er nicht einfach so beiseitewischen.

Karl spielte auf Zeit. Eine Untersuchungskommission wurde eingesetzt. Diese geleitete alle Parteien nach Rom zurück und ging dort den Anklagen nach. Die Vorwürfe gegen Leo behielt Karl als Faustpfand aber weiter in seiner Hand. Denn auch weiterhin versuchte der Papst alles Erdenkliche, um Karl zur Rettung seiner Herrschaft auf seine Seite zu ziehen. Was aber konnte Karl vom römischen Papst für seinen Schutz verlangen?

Vielleicht waren es die Schilderungen des Augustinus, die Karl noch immer vor Augen standen, und das Vorbild Konstantins des Großen. Wie dieser regierte auch Karl mittlerweile über ein ausgedehntes Reich. Wenn der Franke etwas aus seinen vielen Feldzügen gegen die Sachsen und andere Völkerschaften gelernt hatte, dann dies: Die von ihm kontrollierten Gebiete waren so unterschiedlich, dass es beinahe unmöglich war, sie dauerhaft zu beherrschen.

Karl kannte aus der Geschichte nur ein Reich, dem dies gelungen war: das Imperium der Römer. Die Klammer, welche die Völkerschaften der Antike einst zusammenhielt, war das römische Kaisertum. Und näher, als selbst den Titel »römischer Kaiser« zu erhalten, konnte Karl an das Vorbild Konstantins nicht heranreichen.

Dennoch war die Kaiserwürde kein Titel, den man sich einfach so verleihen konnte. Nur ein Herrscher Roms besaß die politische Autorität, Karl zum römischen Kaiser küren.

Diese Voraussetzung war es, die dem strauchelnden Papst in Karls Augen einen neuen Wert verlieh. Denn der Papst war gleichzeitig auch der Fürst Roms. Für Karl öffnete sich eine Tür in die höchste Sphäre irdischer Herrschaftsmacht.

Alles deutet darauf hin, dass Karl und Leo ein Bündnis schlossen. Vermutlich erkannten sie, dass jeder dem anderen von großem Nutzen sein konnte. In jedem Fall entspannte sich die Lage schlagartig. Leo III. verblieb zunächst in Rom, und Karl zog noch einmal auf einer

Papst Leo III. und Karl der Große schlossen ein Bündnis, das zum beiderseitigen Vorteil gereichte: Leo behielt seine Herrschaft, Karl wurde Kaiser.

47

Das Papsttum

»Auf diesem Fels will ich meine Kirche bauen«, hatte Jesus seinem ersten Jünger Petrus (griech. petros, der Fels) kurz vor seiner Kreuzigung mitgeteilt. Als Petrus im Jahr 64 oder 67 unter Nero den Märtyrertod in Rom erlitt, wurde die Stadt rasch zum Zentrum der römisch-katholischen Christenheit. Als Nachfolger des Apostels Petrus – und damit als selbst erklärter Stellvertreter Christi auf Erden – wurden die Päpste zu mächtigen Fürsten. Als Verleiher der Kaiserwürde waren die Päpste über Jahrhunderte Konkurrenten der deutschen Herrscher im Spiel um die Macht.

umfangreichen Tour durch sein Reich. Er traf sich mit Alkuin und hielt einen Familienrat mit seinen Söhnen. Dann erklärte der Franke, nach Rom aufbrechen zu wollen. Die Untersuchungskommission war ergebnislos geblieben. Karl verkündete, er wolle sich nun selbst um die Angelegenheit kümmern.

Am 23. November des Jahres 800 erreichte der Franke die Ewige Stadt. Karl war bereits des Öfteren hier gewesen, zum ersten Mal im Jahr 774, als er während des Krieges mit Desiderius von Leos Vorgänger Hadrian empfangen worden war. Eine Begrüßung kurz vor den Toren der Stadt war damals alles gewesen, was man Karl zugestanden hatte. Jetzt war die Lage anders, das zeigte schon die Begrüßung, die ihm dieses Mal zuteil wurde.

Bereits am zwölften Meilenstein vor der Stadt, in Mentana, traf Karl auf Papst Leo III.,

der ihm bei einem gemeinsamen Essen seine Aufwartung machte. Dann eilte der Pontifex rasch in die Stadt zurück. Nicht nur, dass er dem Franken von dort aus die Fahnen der Stadt entgegenschickte, er organisierte auch Jubelchöre, die Karl bei seinem Einritt in die Stadt begeistert feierten. Auf den Stufen der Peterskirche empfing der Papst dann den Franken ein zweites Mal. Vor den Augen der römischen Öffentlichkeit begrüßte er Karl mit seinen Würdenträgern. Ein solcher Empfang war eines Kaisers würdig.

Doch was zunächst folgte, war nüchternste Politik. Karl berief eine Synode ein, um seinen Teil der Abmachung einzuhalten: Es galt, Papst Leo III. zu rehabilitieren. Beweise für eine Schuld Leos fanden sich noch immer keine, nur ein Reinigungseid konnte den Streit um den Papst endgültig entscheiden. Am 23. Dezember bestieg daher der Papst die Kanzel und schwor: »Ich, Leo, Papst der heiligen römischen Kirche, bekenne aus freiem Willen mich vor Gott, der mein Gewissen kennt, und dem heiligen Petrus rein von den gegen mich erhobenen Anklagen.«

Ein solcher Eid war für die Zeitgenossen nicht einfach nur eine leere Behauptung. In einer Zeit, in der man Tatverdächtige an Mordopfern vorbeiführte, um zu sehen, ob die Leichen wieder zu bluten begannen, war ein fehlerfrei gesprochener Eid auf Gott ein eindeutiges Zeichen der Unschuld. Denn wäre Leo schuldig gewesen, hätte Gott ganz sicherlich Einfluss genommen. Doch weder versprach sich Leo, noch traf ihn der Blitz.

Damit waren vor aller Öffentlichkeit die Vorwürfe gegen den Papst endgültig ausgeräumt. Der heilige Vater war zurück in Amt und Würden und schickte sich schon am Folgetag

887 ❯ 11.11. Karl III. wird zur Abdankung gezwungen: Beginn der endgültigen Auflösung des Karolingerreichs

904 ❯ 29.1. Mit der Wahl von Sergius III. beginnt der sittliche Verfall des Papsttums

912 ❯ Hochphase der Mauren von Córdoba mit Annahme des Emirtitels durch Abd ar-Rahman III.

an, den erwiesenen Freundschaftsdienst Karls entsprechend zu vergelten.

Am Weihnachtsmorgen des Jahres 800 läuteten die Glocken der Peterskirche in Rom.

Mit seinem ganzen Gefolge betrat Karl das Gotteshaus. Der König hatte sich an diesem Tag höchst auffällig gekleidet. Karl kannte man in der Frankentracht, mit Beinwickeln und

Papst Leo III. krönte am 25. Dezember 800 den fränkischen König Karl im Petersdom zum Kaiser. Karl gab sich überrascht, doch seiner Krönung lag ein perfider Plan zugrunde.

im Reitermantel. Doch heute trug Karl eine römische Tunika, einen wertvollen Mantel und juwelenbesetzte Sandalen. Auf den Stufen der Kirche begrüßte ihn der Papst mit dem Bruderkuss und geleitete ihn zum Altar. Dort kniete der Franke nieder, um zu beten. Lange Zeit schien er völlig im Gebet versunken.

Als er sich erhob, setzte ihm Leo plötzlich eine juwelenbesetzte Krone aufs Haupt. Jubelrufe erschallten: »Heil und Sieg Karl dem Augustus, dem von Gott gekrönten, großen und friedfertigen Kaiser der Römer!« Karl war Kaiser. Und gab sich völlig überrascht. Einhard schrieb später, hätte Karl gewusst, was der Papst vorgehabt habe, so hätte er sich trotz des hohen Festes nicht in die Kirche begeben. Ganz neue Töne für den ambitionierten Karl, dessen hier überlieferte Bescheidenheit, wie wir ahnen können, vermutlich nicht ganz der historischen Wahrheit entspricht.

Weltreich der Franken

Die Kaiserkrönung Karls des Großen ist eines der wichtigsten Daten europäischer Geschichte. Sein Ziel war erreicht. Er war Nachfolger des von ihm so bewunderten Kaisers Konstantin geworden – dank seines geschickten Vorgehens in der Krise des Papsttums.

Doch Karls Erhebung zum römischen Kaiser war nicht ohne politische Brisanz. Denn in jener Zeit gab es noch immer ein weiteres römisches Kaisertum, welches bis in die Zeit der Antike zurückreichte: das Oströmische Reich von Byzanz. Seine Abspaltung vom Westen ging auf den römischen Kaiser Theodosius zurück, der im Jahr 395 aus administrativen Überlegungen heraus das Reich der Römer in ein Oströmisches und in ein Weströ-

misches Reich geteilt hatte. Das Weströmische Reich existierte schon seit Jahrhunderten nicht mehr. Es war 476 erloschen, als der Germanenkönig Odoaker seinen letzten Kaiser, Romulus Augustulus, abgesetzt hatte. Doch Ostrom bestand noch immer, und dessen Anspruch auf die »echte« römische Kaiserwürde war nicht ganz von der Hand zu weisen.

Dieses Legitimationsproblem lösten Papst und Kaiser mittels juristischer Spitzfindigkeit. Der Thron der Byzantiner war damals von einer Frau besetzt, der Kaiserin Irene. Leo konstruierte daraus eine Begründung für Karls Vorrecht. Frauen galten als nicht geschäftsfähig, waren den Männern untertan. Ein römischer Kaiser hatte auch gleichzeitig römischer Heerführer zu sein, und nach römischem Recht durfte eine Frau kein Heer anführen. Undenkbar daher, dass eine Frau die anerkannte Kaiserin Roms sein konnte. Und so argumentierten

Die Kaiserkrönung machte aus dem Franken einen legendären Herrscher. Hier ist Karl in einer Buchmalerei aus dem 15. Jahrhundert abgebildet.

Auch mit Harun al-Raschid, dem sagenhaften Kaiser aus »Tausendundeine Nacht«, verbanden Karl diplomatische Beziehungen. Die fränkischen Gesandtschaften sandte der Kalif mit reichen Geschenken zurück – so etwa im Jahr 802 mit einem Elefanten.

Karl und Leo III., der byzantinische Kaiserthron sei ja im Grunde genommen verwaist. Die Byzantiner akzeptierten diese Begründung natürlich nicht. Es kam zum Streit, der sogar in einem Krieg gipfelte. Erst 812 ließ sich der Konflikt im Frieden von Aachen beilegen.

Auch wenn man das in Byzanz anders sah und Karls kaiserlichen Anspruch bestritt: Mit der Kaiserkrönung des Franken wurde nur besiegelt, was machtpolitisch seit geraumer Zeit bestand. Karls Reich war dem eines Kaisers mehr als würdig und konnte sich mit dem seiner römischen Vorbilder in jeder Hinsicht messen. Es reichte von der Atlantikküste bis nach Osteuropa, von der Nordsee bis ans Mittelmeer. Das Erbe seines Vaters Pippin hatte Karl verdoppelt.

Mit seinen Feldzügen schaltete Karl seine Gegner aus und erstickte jede Form von Widerstand. Bewahrt hatte er sein Reich jedoch durch Klugheit und einen klaren Blick für die Symbole, welche seine Herrschaft zusammenhalten konnten. Bestehendes wurde abgeändert und durch Karls Vorgaben ersetzt. Und in diese Reihe passte eben auch die Kaiserwürde für Karl. Dem Christentum, der fränkischen Vorherrschaft und jetzt auch dem Glanz des Kaisertums hatten sich die von ihm dominierten Völkerschaften unterzuordnen. Das Alte hatte den Boden für eine neue Epoche bereitet.

Die Kaiserwürde unterstrich nur Karls Bedeutung für die damalige Weltpolitik. Er betrieb bereits Bündnisverhandlungen mit

51

Harun al-Raschid, dem aus »Tausendund-eine Nacht« bekannten sagenumwobenen abbasidischen Kalifen. Im Jahr 802 kehrten Gesandte aus dem Orient mit einem beson-deren Geschenk des Kalifen zurück: einem lebenden Elefanten. Das Tier mit dem Namen »Abul Abbas« ist der erste urkundlich belegte Elefant des europäischen Mittelalters. Neben der Diplomatie setzte Karl seinen Expansions-kurs fort. Die Sorben, Böhmen und das Gebiet der Awaren wurden alsbald Karls Reich ein-gegliedert. Venedig und Dalmatien huldigten dem Kaiser.

Tod eines Kaisers

Im Jahr 813 hielt Karl seinen letzten großen Reichstag in Aachen ab. Den Herbst über wid-mete er sich seinen Leidenschaften, wie dem Essen und der Jagd. Auch dem Bad mit Freun-den in Aachens heißen Quellen frönte er reich-lich, was ihm gelegentliche Gichtanfälle erträg-licher machte. Doch noch immer merkte man dem lebensfrohen Kaiser sein vorgerücktes Alter kaum an. Dann erfasste den Franken während der Weihnachtsfeiertage eine selt-same Schwäche. Zunächst vermutete man,

Karl der Große am Sterbelager, dargestellt in einem Kupferstich Matthias Merians des Älteren. Der Frankenkaiser starb vermutlich an einer Brustfellentzündung.

seine Krankheit rühre von seiner Ernährung her. Ganz unüblich versuchte der Kaiser daher, seine Krankheit zunächst durch ein Heilfasten zu lindern. Doch die reduzierte Nahrungsaufnahme verschlimmerte nur die Symptome. Zum Fieber trat eine schwere Brustfellentzündung hinzu. Stechende Schmerzen plagten den Kaiser beim Ein- und Ausatmen, Fieber und beständiger Husten schwächten ihn weiter.

Am frühen Morgen des 28. Januar 814 eilte eine schreckliche Nachricht durch den Palast: Karl war seinem Leiden erlegen. Erschüttert trug man ihn noch am selben Tag in seinem Münster zu Grabe. Der Kaiser wurde 66 Jahre alt.

In diesem Grab ruht der Leichnam Karls, des großen und rechtgläubigen Kaisers, der ruhmvoll das Reich der Franken vergrößert und es siebenundvierzig Jahre lang glücklich regiert hat.

EINHARD ÜBER DIE INSCHRIFT AM GRAB
KARLS DES GROSSEN

Das Erbe des Franken

Sein Sohn Ludwig übernahm nach Karls Tod die Herrschaft und auch die Kaiserwürde. Doch der tiefreligiöse Thronfolger, dem man später den Beinamen »der Fromme« gab, war keine gute Wahl für die Kaiserherrschaft. Karls Reich zerbrach. Im Streit der Söhne Ludwigs über die Erbverteilung kam es zum Machtkampf. 843 wurde Karls Reich im Vertrag von Verdun dreigeteilt: das Mittelreich (Italien, Burgund und Lothringen), das Westfrankenreich und das Ostfrankenreich. Aus dem West- und dem Ostfrankenreich sollten dann das spätere Frankreich und Deutschland entstehen.

Karls Sohn Ludwig, den man »den Frommen« nannte, gelang es nicht, Karls Reich zu bewahren.

Karl wurde nach seinem Tod schnell zur Legende. Schon sein Name wurde zum Inbegriff der Herrschaft. Ähnlich wie »Caesar« das Wort »Kaiser« geprägt hat, bildet der Name »Karl« in vielen Sprachen die Sprachwurzel des Begriffs für »König«. Auf Tschechisch heißt König »král«, auf Polnisch »król«, auf Ungarisch »király« und auf Russisch »korol«.

Waffenmächtig, mild im Sieg, ein König im Triumph, steht Karl in seiner Güte über allen Königen der Erde. Gerechter ist er als sie alle und mächtiger.

»KARLSEPOS«

Dürers Ölgemälde ist die wohl berühmteste Darstellung Karls des Großen – auch wenn sie eher Dürers Fantasie als dem historischen Karl geschuldet ist.

Sagen umrankten den Frankenkaiser. Sein Nachfolger Otto III. soll um das Jahr 1000 Karls Grab geöffnet und den Kaiser unverwest vorgefunden haben. Kaiser Friedrich Barbarossa ließ Karl 1165 heiligsprechen. Über die Jahrhunderte hinweg faszinierte der Kaiser die Nachwelt. Dürer prägte sein Bild, indem er 1513 Karl den Großen malte. Über Jahrhunderte idealisierte man Karl als den Vorzeigeherrscher eines romantisierten Mittelalters schlechthin.

Bis heute ist der Frankenkaiser ein Vorbild, auf das man gerne zurückgreift. Gleich zwei Nationen – Frankreich und Deutschland – nennen ihn ihren Stammvater. Tatsächlich hat Karl den Grundstein für die Entstehung beider Länder gelegt und die Entwicklung der politischen Landschaft Mitteleuropas erheblich beeinflusst.

Manche gehen sogar noch weiter. Sie erkennen in Karl den Vorreiter der europäischen Vereinigung, gewissermaßen einen Gründervater der Europäischen Union. Doch hinter der Europapolitik Karls stand nicht der moderne Europagedanke. Die Idee eines gleichberechtigten, freien Miteinanders der europäischen Völker entstammt nicht der Herrschaft Karls, sondern ist das Ergebnis einer langen geistigen Entwicklung unseres Kontinents.

Karls Ziel war die Schaffung allgemein gültiger Normen. Er wollte die kulturell und ethnisch vielfältigen Gebiete seines Reichs regierbar machen. Hierfür benötigte er klare Rahmenbedingungen. An vorderster Stelle stand das Christentum, welches die Menschen unter seiner Herrschaft verband. Es legitimierte seine Herrschaft und lieferte die Grundlage für ein gemeinsames Wertesystem. Auch Karls andere Reformen folgen dem Gebot der

1037 28.5. Erblichkeit der Lehen auch beim niederen Adel wird per Gesetz von Konrad II. festgelegt

1039 4.6. Nach dem Tod seines Vaters Konrad II. folgt ihm Heinrich III. als römisch-deutscher König

1046 25.12. Heinrich III. wird von Clemens II. in Rom zum Kaiser gekrönt

Das Reich Karls des Großen

- Fränkischer Machtbereich 768
- Erwerbungen Karls des Großen
- Fränkischer Einflußbereich

KGR. DÄNEMARK

OSTSEE

NORDSEE

Pomoranen

Truso
Prussen

Dänische Mark

Jumne

Abodriten

Weichsel

Hamburg

Sachsen

Wilzen

Polanen

ANGELSÄCHS. KÖNIGREICHE

Nimwegen

Corvey

Sorben

Oder

Dorstat

Paderborn

Erfurt

Slazanen

Wislanen

Briten

Themse

London

Xanten

Duisburg

Eresburg

Sorbische Mark

Prag

Köln

Meersen

Heristal

Böhmen

Moldau

Opolanen

Boulogne

Cambrai

Aachen

Austrien

Mainz

Michlinstadt

Morawier

Amiens

Reims

Trier

Worms

Regensburg

Raffelstätten

Compiègne

St. Denis

Diedenhofen

Verdun

Ulm

Salzburg

Bayern

Pannonische Mark

Paris

Straßburg

Alamannien

Neustrien

Drau

Bretonische Mark

Tours

Mark Friaul

Agram

Briten

Loire

FRÄNKISCHES REICH

Burgund

Genf

Lombardei

Venedig

Save

Poitiers

Lyon

St. Maurice

Vercelli

Mailand

Kroaten

Aquitanien

Pavia

Po

Serben

KGR. ITALIEN

Ravenna

KIRCHEN-

Toulouse

Tuszien

Hzm. Spoleto

ADRIA

778 Roncesvalles

Spanische Mark

Marseille

STAAT

Saragossa

Korsika

Rom

Hzm. Benevent

KALIFAT V. CÓRDOBA

Barcelona

0 100 200 300 km

MITTELMEER

Sardinien

Neapel

Rhein, Ems, Elbe, Weser, Rhein, Mosel, Seine, Rhône, Donau, Inn, Arno, Ebro

Normierung. Bildung und Schrift beförderten Verständnis und Kommunikation innerhalb des Reiches. Überall galt es, die Gebote der Heiligen Schrift zu verstehen und einheitlich auszulegen, auch die schriftlichen Befehle des Königs mussten im ganzen Reich verstanden werden. Seine Reformen im Bereich des Handels, der Verkehrswege und der Landwirtschaft, die Vereinheitlichung von Maßen und Gewichten sowie die Reform der Währung schufen eine wirtschaftliche Ordnung, die nicht minder bedeutend war. Karls System bot Rechtssi-

1054 ▶ 16.7. Morgenländisches Schisma zwischen katholischem Rom und orthodoxem Konstantinopel

1056 ▶ 5.10. Nach dem Tod Heinrichs III. übernimmt sein Sohn Heinrich IV. den Thron

1066 ▶ 14.10. Schlacht bei Hastings: Die Normannen unter Wilhelm dem Eroberer besiegen König Harald II.

cherheit und Schutz für die Bewohner in allen Teilen seines Reiches. Überall beachtete man dieselben Grundwerte, Handel und Kommunikation basierten auf derselben Schrift, derselben Währung und derselben Moral. Hier zeigt sich Karls Politik durchaus als ein Vorreiter des modernen Europa.

So lässt sich mit Fug und Recht behaupten: In dem verbindenden Erbe Karls des Großen liegt seine Bedeutung für das heutige Europa. Er schuf einen neuen politischen Großraum christlicher Kultur. In der Vereinheitlichung der Herrschaft und des Glaubens legte er den Grundstein für spätere Jahrhunderte. Der große Leitgedanke des Mittelalters, das Prinzip »ein Herrscher, ein Reich, ein Glaube« war unter Karl dem Großen zum ersten Mal Wirklichkeit geworden.

Zum Symbol für eine Herrschaft nach Karls Vorbild wurde dabei die Kaiserwürde. Sein späterer Nachfolger Otto der Große war es, der sie auch zum Symbol der Herrschaft im späteren Reich der Deutschen machte. Er – bezeichnenderweise Sachse – trat bewusst das Erbe Karls des Großen in seinem Ostfränkischen Reich an. Das Herrschaftssystem kultureller, geistlicher und politischer Einheit erwies sich als Erfolgsmodell.

Doch damit wuchs auch die Macht der Kirche. Als Kaisermacher waren die Päpste bald untrennbar an die deutschen Herrscher gekettet. Erbitterte Kämpfe zwischen weltlicher und geistlicher Macht waren die Folge. Dieser Konflikt gipfelte im sogenannten »Investiturstreit« im 11. Jahrhundert, in dessen Verlauf Heinrich IV. im Büßergewand vor die Burg Canossa ziehen musste, um von Papst Gregor VII. die Aufhebung des Kirchenbanns zu erbitten. Über Jahrhunderte erhielt und verteidigte die Kirche

erfolgreich ihre politische Macht, die ihr durch die Kaiserkrönung Karls zugefallen war.

Mit der Kaiserkrönung Karls des Großen beginnt, wenn man es so will, die Geschichte des abendländischen Europa. Mit der Kaiserwürde legte er auch das Fundament, auf dem später das Reich der Deutschen gegründet werden sollte. Zwar stellten Feinde von außen, der Machtkampf mit dem Papst und die Frage nach der Gefolgschaft der Fürsten die alles verbindende Reichsidee des christlichen Kaisertums immer wieder auf eine harte Probe. Doch blieb die Idee »ein Herrscher, ein Reich, ein Glaube« über Jahrhunderte die Grundlage, auf der das Reich bestehen sollte – bis mit Martin Luther ein rebellischer Mönch dieses innerste Prinzip bis auf die Grundfesten erschütterte.

Hildegard von Bingen

und die Macht der Frauen

Keine Frau des deutschen Mittelalters ist heute so bekannt wie Hildegard von Bingen, die Visionärin, Naturwissenschaftlerin, Politikerin und Komponistin, Theologin und sogar Managerin. Sie gründete zwei Klöster, hinterließ drei große kosmologisch-theologische Schriften, 77 Lieder und ein Singspiel, Bücher über Pflanzen und Heilkunde und einen gigantischen Schriftwechsel mit den Großen ihrer Zeit. »Prophetissa Teutonica« wurde sie von Kaiser Friedrich Barbarossa genannt; als »Posaune Gottes« sah sie sich selbst. Ihre Visionen waren in einer Zeit, in der das weibliche Geschlecht komplett unter männlicher Verfügungsgewalt stand, ein mächtiges Instrument für eine Frau. Denn niemand konnte den Worten des Herrn widersprechen.

»Der Mond war zur Zeit des Vollmonds in Blut getaucht, so dass er auch einen roten und schrecklichen Glanz ausstrahlte die ganze Nacht«: So berichtet die Vita der Hildegard von Bingen vom 17. September des Jahres 1179. Es war die Nacht, in der die berühmte Magistra des Klosters Rupertsberg im hohen Alter von 81 Jahren starb. Zu diesem Zeitpunkt genoss sie eine Bekanntheit, die für eine Frau des Mittelalters äußerst ungewöhnlich ist. Denn über mehr als die Hälfte der mittelalterlichen Deutschen, nämlich die Frauen, ist unser Wissen sehr begrenzt. Der weibliche Teil der Bevölkerung des Deutschen Reiches hat in den Quellen nur wenige Spuren hinterlassen. Sie waren Ehefrauen und Mütter, Bäuerinnen oder Dienstmägde. Ihre Namen haben sich meist nur überliefert, wenn ihr gesellschaftlicher Rang herausragend war, vor allem, wenn sie die Frauen von Fürsten oder gar Königen wurden. Theophanu, die Gattin Ottos II., etwa oder Beatrix von Burgund, die Frau, die Kaiser Friedrich Barbarossa liebte. Wer mit den Regierenden nichts zu tun hatte, fand bei den Chronisten kein Interesse.

Umso erstaunlicher ist der Ruhm Hildegards von Bingen, die heute als die bekannteste Deutsche des Mittelalters überhaupt gilt. Sie ist der Popstar unter den mittelalterlichen Deutschen, steht für Dinkelrezepte oder ein naturnahes Leben. Esoterikläden vertreiben heilende Steine, die vor über 800 Jahren von Hildegard empfohlen wurden, und CDs mit ihrer Musik sind Bestseller. Vieles wird Hildegard angedichtet, über das sie vermutlich den Kopf schütteln würde, würde sie es erleben. So hat sie den Dinkel, der in zahllosen Produkten mit ihrem Namen vertrieben wird, nur mit wenigen Zeilen in einer Schrift erwähnt.

Der Dinkel ist das beste Getreide, und er ist warm und kräftig, und er ist milder als die anderen Getreidearten, und er bereitet dem, der ihn isst, rechtes Fleisch und rechtes Blut, und er macht frohen Sinn und Freude im Gemüt des Menschen.

HILDEGARD VON BINGEN, »PHYSICA«

Ein ganz besonderes Kind

Hildegard von Bingen wurde im Jahr 1098 geboren. Ihr Geburtstag ist, wie im Mittelalter üblich, nicht überliefert. Hildegards Eltern Mechthild und Hildebert, waren Edelfreie, gehörten also dem hohen, alteingesessenen Adel an. Ging die Forschung lange Zeit davon aus, dass Hildegards Familie in Bermersheim, einem Dörfchen nahe Alzey in Rheinhessen, lebte, tendiert man nun eher dazu, das noch kleinere Niederhosenbach als ihren Geburtsort anzunehmen. Die Eltern bewirtschafteten mit ihren Leibeigenen einen Herrenhof, der sie mit allem Lebensnotwendigen versorgte und einen gewissen Wohlstand sicherte.

Die Zeit, in die Hildegard hineingeboren wurde, zählt zu den hoffnungsvollen Jahrzehnten des Mittelalters. Das wechselhafte, kühle Wetter, das den Menschen in Mitteleuropa über mehrere Generationen hinweg übel mitgespielt hatte, war einem milderen Klima gewichen. Höhere Erträge auf den Feldern und technische Innovationen wie das Hufeisen verbesserten die Ernährungslage. Eine regelrechte Bevölkerungsexplosion war die Folge. Lebten um das Jahr 1000 etwa 12 Millionen Menschen in Mitteleuropa, so waren es 150 Jahre später bereits etwa 36 Millionen. Neue Dörfer und Städte entstanden, und die alten Siedlungen, die teilweise seit der Antike bestanden, erwachten zu neuer Blüte. Hildegards weitere Heimat zählte seit Langem zu den Kernlanden des Reiches, und mit Worms, Mainz und Speyer lagen gleich drei bedeutende Bischofsstädte in unmittelbarer Nähe zu ihrem Wohnort.

Freilich kannten die allermeisten Deutschen ihre Herrscher nur vom Hörensagen. Nur wenige bekamen sie je zu Gesicht, wenn der Reiseweg des Königstrosses zufällig durch ihre Gegend führte. Von den politischen Erschütterungen blieben die meisten Bewohner des Reiches weitgehend verschont, denn Kriege wurden meist in lokal begrenzten Schlachten ausgetragen. Den wesentlichsten Machtkampf trug das Königtum in jenen Jahrzehnten mit dem Papst in Rom aus. König Heinrich IV. hatte sich unter dem Druck opponierender Fürsten 1077 in Canossa vor Gregor VII. auf die Knie werfen müssen, um seine Wiederaufnahme in die Kirche zu erwirken. Die Stellung des deutschen Königtums als wichtigster Macht in Europa war damit auf lange Sicht geschwächt worden. In den Kindheitsjahren Hildegards bekämpften sich der streitbare Heinrich IV. und sein gleichnamiger Sohn ganz in der Nähe des Wohnortes des Mädchens. Auf Burg Böckelheim im südlichen Hunsrück hatte Heinrich V. seinen Vater gefangen gesetzt. Zwar konnte dieser noch entkommen, doch 1106 starb der alte Kaiser in Utrecht. Sein Leichnam wurde den Rhein hinauf nach Speyer transportiert.

Die kleine Hildegard von Bingen mag diese Ereignisse wahrgenommen haben, die sicherlich Gesprächsthema auf dem heimischen Hof waren. Obschon ihre Eltern im Vergleich mit einem Großteil der deutschen Bevölkerung durchaus bessergestellt waren,

war das Leben auf dem Hof von landwirtschaftlicher Arbeit geprägt. Knechte und Mägde versahen gemeinsam mit den leibeigenen Bauern die Bestellung der Felder. Hildegards Vater führte die Oberaufsicht und war gleichzeitig Vormund für Familie und Gesinde. Die Mutter Mechthild kümmerte sich um das herrschaftliche Haus, das Gesinde und die Produktion der alltäglichen Gebrauchsgegenstände. Hildegard hatte in jungen Jahren eine Amme, die ihr die nötige Zuwendung zukommen ließ. Ihr stand sie persönlich näher als Mechthild und Hildebert. Das Verhältnis zu den Eltern

Hildegards Kindheit, dargestellt auf einem hölzernen Altar der Rochuskapelle in Bingen.

Mittelalterliche Landwirtschaft in einer englischen Darstellung aus dem 11. Jahrhundert: Trotz technischer Neuerungen blieb die Landarbeit ein Knochenjob.

war im Mittelalter respektvoll, aber erheblich distanzierter, als wir es heute kennen. Vater und Mutter waren in erster Linie Personen, die es zu ehren galt.

Offenbar war Hildegard ein recht schüchternes Mädchen. Sie selbst schrieb später, sie sei schnell errötet und habe sich gern vor Menschen zurückgezogen. Doch was sie vor allem von ihren Altersgenossen unterschied, schilderte sie Jahrzehnte später: »Seit meinem dritten Lebensjahr sah ich ein so großes Licht, dass meine Seele erzitterte, aber wegen meiner Kindlichkeit vermochte ich nichts davon vorzubringen.« Bereits in diesem Alter, so zumindest Hildegards Erinnerung, sei sie von Visionen erfasst worden, deren Bedeutung sich ihr allerdings noch nicht erschlossen habe. Sie war verwirrt und beunruhigt. »Als ich davon erschöpft war, versuchte ich von meiner Amme zu erfahren, ob sie, abgesehen von äußeren Dingen, irgendetwas sehe. Und sie erwiderte: ›Nichts‹, weil sie nichts dergleichen sah.

Da ward ich von großer Furcht ergriffen und wagte nicht, dies irgendjemandem zu offenbaren.« Eine kluge Einstellung, denn zu dieser Zeit wurde jede Form der Andersartigkeit argwöhnisch beäugt. Rothaarigkeit, Muttermale, eine ungewöhnliche Physiognomie – all das konnten schon Zeichen des Leibhaftigen

Teufelsdarstellung in der Abteikirche St. Philiberg in Tournus in Burgund.

1099 ▶ 16.7. Gottfried von Bouillon wird als »Beschützer des Heiligen Grabes« erster Regent des Königreichs Jerusalem

1100 ▶ 5.8. Heinrich I. wird König von England

1100 ▶ 8.9. Gegenpapst Clemens III. stirbt

sein, dessen Wirken für die Menschen ebenso real war wie die Furcht vor Hölle und Fegefeuer. Doch auch wenn es Hildegard gelang, ihre seltsamen Zustände nicht an die große Glocke zu hängen, war den Eltern wahrscheinlich schnell klar, dass ihre Jüngste nicht dafür gemacht war, früh verheiratet zu werden und ein familiäres Leben zu führen. Das Mädchen hatte offenbar eine spirituelle Ader, und ohnehin war es üblich, in einer so kinderreichen Familie mindestens ein Kind in den geistlichen Stand zu geben. Hildegard sollte Nonne werden.

Ein Leben für Gott

Der Beginn des 12. Jahrhunderts bedeutet auch für den christlichen Glauben in Europa eine Zeit enormer Veränderungen. Institutionen, die bis dahin sakrosankt waren, wurden plötzlich in Frage gestellt. Der Investiturstreit hatte grundsätzlich die Frage nach der Vorherrschaft von geistlicher oder weltlicher Macht aufgeworfen. Die Klosterreformen in Burgund und auch im Deutschen Reich evozierten viele Fragen nach einem neuen Verhältnis zwischen Gott und den Gläubigen. Neue Glaubensgemeinschaften, die teilweise radikal mit den hergebrachten Traditionen brachen, entstanden.

In Hildegards Geburtsjahr 1098 gründete der Benediktiner Robert von Molesme die Abtei Cîteaux, das Mutterkloster des wenig später so einflussreichen Ordens der Zisterzienser. Auch für Frauen gab es nun erheblich mehr Möglichkeiten, ein Leben im Glauben zu führen. Sie suchten als Eremitinnen die innere Einkehr oder gründeten Frauenklöster, auf die ein nie da gewesener Ansturm einsetzte. Doch in der näheren Umgebung von Hildegards Geburtsort gab es noch kein Nonnenkloster. Als Ort für

Hildegards geistliche Ausbildung kam also nur eine Klause in Betracht, eine in der Regel an ein Männerkloster angegliederte abgeschiedene Wohnstätte für Frauen. Am Zusammenfluss der Flüsse Glan und Nahe im südlichen Hunsrück entstand seit 1108 ein Benediktinerkloster auf dem Disibodenberg, das den Eltern geeignet schien. »Und als sie, noch kaum acht Jahre alt, mit Christus begraben werden sollte, um mit ihm wieder aufzuerstehen zur Ehre der

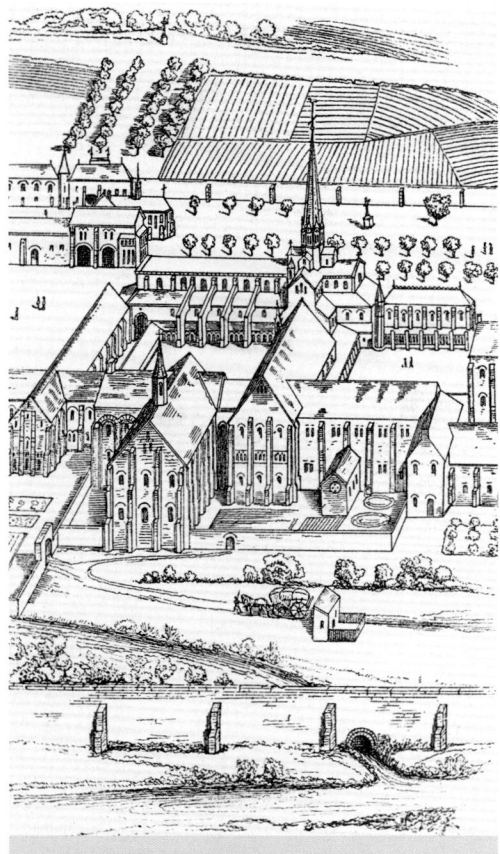

Holzstich des Klosters Cîteaux. Von hier nahm die Zisterzienserbewegung ihren Anfang.

61

Unsterblichkeit, wurde sie auf dem Berg des heiligen Disibod eingeschlossen«, so berichtet die Vita. Hildegard dürfte eher bereits 14 Jahre alt gewesen sein, als sie zu den Benediktinern gestoßen ist, wohl am 1. November des Jahres 1112, dem Allerheiligentag. In der Überlieferung zum Leben Hildegards wird dieser entscheidende Tag im Leben des Mädchens grundsätzlich positiv dargestellt. Nach ihrem Willen, so die Quellen einmütig, begann ein Leben für Gott.

Doch selbst wenn die 14-Jährige von tiefem Glauben durchdrungen war, so wurde sie durch den Klostereintritt doch komplett aus dem ihr vertrauten Leben gerissen. Sie verlor den Kontakt zu ihren Geschwistern und Freunden, die sie sicherlich auf dem heimischen Hof gehabt hatte. Auch ihre Eltern würde sie nur noch äußerst sporadisch sehen. In einer Zeit, in der man auf einer Tagesreise unter idealsten Bedingungen kaum mehr als 25 Kilometer bewältigen konnte, waren Besuche beschwerlich und selten. Ihre wirkliche Gefühlslage beschreibt keine Quelle, doch kann man mit Recht vermuten, dass dem Mädchen durchaus mulmig war, als sich die schweren Türen der Klause hinter ihm schlossen.

Mit Hildegard wurden die etwa sechs Jahre ältere Jutta von Sponheim und ein weiteres Mädchen eingeschlossen. Jutta, eine selbstbewusste junge Frau, hatte gegen erhebliche Widerstände durchgesetzt, ein geistliches Leben führen zu dürfen. Entgegen den Heiratsplänen der Familie ließ sich Jutta vom Mainzer Erzbischof in einer »Jungfrauenweihe« zu einem geistlichen Leben außerhalb eines Klosters verpflichten. Ihre religiöse Unterweisung übernahm die fromme Uta von Göllheim, bis Jutta sich entschloss, in die Klause auf dem Disibodenberg einzuziehen. Wo genau diese Klause sich befand, ist unklar, da vom Kloster

Kloster Cîteaux in Burgund, das Ursprungskloster des Zisterzienser: Noch leben und arbeiten hier mehr als 30 Mönche.

lediglich imposante Ruinen übrig geblieben sind. Ein ummauertes Karree an der Klostermauer, das die Besitzer des Areals zur »Frauenklause« deklariert und mit Rosen geschmückt haben, um Hildegard-Schwärmern und Pilgern einen Ort zuzuweisen, ist zwar hübsch gelegen, als angeblich historischer Standort der Klause aber reine Fantasie. Als Hildegard und Jutta auf den Berg kamen, war dieser eine gigantische Baustelle. Die zerklüftete Bergspitze wurde mit großem Aufwand zu einem Plateau als Bauplatz für ein komplett neues Kloster umgestaltet. Die Klosterkirche, die am höchsten Punkt entstand, entsprach in ihren Ausmaßen nahezu dem Mainzer Dom. Schlafräume, Bibliothek, Speiseräume, Krankensäle und Klostergarten – alle Bestandteile einer ordentlichen, mittelalterlichen Klosteranlage gruppierten sich nach und nach um die imposante dreischiffige Kirche.

Relativ kurz nach dem Einzug in die Klause legten die Frauen das Gelübde auf die Regel Benedikts ab. Der Alltag der Frauen war nun geregelt: acht Stunden Schlaf, Gottesdienst, die Gebete zu regelmäßigen Tageszeiten, körperliche Arbeit und das Studium. Hierzu gehörten Lesen und Betrachten der Bibel, Rezitieren des Psalters, Gesang und höchstwahrscheinlich auch das Befassen mit gelehrten Büchern, die ausnahmslos lateinisch geschrieben waren. Zwar bezeichnete sich Hildegard zeit ihres Lebens als »indocta«, als ungelehrt im Sinne einer formalen, in Schulen vermittelten Ausbildung. Jedoch bemerkt die Vita ihrer Lehrmeisterin Jutta, dass diese ihr Wissen bereitwillig mit ihren Schülerinnen teilte. Aus den Werken Hildegards schließt man heute auf eine recht umfassende Bildung, ohne dass aber bislang wirklich geklärt werden konnte, wie sie diese erworben hat.

Der heilige Benedikt überreicht die Ordensregel an einen Abt. Miniatur aus dem 14. Jahrhundert.

Hildegard scheint diese ersten Jahre mit den beiden Gefährtinnen auf dem Berg durchaus genossen zu haben. Allerdings distanzierte sie sich später von der strengeren Lebensführung Juttas von Sponheim. Jutta neigte zu exzessiven Gebeten, strengster Askese und Selbstkasteiung. Als die Schwestern nach ihrem Tod den Leichnam wuschen, fanden sie eine eiserne Kette, die sie angeblich seit »dem Tag ihrer Einschließung bis zu ihrem Ende trug«. Ein Cilicium, eine metallene Gliederkette, die an einer Seite mit scharfen Metalldornen besetzt war, schnitt tief in den Oberschenkel ein und verursachte extreme Schmerzen. Modernen Kinogängern ist dieses Kasteiungsinstrument aus dem Film »Da Vinci Code« bekannt. Jutta von Sponheim versuchte offen-

1111 ▶ 13.4. Heinrich V. erzwingt die Krönung zum Kaiser des Heiligen Römischen Reiches durch Papst Paschalis II.

1112 ▶ Hildegard von Bingen geht ins Kloster Disibodenberg

1113 ▶ Baubeginn der Tempelanlage Angkor Wat in Kambodscha

Klosterruine Disibodenberg: Überreste des ehemaligen Hospizes.

Ideal der Klausnerinnen zu werten ist. Auf dem Disibodenberg pflegten die Frauen regen Kontakt zu ihrer Umwelt. Da Jutta von Sponheim zahlreichen Besuchern Ratschläge gab, genoss sie über die Grenzen des Klosters hinaus einen ausgezeichneten Ruf als geistliche Lehrerin, so dass sich immer mehr Mädchen und junge Frauen der kleinen Gemeinschaft anschlossen. Reisende kehrten bei ihnen ein, und vor allem die Bewohner der benachbarten Ortschaften suchten den Rat der Nonnen. Denn die Klosterfrauen verfügten über ein medizinisches Wissen, das zu dieser Zeit über Leben und Tod entscheiden konnte. Vor allem Hildegard muss sich während ihrer Jahrzehnte auf dem Disibodenberg beeindruckende Kenntnisse über die heilende Wirkung von Kräutern und anderen Pflanzen angeeignet haben. Doch trotz der regen Kontakte war das vom Rhythmus der Benediktsregel bestimmte Leben der Frauen gleichförmig und beschaulich. »Entspannt und kontemplativ« würde man es heute wahrscheinlich nennen.

Sobald man aber im klösterlichen Leben und im Glauben Fortschritte macht, weitet sich das Herz, und man geht den Weg der Gebote Gottes in unsagbarer Freude der Liebe.

BENEDIKTSREGEL, PROLOG 49

bar über den Schmerz eine besondere Gottesnähe zu erfahren. Hildegards Glaube dagegen war dem Leben zugewandt. Ihrer Meinung nach hatte Gott an der Natur und damit auch am Menschen Großes vollbracht, das es zu ehren und zu würdigen galt. Ein Auspeitschen oder Verhungernlassen des Körpers gehörte sicherlich nicht zu einem gottgefälligen Leben.

Folgt man der Hildegard-Vita, so lebten die Frauen in ihrer Klause in absoluter Abgeschiedenheit, ohne jeglichen Kontakt zur Außenwelt. Die Forschung ist sich heute sicher, dass das eher als spätere Stilisierung nach dem

Sollten die frühen Visionen Hildegards Fantasien eines überspannten Kindes gewesen sein, so könnte man erwarten, dass sie sich während dieser Zeit verflüchtigt hätten. Doch das Gegenteil war der Fall. »Ließ aber die Gewalt der Schau ein wenig nach, in der ich mich mehr wie ein kleines Kind als nach den Jahren meines Alters verhielt, so schämte ich mich sehr, weinte oft und hätte häufig lieber geschwiegen, wenn es mir möglich gewesen wäre. Denn aus Furcht vor den Menschen wagte ich niemandem zu sagen, was ich schaute. Doch die Edelfrau, der ich zur Erziehung übergeben worden war, bemerkte es und teilte es einem ihr bekannten Mönch mit.«

Späte Karriere

1136 starb Jutta von Sponheim im Alter von erst 44 Jahren. Hildegard verlor ihre Gefährtin, mit der sie 24 Jahre ihres Lebens geteilt hatte. Doch der Tod der Freundin war auch eine Chance, denn die Frauen der kleinen Gemeinschaft wählten Hildegard zu ihrer Vorsteherin, zu ihrer »Magistra.«

Hildegard scheint sich mit diesem neuen Amt unter der Aufsicht des Abtes der Männer nicht leichtgetan zu haben. Sie wusste offenbar nicht genau, wie sie in die großen Fußstapfen der angesehenen Vorgängerin treten sollte. Erst nachdem sie offenbar lange überlegt hatte, wie ihr eigener Weg als Magistra verlaufen sollte, wagte sie sich 1141 aus der Deckung. Eine Krankheit habe sie lange niedergeworfen, heißt es in ihrer Vita. Lähmungen und andere Schwächeanfälle überfielen Hildegard immer dann, wenn sie an einem Scheideweg angekommen war und wichtige Entschlüsse fassen musste. Visionen suchten sie nach eigener Aussage während solcher Zeiten heim. Diesmal war die Botschaft Gottes klar: »Und es geschah in meinem 43. Lebensjahr: Voller Furcht und zitternd vor gespannter Aufmerksamkeit blickte ich gebannt auf ein himmlisches Gesicht. Da sah ich plötzlich einen überhellen Glanz, aus dem mir eine Stimme vom Himmel zurief:

›Du hinfälliger Mensch, du Asche, du Fäulnis von Fäulnis, sage und schreibe nieder, was du siehst und hörst.‹« Für Hildegard war das ein weitreichender Schritt, bedeutete er doch, ein lebenslang gehütetes Geheimnis – die Visionen – öffentlich zu machen und sich damit auch der Kritik auszusetzen.

Einen Unterstützer fand sie im Mönch Vollmar, der von nun an die Reinschrift der Botschaften übernehmen sollte, die Hildegard als Ergebnis ihrer Visionen in Wachstafeln ritzte. Er wurde über Jahrzehnte ihr engster Ver-

Mönch Vollmar beobachtet, wie Hildegard eine Vision niederschreibt. Miniatur aus dem Rupertsberger »Scivias«.

1118 ▶ Die Synode von Fritzlar verkündet den päpstlichen Bann gegen Heinrich V.

um **1118** ▶ Gründung des Templerordens

1118 ▶ 24.1. Gelasius II. wird zum Papst gewählt

trauter. 1141 begannen die beiden mit Hildegards erstem großem Werk, »Scivias« (Wisse die Wege), in dem sie in 26 großen Visionen die Heilsgeschichte, die Schöpfungsgeschichte und das Ende der Zeiten beschreibt. Die später auf dem Rupertsberg verfertigte Prachthandschrift des »Scivias« mit reichen Miniaturen wurde gegen Ende des Zweiten Weltkriegs aus der Nassauischen Landesbibliothek Wiesbaden nach Dresden überführt und ist seitdem verschollen. Doch die Nonnen des Klosters Eibingen bei Rüdesheim hatten die kostbare Handschrift in akribischer Handarbeit von 1927 bis 1933 kopiert. 35 fein ziselierte Bilder illustrieren die fantasievollen Visionen Hildegards. Den Moment ihrer Erscheinungen zeigt eine Miniatur, in der sie von Flammen aus dem Himmel erfasst wird, ihre Hände halten Wachstafel und Griffel. »Aus offenem Himmel«, schreibt sie im »Scivias«, »fuhr blitzend ein feuriges Licht hernieder. Es durchdrang mein Gehirn und setzte mein Herz und die ganze Brust wie eine Flamme in Brand.... Und plötzlich erhielt ich Einsicht in die Schriftauslegung, in den Psalter, die Evangelien und die übrigen katholischen Bücher des Alten und Neuen Testaments.«

Vision oder Wahn?

Was es mit diesen Visionen auf sich hatte, ist seit Langem Gegenstand von Spekulationen und Forschung. War Hildegard eine Hellseherin, wie viele moderne Schwärmer vermuten? Eine Art weiblicher Nostradamus, in dessen Schriften heute noch Botschaften über künftige Ereignisse versteckt sind? Tatsächlich finden sich in ihren Schriften Stellen, die zu einer solchen Interpretation einladen. So warnte die Nonne vor mehr als 800 Jahren vor einem Eingreifen des Menschen in die Natur. Diese werde mit einem »wilden Schrei« antworten: »Wir können nicht mehr laufen und unsere natürliche Bahn vollenden. Denn die Menschen kehren uns wie eine Mühle um, von unterst zuoberst! Wir, die Elemente – die Lüfte, die Wasser –, wir stinken schon wie die Pest.« Und weiter: »Alle Winde sind voll Moder, und die Luft speit so viel Schmutz aus, dass die Menschen kaum noch wagen, ihren Mund aufzumachen.« Doch das Bild einer Wahrsagerin, die durch eine Glaskugel in die Zukunft blickte oder gar die Wahrheit von einem himmlischen Fernsehschirm abliest, wie man bei modernen Bewunderern vermeint, ist bei Hildegard von Bingen komplett verfehlt. Die zitierte Stelle beweist nichts anderes als eine besondere Weitsicht und die kluge Beobachtung der Zusammenhänge ihrer Umgebung.

Äbte und Äbtissinnen

Ein Abt oder eine Äbtissin leitete ein Kloster und verwaltete dessen Vermögen. In der Regel war der Abt direkt dem Papst unterstellt und unterlag keiner weiteren kirchlichen Instanz. Ins Amt gelangte man durch die Wahl der Klostermitglieder. Hildegard von Bingen wurde, von wenigen Ausnahmen abgesehen, in den Quellen als »Magistra«, als »Meisterin«, angesprochen und nicht als Äbtissin. Wahrscheinlich sollte der untergeordnete Titel ein Ausdruck der Demut sein. Faktisch aber agierte sie als Äbtissin.

Eine Vision Hildegards

»Ich schaute – sah etwas wie einen großen, eisenfarbenen Berg, darauf thronte ein so Lichtherrlicher, dass seine Herrlichkeit meine Augen blendete. Von beiden Schultern des Herrschers ging, Flügeln von wunderbarer Breite und Länge gleich, ein matter Schatten aus. Vor ihm, zu Füßen des Berges, stand ein Wesen, das über und über mit Augen bedeckt war – so sehr, dass ich wegen der Augen nicht einmal die menschlichen Umrisse erkennen konnte. Vor diesem Wesen stand ein anderes, im Kindesalter, mit mattfarbenem Gewand und weißen Schuhen. Über sein Haupt ergoss sich von dem, der auf dem Berge saß, solches Lichtes Fülle, dass ich des Mägdleins Antlitz nicht zu schauen vermochte. Auch gingen von dem, der auf dem Berge saß, viele lebendige Funken aus, die die Gestalten mit sanftem Glühen lieblich umflogen. Der Berg selbst hatte sehr viele kleine Fenster, in denen Menschenhäupter, teils bleich, teils weiß erschienen.«
Hildegard von Bingen in »Scivias«

Qua definitionem ist eine Vision eine »religiöse Erscheinung«, wie es sie in der Kirchengeschichte häufiger gibt. Die wohl bekanntesten Visionen hatten die drei Hirtenmädchen in Fátima, denen 1917 die Jungfrau Maria erschien, oder das Mädchen Bernadette, das die Gottesmutter 1858 in Lourdes sah. Im Falle Hildegards zogen sich die religiösen Erscheinungen durch ihr gesamtes Leben. Immer wieder, so schreibt sie, stellten sich Bilder vor ihrem geistigen Auge ein, »nicht im Traum, sondern wachen Geistes«, wie sie betont. Bis ins hohe Alter sprach das »lebendige Licht« immer wieder zu ihr und offenbarte die Auslegung der Schriften und die Erklärung kosmologischer Zusammenhänge. Ihre Visionen fasste sie in eindrucksvolle Bilder: ein eisenfarbener Berg, ein Weltenei, der Mensch, der in den Kosmos ragt. Woher diese Bilder kamen, ist für Gläubige keine Frage. Sie akzeptieren die himmlische Herkunft so, wie sie von Hildegard beschrieben wurde.

Der Kosmos als Ei. Illustration einer Vision Hildegards von Bingen im Rupertsberger »Scivias«.

1120 ▶ 16.1. Konzil von Nablus: Kirchliche und weltliche Fürsten verfassen die ersten geschriebenen Gesetze für das Königreich Jerusalem

1121 ▶ 22.4. Gefangennahme des Gegenpapstes Gregor VIII., er bleibt bis zu seinem Tod eingekerkert

um **1122** ▶ Geburt Friedrich Barbarossas

Historiker, Mediziner und andere kritische Geister bringen auch weitere Möglichkeiten ins Spiel. Liegt es nicht nahe bei einer Frau, die um die bewusstseinserweiternde Wirkung manchen Krautes wusste, dass sie diese auch eingesetzt hat? Die Alraune beispielsweise, eine seit der Antike mit dem Nimbus magischer Kräfte geadelte Wurzel, hat stark halluzinogene Wirkung. Sind die Visionen also möglicherweise nur eine Art Drogenrausch oder Trip? Auch naturwissenschaftliche Erklärungsansätze wurden gesucht. So beschreiben Migränekranke, ähnliche Bilder wie die von Hildegard geschilderten gesehen zu haben. Andere Visionen wiederum erinnern an sogenannte »Halos«, seltene Lichteffekte in der Natur, die sich durch Brechung des Lichts an Eiskristallen in der Atmosphäre ergeben.

> *A careful consideration of these accounts and figures leave no doubt concerning their nature: They were indisputably migrainous.*
>
> OLIVER SACKS, BRITISCHER NEUROLOGE,
> *»MIGRAINE. UNDERSTANDING A COMMON DISORDER«*

Für aufgeklärte, moderne Menschen ist eine faire Herangehensweise an die Visionen der Hildegard kaum möglich. In einer Zeit aber, in der Glaube und Aberglaube, Irdisches und Übersinnliches Teil des Alltags waren und real empfunden wurden, differenzierten die Menschen nicht nach der Herkunft der Visionen. Wesentlich war nur die Frage: Sprach dort Gott, oder sprach dort der Teufel? Hildegard scheint niemals wirklich in den Ruf gekommen zu sein, als Sprachrohr des Leibhaftigen zu fungieren. Die Rechtgläubigkeit ihrer Aussagen wurde weder vom Abt des Disibodenbergs noch vom Mainzer Erzbischof in Frage gestellt. Das war wichtig, denn beide hätten ihr problemlos den Mund verbieten können. Dem Abt, der den Fall sicherlich eingehend geprüft hatte, konnte eine berühmte Seherin in den eigenen Reihen nur recht sein. Sie steigerte die Bekanntheit des Klos-

Wurzel der Alraune: Der Pflanze wurden Zauberkräfte nachgesagt. Miniatur aus dem 14. Jahrhundert.

1122 ▶ 23.9. Mit dem Wormser Konkordat wird der Investiturstreit vorläufig beigelegt

1123 ▶ 18.3. Erstes Laterankonzil beendet den Investiturstreit und verurteilt die Simonie

1124 ▶ Beginn der Christianisierung Pommerns durch Otto von Bamberg

ters und damit die Anziehungskraft auf potenzielle Novizen. Auch der Mainzer Erzbischof sah offenbar keine Veranlassung, eine Gefahr in Hildegards Verkündigungen zu vermuten.

Und dennoch boten sie innerkirchlichen Sprengstoff. Denn in ihrem »Scivias« erhob Hildegard einen weitreichenden Anspruch, nämlich dass sie als Frau die Fähigkeit und die Berechtigung hatte, die heiligen Schriften auszulegen. Sie begnügte sich nicht mit schönen Bildern und frommen Sprüchen, sondern interpretierte die heiligen Schriften teilweise auf eine ganz eigene Art. So bewertete sie beispielsweise die Rolle der Eva beim paradiesischen Sündenfall völlig neu. Die Urmutter aller Sünderinnen ist bei Hildegard eine liebenswert unschuldige Seele, die der Bosheit des Teufels erliegt. Bis dahin wurde Eva stets als die Verführerin Adams, des Mannes, dargestellt, mit fatalen Folgen für die Stellung der Frau in der Geschichte.

Ohne die Frau könnte der Mann nicht Mann heißen, ohne Mann könnte die Frau nicht Frau genannt werden.

HILDEGARD VON BINGEN

Hildegard und die Frauen

Hildegard von Bingen gilt heute vielfach als Vorreiterin des Feminismus. Tatsächlich gelang es ihr, in einer durch und durch patriarchalischen Gesellschaft einen ganz eigenen Weg zu gehen. In einer Zeit, in der sich Frauen ausschließlich über ihre Position zu einem Mann definierten, also Ehefrauen, Töchter oder Mütter waren, bildete das Klosterleben eine durchaus attraktive Alternative zum Weltlichen. Das Kloster öffnete Wege zu Bildung und Kultur und bot die Möglichkeit, selbstbestimmter zu leben. Darüber hinaus bot der Eintritt in einen Orden eine lebenslange Versorgung und hohes gesellschaftliches Ansehen. Innerhalb dieser Enklave weiblicher Anerkennung in der mittelalterlichen Gesellschaft konnte Hildegard ihre Position durch spirituelle Ausstrahlung und moralische Autorität noch weiter stärken. Sie wurde damit zu einer der ersten »Frauen in einer Führungsposition«, die die Geschichtsbücher kennen.

Tatsächlich sah Hildegard beide Geschlechter als gleichrangig und voneinander abhängig. Der Wunsch nach einer Änderung von gesellschaftlichen Systemen oder einer prinzipiellen Aufwertung der Frau in der Gesellschaft kann ihr deshalb aber nicht unterstellt werden – dies ist vielmehr eine moderne Interpretation ihrer Schriften und Gedanken. Hildegards Ansatz war geistiger Art, ohne dass sie daraus zwingend weltlichen Handlungsbedarf abgeleitet hätte. Die Theologie verdankt ihr einen hohen Anteil weiblicher Symbolik. Vor allem die »divina caritas« – die göttliche Liebe –, von der in ihren Bildern der gesamte Kosmos umarmt wird, wurde von ihr als weiblich dargestellt. Ihre Bedeutung für die Geschichte der Frauen ist eher darin zu sehen, dass mit ihren Schriften das weibliche Element in der christlich-europäischen Weltdeutung einen Platz fand.

1125 ▶ 23.5. Tod Heinrichs V.

1125 ▶ 30.8. Der sächsische Herzog Lothar III. wird zum römisch-deutschen König gewählt

1126 ▶ Geburt des Philosophen und Arztes Averroës

Luzifer und sein Gefolge. Illustration einer Vision Hildegards von Bingen im Rupertsberger »Scivias«.

fülle wie der Papst und gehörte fraglos zu den bekanntesten Menschen seiner Zeit.

Ohne zuvor je Kontakt zu Bernhard gehabt zu haben, schrieb sie ihm einen Brief. Da der Adressat sicherlich noch nie von ihr gehört hatte, zog sie erst einmal alle Register der Schmeichelei. »Verehrungswürdiger Vater Bernhard, wunderbar stehst Du da in hohen Ehren aus Gottes Kraft«, begann sie ihren Brief. Anschließend fragte sie den berühmten Zisterzienser um Rat, wie sie mit ihren Visionen umgehen solle. Das Ganze war so formuliert, dass Bernhard sie ermuntern sollte, das, was sie sah, ernst zu nehmen und weiterzutragen. Sicherlich hatte Hildegard geplant, ein positives Antwortschreiben öffentlich zu machen. Bernhard aber fertigte sie relativ kühl ab. Nachdem er zuerst einmal betont hatte, wie beschäftigt er sei, und noch einige allgemeine Floskeln angehängt hatte, reichte es nur zu dem vagen Satz: »Was sollen wir noch lehren oder ermahnen, wo schon eine innere Unterweisung besteht und eine Salbung über alles belehrt.« Wirklich Staat machen konnte Hildegard mit diesen knappen Zeilen nicht. So wundert es nicht, dass man Jahrzehnte später, als man auf dem Rupertsberg den Briefwechsel stark redigiert zusammenstellte, auch diesen Brief deutlich im Sinne Hildegards »frisierte«.

Doch 1147 dachte Hildegard nicht daran aufzugeben. Denn es gab noch eine Instanz, die selbst Bernhard von Clairvaux übergeordnet war: den Papst in Rom. Im März des Jahres 1147 brach Eugen III. vom Tiber zu einer langen Reise nach Norden auf, die ihn über Burgund und Paris schließlich nach Trier führen sollte. Eine einmalige Gelegenheit, die sich Hildegard nicht entgehen lassen wollte. Beherzt schrieb sie an Eugen mit der Bitte, ihre Visio-

Die Akzeptanz, die Hildegard bei ihren Kirchenoberen fand, war eine Grundvoraussetzung dafür, dass sie mit ihrer Arbeit in der von ihr gewünschten Form weitermachen konnte. Aber sie wusste, dass sich das Blatt jederzeit gegen sie wenden konnte. Auf Dauer brauchte Hildegard höheren Schutz. Und so schüchtern, wie die neue Magistra in den ersten Jahren ihres neuen Amtes erschien, so selbstbewusst trat sie nun auf. Sie wandte sich direkt an einen der damals mächtigsten Geistlichen: Bernhard von Clairvaux. Der Zisterziensermönch hatte in vielerlei Hinsicht eine ähnliche Macht-

Bernhard von Clairvaux

Der um 1090 als Sohn eines Ritters geborene Bernhard trat im Jahr 1113 mit vielen seiner Verwandten in das neu gegründete Kloster Cîteaux ein. Das Leben in diesem Kloster war als strenger, asketischer Gegenentwurf zum Benediktinerorden geplant. Bereits zwei Jahre später wurde Bernhard Abt der Zisterzienserneugründung Clairvaux. Als begnadeter Redner und versierter Diplomat stieg er in den Diensten Papst Eugens III. zum bedeutendsten Geistlichen seiner Zeit auf. In flammenden Reden entfachte er in ganz Europa eine neue Kreuzzugsbegeisterung, die im zweiten Kreuzzug (1147 bis 1149) mündete. Auch den deutschen König Konrad II. bewegte er zur Teilnahme. Mit dem Scheitern dieses Kreuzzugs schwand auch Bernhards Einfluss, doch bis heute gilt er als großer Kirchenlehrer und bedeutendster Ordensheiliger der Zisterzienser.

nen quasi von höchster Stelle zu autorisieren. Und mit der Hilfe ihres Erzbischofs hatte sie tatsächlich Erfolg. Eugen III. schickte eigens eine Untersuchungskommission auf den Disibodenberg, die sich der mysteriösen Vorgänge annahm und ihm Bericht erstattete. In Trier nun hörte sich der Papst die Ergebnisse der Kommission an, ließ sich die Schriften vorlegen und las selbst darin. Auch der anwesende Bernhard von Clairvaux ergriff nun Partei für die Magistra und appellierte an den Papst, »er möge nicht dulden, dass ein solch hell strahlendes Licht von Schweigen überdeckt würde«.

Schließlich fielen die Würfel: Der Heilige Vater erteilte Hildegard die Erlaubnis, »alles, was sie im Heiligen Geiste erkenne, kundzutun«, und ermunterte sie zum Schreiben. Und damit noch nicht genug: Er verfasste sogar eine Art Autorisationsschreiben, in dem er ihr im Namen Christi und des seligen Petrus die Erlaubnis erteilte, alles zu veröffentlichen, was sie vom Heiligen Geist erfahren habe.

Diese spektakuläre Geschichte hat nur einen Haken: Sie wird ausschließlich in der Biografie Hildegards und in ihrem engsten Umkreis erzählt. Keine andere Quelle, nicht

1130 Die Synode von Clermont verbietet Ordensangehörigen die ärztliche Tätigkeit

1133 4.6. Lothar III. wird Kaiser des Heiligen Römischen Reiches

1135 Konrad III. unterwirft sich als Gegenkönig Kaiser Lothar III.

Papst Eugen III., der erste Zisterzienserpapst, stand der Kirche von 1145 bis 1153 vor. Gemälde von Giovanni Battista Tempesti aus dem 18. Jahrhundert.

einmal die Annalen des Klosters Disibodenberg, berichtet davon. Auch die eigentlich perfekt organisierte päpstliche Kanzlei hat keine einzige Zeile über eine Untersuchungskommission oder die Entscheidung des Papstes oder gar seinen Brief an Hildegard überliefert. Selbst von der bis heute immer wieder erwähnten angeblichen Trierer Synode findet sich keine Spur, auch nicht in den Trierer Quellen.

Auch wenn der genaue Verlauf der Ereignisse offenbar von Hildegard selbst und ihrem Biografen kräftig geschönt wurde: Die Histori-

1136 ▶ Hildegard von Bingen wird Magistra im Kloster Disibodenberg

1137 ▶ 3.12. Tod Lothars III.

1138 ▶ 7.3. Konrad III. wird zum römischen König gewählt

ker sind sich heute weitgehend einig, dass eine Absegnung durch den Papst wirklich stattgefunden hat. Zwar möglicherweise nicht in der beschriebenen Form, aber Eugen III. scheint sich im Rahmen seiner Reise positiv über Hildegard geäußert zu haben – und das war eigentlich schon spektakulär genug, denn in der Tat war sie nicht mehr als eine einfache Nonne eines Klosters von eher regionaler Bedeutung. Wirklich unwahr war die Darstellung der Hildegard-Vita also nicht. Man könnte sagen: Sie machte aus einer guten Geschichte eine noch bessere. Und so hat sie sich überliefert.

Der Weg in die Selbstständigkeit

Durch den Segen des Papstes – in welcher Form auch immer sie diesen erhalten hat – war Hildegard auf dem bisherigen Höhepunkt ihres Einflusses angelangt. Ihr Ruf verbreitete sich und zog Bewunderer und Ratsuchende in Scharen auf den Disibodenberg. Für eine Frau, die ihr gesamtes Leben in Zurückgezogenheit verbracht hatte, muss diese Änderung dramatisch gewesen sein. Doch Hildegard hatte es genau auf diese Öffentlichkeit angelegt und genoss ihre wachsende Autorität. Bislang waren all ihre Schritte, ihre Visionsgabe herauszustellen, erfolgreich gewesen. Und vielleicht gab es ja auch noch ganz andere Möglichkeiten, an die die Nonne bis zu diesem Zeitpunkt nie zu denken gewagt hatte. Die Eltern hatten sie in die Klause geschickt in der sicheren Erwartung, dass sie dort auch ihren Lebensabend beschließen würde. Die benediktinische Regel sah für Mönche und Nonnen im Prinzip keine Mobilität vor. Doch Hildegard hatte anscheinend andere Pläne. Wer hörte sie schon, dort auf dem entlegenen Disibodenberg am Rande des Huns-

rücks? Sie wollte an den Rhein, dorthin, wo sie Zugang zum Geschehen im Reich hatte. Und warum sollte sie sich länger der Oberhoheit von Abt Kuno unterwerfen? Schließlich war sie es gewesen, die den Ruhm des Klosters so sehr gesteigert hatte. Offenbar reifte in ihr ein revolutionärer Plan, der beide Probleme gleichzeitig lösen sollte: Sie wollte ein eigenes Kloster gründen, und zwar auf dem Rupertsberg bei Bingen am Rhein.

Mittlerweile wusste Hildegard, wie sie ihre Ziele am besten erreichen konnte. Eine schwere Krankheit befiel sie, die sie so ans Bett fesselte, dass ihre Mitschwestern sie nicht heben konnten. »Das habe ich deshalb erlitten, weil ich eine Schau, die mir gezeigt worden war, nicht mitgeteilt hatte, dass ich mich nämlich von einer Stätte, an der ich Gott dargebracht worden war, mit meinen Nonnen zu einer ande-

Kloster Rupertsberg bei Bingen um 1600. Wenig später wurde es im Dreißigjährigen Krieg zerstört.

ren begeben müsse«, so die Vita. Doch sosehr sie auf den Willen Gottes pochte, der ihr diesen Plan offenbart habe – sie hatte die Rechnung ohne den Abt vom Disibodenberg gemacht. Denn warum sollte dieser seine wichtigste Nonne ziehen lassen? Diejenige, wegen der alle kamen? Außerdem waren die Schwestern ein erhebliches Kapital, denn deren Mitgiften waren in das Vermögen des gesamten Klosters eingeflossen, über das der Abt verfügte. Ohne offizielle Erlaubnis ihres Vorgesetzten konnte Hildegard das Kloster nicht verlassen. Selbst für eine mutige Frau wie sie wäre das undenkbar gewesen. Doch dauerhaft wollte sie sich nicht fügen. Sie musste die Gunst der Stunde nutzen, denn schon morgen konnte sie wieder an Einfluss verloren haben. Schließlich waren ihre Person und vor allem die Art, in der sie ihre Nonnen führte, nicht unumstritten.

Inmitten von Lob und Bewunderung fanden sich auch Stimmen, die den ungewöhnlichen Weg Hildegards offen in Frage stellten. Die Magistra Tenxwind vom Kloster Andernach schrieb ihr einen Brief, ihr sei etwas Ungewöhnliches zu Ohren gekommen: »Nämlich, dass Eure jungen Frauen an Festtagen beim Psalmengesang mit losen Haaren in der Kirche stehen. Als Schmuck tragen sie glänzend weiße Seidenschleier, die so lang sind, dass sie den Boden berühren; auch haben sie golddurchwirkte Kränze auf dem Haupt, in die beiderseits und hinten Kreuze eingeflochten sind, vorn aber geziemend ein Bild des Lammes eingeprägt ist.« Der Apostel Paulus aber, so mahnt Tenxwind, verbiete so etwas. »Auch sollten die Frauen sich anständig, bescheiden und zurückhaltend kleiden; nicht Haartracht, Gold, Perlen oder kostbare Kleider seien ihr Schmuck, sondern gute Werke.«

Der »Jungfrauenspiegel« aus dem 12. Jahrhundert: Die Ernte der Jungfrauen (ganz oben) fällt reicher aus als die der Ehefrauen und Witwen.

Der Mensch soll nicht versuchen, den rechten Tugendweg maßlos zu wandeln.

HILDEGARD VON BINGEN

War das nur der Neid einer Konkurrentin? Sicherlich nicht, denn die liberale Auslegung der Benediktsregel durch Hildegard wurde vielfach kritisch gesehen. So gestattete sie einen durchaus abwechslungsreichen Spei-

1141 ▶ 24.5. Pierre Abaelard, einer der wichtigsten Gelehrten seiner Zeit, wird der Häresie angeklagt und verurteilt

1145 ▶ Erste Kartausen der Kartäuserinnen

1146 ▶ 31.3. Abt Bernhard von Clairvaux ruft zum Zweiten Kreuzzug auf

seplan, auf dem auch Geflügel enthalten war, gegen dessen Verzehr sich noch ihre Lehrmeisterin Jutta selbst bei Krankheit heftig gewehrt hatte. Sie ermunterte ihre Nonnen zu einem verantwortungsvollen Umgang mit Geist und Körper. Übertriebene Askese und Freudlosigkeit lehnte sie ab. Tenxwind konnte davon ausgehen, dass der Inhalt ihres Schreibens bekannt werden würde, denn ein Brief war im Mittelalter eine öffentliche Angelegenheit. Es war üblich, Briefe vorzulesen, zu kopieren und weiterzuschicken. Was wirklich geheim bleiben sollte, ließ man durch Boten mündlich übermitteln. In ihrer Kritik an Hildegard wusste Tenxwind also wohl andere hinter sich, sonst hätte sie nicht so scharf formuliert. Doch die so Angegriffene schlug zurück. Von höchster Warte ließ sie ihre Kritikerin abwatschen: »Der lebendige Quell spricht«, beginnt ihr Antwortschreiben an Tenxwind. Nicht sie selbst, sondern der Allerhöchste gab also den Inhalt ihres Briefes vor. Und im Anschluss fertigte sie jeden Angriff Tenxwinds mit einer perfekten Retourkutsche ab. Der Jungfrau stehe es gut an, ein glänzend weißes Gewand anzulegen als deutlichen Hinweis auf die Vermählung mit Christus. Das Paulus-Gebot, nach dem Frauen ihr Haar bedecken müssten, gelte nur für Ehefrauen, der Jungfrau sei es nicht geboten, ihr üppiges Haar zu bedecken. Jeder Satz war ein Handkantenschlag, denn auch Hildegard war sich bewusst, dass viele Menschen ihr Schreiben lesen würden.

Hildegard wirkt in ihrem Schreiben als mutige Reformerin, die die überkommenen, strengen Vorschriften des klösterlichen Zusammenlebens über Bord zu werfen scheint. Doch ganz so war es nicht. Sicher – Hildegard suchte in vielerlei Hinsicht neue Wege, und ihre positive Hinwendung zum menschlichen Körper mag einer Tenxwind, die nach den strengeren Idealen der Regularkanoniker lebte, fremd erschienen sein. Doch die Magistra von Andernach hatte Hildegard auch vorgeworfen, dass sie ausschließlich adlige Töchter in ihre Gemeinschaft aufnehme, Mädchen niederer Herkunft aber zurückweise. In diesem Punkt kannte Hildegard keine Gnade und vertrat einen enorm konservativen Standpunkt: »Gott kommt es zu, jede Person zu untersuchen und zu erforschen, so dass der geringere Stand sich nicht über den höheren erhebe, wie es der Satan und der erste Mensch taten, die höher fliegen wollten, als sie gestellt worden sind. Und welcher Mensch sammelt seine ganze Herde in einem einzigen Stall, nämlich Ochsen, Esel, Schafe, Böcke, ohne dass sie aneinandergeraten? Daher gebe es auch einen Unterschied, dass nicht verschiedene Menschen zu einer Herde vereint, durch stolze Überheblichkeit und durch entehrenden Unterschied aneinandergesprengt werden.«

Auch wenn moderne Hildegard-Anhänger das ungern hören – in gesellschaftlicher Hinsicht war die Magistra vom Disibodenberg gestrig. Und das in einer Zeit, in der sich erhebliche soziale Umbrüche abspielten. Ministeriale, ehemals Unfreie, bekamen nun die Chance, in höchste Ämter aufzusteigen und ansehnliche Macht zu erlangen. Auch Tenxwind stammte aus einer solchen Ministerialenfamilie. Hildegard hätte ein offeneres gesellschaftliches Bild vertreten können, denn ein solches existierte bereits in ihrer Zeit. Selbst Ordensvater Benedikt hatte für die Aufnahme aller Gesellschaftsschichten in Ordensgemeinschaften plädiert. Doch Hildegard wollte ihren eigenen Weg gehen und ein Kloster nach eigenen Vorstellungen gestalten.

1147 ▶ Beginn des Zweiten Kreuzzugs durch Aufbruch der Heere König Ludwigs VII. von Frankreich und Konrads III.

1147 ▶ Hildegard von Bingen bekommt die päpstliche Erlaubnis, ihre Visionen zu veröffentlichen

nach **1147** ▶ Hildegard von Bingen gründet das Kloster Rupertsberg

Die »heilige« Hildegard auf dem Altar der Rochuskapelle in Bingen.

Dazu gehörte es auch, sich endlich von der männlichen Bevormundung durch die Benediktiner vom Disibodenberg zu emanzipieren.

Und in dieser Auseinandersetzung hatte die findige Magistra noch nicht alle Karten ausgespielt. »Während ich einige Tage auf dem Bett lag«, schreibt sie, »hörte ich eine laute Stimme, die mir verbot, an jener Stätte noch länger etwas über diese Schau vorzutragen oder zu schreiben.« Das war nichts anderes als Streik. Denn ohne die göttlichen Visionen war sie für den Abt nicht mehr wert als jede andere Nonne auch. Und während sie in Krankheit daniederlag, zog sie hinsichtlich ihrer Beziehungen alle Register, um ihren Plan doch noch in die Tat umzusetzen. Als hochadlige Tochter verfügte sie über Freunde und Verwandte in den höchsten Kreisen. Die Markgräfin von Stade trat auf Hildegards Bitte an den Mainzer Erzbischof heran und berichtete von der misslichen Lage der Nonnen. Der Mainzer, der Hildegard ohnehin wohlgesonnen war, erteilte dem Abt den von Hildegard gewünschten Rüffel und forderte ihn energisch auf, die Frauen ihrer Wege ziehen zu lassen. Als dieser schließlich zähneknirschend nachgab, erhob sich Hildegard wie von Zauberhand genesen vom Krankenbett und begann energisch, ihren Auszug vorzubereiten. Im Jahre 1150 – der genaue Tag ist nicht überliefert – öffnete sich die Pforte des Klosters Disibodenberg, und Hildegard und ihre etwa 20 Nonnen zogen mit Sack und Pack, Pferden und Fuhrwerken ab. Bekannte und adlige Verwandte Hildegards waren gekommen, um den Frauen auf der etwa 30 Kilometer langen Reise nach Bingen Schutz zu geben. Sie müssen einen imposanten Anblick geboten haben. In einem Alter, in dem viele Menschen im Mittelalter bereits tot waren oder sich auf ihr Ableben einstellten – immerhin wurde Hildegard 1148 bereits 50 Jahre alt –, begann für sie ein neuer und höchst aufregender Lebensabschnitt.

Hildegard in Bingen

Vom Hildegard-Kloster auf dem Rupertsberg ist heute nichts geblieben außer einigen Grundmauern, die sich in den Kellern eines Unternehmens erhalten haben. Doch noch immer erkennt man, welch kluge Entscheidung die Magistra getroffen hatte, sich ausgerechnet hier niederzulassen. Vom nördlichen Naheufer aus hatte sie einen perfekten Blick auf das lebhafte Bingen, das zu dieser Zeit ein wirtschaftliches Zentrum der Region war. Eine steinerne Brücke ermöglichte den schnellen und sicheren Weg über die Nahemündung in die Stadt. Im 12. Jahrhundert war so etwas noch eine absolute Sensation. Und mit einer Fähre konnte man sogar von Bingen in den Rheingau übersetzen, wo damals wie heute Weinbau im großen Stil betrieben wurde. In der Burg von Bingen nahm oft der Erzbischof von Mainz Quartier. Die Pfalz Ingelheim lag nur ein paar Reitstunden entfernt. Friedrich Barbarossa, der wenig später zum Kaiser des Deutschen Reiches gewählt wurde, baute diese Pfalz erheblich aus und hielt hier viele Hoftage ab, deren Besucher auch durch Bingen kamen. Schiffe, die den Rhein und die Nahe zahlreich passierten, machten hier halt und brachten Güter, Reisende und Nachrichten. Hildegard war endlich nicht mehr vom Geschehen im Reich abgeschnitten. Von hier aus konnte sie spielend ihre Kontakte erweitern und erfuhr zeitnah, was im Reich vor sich ging.

Ihre Ankunft in Bingen war zunächst umjubelt. Die Stadt freute sich, die bekannte Seherin nun in der Nähe zu haben. Doch die Skepsis der Zeit einer weiblichen Prophetin gegenüber gewann schnell die Oberhand. Hildegard interpretierte die Kritik, mit der ihr

die Binger zusetzten, als Attacken des Teufels: »Dann hat mir der alte Betrüger dadurch mit allerlei Spott zugesetzt, dass viele sprachen: ›Was soll das, dass dieser dummen und ungelehrten Frau so viele Geheimnisse offenbart werden, wo es doch viele starke und weise Männer gibt?‹ Denn viele fragten sich angesichts der Offenbarungen verwundert, ob sie von Gott kommen oder von den dürren Luftgeis-

Vision Hildegards im »Liber divinorum operum«. Ihre Bilder waren stets detailreich und anschaulich.

tern, die viele verführen.« Doch auch wenn die ewig gleichen Vorwürfe sie frustrierten, Hildegard dachte nicht daran aufzugeben. Energisch machte sie sich an die weitere Rodung des Geländes und den langsamen Aufbau der Klosteranlage. Wenngleich die Quellen glaubhaft machen wollen, dass die Magistra und ihre Nonnen mit eigener Hand Stein auf Stein gesetzt hätten, war es so sicherlich nicht. Hildegard und ihre Damen waren vermögend und konnten Handwerker bezahlen, die die schwere körperliche Arbeit verrichteten. Verglichen mit dem komfortablen Leben auf dem Disibodenberg aber war die Anfangszeit in Rupertsberg durchaus spartanisch, und manche Adelstochter murrte kräftig darüber, dass ihr die Unterkunft in einem Provisorium zugemutet wurde.

Zusätzlichen Ärger bereitete noch immer Abt Kuno vom Disibodenberg. Zwar hatte er die Damen auf Druck des Mainzer Erzbischofs ziehen lassen, doch die räumliche Entfernung hieß nicht, dass sie nicht mehr seiner Hierarchie unterstanden. Noch immer pochte der Abt darauf, Verfügungsgewalt über die Vermögen der Frauen zu haben. Immer wieder stritt sich Hildegard in erzürnten Schreiben mit ihrem Vorgesetzten, der in diesem Punkt aber nicht minder starrköpfig war als sie selbst. »Wie groß ist die Torheit in dem Menschen, der nicht sich selbst bessert«, blafft sie Kuno in einem Brief an. »Wer so tut, vernehme die Antwort des Herrn: O Mensch, warum schläfst du und hast an den guten Werken, die vor Gott wie eine Symphonie erklingen, keinen Geschmack? Du wirst dich dafür vor Mir verantworten müssen.« Übersetzt in moderne Sprache, würde das vielleicht heißen: »Wie dumm bist Du eigentlich, dass Du noch immer nicht nachgibst. Du wirst schon

sehen, was Du davon hast.« Hildegard regte sich über den Dauerstreit derart auf, dass sie – wie so oft in ihrem Leben – von schweren Krankheiten und Erstarrungszuständen befallen wurde. Doch diesmal wollte sie sich von körperlicher Schwäche nicht zurückhalten lassen. 1155 ließ sie sich, angeblich noch halb gelähmt, auf ein Pferd heben und machte sich auf zum Disibodenberg, um Abt Kuno gehörig die Leviten zu lesen. Doch der Abt ließ sich von Hildegards theatralischem Auftritt nicht beeindrucken. Warum sollte er auf den immer glänzender aufblühenden Frauenkonvent verzichten, der durch stetigen Zulauf von vermögenden Mädchen sein Kloster immer reicher machte?

Erst Jahre später würde Hildegard ihr Ziel durch die erneute Intervention eines Mainzer Erzbischofs erreichen. Und Kuno ließ sich auch diese Regelung teuer bezahlen. Hildegard musste auf den größten Teil der von den Nonnen eingebrachten Besitzungen zugunsten des Disibodenbergs verzichten und das Männerkloster großzügig finanziell abfinden. Doch mittlerweile konnte sie sich das leisten. 1163 bestätigte Kaiser Friedrich Barbarossa in einem Privileg den rechtlichen Status des Klosters Rupertsberg und gewährte ihm die Befreiung von Abgaben. Endlich war Hildegard ihre eigene Chefin.

Das Multitalent vom Rhein

Hildegards Tagesablauf muss spätestens seit dieser Zeit dem einer modernen Managerin entsprochen haben. Denn neben der umfangreichen Korrespondenz musste sie auch die Verwaltung ihres Klosters leiten und selbstverständlich den strengen Rhythmus des

1156 ▶ 18.6. Konflikt zwischen Hadrian IV. und Barbarossa um den Vertrag von Benevent

1156 ▶ 8.9. Barbarossa schlichtet den langjährigen Streit um das Herzogtum Bayern

1156 ▶ In Venedig wird der Monte Vecchio gegründet, eine Vereinigung von Gläubigern, die als das erste Bankinstitut des Abendlandes gilt

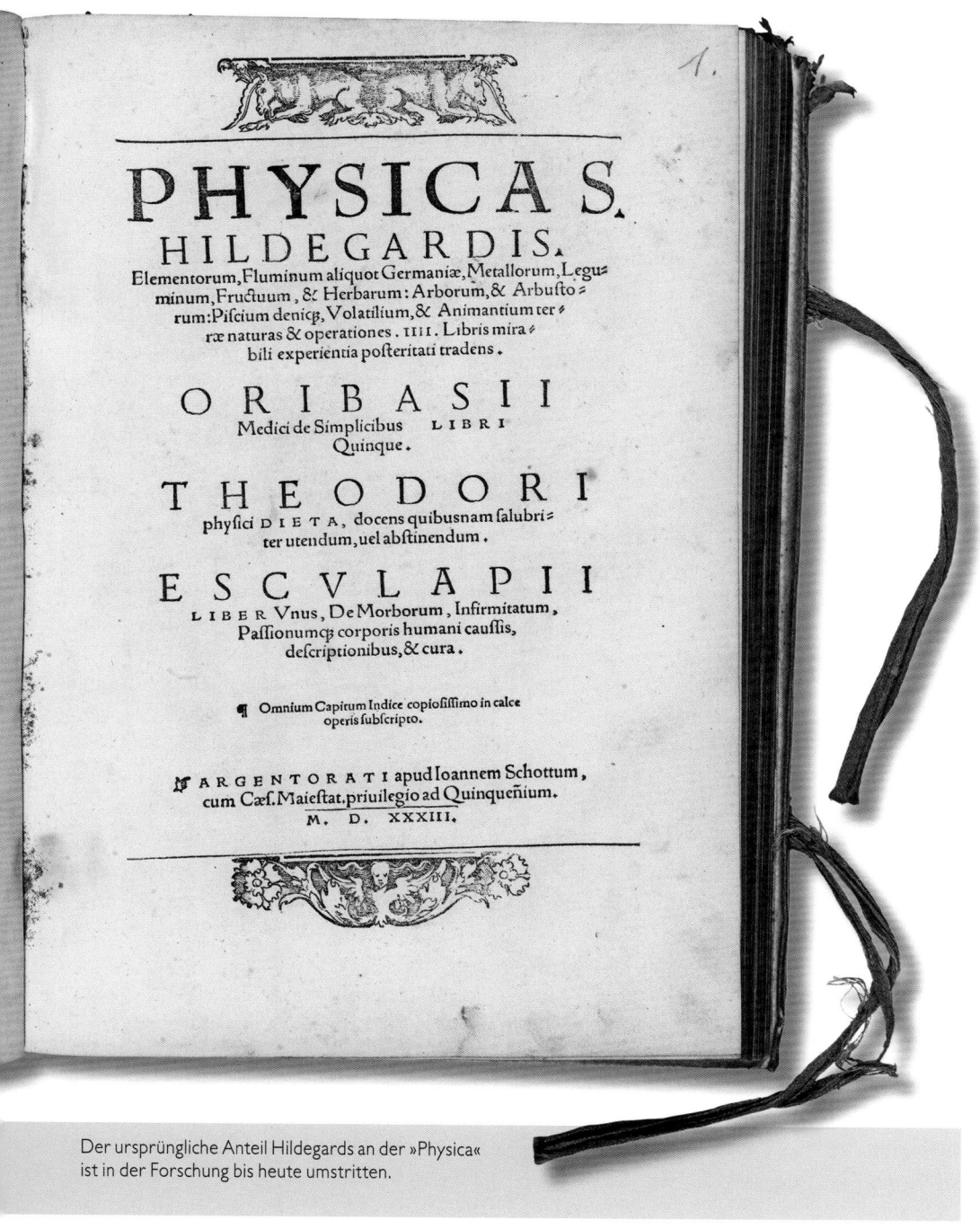

PHYSICA S.
HILDEGARDIS.
Elementorum, Fluminum aliquot Germaniæ, Metallorum, Legu-
minum, Fructuum, & Herbarum: Arborum, & Arbusto-
rum: Piscium deniq̃, Volatilium, & Animantium ter-
ræ naturas & operationes. IIII. Libris mira-
bili experientia posteritati tradens.

ORIBASII
Medici de Simplicibus LIBRI
Quinque.

THEODORI
physici DIETA, docens quibusnam salubri-
ter utendum, uel abstinendum.

ESCVLAPII
LIBER Vnus, De Morborum, Infirmitatum,
Passionumq̃ corporis humani caussis,
descriptionibus, & cura.

¶ Omnium Capitum Indice copiosissimo in calce
operis subscripto.

✠ ARGENTORATI apud Ioannem Schottum,
cum Cæs. Maiestat. priuilegio ad Quinquenñium.
M. D. XXXIII.

Der ursprüngliche Anteil Hildegards an der »Physica«
ist in der Forschung bis heute umstritten.

1157 ▶ 1.9. Italienzug Barbarossas
endet mit dem Vertrag
über Kapitulation Mailands

1157 ▶ Barbarossa erlässt
Gesetz zum Schutz für
fahrende Scholaren und Professoren

1159 ▶ 7.9. Tumultartige Szenen
bei der Papstwahl:
Alexander III. wird inthronisiert, die
kaiserfreundliche Minderheit wählt einen
Gegenpapst

achtmaligen täglichen Gebets einhalten. Und dennoch fand sie die Zeit für zwei große Visionsschriften und ein neues Mammutwerk über die Natur, das heute in der Regel in zwei Werken unter den Titeln »Causae et Curae« und »Physica« geführt wird. Von diesen Schriften, die sich einmal der Heilkunde und im anderen Fall der Flora und Fauna widmeten, sind ausschließlich späte Abschriften erhalten, so dass weder der ursprüngliche Wortlaut der Texte noch die hundertprozentige Urheberschaft Hildegards zweifelsfrei geklärt sind. Dennoch ist sich die Forschung darin einig, dass ein Großteil der Schriften aus Hildegards Feder stammt. Im Gegensatz zum »Scivias« widmete sich die Magistra hier ganz irdischen Fragen. Krankheiten und deren Heilung waren in einer Zeit, in der es keine nennenswerte medizinische Versorgung gab, ein zentrales, lebensbestimmendes Thema. Viele ihrer Erkenntnisse kann Hildegard, obschon als Nonne sicherlich in der Kräuterkunde sehr bewandert, nicht selbst gewonnen haben. Sie baute auf älteren Schriften auf, die im Detail allerdings nur noch schwer herauszuarbeiten sind.

Das soll ihre Leistung nicht mindern, denn eine so umfangreiche Zusammenstellung hatte es bis dahin nicht gegeben. Nichts war aus Hildegards Sicht uninteressant. Sie widmete sich den Fischen des Rheins und der Nahe mit der gleichen Intensität, mit der sie theologischen Fragen nachging. Detailreich beschrieb sie Laichgewohnheiten und Konsistenz des Fleisches, empfahl den einen Fisch als bekömmlich und riet vom anderen ab. Naturwissenschaftliche Erklärungen, das heißt faktische Herleitungen und logische Schlüsse, wechseln sich ab mit magischen Praktiken und Geisterglauben. So wäre die von Hildegard empfohlene Dosis Opium mit Sicherheit tödlich, und auch die schmerzlindernde Wirkung einer sterbenden Maus zwischen den Schulterblättern darf sicherlich in Zweifel gezogen werden. Andere Erkenntnisse sind wiederum staunenerregend. So empfahl Hildegard bei Magenbeschwerden das heute nahezu unbekannte Alant. Nach modernen Erkenntnissen enthält es Inulin, einen Ballaststoff, der eine sehr günstige Wirkung auf die Darmflora hat und möglicherweise sogar vor Darmkrebs schützen kann. Hildegards medizinische Ratschläge fußten vielfach auf eigenen Erkenntnissen, aber auch auf den ihr bekannten medizinischen Schriften aus Antike und Mittelalter. Der Umfang, in dem sie das damalige Wissen zusammenstellte, war bis dahin einzigartig, und ihr Werk stellt darin einen Höhepunkt der mittelalterlichen Klostermedizin dar.

Hildegard unterschied nicht zwischen empirisch bewiesenen Tatsachen und überkommenen Annahmen. Sie näherte sich allen Themen absolut unvoreingenommen. So auch der menschlichen Sexualität, die sie, die Nonne, in nie dagewesener Offenheit darlegte. »Ist die Frau in Vereinigung mit dem Manne, so kündet die Wärme in ihrem Gehirn, die das Lustgefühl in sich trägt, den Geschmack dieses Lustgefühls bei der Vereinigung vorher an«, so schreibt sie; »fast gleichzeitig damit ziehen sich die Nieren der Frau zusammen, und alle Teile, die während des Monatsflusses zur Öffnung bereit stehen, schließen sich so fest, als wenn ein starker Mann irgendeinen Gegenstand in seiner Hand fest verschließt.« Vielleicht die älteste überlieferte Beschreibung des weiblichen Orgasmus. Woher Hildegard das so genau wusste, ließ Skeptiker einen wenig keuschen Lebenswandel oder eine teuf-

1161 ▶ Gründung der »Gemeinschaft der deutschen Gotlandfahrer« als Vorläuferin der Hanse

1161 ▶ Artlenburger Privileg, eine gegenseitige Rechtsschutzgarantie für die Handeltreibenden von Gotland und Lübeck

1162 ▶ 26.3. Zerstörung Mailands durch Barbarossa

lisch inspirierte Fantasie annehmen. Doch so muss es nicht gewesen sein. Hildegard war ein offener, interessierter Mensch, der sich ohne die zeittypische Verklemmtheit bei den Frauen erkundigte, die Rat suchend in ihr Kloster kamen. Sexualität war für sie nicht weniger eine Gottesgabe als die Nahrung oder die Freuden der Musik.

Auch in den Geschlechtsteilen des Menschen blüht die Vernunft, so dass ein Mensch weiß, was er zu tun und zu lassen hat. Daher hat er Genuss an diesem Werk.

HILDEGARD VON BINGEN

Doch in Hildegard gleich eine sexuelle Aufklärerin zu sehen, ginge entschieden zu weit. Ihr Interesse war ein theologisches und naturkundliches. In den meisten Standpunkten wich sie nicht von den jahrhundertealten Verdikten der Kirchenväter ab. So verurteilte sie beispielsweise Homosexualität aufs Strengste: »Ein Mann, der sich wie eine Frau mit einem anderen Mann vergeht, sündigt schwer gegen Gott und gegen jene Verbindung, mit der Gott Mann und Frau vereinigt hat. Daher erscheinen beide von Gott entehrt, böse und geil, furchterregend ... und des Todes schuldig.« Auch das ist Hildegard von Bingen.

Der Mann besitzt mehr Schaffenskräfte als die Frau. Die Frau aber ist ein Quell der Weisheit und der Freudenfülle. Beides bringt der Mann zur Vollendung.

HILDEGARD VON BINGEN

Der Mensch im Kosmos. Illustration aus dem »Liber divinorum operum«.

In späteren Jahren würde sie sich im »Liber vitae meritorum«, dem »Buch der Lebensverdienste«, wieder komplexeren theologischen Fragen widmen. Diese große Schrift ist eine ethische Abhandlung, in der Tugenden und Laster einander gegenübergestellt werden. »Liber divinorum operum« schließlich, mit dem Hildegard ihr wuchtiges Werk abschloss, ist eine gewaltige Gesamtinterpretation der Zusammenhänge von Mensch und Kosmos.

Keine Frau des Mittelalters, ja kaum ein Mann dieser Zeit hat ein so umfangreiches Schrifttum hinterlassen. Hinzu kamen noch hunderte Briefe sowie ein schriftliches Dokument der ganz ungewöhnlichen Art. Es findet sich im »Riesencodex«, der wertvollsten Besitzung der Hessischen Landesbibliothek Wiesbaden. Das gewaltige, 15 Kilogramm schwere Buch beinhaltet einen Großteil der wichtigsten Schriften Hildegards. Auf den Seiten, die nach heutiger Paginierung als 641 bis 644 gezählt werden, erscheint die »lingua ignota«, die unbekannte Sprache Hildegards. Es ist eine Liste von etwa tausend Wörtern. So heißt der Bart »Viriscal«, der Zahn »Malskir«, der Großvater erscheint als »Phazur«, der Heiland als »Livionz« oder der Teufel als »Diueliz«. Diese »Geheimsprache« beschäftigt Forschung und Hildegard-Anhänger schon seit Langem. Während Letztere darin mysteriöse Botschaften vermuteten oder gar eine alles erklärende Weltformel, bleibt die Forschung gelassener. Die Entwicklung von eigenen Sprachen war ein intellektuelles Hobby, das im Mittelalter durchaus auch von anderen geistigen Größen gepflegt wurde. Sprechen konnte man in der »lingua ignota« nicht, denn sie besteht nur aus Substantiven. Ohne Verben und Adjektive war eine Kommunikation in dieser Sprache nicht möglich. Historiker gehen davon aus, dass die Magistra wohl wie einst Adam im Paradies eine eigene Sprache schaffen wollte. Und auch wenn sich die »lingua« zum wirklichen Sprechen nicht eignete, zeigt sie doch das enorme kreative Potenzial, über das Hildegard verfügte. Denn ihre »Sprache« folgte durchaus

festen Regeln und lehnte sich an verschiedene andere Sprachen an. So finden sich neben dem Lateinischen und Mittelhochdeutschen wohl auch Entlehnungen aus dem Hebräischen. Vieles entnahm die Magistra einem Vorgängerglossar, dem sogenannten »Glossarium Heinrici«, manches erfand sie aber auch selbst.

Ebenfalls im Wiesbadener Riesencodex sind die sogenannten »litterae ignotae« enthalten, »geheime« Buchstaben und Zeichen mit ihren lateinischen Pendants. Dieses Spezialalphabet hat Hildegard offenbar wirklich angewendet, denn in einem Brief an die Mönche des Klosters Zwiefalten ist der Gruß in »litterae ignotae« geschrieben. Doch so ungewöhnlich diese Erfindungen Hildegards waren, so enthalten sie doch zur Enttäuschung vieler moderner Esoteriker wohl keine geheimnisvolle Botschaft an die Gegenwart.

Irgendwann zwischen den Visionen, dem Briefeschreiben, dem Abfassen der Schriften, den Besuchen berühmter Größen ihrer Zeit erledigte Hildegard die Alltagsangelegenheiten des Klosters, zu dem sich 1165 auch noch ein Filialkloster – Eibingen – auf der anderen Rheinseite gesellte. Allein Letzteres hätten die meisten Zeitgenossen als Lebensaufgabe angesehen. Und dazu fand sie auch noch die Zeit, ein Singspiel und Musikstücke zu komponieren, von denen viele bis heute erhalten sind.

In der Musik hat Gott den Menschen die Erinnerung an das verlorene Paradies hinterlassen.

HILDEGARD VON BINGEN

Spätestens hier drängt sich die Frage auf, ob ein Mensch allein, und sei er wirklich ein Genie,

1165 ▶ Weigerung Barbarossas und vieler Fürsten, Alexander III. als Papst anzuerkennen

1167 ▶ 1.12. Bildung des Lombardischen Bundes gegen die Italienpolitik Barbarossas

1168 ▶ 10.7. Barbarossa erteilt dem Bistum Würzburg die »Goldene Freiheit« und gestattet ihm damit die weltliche Gerichtsbarkeit

tatsächlich ein so imposantes Opus hinterlassen konnte. Die Forschung schließt nicht aus, dass Hildegard bei mancher ihrer Tätigkeiten Hilfe von Mitarbeitern bekam, deren Anteil heute nicht mehr zu ermitteln ist. Möglicherweise übernahm Mönch Vollmar mehr als bloß die Reinschrift der Texte Hildegards, obwohl sie ihn nach seinem Tod ausdrücklich dafür lobt, dass er sie nur grammatikalisch geglättet, aber nicht stilistisch verändert habe. Ihre Nonnen halfen bei der Schreibarbeit, andere Mitarbeiter wurden instruiert, Teilaufgaben zu übernehmen. Doch mit Sicherheit ist davon auszugehen, dass es Hildegard selbst war, die jeden Vorgang initiierte und sicherlich auch kontrollierte.

Ein gebrochenes Herz

So erfolgreich sich die Dinge in Bingen entwickelten – persönlich musste Hildegard in ihren ersten Binger Jahren einen schweren Schlag verkraften. Unter den Nonnen, die ihrer Gemeinschaft angehörten, war ihr eine ganz besonders ans Herz gewachsen: Richardis von Stade, die ihr auch beim Abfassen des »Scivias« behilflich gewesen war. »Denn als ich das Buch ›Scivias‹ schrieb, hegte ich eine vollkommene Liebe zu einer adeligen Nonne ... die sich mir während all dieser Ereignisse in Liebe und Freundschaft verbunden hatte und in meinen Leiden mit mir litt, bis ich dieses Buch vollendet hatte«, schreibt Hildegard. Diese, mit Sicherheit platonische, Liebe zu der jungen Frau hatte einen großen Stellenwert in Hildegards Leben eingenommen. Umso härter traf es sie, als Richardis ihr einen folgenschweren Entschluss mitteilte: »Danach aber strebte sie aufgrund ihrer vornehmen Herkunft nach der

Würde eines größeren Namens, um Mutter einer vornehmen Kirche genannt zu werden. Das begehrte sie aber nicht um Gottes, sondern um weltlicher Ehre willen.« Richardis, die aus einer einflussreichen und hoch begüterten Familie stammte, sollte Äbtissin im norddeutschen Kloster Bassum werden. Doch Hildegard stellte sich den familiären Plänen der Stader entgegen und verweigerte die Herausgabe der jungen Frau. Auch auf einen ernsthaften Rüffel des Erzbischofs von Mainz reagierte sie nicht. Ganz im Gegenteil zückte sie wieder ihre erprobte Waffe: »Der durchsich-

Richardis von Stade assistiert Hildegard bei der Niederschrift einer Vision. Illustration aus dem »Liber divinorum operum«.

tige Quell, der nicht trügerisch ist, sondern gerecht spricht: Die Gründe, die für die Erhebung jener Nonne vorgebracht werden, haben bei Gott kein Gewicht: Denn Ich, der Hohe und Tiefe und Umkreisende, der Ich das einfallende Licht bin, habe sie nicht gesetzt und gewählt, sondern aus der ungeziemenden Verwegenheit einsichtsloser Herzen sind sie entstanden.«

Doch die Stimme des Herrn erzielte diesmal nicht die gewünschte Wirkung. Richardis zog nach Bassum, und Hildegard war untröstlich. Mit verzweifelten Schreiben an den Erzbischof von Bremen und sogar den Papst versuchte sie, die Uhr noch einmal zurückzudrehen und die geliebte Richardis zurückzuholen. »Weh mir Mutter, weh mir Tochter«, schrieb sie anklagend an Richardis selbst. »Warum hast Du mich wie eine Waise zurückgelassen?« Doch alles Flehen half nichts. 1152 überbrachte Richardis' Bruder die niederschmetternde Nachricht, dass die junge Nonne ein Jahr nach ihrem Weggang in Bassum an einer Krankheit gestorben war. Die tragische Begebenheit ist für die Beurteilung Hildegards von Bingen von großer Bedeutung, denn die Briefe, die sie in dieser Zeit schrieb, sind so persönlich wie kaum ein anderes ihrer zahlreichen Schriftstücke. Im verzweifelten Bemühen, die junge Frau zu halten, ließ sie tief in ihr Herz blicken und zeigte hier aber auch eine durchaus egoistische Natur. Dass die junge Richardis sich nicht ohne Weiteres gegen die Wünsche ihrer Familie stellen konnte, wusste Hildegard eigentlich allzu gut. So herzzerreißend die Geschichte der mütterlichen Liebe einer kinderlosen Frau auf den ersten Blick scheinen mag – sie zeigt auch, dass Hildegard in vielerlei Hinsicht vor allem auf ihre eigene Person bedacht war.

Mich dünkt, es wäre besser für mich gewesen, wenn ich Dich nie gesehen, nie gefühlt hätte, wie Du ein so mütterliches Herz gegen mich hast.

AUS DEM BRIEF EINER NONNE
AN HILDEGARD VON BINGEN

Die Ratgeberin der Reichen und Mächtigen

Hildegards Selbstbewusstsein hatte sich durch ihre erfolgreiche Klostergründung enorm gesteigert. Sie scheute sich nicht, unaufgefordert auch mit den höchsten Adressen in Kontakt zu treten. Schon 1152 hatte sie an den neuen deutschen König, Friedrich Barbarossa, geschrieben, um ihren Namen gleich bei Hofe bekannt zu machen. »Gott befreie Dich vom ewigen Untergang, und Deine Zeiten seien nicht dürr, sondern Gott beschütze Dich, und Du mögest ewig leben.« Auch wenn der moderne Vergleich etwas hinkt: Es muss in etwa so gewesen sein, als wenn der Chef eines mittelständischen Unternehmens eigeninitiativ Ratschläge an die Bundeskanzlerin schicken würde. Doch Friedrich Barbarossa scheint das Schreiben durchaus wohlwollend registriert zu haben. In einem wenig später datierten Schreiben getraute Hildegard sich sogar, den Herrscher deutlich zu mahnen. »Hüte Dich also, dass der himmlische König Dich nicht wegen der Blindheit Deiner Augen, die nicht recht sehen, wie Du das Zepter zum richtigen Regieren in Deiner Hand halten sollst, niederstreckt.« Wahrscheinlich bezog sich diese Kritik auf die Pläne Barbarossas, den Mainzer Erzbischof Heinrich, der Hildegard freundlich gesonnen war, abzusetzen. Eigentlich war eine solche Mahnung an den gekrönten Herrscher des Reiches eine Unerhörtheit, doch

1177 ▶ 24.7. Ende des Schismas durch Friedensschluss zwischen Barbarossa und Alexander III. in Venedig

1178 ▶ Barbarossa wird König von Burgund

1178 ▶ Heinrich der Löwe wird politisch isoliert und geächtet

Friedrich Barbarossa, der 1153 römisch-deutscher König und 1155 Kaiser wurde, wird in dieser zeitgenössischen Miniatur als Kreuzfahrer dargestellt.

1179 ▶ 5.3. Drittes Laterankonzil unter Alexander III.

1179 ▶ 17.9. Tod Hildegards von Bingen

1180 ▶ 18.9. Philipp II. wird König von Frankreich

Hildegard zeigte einmal mehr, dass sie keine Angst vor »großen Tieren« hatte. Tatsächlich scheint Barbarossa die offenen Worte der Magistra nicht übel genommen zu haben. Wahrscheinlich im Jahr 1154 lud er sie persönlich in seine Pfalz nach Ingelheim ein. Möglicherweise schätzte der Herrscher, der sicherlich tagtäglich von höfischen Schmeichlern umgeben war, eine deutliche Sprache. Und Hildegard selbst konnte sich immer darauf berufen, dass nicht sie es war, die da sprach. Denn wer wollte der »Posaune Gottes« widersprechen?

Friedrich, durch Gottes Gnade römischer Kaiser und ständiger Mehrer des Reiches, entbietet Frau Hildegard von Bingen seine Gunst und alles Gute. Wir machen Deiner Heiligkeit bekannt: Das, was Du uns in Ingelheim vorausgesagt hast, halten wir bereits in Händen. Aber trotzdem werden wir nicht aufhören, in allen Unternehmungen uns für die Ehre des Reiches abzumühen.

BRIEF FRIEDRICH BARBAROSSAS AN HILDEGARD VON BINGEN

Tatsächlich war Hildegard mittlerweile zu einem Meinungszentrum geworden. Ratsuchende aus allen Teilen des Reiches schrieben an sie, und in ungeheurem Fleiß antwortete die Magistra mit klugen Ratschlägen und frommen Zitaten. Aber diese schriftliche Korrespondenz war ihr – zumindest nach eigener Erinnerung – nicht genug. Sie wollte persönlich auch mit den Menschen in Kontakt treten, die nicht zu ihr ins Kloster kommen konnten oder wollten. So begann sie umfangreiche Predigtreisen in benachbarte und befreundete Klöster, aber auch in die großen Städte des Rei-

ches. Allerdings: Wie schon bei der Episode des Papstbesuches in Trier sind auch diese Kapitel in Hildegards Leben nur in ihren Briefen und ihrer Vita aufgezeichnet. Keine Stadt- oder Klosterchronik erwähnt sie. Historiker haben dementsprechend erhebliche Zweifel, ob die Reisen je stattgefunden haben. Zumal es zu damaliger Zeit ungeheuer spektakulär gewesen wäre, wenn eine Frau öffentlich gepredigt hätte. Selbst Mönche brauchten eine Sondererlaubnis, um außerhalb ihrer Klostermauern zu predigen. Einer Frau wäre so etwas niemals gestattet gewesen. Möglicherweise ist Hildegard in ihren späten Jahren wirklich in befreundete Konvente gereist. Dort mag sie auch mahnende Worte gefunden haben, denen ihr Renommee ein besonderes Gewicht verlieh. Bei den »Predigten« vor den Kölner oder Trierer Klerikern aber dürfte bereits wieder der Mythos Hildegard greifen, an dem die Magistra noch zu ihren Lebzeiten kräftig mitarbeitete. So begann sie auch, bereits hoch in den Siebzigern, die Briefe ihres Lebens zu sammeln. Behilflich war ihr dabei der Mönch Gottfried, der allerdings nach wenigen Jahren starb. Ihm folgte Wibert von Gembloux. Bei dieser Sammlung erfolgte wohl schon die eine oder andere Glättung und Überarbeitung, was teilweise bis zur Neufassung ging, um die Magistra im Nachhinein besser oder spektakulärer erscheinen zu lassen, als sie die Zeit selbst gesehen haben mag.

Die streitbarste Deutsche des Mittelalters

Die ungeheure Lebensleistung der Hildegard von Bingen soll durch die Zweifel an den Einzelheiten der Überlieferung nicht gemindert werden. Ganz im Gegenteil – ihr unbezweifelbares Talent als Selbstdarstellerin verhalf der Magistra zu einem Ruhm, der ihr wirklich wesentliches Werk bis auf den heutigen Tag erhalten hat. Sie hatte den Mut, aus den engen Bedingungen auszubrechen, die Frauen ihrer Zeit gesetzt waren. Sie ging an vielen Wendepunkten in ihrem Leben ein enormes persönliches Risiko ein und stellte immer wieder den gesellschaftlichen Ort in Frage, den ihr das 12. Jahrhundert zuwies. Eine Querdenkerin war sie, deren Lebensende – wie sollte es anders sein? – von einem kapitalen Streit geprägt wurde. 1178 ebnete die greise Hildegard die Erde über dem Grab eines jungen Adligen auf dem Friedhof der Abtei ein, um es unauffindbar zu machen. Der Mann war im Kirchen-

Der Tod Hildegards, dargestellt auf dem Altar der Rochuskapelle in Bingen.

Nachleben der Hildegard von Bingen

Nachdem Hildegards Tod zahlreiche Wundersucher und Heilsflehende auf den Rupertsberg gezogen hatte, wurde es in den Folgejahrzehnten stiller um die berühmte Magistra. 1493 nahm sie der Nürnberger Chronist Hartman Schedel in seine Weltchronik auf, ordnete sie aber lediglich unter die »Propheten« ein. Die folgenden Jahrhunderte kannten zwar einen Großteil ihrer Schriften, doch fand sie bei den meisten Gelehrten aufgrund ihres begrenzten Lateins nur wenig Wertschätzung. Selbst Johann Wolfgang von Goethe würdigte den Wiesbadener »Riesencodex«, den er auf einer Reise sah, lediglich mit dem Wort »merkwürdig«.

Anfang des 19. Jahrhunderts verlor Hildegard ihre letzte Ruhestätte. Kloster Eibingen wurde säkularisiert, und die sterblichen Überreste der Magistra wurden im Ort verteilt. Den Schädel Hildegards ver-

wahrte der Pfarrer von Eibingen in seiner Wohnung. Erst 1857 fanden die Gebeine einen neuen Platz in der ehemaligen Klosterkirche, die nun die Pfarrkirche von Eibingen ist. Heute werden sie jedes Jahr in einem kostbaren Goldschrein am Todestag Hildegards durch Ort und Weinberge getragen.

Im 19. Jahrhundert erwachte auch das Interesse für Hildegards Schriften neu. Wenig später nahmen die Nonnen des wieder gegründeten Klosters Eibingen die wissenschaftliche Forschung zum Thema Hildegard erneut auf. Ausstellungen und Publikationen zum 800. Todestag im Jahr 1979 bzw. zum 900. Geburtstag 1998 beförderten das Interesse weiter. Heute gibt es Hildegard-Gemeinschaften in aller Welt, die sich wissenschaftlich, schwärmerisch oder esoterisch mit dem Leben und dem Werk der Magistra befassen.

1187 ▶ Ein großer Teil des Königreichs Jerusalem fällt zurück an die Muslime

1189 ▶ Beginn des Dritten Kreuzzugs

1189 ▶ 3.9. Richard Löwenherz wird König von England

bann gestorben, und eigentlich war es verboten, einen so Verstoßenen auf heiligem Boden zu beerdigen. Der Bischof von Mainz hatte Kloster Rupertsberg daher nachdrücklich aufgefordert, die Leiche zu exhumieren. Aber Hildegard war der Meinung, dass der junge Mann durch die Beichte vor seinem Tod ausreichend Reue gezeigt hatte. Der bischöfliche Stuhl überzog ihr Kloster daher mit der Strafe, dass kein Gottesdienst mehr gehalten werden durfte. Wie zeit ihres gesamten Lebens ließ Hildegard sich von derartigen Sanktionen nicht verunsichern. Nach monatelangem Ringen konnte sie den Mainzer Erzbischof überzeugen, den Bann für ihr Kloster aufzuheben. Und die Leiche lag noch immer da, wo Hildegard sie hatte beerdigen lassen.

Als Hildegard von Bingen ein Jahr später selbst starb, verlor das Reich die gewichtigste Frauenstimme, die auch in den folgenden Jahrhunderten nicht an Bedeutung übertroffen werden sollte.

Entgegen der landläufigen Meinung und der vielfältigen Verehrung der »heiligen« Hildegard wurde die Nonne vom Rupertsberg niemals im kirchlichen Sinne heiliggesprochen. 1227, fast 40 Jahre nach ihrem Tod, wurde ein offizielles Heiligsprechungsverfahren eingeleitet, das aber bislang ohne Abschluss blieb. Der Heilige Stuhl war mit einer ersten Aufzählung von 1233 nicht zufrieden und forderte 1237 mehr und genauere Informationen über Hildegards Wunder an, mahnte sogar 1243 noch einmal. Die Überarbeitung des Wunderkatalogs von 1233 ist noch in Koblenz überliefert, aber es bleibt ungeklärt, ob eine Abschrift überhaupt je nach Rom gelangte. Seit dieser Zeit nennen die Quellen Hildegard oftmals eine »Heilige«, aber bis zur Mitte des 19. Jahrhunderts

finden sich kaum Spuren einer kultischen Verehrung, nicht einmal in Bingen. Erst mit der katholischen Erneuerung des 19. Jahrhunderts änderte sich das. Seit 1857 feiert man in Eibingen – wo Hildegard einst das Vorgängerkloster der heutigen Abtei gegründet hatte – das Hildegardisfest, zu dem Gläubige von weit her anreisen. Wenig später wurde die Echtheit der Reliquien Hildegards durch den Limburger Bischof anerkannt, seither begann der Versand von Reliquien, die sich heute angeblich an 215 Orten weltweit finden, sogar in Japan, Neuguinea und auf den Bahamas.

Vieles aus dem Leben und Werk Hildegards von Bingen mutet heute erstaunlich modern an und fasziniert gerade deswegen viele, selbst Kirche und Glauben fernstehende Menschen. ... Der zeitliche Abstand von fast einem Jahrtausend scheint, wenn wir Hildegard zu solchen Themen der Vergangenheit hören, mühelos übersprungen werden zu können. Die Attraktivität der heiligen Hildegard verdankt sich ein gutes Stück dieser Aktualität, und es ist sicher – trotz mancher oberflächlicher Vermarktung – gut, dass es diese Anknüpfungspunkte im Heute gibt.

KARL KARDINAL LEHMANN,
BISCHOF VON MAINZ,
ZUM 900. GEBURTSTAG
HILDEGARDS VON BINGEN

1190 ▶ 10.6. Tod Barbarossas   1191 ▶ 15.4. Heinrich VI. wird zum Kaiser gekrönt   1192 ▶ Ende des Dritten Kreuzzugs

Friedrich II.

und der Kreuzzug

Das »Staunen der Welt« nannten die Zeitgenossen den Staufer Friedrich II. (1194–1250). Er war König von Sizilien und Jerusalem, Kaiser des Heiligen Römischen Reiches. In seinem deutschen Königreich musste der Enkel von Friedrich Barbarossa die Macht mit den Fürsten teilen. In Sizilien, dem Königreich seiner Mutter Konstanze, fühlte er sich wohler.

Er war hochgebildet, ein Philosoph auf dem Thron. Seinen Hof in Palermo machte Friedrich zum Treffpunkt arabischer und jüdischer Gelehrter, zu einem Hort der Künste und der Wissenschaften. Das fand nicht jeder gut. Als »Sultan von Lucera« verhöhnte ihn der Papst. Wieder kam es zur Auseinandersetzung zwischen Papst- und Kaisertum.

Der Ruf aus Deutschland

Das Jahr 1212 hatte gerade erst begonnen, als der schwäbische Adelige Anselm von Justingen seinen Fuß auf sizilianischen Boden setzte. In der Hafenstadt Messina, die vom italienischen Festland lediglich durch eine schmale Meerenge getrennt ist, erwartete Friedrich II. den Gesandten aus Deutschland in seinem königlichen Palast.

Lange Jahre hatte sich nördlich der Alpen kaum mehr jemand für das Königskind interessiert. Gerade einmal 17 Jahre alt war Friedrich jetzt, aber schon mit 14 galt er als volljährig, nach normannisch-sizilianischem Recht. Und er hatte schon bewiesen, dass er Verantwortung als König tragen konnte.

Nun also brachte der adelige Herr aus Schwaben Kunde aus dem Reich, die so wichtig sein musste, dass er dafür die lange und beschwerliche Reise ins reichsferne Sizilien auf sich genommen hatte. Die Wahl der deutschen Fürsten war auf Friedrich gefallen. Damit war der 17-Jährige auserkoren, als König und künftiger Kaiser über das Heilige Römische Reich zu herrschen, das im hohen Mittelalter halb Europa bedeckte und neben Deutschland auch das Königreich Burgund sowie Oberitalien einschloss. Vielleicht auch einmal sein Königreich Sizilien?

Friedrich stammte aus dem bedeutenden schwäbischen Geschlecht der Staufer und wusste von seinem natürlichen Anspruch auf die deutsch-römische Krone; sein Vater war immerhin Kaiser Heinrich VI., sein Großvater sogar der legendäre Friedrich Barbarossa. Dennoch zögerte der junge Staufer, als Anselm von Justingen ihm die Königswürde im Namen der Fürsten antrug.

Pfingstsonntag 1198: Der dreijährige Friedrich wird in der Kapelle Santa Maria Incoronata im Dom von Palermo zum König von Sizilien gekrönt.

Denn es gab ein ernstes Hindernis: Kaiser Otto IV.! Zwar hatte eine Allianz aus Papst und Fürsten ihn kurzerhand abgesetzt. Doch kampflos aufgeben würde der Welfe seine Krone keinesfalls. Ein staufisch-welfischer Krieg um die Herrschaft drohte. Und was hatte Friedrich ihm dann entgegenzusetzen? Durch seine Mutter Konstanze, Tochter des Normannenkönigs Roger II., trug er bereits die Krone

1194 ▶ 26.12. Geburt von Friedrich II.

1195 ▶ 6.8. Tod Heinrichs des Löwen

1196 ▶ 25.12. Der zweijährige Friedrich II. wird zum römisch-deutschen König gewählt, aber im Reich nicht anerkannt

von Sizilien – aber fest im Sattel saß er auch dort noch nicht. Sein Land jetzt auf unabsehbare Zeit zu verlassen, um das verloren geglaubte Erbe seines Vaters anzutreten, barg ein hohes Risiko. Sollte Friedrich die angebotene Krone also besser ausschlagen und auf Amt, Rang und Würde seiner deutschen Vorfahren verzichten?

Seine Gemahlin Konstanze von Aragon soll ihm dazu geraten haben, in Sizilien zu bleiben. Friedrich war 14, als sie heirateten, sie 25 und bereits Witwe des Königs von Ungarn. 500 aragonische Ritter, damals eine schlagkräftige Armee, hatte Konstanze in die Ehe mitgebracht. Jetzt musste sie um ihre gemeinsame Zukunft fürchten.

Doch Friedrich war davon überzeugt, von höchster Stelle berufen zu sein. Gott selbst hatte seinen Willen kundgetan und die Wahl der Fürsten auf ihn gelenkt. Er war dazu auserkoren, als Kaiser über das »Imperium Romanum« zu herrschen.

Gegen allen gut gemeinten Rat, gegen Bedenkenträger und Zauderer im Königreich Sizilien, begleitet nur von einer Handvoll Freunde, begab Friedrich II. sich im März 1212 auf seine lange Reise nach Norden. Zu Fehde, Krieg? Zum deutschen Abenteuer? Mit allem musste der Auserwählte rechnen.

Der Thronfolger

Große Erwartungen ruhten auf seinen Schultern. Das kannte Friedrich schon. Lange hatten seine Eltern die Geburt eines Thronfolgers herbeigesehnt. Als Friedrich am 26. Dezember 1194 im kleinen mittelitalienischen Ort Jesi das Licht der Welt erblickte, strebte das staufische Kaisertum seinem Höhepunkt entgegen. Der Vater Kaiser des Heiligen Römischen Reiches,

Die Eltern Friedrichs: Konstanze und Heinrich VI. Illustration aus der Handschrift »Liber ad honorem Augusti« des Petrus von Eboli.

die Mutter Königin von Sizilien – ein gewaltiges Erbe würde dem erstgeborenen Sohn eines Tages bevorstehen.

1197 ▶ 28.9. Tod Heinrichs VI.

1198 ▶ 8.3. Der Staufer Philipp von Schwaben, Bruder Heinrichs VI., wird in Mühlhausen zum römisch-deutschen König gewählt

1198 ▶ 17.5. Friedrich II. wird in Palermo zum König von Sizilien gekrönt

Oh, Du ersehnter Knabe, Du Wiederkehr glorreicher Zeiten, Roger und Friederich, eins werden beide in Dir. Friede kehrt ein mit Dir, denn Deine Geburt schafft auch uns erst; Deine Geburt macht aus uns, was frommes Wünschen erstrebt.

**PETRUS VON EBOLI,
CHRONIST**

Doch noch vor seinem dritten Geburtstag erschütterte der Tod seines Vaters die Herrschaft der Staufer im Reich. Kaiser Heinrich VI.

Gilt als einer der fähigsten Päpste des Mittelalters: Innozenz III.

starb im Alter von nur 32 Jahren. Schicksal eines Deutschen in Italien. Vermutlich hatte er sich Jahre zuvor eine Malaria zugezogen, die nun zum Ausbruch kam. Und bald lag auch seine Mutter, Kaiserin Konstanze, im Sterben.

Konstanzes letzte Tat galt ihm, dem nun dreijährigen Thronfolger. Zwei Tage vor ihrem Tod bestimmte sie Papst Innozenz III. zum Vormund des minderjährigen Königs. Eine politische Entscheidung, die dem verwaisten Friedrich wenigstens eine Krone sichern sollte. Schon lange hatten die Päpste die Lehnsherrschaft über Sizilien für sich beansprucht. Nun wurde dieser Vorrang vom Königshof anerkannt. Innozenz III. war damit der Lehnsherr, und der kleine Friedrich stand fortan unter päpstlichem Schutz. Aber der Papst saß im fernen Rom, während in Palermo, der Hauptstadt des Königreichs Sizilien, ein wilder Kampf um die Herrschaft entbrannte.

Muslimische Sarazenen und normannische Barone, päpstliche Legaten und deutsche Heerführer streckten ihre Hände nach dem unmündigen König aus, denn wer die Macht wollte, musste den kleinen Friedrich in seine Gewalt bringen. So wurde er auf Jahre zur Geisel von Usurpatoren, die ihn in seinem eigenen Palast gefangen hielten, um sich – einer nach dem anderen – unbehelligt am normannisch-sizilianischen Krongut zu bereichern.

Es grenzt an ein Wunder, dass Friedrich II. trotz alledem eine geordnete königliche Erziehung erfuhr, wie sie ihm als Purpurgeborenem auch zukam. Seinem päpstlichen Vormund wurde von den Reit- und Fechtkünsten des jungen Königs berichtet, und von seinem Wissensdurst. Friedrich las römische und arabische Autoren. Über die Geschichte seines Landes und die seiner Vorväter war er wohlinformiert.

Königreich Sizilien

Die Blüte Siziliens begründeten arabische Erobe-rer, die 827 in der sizilianischen Hafenstadt Mar-sala (arabisch: »Marsa Allah«, »Hafen Gottes«) landeten. Die neuen Herren senkten die Abga-benlasten, sorgten für Steuergerechtigkeit und steigerten die Erträge von Handel und Hand-werk. Bewässerungsanlagen wurden angelegt, mit denen Orangen und Zitronen, Auber-ginen, Pistazien und Dattelpalmen kultiviert wer-den konnten. Vor allem ließen sie prachtvolle Moscheen und Paläste errichten. Über 200 glän-zende Kuppeln konnte man um die Jahrtausend-wende allein in Palermo zählen, das zu einem intellektuellen und kulturellen Zentrum der isla-mischen Welt heranwuchs und mit geschätzten 100 000 Einwohnern neben Konstantinopel als größte Stadt Europas galt.

Dann kamen die nächsten Invasoren über die Meerenge von Messina. Seit dem 11. Jahr-hundert siedelten Normannen in Süditalien. Am 18. Mai 1061 landeten die einstigen Seeräuber in Sizilien. Sechzig Jahre später vereinigte Roger II. Insel und Festland zum eigenständigen Königreich Sizilien: »Regnum Sicilie, ducatus Apulie et prin-cipatus Capue«. Und was niemand vorhergese-hen hatte: Den ungeschlachten Männern aus der französischen Normandie gefiel das Hofleben ihrer arabischen Vorgänger. Unter den Norman-nenkönigen wurde Palermo kulturelles Zentrum des Abendlandes. Das Goldene Zeitalter Siziliens war angebrochen.

Der Innenhof des Normannenpalastes in Palermo, dem Machtzentrum des Königs von Sizilien.

Palermo war schon im Mittelalter ein Schmelztopf der Kulturen. Den ehemaligen Herrschaftssitz der Araber, »Qasr« genannt, hatte Friedrichs Großvater mütterlicherseits, Roger II., zu einem prunkvollen Königspalast ausgebaut. Hier begegneten sich Orient und Okzident. So wuchs Friedrich inmitten von vier Kulturen und Sprachen – Normannisch, Sizi-lianisch, Arabisch, Hebräisch – als Thronfolger heran. Und am Hof sprach man auch Deutsch.

1198 ▶ 27.11. Tod seiner Mutter Konstanze von Sizilien: Friedrich II. steht unter der Vormund-schaft von Papst Innozenz III.

1199 ▶ 6.4. Tod von Richard Löwenherz

1200 ▶ Walther von der Vogelweide lebt und dichtet am Hofe Philipps von Schwaben

Gleich drei Weltreligionen waren hier zu Hause: Neben den normannischen Kirchen standen die Moscheen der Muslime, daneben die Synagogen der Juden. Einzigartig ist die Kapelle im Normannenpalast von Palermo. In ihr verschmilzt römischer Baustil mit griechischer Tradition, byzantinische Mosaikkunst mit arabischer Ornamentik. Ein Weltwunder des Mittelalters, das Friedrich II. später nach seinen Vorstellungen ausschmücken lässt: mit dem Adler, dem Symbol der Staufer, neben den Herrschaftszeichen der Normannenkönige.

Ein anonymer Brief aus der Umgebung des Kanzlers Walter von Pagliara, der den Heranwachsenden 1207 in seine Obhut nahm, beschreibt den 13-jährigen Friedrich als anmutigen Jungen mit strahlenden Augen. »Aufgeweckt ist er, voll Scharfsinn und Gelehrig-

keit.« Aber Friedrich zeigte früh auch eine andere Seite. Er empfinde es als schimpflich, heißt es in dem Brief weiter, »noch für einen Knaben, nicht aber für einen König geachtet zu werden«. Behandle man ihn nicht entsprechend, verwandle er sich in eine Furie. Friedrich wusste genau: Er war kein Normalsterblicher. Er, der Sohn und Enkel zweier Kaiser, fühlte sich durch Gottes Gnade an die Spitze des Heiligen Römischen Reiches berufen. So verhielt er sich denn auch.

Zuerst brach Friedrich in Tränen aus. Doch dann packte ihn ohnmächtige Wut, und wie der Berg Sinai nicht einmal von einem Tier berührt werden darf, so versuchte er die Hand des Häschers aufzuhalten, die im Begriff war, den Gesalbten des Herrn anzutasten. Dann öffnete Friedrich seinen Königsmantel, zerriss voller Schmerz – mit Tränen in den Augen – seine Kleider und zerfetzte sein junges Fleisch mit seinen messerscharfen Nägeln.

RAINALD VON CAPUA IN EINEM BRIEF
AN PAPST INNOZENZ III. ZUM KIDNAPPING
DES JUNGEN KÖNIGS FRIEDRICH II., 1201

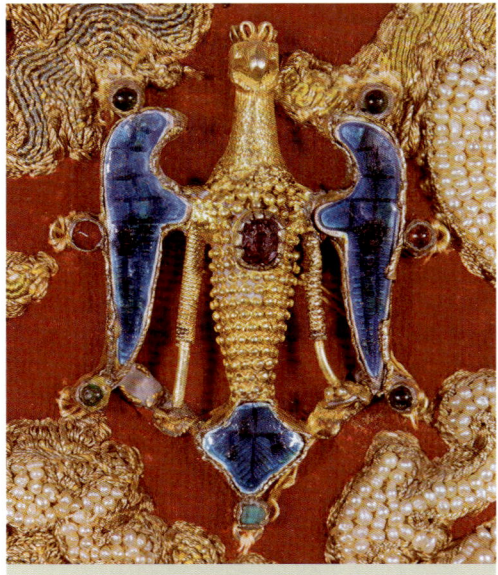

Unter Friedrich wurde der Adler, das Zeichen der römischen Kaiser, allgegenwärtig und prangte bald von Münzen, Siegeln und Bauten.

Machtkampf im Reich

Seine beiden ersten Lebensjahre hatte der Thronfolger bei Pflegeeltern verbracht, am Hof des deutschsprachigen Herzogs von Spoleto im heutigen Umbrien. Dort erwartete man im Spätsommer 1197 bereits die Ankunft Philipps von Schwaben. Der Bruder des Kaisers war dazu bestimmt worden, seinen Neffen Friedrich zur Königskrönung nach Aachen zu geleiten. Da die Königswürde nicht automa-

Die Capella Palatina im Normannenpalast beeindruckt vor allem durch ihre prächtigen Mosaike.

Heinrich VI., denn die Fürsten achteten genau darauf, dass keine Dynastie zu lang regierte, dass kein Adelsgeschlecht im Reich zu viel Macht erlangte. Das immerhin war den Staufern seit Konrad III. gelungen: Mit Friedrich II. würde bereits die vierte Generation in Folge regieren. Aber noch war der junge König nicht gekrönt.

Herzog Philipp von Schwaben war bereits in Montefiascone im Latium angelangt und nur noch einen Tagesritt von Friedrich entfernt, als die Nachricht vom Tod Kaiser Heinrichs Italien erreichte. Mit einem Schlag brach heftiger Aufruhr los. Das hatte bereits Tradition: Schon Kaiser Barbarossa führte über Jahrzehnte kriegerische Auseinandersetzungen mit den norditalienischen Stadtstaaten. Jetzt hatte erneut die Stunde der freiheitsliebenden Bürger geschlagen. Alles, was an die kaiserliche Herrschaft gemahnte, wurde nun zur Zielscheibe. Nur mit Glück und seinem Schwert in der Hand entkam Philipp dem Furor. Er floh zurück nach Deutschland, den kleinen König Friedrich musste er in Italien zurücklassen.

Der Tod Kaiser Heinrichs VI. stürzte das gesamte Reich in die Krise. »Der ganze Erdkreis geriet in Verwirrung«, berichtet die Chronik des elsässischen Klosters Marbach, »denn viele Kriege und Übel erhoben sich nun, die lange Zeit andauerten.« Nicht nur im kaiserfernen Italien, auch im deutschen Königreich kam es zu Übergriffen auf kaiserliche Güter. Wer war stark genug, den drohenden Zusammenbruch der inneren Ordnung aufzuhalten?

Für die Wahl zum römisch-deutschen König kamen mehrere Kandidaten in Frage. Friedrich II. konnte gerade einmal gehen, viel zu jung also, um schon die Nachfolge seines Vaters anzutreten. So griffen andere nach der

tisch vom Vater auf den Sohn überging, ließen die deutschen Könige noch zu ihren Lebzeiten ihre Kinder als Nachfolger von den Fürsten und Bischöfen wählen. Denn anders als Frankreich, England oder auch Sizilien war Deutschland keine Erb-, sondern eine Wahlmonarchie.

Nach lang andauernden Verhandlungen mit den »Großen des Reiches« hatten die weltlichen und geistlichen Fürsten am 25. Dezember 1196 endlich der Wahl des zweijährigen Friedrich zugestimmt. Ein Erfolg für Kaiser

Nach der Ermordung Philipps von Schwaben 1208 konnte sich Otto VI. endgültig behaupten. Miniatur aus der »Sächsischen Weltchronik«.

Krone. Wieder ein Showdown zwischen Staufern und Welfen, zwischen den Söhnen Kaiser Barbarossas und Heinrichs des Löwen! Die Partei der Staufer setzte auf den Bruder des Verstorbenen, Philipp von Schwaben, zögerte nicht lange und wählte ihn am 8. März 1198 im thüringischen Mühlhausen zum König. Allerdings in Abwesenheit der mächtigen Erzbischöfe von Köln, Mainz und Trier. Der Mainzer befand sich im Heiligen Land, der Trierer war schwankend. Unter der Leitung des Kölner Erzbischofs erhob eine Gruppe von Fürsten drei Monate später, am 9. Juni, den Welfen Otto IV. zum König.

Eine Doppelwahl, zwei Könige. Wer war nun der rechtmäßige Herrscher? Die Rolle des Schiedsrichters beanspruchte Papst Innozenz III., da nur er den König auch zum Kaiser des Heiligen Römischen Reiches salben, wei-

hen und krönen konnte. Wer bot mehr? Mit den großzügigeren Versprechungen gegenüber der Kurie schaffte Otto IV., was seinem Vater Heinrich dem Löwen einst verwehrt geblieben war. Als erster und einziger Welfe wurde er am 4. Oktober 1209 vom Papst zum Kaiser gekrönt. Damit war aber auch entschieden: Der Machtkampf im Reich um die Krone würde in die Verlängerung gehen.

Die »staufische Zange«

Der Kaiser des Heiligen Römischen Reiches war im frühen 13. Jahrhundert Gebieter über ein gewaltiges Territorium. Seine Herrschaft umfasste das ganze Königreich Deutschland

1209 wurde Otto IV. in Rom von Innozenz III. zum Kaiser gekrönt. Im Hintergrund segelt ein Schiff mit Truppen Friedrichs II. heran.

(und damit auch die Gebiete der heutigen Staaten Niederlande, Belgien, Schweiz, Österreich und Tschechien), Regionen westlich der Rhone sowie weite Bereiche Ober- und Mittelitaliens bis zum Kirchenstaat. Nur das Königreich Sizilien, dieser Smaragd in der Kaiserkrone, fehlte noch, um den imperialen Traum, als Nachfolger der römischen Cäsaren über ganz Italien zu herrschen, Wirklichkeit werden zu lassen.

Seit Otto dem Großen hatten die Kaiser immer wieder Anspruch auf Süditalien erhoben und es an Hinweisen auf das alte »ius imperii ad regnum«, die rechtmäßige Nachfolge der römischen Kaiser, nicht fehlen lassen. Doch selbst Friedrich Barbarossa, der mehr als die Hälfte seiner 38 Regierungsjahre in Italien verbracht hatte, konnte dieses Anrecht bei aller Beharrlichkeit nicht durchsetzen. Zumal die Vereinigung des italienischen Südens mit dem Kaiserreich im Norden, die »unio regni ad imperium«, in der römischen Kurie einen entschiedenen Feind hatte. Den Papst quälte die Vorstellung, der Kirchenstaat mit seinen Besitzansprüchen in Mittelitalien könnte durch die Stauferherrschaft im Süden und im Norden in die Zange genommen werden – diese Angst vor der »staufischen Zange« sollte bei allen Päpsten dieser Epoche eine wichtige Rolle spielen.

Auch Otto IV. musste Papst Innozenz III. für seine Kaiserkrönung 1209 hochherzig versprechen, niemals die staufische Reichsidee der »unio regni ad imperium« aufzugreifen. Was den Welfen freilich nicht daran hinderte, direkt von Rom aus mit seinem Heer nach Süden zu ziehen. Im November 1210 waren Kampanien und Apulien unterworfen, für den folgenden Herbst war die Überfahrt nach Sizilien geplant. Ein Albtraum für den Papst, der ja auch Lehnsherr über das Königreich Sizilien war. »Das Schwert, das wir selbst geschmiedet, schlägt uns schwere Wunden«, klagte er den deutschen Fürsten. Otto wolle dem verwaisten König Friedrich nach dem väterlichen auch noch das mütterliche Erbe entreißen.

Innozenz zog alle Register, die ihm zu Gebote standen. Er verhängte über Kaiser Otto den Kirchenbann. In einem Schreiben an alle geistlichen Fürsten erteilte er ihnen die Erlaubnis, den Welfenkaiser unverzüglich abzusetzen, ja schon vor seiner Absetzung einen geeigneten Nachfolger zu wählen. Mit Erfolg.

Während Kaiser Otto durch das Eingreifen des Papstes zum sofortigen Rückzug nach Deutschland gezwungen war, um sich in Sachsen – dem Stammland der Welfen – der Grundlagen seiner Herrschaft zu versichern, sorgte Innozenz III. dafür, dass die Wahl der Fürsten auf seinen Kandidaten fiel. Auf sein einstiges Mündel, den 17-jährigen Friedrich II. Die Dynastie der Staufer sollte wieder an die Macht.

Wettlauf zum Thron

Inzwischen hatte Friedrich auf dem Seeweg Rom erreicht. Dort stand er im April 1212 zum ersten und einzigen Mal Papst Innozenz III. gegenüber. Friedrich musste seinem Förderer zusichern, das Königreich Sizilien immer als Lehen der Kirche anzusehen und es nie mit dem Kaiserreich zu vereinigen. Der Papst setzte dafür alle Hebel in Bewegung, seinen Kandidaten sicher durch Italien zu bringen.

Denn in Oberitalien begann der gefährliche Teil der Unternehmung. Nur die reichstreuen Städte halfen dem Staufer. Metropolen wie Mailand nahmen dagegen Partei für

1206 ▶ Dschingis Khan beginnt die Eroberung Asiens

1208 ▶ 21.6. Ermordung Philipps von Schwaben in Bamberg durch den bayerischen Pfalzgrafen Otto von Wittelsbach

1209 ▶ 4.10. Otto IV. wird zum Kaiser des Heiligen Römischen Reiches gekrönt

den Welfenkaiser – und stellten dem jungen König nach. Am 28. Juli 1212 hatte ihn die Reiterei Pavias zum Fluss Lambro eskortiert, wo die Ritter Cremonas übernehmen sollten. Als unerwartet die Mailänder mit starken Kräften angriffen, stand es Spitz auf Knopf: Nur mit Müh und Not, auf einem sattellosen Pferd, konnte Friedrich den Fluss überqueren und sich vor seinen Häschern an das andere Ufer retten. Der »Zaunkönig«, höhnten die Mailänder, hatte »seine Hose im Lambro baden müssen«.

Nördlich der Alpen hatte auch Kaiser Otto den Kampf um die Krone aufgenommen. Bürgerkriegsähnliche Zustände waren die Folge. Selbst wenn Friedrich wohlbehalten zu seiner Bestätigungswahl in Frankfurt eintreffen sollte, war ihm die Macht im Reich noch lange nicht sicher. Erfolg oder Niederlage hingen davon ab, ob es dem jungen Staufer gelingen würde, mächtige Bischöfe und Reichsfürsten auf seine Seite zu ziehen. Und alles war eine Frage der Zeit.

Otto ließ seine Anhänger den Brennerpass sperren. Mit Eilmärschen musste Friedrich ausweichen, mühsame Umwege in Kauf nehmen. Ein Wettlauf um den Thron: Von Süden und Norden eilten König und Kaiser Richtung Schwaben. Das Ziel: die Bischofsstadt Konstanz im Stammland der Staufer. Während Friedrich im September 1212 – zum ersten Mal in seinem Leben – deutschen Boden betrat, rückte auch Kaiser Otto mit seinen Truppen nach Konstanz vor. Schon bereitete er in Überlingen die Überfahrt vor. Seine Leibköche und Diener soll er bereits vorausgeschickt haben, um in der Bischofsresidenz alle Vorbereitungen für den standesgemäßen Empfang zu treffen.

Aber nicht Otto, sondern Friedrich stand als Erster vor den Toren der Bischofsstadt. Nach kurzem Zögern hieß der Bischof von Konstanz den unerwarteten Gast willkommen – und folgte darin (wie die meisten geistlichen Fürsten im Reich) dem Papst: Friedrich war sein Mann. Gegen den Welfenkaiser wurde die Bannbulle verlesen.

Nur wenige Stunden hatten über Sein oder Nichtsein entschieden. Binnen weniger Wochen vollzog der ganze Süden des Reiches den Wechsel in das Lager des Staufers. Der Weg in die Kaiserstadt Frankfurt war für Friedrich frei.

Deutscher König

Aber war auch der Wettlauf zum Thron schon gewonnen? Anfang Dezember 1212 erreichte Friedrich Frankfurt am Main, wo bereits eine große Zahl von Fürsten versammelt war. Seine Wahl galt nur noch als Formsache, denn schon 1196 hatten die deutschen Fürsten in Frankfurt den damals einjährigen Friedrich zum König gewählt und im Jahr zuvor die Wahl erneuert, allerdings in Nürnberg. Das hatte einen Makel: »Alse man den kiunig kiesen wil, daz sol man tuon ze Frankenfurt.« (So man den König küren will, soll man das in Frankfurt tun.) So schreibt es auch der »Schwabenspiegel« vor, das kaiserliche Land- und Lehnsrechtsbuch aus dem späten 13. Jahrhundert.

Wahlberechtigt war nur ein Teil der Fürsten im Reich. In vorderster Reihe standen die Bischöfe, Erzbischöfe und Herzöge, gefolgt von den Mark-, Land- und Pfalzgrafen. Rund 50 Fürsten, darunter 35 Bischöfe und Erzbischöfe, sind etwa für die Königswahl 1198 urkundlich nachweisbar. Genau geregelt wurden die

Wahlmodalitäten erst in der »Goldenen Bulle« von 1356, die ihren Namen nach ihrem goldenen Siegel trägt. Ein Paukenschlag wie die englische Magna Charta von 1215. Die »Goldene Bulle« blieb bis zum Ende des Heiligen Römischen Reiches 1806 in Kraft. Eine Doppelwahl, die das Reich gerade noch an den Rand des Bürgerkriegs gebracht hatte, war jetzt ausgeschlossen. Dafür setzte das neue Reichsgrundgesetz auf sieben Männer: die sieben Kurfürsten. »Säulen des Reiches« nannte sie das kaiserliche Dokument.

Schon zu Friedrichs Zeiten hatten bestimmte Fürsten für sich in Anspruch genommen, für die Wahl unverzichtbar zu sein – vor allem die mächtigen Erzbischöfe von Köln, Mainz und Trier. Bald würden sie als »geist-

liche Kurfürsten« (gemeinsam mit dem Pfalzgraf bei Rhein, dem Herzog von Sachsen, dem Markgraf von Brandenburg und dem König von Böhmen) die Geschicke des Reiches im kleinen Kreis aushandeln.

Und da sie nicht gestorben sind, so leben sie noch heute: Als »Grundgesetz der deutschen Vielstaaterei« hatte schon Karl Marx die »Goldene Bulle« bezeichnet. Wenn es heutzutage in den Medien etwa heißt, die »Landesfürsten« hätten im Bundesrat einem Gesetz nicht zugestimmt oder in der Kanzlerfrage eine andere Meinung, so ist es zwar weit aus dem Mittelalter hergeholt, aber immer noch zutreffend: Deutschland ist ein Land der Länder mit »Fürsten« an deren Spitze, die jeweils auf vier oder fünf Jahre gewählt sind.

Im Bündnis mit dem englischen König Johann Ohneland versuchte Otto IV. den Befreiungsschlag, doch wurde er im Juli 1214 bei Bouvines durch den französischen König Philipp II. vernichtend geschlagen. Illustration aus den »Grandes Chroniques de France«, um 1440.

1210 ▶ 18.11. Papst verhängt den Kirchenbann über Otto IV.

1211 ▶ Friedrich II. wird auf Betreiben des Papstes von einem Kreis antiwelfischer Fürsten zum Kaiser gewählt

1212 ▶ Friedrich II. bricht von Sizilien nach Deutschland auf

Am 5. Dezember 1212 entschieden die Fürsten in Frankfurt: Der Staufer soll König sein. Der Gewählte dachte bereits über den Wahltag hinaus. Noch immer drohte Friedrich Gefahr durch Otto IV. Der Welfenkaiser hatte sich weit bis an den Niederrhein zurückgezogen. Seine Gefolgsleute kontrollierten die Kaiserstadt Aachen und damit den traditionellen Krönungsort. Hier stand – und steht noch heute – der Thron Karls des Großen. Friedrich musste wieder ausweichen.

Die Krönung des frisch gewählten Königs fand am 9. Dezember 1212 im Hohen Dom zu Mainz statt – mit Kopien der Insignien. Denn auch Krone, Zepter, Schwert und Stab befanden sich in Händen der Welfen. Und noch einmal bäumte Otto sich auf, versammelte Truppen um das Banner des Kaisers und zog 1214 in die Schlacht bei Bouvines in der damaligen Grafschaft Flandern. Der Gegner hieß nicht Friedrich, aber ein Sieg hätte Otto wohl auch in Deutschland wieder die Oberhand verschafft. Doch eine verheerende Niederlage machte alle Hoffnungen der Welfen für immer zunichte. Friedrich, der darin ein weiteres Zeichen erkennen durfte, dass Gott ihn von Erfolg zu Erfolg führte, hatte den Wettlauf um den Thron gewonnen.

Auf dem Thron Karls des Großen

Am 24. Juli 1215 zog Friedrich unter dem Jubel der Aachener Bürger in die festlich geschmückte Kaiserstadt ein. Die »Mainzer Nottaufe« machte Friedrich nun vergessen.

»Haupt und Sitz des deutschen Königreiches« – so hatte Kaiser Barbarossa Aachen in einer Urkunde genannt. Aachen war die Lieblingspfalz Karls des Großen gewesen,

hier befand sich sein Grab. Seine Macht und Herrlichkeit sollte auch Friedrichs Herrschaft begleiten. Dafür galt es Sorge zu tragen.

Fast der gesamte deutsche Adel war zur Krönung nach Aachen gekommen und wohnte im Oktogon der Pfalzkapelle einer großartigen Inszenierung bei. Aus den Händen des Mainzer Erzbischofs Siegfried empfing Friedrich am 25. Juli die Krone und anschließend die Insignien seines Amtes – diesmal die Originale. Auch eine feierliche Umbettung der Gebeine Karls des Großen stand auf dem zeremoniellen Programm. Die Aachener Bürger hatten einen unvergleichlich kostbaren Schrein vorbereitet, silbern glänzend, reich verziert, bis ins kleinste Detail kunstvoll gestaltet. Mit der Heiligsprechung 1165 war der Karolinger endgültig zum Schutzherrn des Heiligen Reiches avanciert. Und damit auch zum erhabenen Vorbild jedes christlichen Herrschers.

Der Aachener Karlsschrein: Hinter der glänzenden Oberfläche verbirgt sich ein Kasten aus Eichenholz mit den sterblichen Überresten Karls.

Walther von der Vogelweide: »Ich saz ûf eime steine / und dahte bein mit beine. / dar ûf satzt ich den ellenbogen.«

»Der König selbst ergriff den Hammer, legte seinen Mantel ab, bestieg das Gerüst und schlug mit dem Meister zusammen vor aller Augen den letzten Nagel fest«, so berichtet der Chronist Reiner von Lüttich.

Immer wieder Karl der Große. Ihm wollte Friedrich nacheifern – und selber zum Retter des Christentums werden. Auf das Haupt seines legendären Ahnen hatte Friedrich am offenen Schrein geblickt. Auf seinem Thron ließ er sich huldigen. Doch dann erhob sich der junge König vom Thron Karls des Großen und leistete einen heiligen Eid: Er, »Friedrich, durch Gottes Gnade König der Römer, allzeit erhaben, zugleich König Siziliens«, werde die Christenheit auf einen neuen Kreuzzug führen.

Ungläubige Rufe mögen durch die hohen Gewölbe der Aachener Pfalzkapelle gehallt haben. Friedrichs Großvater Kaiser Barbarossa war auf dem Weg ins Heilige Land ertrunken, sein Vater Heinrich VI. bei der Vorbereitung eines Kreuzzugs gestorben. Wollte der junge Staufer dem Andenken seines Vaters und seines Großvaters auf diese Weise Ehre bereiten?

Schon jubelten die ersten Ritter dem König zu. Friedrich forderte sie alle auf, seinem Beispiel zu folgen, sich ihm anzuschließen und das »am Gekreuzigten begangene Unrecht« zu rächen. Am Johannistag des Jahres 1219 werde man aufbrechen, verkündete Friedrich noch. In vier Jahren erst, werden sich erstaunt viele gefragt haben, die darauf brannten, ihm zu folgen. Aber Friedrich hatte noch anderes im Sinn – nicht als König, als Kaiser wollte er in Jerusalem einziehen. Und der Schlüssel dazu lag in Rom. Auch dort wurde das Gelübde des Staufers gehört und freudig erwidert. Noch im selben Jahr begannen die Verhandlungen für seine Krönung zum »Imperator Romanorum«. Denn das wollte er werden, Kaiser, wie sein Vater und sein Großvater, wie Karl der Große. Das stand ihm zu.

Das »Chint von Pulle«

Die Deutschen konnten nur staunen über ihren sizilianischen König, den der Volksmund das »Chint von Pulle« (Kind aus Apulien) getauft hatte. Zehn Jahre zuvor noch ein Waisenkind in Sizilien mit der düsteren Aussicht, niemals das Erbe seiner Eltern antreten zu können. Und jetzt deutscher König und künftiger Kaiser, und bald auch Anführer eines Kreuzzuges!

1214 ▶ 27.7. Schlacht bei Bouvines: Frankreich siegt über England und seinen Verbündeten Otto IV.

1215 ▶ 15.6. Der englische König Johann Ohneland unterzeichnet die »Magna Charta Libertatum«

1215 ▶ 25.7. Anlässlich seiner Königskrönung in Aachen verpflichtet sich Friedrich II. zu einem Kreuzzug nach Jerusalem

Noch sein Großvater Barbarossa galt seinerzeit als »illiteratus«, er konnte weder schreiben noch lesen. Sein Enkel dagegen sprach mehrere Sprachen, darunter auch Griechisch und Arabisch, und schrieb Gedichte: »Oi lasso, non pensai / si forte mi paresse / lo dipartire da / madonna mia.« (Wie verzehr ich mich / Madonna mia / ich dacht' nicht / wie hart's mich trifft / Dich zu verlassen). Eines der Liebeslieder, die Friedrich II. zugeschrieben werden.

Durch die sizilianische Dichterschule an seinem Hof wurde das Volgare, die Sprache der Süditaliener, zur Literatursprache. Dante, der Schöpfer der »Göttlichen Komödie«, wird Friedrich später »den letzten Kaiser der Römer« nennen und seine Bedeutung für die Entstehung der italienischen Dichtung und Volkssprache in den höchsten Tönen rühmen. Und noch eine Ruhmestat, die Erfindung des Sonetts, gebührt dem Staufer und seinem Poetenkreis. Die klassische Sonettform, Vorbild für die größten Dichterfürsten wie Goethe oder Petrarca – erfunden von einem Hofbeamten Friedrichs II.

Aber auch deutsche Dichtkunst spielte an seinem Hof eine große Rolle. Zwar war Deutsch nicht Friedrichs Muttersprache, jedoch verstand und sprach er Deutsch. Der Normanne mit den schwäbischen Wurzeln umgab sich gerne mit einem erlesenen Literatenkreis, darunter große Namen wie Walther von der Vogelweide. Der Dichter, vom Hofe Ottos IV. auf Friedrichs Seite übergewechselt, rühmte den Staufer als »idealen Herrscher« und sang manches Loblied auf ihn. Friedrich revanchierte sich königlich, er schenkte ihm einen kostbaren Pelz und gab dem Dichter ein lang ersehntes Landgut zu Lehen.

Staunen konnten die Deutschen nicht nur über Friedrichs Dichtkunst, sondern auch über seine Bettgeschichten. Er zeugte wohl mehr als

Kaiser Friedrich II. und seine Gemahlin Konstanze in Anbetung der Mutter Gottes. Skulptur im Dom von Palermo.

ein Dutzend unehelicher Kinder, wenigstens zwölf sind den Historikern namentlich bekannt – die Mütter nicht alle. Das Königs- und Kaiserbett sollte er mit drei Ehefrauen teilen, mit acht Damen des Adels das private Laken. Immerhin sorgte er auch für jene Kinder vortrefflich, die nicht im Purpur geboren waren. Seine Söhne machte er zu Königen von Sizilien oder zu Generalvikaren, die Töchter verheiratete er gut. Seine erste Frau Konstanze muss er besonders geliebt haben. Auch die schöne Bianca Lancia, eine Adlige aus Ostsizilien, wird ihn tief beeindruckt haben. Daneben gab es viele andere Frauen – nacheinander und nebeneinander. Die Bezeichnung »Latin Lover« sollte erst noch erfunden werden.

Ich war Siziliens Königin und Kaiserin, Konstanze – hier ruhe ich nun, Friedrich – deine Frau.

VON FRIEDRICH II. BESTIMMTE
GRABINSCHRIFT FÜR SEINE GEMAHLIN
KONSTANZE

»Ausverkauf des Reiches«

Mochte das Kind aus Apulien auch die Herzen der Deutschen im Sturm erobern, die politischen Verhältnisse in seinem Reich nördlich der Alpen, wo die Sommer kalt waren wie in Sizilien die Winter, blieben durchwachsen.

Er war jetzt König, doch er war König von Fürstengnaden. Selbst wenn der Staufer seine Herrschaft im Königreich mit aller Macht durchsetzen wollte – konnte er das überhaupt noch? Mächtige Familien wie die Zähringer, die Wittelsbacher oder die Babenberger herrschten als souveräne Landesfürsten, ja wie Könige in ihren Ländern. Ihre über Jahrhunderte ausgebaute Machtstellung würden sie freiwillig nicht mehr aufgeben. Dazu kam: Die Fürsten hatten sich königliche Rechte angeeignet – vor allem die Kirche, der größte Grundbesitzer im Reich der Deutschen. In den Jahrzehnten des Thronstreits hatten die geistlichen Fürsten eine große Eigenständigkeit gegenüber dem Königtum erworben. Viele Bischöfe übten bereits königliche Regalienrechte aus, das Markt-, Münz- und Zollrecht sowie das Recht, Befestigungen zu errichten. Friedrich begann einzusehen: Als Handlungsfeld, in dem er seine eigenen Konzeptionen umsetzen konnte, eignete sich Deutschland nicht. Das staufische Haus- und Reichsgut hatte er zwar weitgehend zurückgewonnen. Mehr war aber nicht zu holen.

Dafür kam noch einmal Bewegung in seine Nachfolgefrage. Und alles hing dabei mit allem zusammen: Sizilien, die deutschen Fürsten, der Papst und die Kaiserkrone. 1212 hatte Friedrich seinen einjährigen Sohn Heinrich nicht wie üblich zum deutschen König wählen, sondern nur zum »rex Sicilie« krönen lassen. Damit kam er der Forderung seines Lehnsherren und Förderers Papst Innozenz III. nach, der die »staufische Zange« fürchtete und alles daransetzte, Sizilien und Deutschland auseinanderzuhalten.

Doch kaum war Innozenz III. im Juli 1216 gestorben, wollte Friedrich von der Unvereinbarkeit der beiden Kronen nichts mehr wissen. Auf dem Frankfurter Hoftag am 23. April 1220 sollten die Fürsten im Reich seinen mittlerweile neunjährigen Sohn Heinrich zu ihrem König wählen. Das hatte seinen Preis: Friedrich musste ein Privileg von erheblicher Tragweite erlassen, die »Confoederatio cum principibus ecclesiasticis«. In dem »Bündnis mit den Fürsten der Kirche« wurden die Bischöfe erstmals als eine rechtlich geschlossene Gruppe angesprochen. Der König garantierte den geistlichen Landesherren darin alle bereits angeeigneten Regalienrechte. Damit bestätigte und stärkte er ihre Position als Territorialherren.

Noch deutlicher sollte Friedrich II. strittige Fragen der Landesherrschaft 1232 in einem weiteren Gesetz aussprechen, dem »Statutum in favorem principum«. Im »Beschluss zugunsten der Fürsten« trat er ihnen ein ganzes Paket von ehemals königlichen Rechten ab. Mit diesen zwei herausragenden Urkunden des Mittelalters bestätigte Friedrich den Großen des Reiches, was sie schon längst waren: »domini terrae« – Landesherren. Wieder ein Schritt hin zu einem Reich der Fürsten.

Hatte Friedrich damit den »Ausverkauf des Reiches« eingeleitet, wie mancher Historiker früherer Tage kritisierte? Heute sieht die Forschung das gelassener. Der Staufer hatte seine Lektion verstanden. Er konnte als König in Deutschland nur mit, nicht gegen die Fürsten regieren. Eine Politik des Gebens und Nehmens. Darauf ließ sich doch aufbauen.

1218 ▶ 16.5. Otto IV. stirbt

1219 ▶ 12.1. Schwere Sturmflut an der Nordsee fordert etwa 36 000 Tote

1220 ▶ 26.4. Friedrich II. erlässt das »Bündnis mit den Fürsten der Kirche« und verzichtet auf hoheitliche Rechte zugunsten der geistlichen Reichsfürsten

Nachdem die Fürsten seinen Sohn Heinrich zum König gewählt hatten, brach Friedrich II. im August 1220 nach Italien auf. Die Kaiserkrone wartete dort auf ihn.

Die Kaiserkrone

Und immer wieder die Alpen, der beschwerliche Weg über die Pässe durch Eis und Schnee. Immer wieder zog es seit Otto dem Großen die deutschen Könige nach Italien. Denn nur in Rom beim Papst war die Kaiserkrone zu holen. Den deutschen Königen stand sie in der Nachfolge Karls und Ottos, der beiden Großen, automatisch zu. Aber die Päpste gaben sie nur für Gegenleistungen aus der Hand.

Die Tore Roms waren für den König Friedrich, Kaiser in spe, verschlossen. Erst einmal musste verhandelt werden. Auf dem Monte Mario mit schönem Blick auf die Peterskirche und die Ewige Stadt (damals eher eine Kleinstadt auf antikem Ruinenfeld) schlug er mit seinem Gefolge das Lager auf. Hermann von Salza, den Hochmeister des Deutschen Ordens, hatte er zu seinem Verhandlungsführer bestimmt. Friedrich schätzte sein diplomatisches Geschick.

Auf dem Stuhl des Stellvertreters Christi residierte seit 1216 Papst Honorius III. In den päpstlichen Registern haben sich die Instruktionen erhalten, die Honorius seinen Legaten für die Verhandlungen mit Friedrich II. auftrug: »Die Not des Heiligen Landes sollt ihr stark hervorheben, wie es die Sache erfordert, und dem erhabenen König nahebringen, Hoffnung und Zuversicht dieses Unternehmens hängen nächst Gott fast ganz von ihm ab. Fügt auch hinzu, wenn bei der nächsten Überfahrt dem christlichen Heer nicht große Unterstützung zukommt, ist ohne Zweifel zu befürchten,

HONORIVS III.
Roman°. creat°.die
Sedit an.io.men.8.
tij an.i227.Vac.

Cencius Sabellus,
i8.Iulij an.i2i6.
Obijt die i8.Mar.
Sed. diem i.

Papst Honorius III. drängte Friedrich II. zum raschen Aufbruch nach Jerusalem.

dass das genannte Unternehmen zugunsten des Heiligen Landes sich gänzlich zerschlägt.«

Tatsächlich war in diesen Jahren das »Unternehmen Kreuzzug« an einem Tiefpunkt angelangt. Seit der Niederlage eines christlichen Heeres gegen Sultan Saladin 33 Jahre zuvor waren bereits mehrere Kreuzfahrerheere an der Aufgabe gescheitert, das Königreich Jerusalem zurückzuerobern. Nur die befestigten Kreuzfahrerburgen und die Hafenstadt Akkon standen noch unter christlicher Kontrolle. Doch mit der Thronbesteigung des Ayyubidensultans al-Kamil, dessen Reich sich von Ägypten bis nach Nordmesopotamien erstreckte, drohte die endgültige Eroberung auch der letzten christlichen Vorposten im Heiligen Land durch die Muslime.

1220 22.11. Kaiserkrönung Friedrichs II. in Rom durch Papst Honorius III.

1221 6.8. Tod von Dominikus, dem Gründer des Dominikanerordens

1222 8.5. Heinrich (VII.), Sohn von Friedrich II., wird in Aachen zum römisch-deutschen König gekrönt

»So nimm das Zeichen der Ehre, das Diadem der Herrschaft, die Krone des Reiches, in Namen des Vaters, des Sohnes und der Heiligen Geistes...« Die Kaiserkrönung Friedrichs II. aus der Sicht eines französischen Buchmalers des 15. Jahrhunderts.

Da Papst Honorius III. ernstlich daran gelegen war, dass Friedrich II. schnell mit einem Heer nach Palästina aufbrach, konnte er ihm die Kaiserkrone kaum verwehren. Aber da war noch die Furcht vor der »staufischen Zange«, der Vereinigung des italienischen Südens mit dem Kaiserreich im Norden. Die Verhandlungen gerieten ins Stocken. Einen Ausweg fand Hermann von Salza. Vorerst duldete Papst Honorius die Verbindung der beiden Kronen, um den bevorstehenden Kreuzzug nicht zu gefährden. Später würde nachverhandelt. Ein geschickter Kompromiss, der es beiden Seiten erlaubte, ihr Gesicht zu wahren. Roms Tore öffneten sich.

Am 22. November 1220 hatte sich auf den Straßen Roms eine große Menschenmenge eingefunden, um den Zug des künftigen Kaiserpaares vom Monte Mario herab in die römische Leostadt zu begleiten. Am Portal der Peterskirche erwartete Papst Honorius Friedrich II. und seine Gemahlin Konstanze. Während der feierlichen Krönungsmesse empfingen zuerst Friedrich, dann Konstanze Mitra und Kaiserkrone. Nach dem Wettlauf um den Thron hatte er auch die Kaiserkrone gewonnen. Zum Abschluss der Zeremonie heftete sich der Kaiser erneut das Kreuz an die Schulter und gelobte, im August mit einem Heer Jerusalem von den Muslimen zu befreien.

Der Krönungsornat Friedrichs II.

Mit einem goldbestickten Gewand aus leuchtend rotem Samt, mit Handschuhen, die reich mit Edelsteinen besetzt waren, mit einer Kronhaube nach Vorbild der byzantinischen Kaiser – in diesem Krönungsornat zog Friedrich II. am 22. November 1220 in die Peterskirche in Rom ein. In ganz Europa gab es bis dahin nichts Vergleichbares, was Kostbarkeit und Wirkung betraf. Friedrich wollte nicht tragen, was schon seine Vorgänger trugen. Er hatte einen neuen Krönungsornat in seinen königlichen Werkstätten in Palermo in Auftrag gegeben.

Christliche und muslimische Kunsthandwerker arbeiteten hier Hand in Hand. Sarazenen waren auf kostbare Stickereien mit Gold- und Silberfäden, Perlen und Edelsteinen und auf Elfenbeinschnitzereien spezialisiert, orthodoxe Christen aus Byzanz auf filigrane Schmiedekunst und Einlegearbeiten. So entstanden in Sizilien Meisterwerke der Textilkunst, untrennbar verwoben mit dem Ausdruck imperialer Größe.

Kreuzzugswerbung

Jerusalem lag bereits eine halbe Ewigkeit unter muslimischer Kontrolle, als Papst Urban II. 1095 den ersten Kreuzzug ausrief. Am 15. Juli 1099 erstürmte ein Heer von 15 000 Kreuzrittern die Mauern der Stadt. Doch 1187 wendete sich das Blatt, nun herrschten wieder die Muslime. Und in immer kürzeren Abständen folgten große und kleine Kreuzzüge, »bewaffnete Wallfahrten« genannt, ins Gelobte Land.

»Deus lo vult« (Gott will es) war von Beginn an der Schlachtruf der Kreuzritter. Das Kreuz, gesegnet von einem Priester, trugen sie als Zeichen auf ihren Mänteln: Crucesignati, »die mit dem Kreuz Bezeichneten«. Für viele Könige, Ritter und ihr Gefolge sollte sich die Kreuzfahrt zu einer Reise ohne Wiederkehr entwickeln. Denn auch auf muslimischer Seite war es ein Kampf gegen die »Ungläubigen«, der bis zum Äußersten ausgetragen wurde.

1226 ▶ 12.11. Zum französischen König wird in Reims der zwölfjährige Ludwig IX. gekrönt

1226 ▶ Gründung des Karmeliterordens

1226 ▶ 3.10. Tod des Ordensgründers Franz von Assisi

Schlacht um das Königreich Jerusalem: Beim Kampf Mann gegen Mann waren die christlichen Ritter besonders motiviert, denn allen Gläubigen, die das Kreuzfahrergelübde leisteten, gewährte die Kirche vollkommenen Ablass ihrer Sündenstrafen. Frnzösische Buchmalerei aus dem 14. Jahrhundert.

Friedrichs ehemaliger Vormund, Papst Innozenz III., hatte die Kreuzzugsbewegung durch eine gewaltige »levée en masse« – vergleichbar nur mit der Einführung einer allgemeinen Wehrpflicht – mit neuen Kriegern und Helfern versorgt. Jeder Gläubige sei um seines Heils willen zum Kampf gegen die Ungläubigen verpflichtet, heißt es in der Bulle »Quia maior« von 1213, einem Aufruf an die gesamte Christenheit. Wer die Teilnahme verweigere, lade schwere Schuld auf sich, ihm drohe ewige Verdammnis. Dagegen winke jenen, welche selbst und auf eigene Kosten auszögen, der Erlass all ihrer Sündenstrafen. Auch wer gebrechlich sei oder völlig mittellos, könne helfen und Gott in monatlichen Prozessionen um die Befreiung der heiligen Stätten bitten; dann erhalte auch so jemand einen vollständigen Ablass seiner Sündenstrafen.

Wer immer, allein aus Frömmigkeit, nicht um der Ehre oder Geldes willen, zur Befreiung der Kirche Gottes gen Jerusalem zieht, dem soll diese Reise für alle Bußschuld angerechnet werden.

VERFÜGUNG AUF DEM
KIRCHENKONZIL ZU CLERMONT 1095

1227 ▶ 18.8. Tod von Dschingis Khan

1227 ▶ 29.9. Papst Gregor IV. verhängt Kirchenbann über Friedrich II., weil dieser seinen versprochenen Kreuzzug nicht antritt

1228 ▶ Friedrich II. bricht zum Fünften Kreuzzug nach Palästina auf: einziger friedlicher Kreuzzug

Nicht nur auf Galeeren wurde der Takt geschlagen: Eine zeitgenössische Darstellung zeigt berittene Trommler und Trompeter in den Reihen der Sarazenenkämpfer.

Eine gigantische Maschinerie machte Propaganda für die Kreuzzüge, gesteuert wurde sie aus Rom. Das Ansprechen der Gläubigen erfolgte zielgruppengerecht, wie man heute sagen würde. Geistliche wie Johannes von Xanten zogen Fürsten und Ritter mit dem gesprochenen Wort in ihren Bann. Lesekundige wurden per Sendschreiben erreicht. Auf das »gemeine Volk« waren Wanderprediger angesetzt – oder soll man sie besser Hassprediger nennen? Sie zogen durch das Reich und verkündeten in Kirchen, auf Märkten und Straßen das Heil des Heiligen Krieges.

Wie im 16. Jahrhundert der berüchtigte Ablassprediger Johann Tetzel, so waren diese Männer auch zu Friedrichs Zeiten begnadete Agitatoren: in der einen Hand den herzzerreißenden Hilferuf des Patriarchen von Jerusalem, in der anderen das Kruzifix, hinter sich auf gemalten Bildtafeln die »barbarische Raserei der Ungläubigen«. Überliefert ist etwa das Bild eines muslimischen Reiters, der das Heilige Grab niederreitet und sein Pferd darauf urinieren lässt.

Bei der Auswahl der Kreuzfahrer war die Kirche nicht wählerisch. »Aus Räubern sollen Ritter werden«, lautete die Devise. Wer sich begeistern ließ und »in den Dienst des Gekreuzigten« eintreten wollte, bekam ein Stoffkreuz an die rechte Schulter geheftet. Der Name des Rekruten wurde in eine Pergamentrolle eingetragen. Mehr bedurfte es in diesen Tagen nicht.

Damit hatte die Kirche ihren Teil getan. Für den Kreuzzug, den Friedrich gelobt hatte, standen genug Todesmutige bereit.

Palermo statt Jerusalem

Mit Papst Honorius III. war vereinbart, dass Friedrich II. nach seiner Kaiserkrönung unverzüglich die Vorbereitungen zum Kreuzzug aufnehmen würde. Nun sah sich der Papst bitter getäuscht. Statt ein Kreuzfahrerheer auszurüsten und ins Heilige Land aufzubrechen, nahm Friedrich sich sein Königreich Sizilien vor. Im Dezember 1220 überschritt Kaiser Friedrich die Grenze zu seinem sizilianischen Reich, das

bis nach Monte Cassino, also dicht an den Kirchenstaat, heranreichte. Da lag vieles im Argen. Friedrich musste erst einmal aufräumen.

Während seines achtjährigen Aufenthalts in deutschen Landen hatte der Adel sich in Apulien angeeignet, was nur anzueignen war:

Friedrich II. im mittelalterlichen Herrschergewand. Abguss der verloren gegangenen Kaiserstatue vom Brückentor in Capua.

1230 Friedrich II. schließt vorläufig Frieden mit dem Papst

1231 Papst setzt die Inquisition ein und betraut die Dominikaner mit der Verfolgung

1231 Friedrich II. initiiert eine Gesetzessammlung für das Königreich Sizilien, die bis ins 19. Jahrhundert gültig bleibt

Königsgüter und Königsprivilegien. Die wirtschaftliche Basis des Königtums war seit 1198 drastisch zusammengeschmolzen. Im Reich, das hatte Friedrich erkennen müssen, konnte er nur mit den Fürsten regieren – in seinem Königreich Sizilien auch gegen sie.

In einer »Regierungserklärung«, den sogenannten »Assisen von Capua«, verkündete Friedrich sein Grundsatzprogramm: zwanzig kurze Gesetze, mit denen er wieder Recht und Frieden im Königreich herstellte. Verliehenes und geraubtes Krongut war auszuliefern. Ohne Ausnahme – selbst Belehnungen aus der Hand seines Vaters sollten wieder des Königs sein. Er betrieb eine Politik der harten Hand – Erbe seiner normannischen Vorfahren.

Gegen aufständische Muslime, die sich von der christlichen Zentralregierung in Palermo abgewandt hatten und in den unzugänglichen Bergregionen Siziliens ohne König leben wollten, führte Friedrich ab 1222 einen erbarmungslosen Feldzug. Die Überlebenden – eine Quelle nennt 15 000 Sarazenen, wahrscheinlich waren es deutlich weniger – siedelte Friedrich in der apulischen Bischofsstadt Lucera an. Zum Ärger von Papst und Kirche gestattete Friedrich den Muslimen freie Ausübung ihres islamischen Glaubens. Sogar eine Moschee ließ der »Sultan von Lucera« bauen. Zeigte sich hier der »Freund der Muslime«, der das Bild des Staufers bis in die Gegenwart hinein prägen sollte?

Der Kaiser vergnügte sich mit Sängerinnen und anderen verrufenen Personen, mit denen ein Christ überhaupt nicht sprechen sollte, bei abendlichen Gelagen, bei sarazenischen Getränken, in sarazenischen Kleidern und überhaupt in jeder Weise als Sarazene.

DER PATRIARCH VON JERUSALEM
IN EINEM BRIEF AN DEN PAPST

Für den Transport von Kreuzrittern in den Orient wurden über hundert Schiffe benötigt. Chronisten berichten auch von Galeeren mit einer Ladeklappe, durch die Ritter in voller Ausrüstung vom Schiff ans Land reiten konnten.

1232 ▶ Erster überlieferter Start einer mit Schwarzpulver getriebenen Rakete in China

1233 ▶ Tod von Eike von Repgow, dem Verfasser des »Sachsenspiegels«

1235 ▶ 2.7. Heinrich (VII.) unterwirft sich nach gescheiterter Rebellion in Wimpfen seinem Vater Friedrich II.

Friedrich II. und die Juden

Als an Weihnachten 1235 in Fulda fünf Christenkinder verbrannten, wurden bald die Juden der Stadt beschuldigt. Hatten sie die Unschuldigen rituell getötet, um mit deren Blut Mazzoth, ungesäuertes Brot für die Pessachfeier, zuzubereiten? Das Gericht des Kaisers sprach die angeklagten Juden frei. Im Urteil ließ Friedrich explizit festhalten, dass er aus seiner eigenen Kenntnis des Talmuds, des jüdischen Gesetzbuches, überzeugt gewesen sei, dass die Anklage unbegründet war; nur »zur Beruhigung des ungebildeten Volkes« habe man den Prozess geführt.

Noch im selben Jahr erklärte er unter Berufung auf altes römisches Recht die Juden zu »Kammerknechten« (servi camerae) des Königs. Was böse klingt, war nicht schlecht für die Juden. Damit waren sie in des Kaisers und des Reiches Gunst und Schutz aufgenommen – und erhielten wertvolle Privilegien: Sie lebten nach eigenen Gesetzen, hatten eine eigene Gerichtsbarkeit und konnten frei ihre Religion ausüben.

Das allerdings hatte seinen Preis. Saftige Abgaben mussten seine Schutzbefohlenen an die kaiserliche Kammer zahlen: Rasch trat der »zehnte Pfennig« von allem »Handelswucher« – wie das Zinsnehmen genannt wurde – neben die »ordentliche Judensteuer«, gefolgt vom »güldenen Opferpfennig« (ein rheinischer Gulden jährlich zu Weihnachten für jedes jüdische Gemeindemitglied über zwölf Jahre), der »Kronsteuer« (bei jeder Krönung eines römischen Königs), dazu Lieferung des Pergaments an die Kanzlei. Eine stolze Summe, die schon im 13. Jahrhundert zu ersten Auswanderungen führte, vor allem nach Schwaben und Osteuropa.

Heute warnt die Forschung davor, wohlwollende Duldung mit religiöser Toleranz gleichzusetzen. Bei allem Fortschritt war Gleichberechtigung im Staate Friedrichs nicht vorgesehen. So mussten etwa für die Ermordung eines Juden oder Muslims nur 50, für die Ermordung eines Christen jedoch 100 Goldstücke an den Fiskus gezahlt werden. Die Umsiedlung der Muslime kann als kluger Schachzug des Staufers gelten, der auf diesem Weg seine treuesten Untertanen gewann, furchtlose Kämpfer seiner Leibgarde, immun gegen alle Bannsprüche des Papstes. Ein Beispiel für Toleranz gab das nicht ab.

Den königlichen Verwaltungsapparat organisierte Friedrich komplett um; alles sollte auf ihn ausgerichtet sein. Dazu benötigte er juristisch geschultes Personal. Um dessen Ausbildung sicherzustellen, gründete Friedrich 1224 in Neapel die erste abendländische staatliche Universität, die Università degli Studi di Napoli – Federico II. Sie trägt noch heute den Namen ihres Gründers.

Neben der Verwaltung reformierte Friedrich auch das Studium der »spekulativen Wissenschaften«. Salerno wurde führend in der Ausbildung von Apothekern und Ärzten. Friedrich erließ eine Approbationsordnung für

1235 ▶ 4.7. Friedrich II. sitzt in Worms mit den Reichsfürsten über Heinrich (VII.) zu Gericht, der entthront und inhaftiert wird

1235 ▶ 15.8. Mainzer Landfrieden wird als erste Verfassung des Heiligen Römischen Reiches auch auf Mittelhochdeutsch veröffentlicht

1235 ▶ Friedrich II. betreibt Aussöhnung mit den Welfen

Mediziner, erstmals war der Beruf des Arztes von dem des Apothekers getrennt. Und Friedrich kannte seine Pappenheimer. Ein Arzt durfte weder eine Apotheke besitzen noch daran beteiligt sein; Arzneimittelpreise wurden per Gesetz festgelegt, um Preistreiberei zu verhindern – eine Gesundheitspolitik, von der sich auch heute lernen ließe.

In seinem Königreich Sizilien verschärfte Friedrich viele Gesetze. Urkunde mit Wachssiegel Kaiser Friedrichs II.

Friedrichs Gesetze und Verordnungen machten Schule, blieben Jahrhunderte in Kraft, in Neapel und Sizilien sogar bis ins frühe 19. Jahrhundert. Geliebt wurden sie deswegen nicht. Seine Gegner hielten dem Kaiser vor, im Regnum wage es bald niemand mehr, ohne seinen Befehl die Hand oder den Fuß zu bewegen. Heute würde man wohl von Überregulierung sprechen.

Nördlich der Alpen musste Friedrich die Macht mit den Fürsten teilen. In seinem Königreich Sizilien schien dagegen fast alles möglich. In seinem herrschaftlichen Selbstverständnis erkennen wir seinen Großvater wieder, den unbeugsamen Friedrich Barbarossa. Dass er seine Macht allein Gott verdanke, daran ließ auch der Enkel Friedrich nicht den geringsten Zweifel. Doch die Kaiserkrone hatte er immer noch vom Papst bekommen. Und der drängte darauf, Friedrich solle endlich sein Kreuzzugsgelübde einlösen.

Der Kirchenbann

Brindisi, Sommer 1227: Höchstpersönlich überwacht Kaiser Friedrich das Beladen und Auslaufen der Kreuzfahrerschiffe, die nahe der süditalienischen Stadt vor Anker lagen. Auf seine Kosten waren sie gebaut worden, Kriegsgaleeren, bereit zur Überfahrt nach Palästina, wo kühne Männer ihm unter dem Banner des Kreuzes bis nach Jerusalem folgen sollten. Was hatte den Mann plötzlich bewogen, nach all den Jahren der leeren Versprechungen ins Heilige Land zu fahren und sein Gelübde zu erfüllen?

Vor allem war es das kluge Werk der Kurie. Sie fädelte eine Verbindung mit Isabella von Brienne ein, der Erbin des Königreichs Jerusa-

Bevor Gregor IX. 1227 Papst wurde, hegten er und Friedrich II. Sympathie füreinander. Das Amt sollte sie dann zu Feinden werden lassen.

1225 vermählte sich Friedrich II. mit der erheblich jüngeren Isabella von Brienne. Holzstich aus dem 19. Jahrhundert.

lem, das seit 1187 allerdings nur noch auf dem Papier existierte. (Friedrichs erste Gemahlin, die geliebte Konstanze, war drei Jahre zuvor in Catania gestorben.) 1225 war Heirat. Es war keine Liebesverbindung. Noch in der Hochzeitsnacht mit der 13-jährigen Isabella vergnügte sich der Kaiser mit einer ihrer Hofdamen. Aber den »König von Jerusalem« reihte er damit in seine Titel und Würden ein. Und genau darauf hatte die Kurie gesetzt.

Friedrich würde der erste Herrscher des Abendlandes sein, der nicht als Eroberer nach Palästina zog, sondern als rechtmäßiger König. Dem Papst versprach er im Vertrag von San Germano die Überfahrt spätestens für den August 1227. Punkt für Punkt wurde festgeschrieben, wie viele Ritter, wie viele Transportschiffe und Kriegsgaleeren der Kaiser mit sich zu führen und im Heiligen Land zu unterhalten habe. Sollte er diesen Vertrag brechen oder nur ein Jota vom Vertragstext abweichen, fiele er automatisch dem Kirchenbann anheim.

Diesmal kam eine Krankheit dazwischen. Vielleicht war es wieder die gefährliche Malaria, die schon seinen Vater Heinrich VI. das Leben gekostet hatte. Wie auch immer, die Seuche tobte unter den Kreuzfahrern und ihren Anführern, die bei sommerlicher Hitze auf ihre

113

Einschiffung warteten. Als auch der Landgraf Ludwig von Thüringen, der mit dem größten Gefolge angereist war, dem Erreger zum Opfer fiel, brach Friedrich das Unternehmen ab. Er litt selber an ersten Symptomen der Seuche und begab sich in die heißen Quellen der Heilbäder bei Pozzuoli.

Dreimal hatte der Staufer den Aufbruch ins Heilige Land nun abgesagt. Trotz feierlicher Versprechen. Trotz Vertrages mit dem Papst. Trotz Androhung des Bannes. Das war dem Papst zu viel. Im März 1227 hatte Gregor IX. sein Pontifikat angetreten. Ohne die kaiserliche Gesandtschaft auch nur anzuhören, verkündete er am 29. September 1227 die Höchststrafe: den Kirchenbann gegen Kaiser Friedrich II.

Damit war Friedrich aus der Gemeinschaft der Christen ausgeschlossen und verdammt. Er durfte keinen Kreuzzug mehr anführen und das Heilige Land nicht betreten. Doch ohne das Kreuzzugsgelübde zu erfüllen, ohne Jerusalem zu befreien, würde er auch die Kaiserkrone verlieren. Nur ein Erfolg vor den Toren Jerusalems würde ihn noch als rechtmäßigen und gottgewollten Herrscher erweisen. Bei Strafe des Untergangs, darauf wollte und musste er setzen.

Kreuzzug ins Heilige Land

Akkon, 7. September 1228: Vor dem Hafen, dem »Tor zum Heiligen Land«, sammelt sich die Invasionsflotte Kaiser Friedrichs II. Rund 200 Schiffe, darunter 40 Kriegsgaleeren, zahlreiche Pferdetransport- und Lastschiffe. Die ganze Stadt ist auf den Beinen, die Einfahrt der christlichen Streitmacht zu erleben: Einwohner, Pilger, Ritter und viel Geistlichkeit.

Hermann von Salza, der Hochmeister des Deutschen Ordens, empfing seinen Freund, den Kaiser, und erstattete ihm Bericht über die Lage im Heiligen Land. Und die war ernst: Abgesehen vom Deutschen Orden, den Hermann von Salza zu einer schlagkräftigen Armee ausgebaut hatte, fand Friedrich im Heiligen Land nur wenig Unterstützung von christlicher Seite. Die orienterfahrenen Truppen der Templer und Johanniter, angeführt von dem französischen Brüderpaar Pierre und Garin de Montaigu, wollten nicht unter dem Befehl eines gebannten Herrschers stehen. Die Erzbischöfe von Nazareth, Caesarea und Narbonne hatten sich schon bei der Begrüßung demonstrativ abgewandt und Friedrich den obligatorischen Friedenskuss verweigert.

Worüber befahl er selber? Nur 800 Ritter und 3000 Fußsoldaten waren dem Kaiser aus Brindisi gefolgt, darunter viele Söldner, die Friedrich aus seiner eigenen Schatulle bezahlte. Auch manche Fürsten und Adelige waren erst mit Gold, Silber und Versprechungen zur Teilnahme bereit gewesen. Der Kirchenbann hatte seine Wirkung. Wie ein Pirat sei Kaiser Friedrich gekommen, höhnte ein zeitgenössischer Chronist aus Padua.

Wie er mit seiner Streitmacht gegen das gewaltige Heer des Sultans bestehen wollte, konnten sich selbst seine Freunde nicht recht vorstellen. Hoffte der Kaiser auf den Kampfesmut der Pilger in den Reihen der Berufskrieger, auf die einfachen Wallfahrer, fest entschlossen, ihren Glauben jetzt mit dem Schwert in der Hand zu verteidigen?

Friedrich zog entlang der Mittelmeerküste nach Süden, bis nach Jaffa, das er für die kalten Wintermonate zu seinem Basislager ausbauen ließ. Doch das Heer blieb gespalten in eine

Europa und Orient zur Zeit Friedrichs II.

- Heiliges Römisches Reich
- Staufisches Haus- und Reichsgut
- Patrimonium Petri
- Königreich Sizilien
- Kreuzfahrerstaaten um 1189
- Grenze des Byzantinischen Reiches (1204)
- Grenze der islamisch beherrschten Welt um 1200
- Kreuzzug Kaiser Friedrich II. (1228/29)

KGR. NORWEGEN

Uppsala

Nowgorod

KGR. SCHWEDEN

Riga

KGR. DÄNEMARK

OSTSEE

RUSSISCHE FÜRSTENTÜMER

Kopenhagen

NORDSEE

Lübeck

Kgr. Deutschland

Braunschweig · Magdeburg

Elbe

Bouvines
X
1214

Aachen · Köln · Mühlhausen

Gnesen

Kiew

KGR. POLEN

Rhein

Mainz · Frankfurt · Eger · Prag

Liegnitz

Dnjepr

Don

Trier · Wimpfen · Nürnberg

Krakau

Trifels

Regensburg

HEILIGES RÖMISCHES REICH

Augsburg · Wien

Basel

Burgund

KGR. UNGARN

Drau

SCHWARZES MEER

Lyon · Trient · Cortenuova

Mailand

Turin · Po · Venedig

Genua · Parma · Bologna

Belgrad

Donau

Trapezunt

Kgr. Italien · Rimini

Arles · Pisa · Florenz · Jesi

Marseille · Spoleto

KGR. SERBIEN

KGR. BULGARIEN

LAT. KAISER-REICH

SULTANAT IKONION

Korsika · Monte Cristo

Tagliacozzo · Lucera

Rom · Aquino

Castel del Monte

Konstantinopel · Nikaia

Sardinien

Capua · Neapel · Melfi · Brindisi

Benevent · Salerno · Lecce · Otranto

Thessalonike

KAISERREICH NIKAIA

KGR. SIZILIEN

Korfu

Despotat Epirus

Antiochia

Palermo · Cefalù · Messina

Monreal · Sizilien

Fstm. Achaia

Athen

Rhodos

Nicosia · Famagusta

Tripolis

Damaskus

Syrakus

Kandia (Kreta)

Akkon · Tyrus

MITTELMEER

Jaffa · Jerusalem

Alexandria · Damiette

0 200 400 600 km

115

1242 ▶ 12.2. Heinrich (VII.) stirbt

1242 ▶ 5.4. Das Heer Alexander Newskis siegt über das des Deutschen Ordens auf dem zugefrorenen Peipussee

1243 ▶ 25.6. Nach zweijähriger Sedisvakanz wird ein neuer Papst gewählt: Innozenz IV.

päpstliche und eine kaiserliche Partei. Noch ehe er richtig begonnen hatte, stand der Kreuzzug bereits am Rand des Scheiterns.

Verhandlungen

»Die Könige und der Papst wissen um meine Fahrt. Wenn ich davon zurückkehre, ohne etwas erreicht zu haben, werde ich alles Ansehen in ihren Augen verlieren.« In einem Brief an al-Kamil, den Sultan von Ägypten und Herrscher über Jerusalem, offenbarte der Kaiser ganz unverblümt seine Lage und bat um Verhandlungen. Fortan reisten Delegationen vom kaiserlichen Lager zum Hof des Sultans bei Gaza. Man tauschte Höflichkeiten aus und Geschenke – des Kaiser bestes Reitpferd und des Sultans liebster Elefant sollen sich darunter befunden haben.

Denn auch al-Kamils Lage war ernst. Friedrich kamen interne Probleme der Muslime zugute. Der Sultan fürchtete einen Zweifrontenkrieg und hatte den Staufer deshalb schon vor dessen Aufbruch ins Heilige Land selber um Verhandlungen gebeten. Daran wollte Friedrich anknüpfen. Die »Chroniques des Ayyoubbides« verzeichnen für das Jahr 1227 eine Einladung an Kaiser Friedrich II., kampflos alle Eroberungen Saladins wieder in Besitz zu nehmen. Das klang zu schön, um wahr zu sein.

Obwohl al-Kamil über die Schwierigkeiten Friedrichs, die Spannungen in seinem Heer und sein tiefes Zerwürfnis mit dem Papst bestens informiert war, schickte er seinen Unterhändler Emir Fahraddin nach Jaffa. Eine Geste der Freundschaft. Der Emir sollte mit dem Kaiser die gewünschten Verhandlungen führen. Zwei Männer, die sich bereits

Friedrich II. verleiht Hermann von Salza 1226 die Ordensfahne. Aus der engen Verbindung mit dem Kaiser erklärt sich der rasante Aufstieg des deutschen Ordens.

1245 ▶ 17.7. Innozenz IV. erklärt auf dem Konzil von Lyon Friedrich II. und Konrad IV. für abgesetzt und exkommuniziert

1246 ▶ Beginn der Verwendung von Pulvergeschützen

1246 ▶ 22.5. Der thüringische Landgraf Heinrich Raspe wird in Veitshöchheim zum Gegenkönig gewählt

bei einer ersten Begegnung auf Sizilien sympathisch fanden. Beim Schachspiel, so heißt es, beschlossen der friedliebende Kaiser und der mit ihm befreundete Emir jene Einigung, die im Februar 1229 in einem denkwürdigen Vertrag unterzeichnet wurde.

Ohne einen Schwertstreich – einzigartig in der Geschichte der Kreuzzüge – gewann Friedrich Jaffa, Bethlehem und ganz Jerusalem für die Christenheit zurück! Gefangene wurden ausgetauscht. Für den Tempelberg und die Al-Aqsa-Moschee galt: freier Zugang für Christen und Muslime. Die heiligen Orte sollten beiden Religionen zugänglich sein. Ein Waffenstillstand wurde vereinbart: für zehn Jahre, fünf Monate und vierzig Tage – und gehalten! Mit dieser Dauer entsprach Friedrich dem islamischen Recht, das für Verträge eine Höchstdauer von zehn Mondjahren, zehn Monaten, zehn Wochen und zehn Tagen bestimmte. Fortan konnte jeder Christ, ob friedlicher Pilger oder Kreuzfahrer, wieder am Grab Christi für sein Seelenheil beten.

Das »Herz der Erde«

Die Nachricht von der bevorstehenden Übergabe Jerusalems rief im Kreuzfahrerlager unbeschreiblichen Jubel hervor. Im März 1229 schob sich das ganze Kreuzfahrerheer wie ein riesiger Lindwurm durch das Bergland von Judäa; sogar die Templer und Johanniter hatten sich angeschlossen, dem päpstlichen Verbot zum Trotz.

Für gleich drei Weltreligionen ist Jerusalem bis heute ein heiliger Ort. Für die Juden, die Christen und die Muslime führt die Stadt der Städte zurück zu den Ursprüngen ihres Glaubens. In der heutigen Altstadt befinden sich

Der Sultan al-Kamil und Friedrich II. pflegten außergewöhnlich gute Beziehungen und tauschten hochrangige Gesandte aus.

ihre viel besuchten Heiligtümer: die Kirche mit dem Heiligen Grab im christlichen Viertel, die »Klagemauer« im jüdischen und der Tempelberg mit Felsendom und Al-Aqsa-Moschee im muslimischen.

Friedrich II. setzt sich in der Jerusalemer Grabeskirche die Krone des Heiligen Landes auf. Holzstich aus dem 19. Jahrhundert.

markt keine 200 Dirham bekäme, wie der Chronist Sibt Ibn al-Gauzi schreibt.

Doch auch in den Reihen der Kreuzfahrer haderte man noch lange mit diesem Sieg, für den kein einziger Tropfen Heidenblut geflossen war. Seit Papst Urban II. galt der Kampf gegen die Heiden als »Heiliger Krieg«. Für die Kreuzritter war das Gebot »Du sollst nicht töten« buchstäblich außer Kraft gesetzt. Wer einen Heiden umbrachte, handelte im Auftrag Gottes. Wer dabei zu Tode kam, kam direkt ins Paradies. Dass der Kaiser diesen Sieg durch Verhandlungen mit Muslimen errungen hatte, damit konnten sich gestandene Krieger nur mühsam abfinden.

Doch schon im Mittelalter galt: Der Zweck heiligt die Mittel. Was Friedrich II. auf friedlichem Wege erreicht hatte, war nicht von der Hand zu weisen. Und durch seinen Erfolg vor den Toren Jerusalems hatte Gott ein weiteres Mal gezeigt, auf wessen Seite er stand. Davon war der Staufer fest überzeugt.

Am nächsten Morgen nach der »Eroberung« Jerusalems zog Friedrich in königlichen Gewändern und mit großem Gefolge in die Grabeskirche ein. Rund 5000 Menschen fasste das Kirchenschiff, das erst wenige Jahrzehnte zuvor von den ersten christlichen Königen Jerusalems, den »Beschützern des Heiligen Grabes«, in seiner heutigen Form ausgebaut worden war. »Herz der Erde« hatte Petrus Venerabilis die Grabeskirche genannt. Und so zeigten es auch die mittelalterlichen Karten: Jerusalem, die Grablege Christi, stets im Zentrum der Welt. Hier, am heiligsten aller heiligen Orte der Christenheit, setzte Friedrich sich selber die Krone des Königreichs Jerusalem auf – ohne geistlichen Beistand: Er war schließlich exkommuniziert.

Zur Empörung der islamischen Welt zog Friedrich am 17. März 1229 kampflos in Jerusalem ein. Jener »ungläubige« König und Kaiser, der keine 1,60 Meter groß sei, kahlköpfig, kurzsichtig und von blassem – um nicht zu sagen: rotem – Teint, für den man auf dem Sklaven-

Als der Muezzin aus Rücksicht auf Friedrich II. seinen morgendlichen Ruf zum Gebet nicht erschallen ließ, stellte ihn der Kaiser mit den Worten zur Rede: »Ich habe in Jerusalem übernachtet, um dem Gebetsruf der Muslime und ihrem Lobe Gottes zu lauschen.«

IBN WASIL, CHRONIST

»Got und der kaiser hânt erlôst ein grap, deist aller kristen trôst. Sît er daz beste hât getân, sô sol man in ûz banne lân.« (Gott und der Kaiser haben ein Grab erlöst, das Trost aller Christen ist. Da er das Beste hat getan, soll man ihn lösen vom Bann.) Nicht nur der Dichter Freidank, der mit ihm in Jerusalem einzog, war überzeugt, dass sich der Kaiser durch die Befreiung des Heiligen Landes die Aufhebung der Exkommunikation durch den Papst redlich verdient hatte.

Ein Mann der Extreme

Gregor IX. teilte diese Ansicht nicht. Dass der gebannte Kaiser mit den »Ungläubigen« verhandelte, zeigte doch erst, wie recht er gehabt hatte, diesen »Diener Mohammeds« und »Verfolger der Kirche« von der Christengemeinschaft auszuschließen. Friedrichs Untertanen entband er aus ihren Treueiden gegenüber dem Kaiser. Und den päpstlichen Truppen – nach ihrem Feldzeichen, dem Schlüssel des heiligen Petrus, »Schlüsselsoldaten« genannt – gab er Befehl, ins Königreich Sizilien einzumarschieren. Er fiel Friedrich in den Rücken, der mit seinem Heer noch in Palästina war.

Der Kaiser raste vor Zorn. Zurück in Italien, befahl er seinen treuen Sarazenen in Lucera, eine gewaltige Streitmacht aufzustel-

len. Binnen weniger Monate fielen ihm sämtliche Städte und Burgen des Königreichs wieder zu. Über die abtrünnige Grenzstadt Sora solle der Pflug gezogen werden wie einst über Karthago, befahl Friedrich. Für die Bestrafung der Einwohner Gaetas gab er höchstpersönlich Anweisungen, die Männer sollten geblendet, den Frauen die Nasen abgeschnitten, alle Knaben kastriert werden.

Von da an verlor der Kaiser die Gunst vieler, weil er ein unerbittlicher Tyrann geworden war.

MATTHÄUS PARIS, ENGLISCHER BENEDIKTINERMÖNCH, 1237

Ein Mann der Extreme tritt in diesen Momenten hervor: auf der einen Seite der feinsinnige Intellektuelle, der Liebhaber der Wissenschaften und schönen Künste, auf der anderen Seite der Gnadenlose. Das sollten auch seine deutschen Untertanen erleben, als Friedrich im April 1235 noch einmal nach Deutschland aufbrach.

Sein Sohn Heinrich (VII.) – den die Forschung als »Klammerheinrich« bezeichnet, weil sich später auch der Luxemburger Kaiser Heinrich als der Siebente bezeichnete – war mittlerweile volljährig und regierte seit 1227 als selbstständiger Herrscher nördlich der Alpen. Ein König mit Handicap: Seine politischen Entscheidungen betrafen ja immer auch Personen, die das Vertrauen des Vaters besaßen. Das wurde ausgenutzt. Wer sich von Heinrich schlecht behandelt fühlte, klagte sein Leid umgehend dem Kaiser in Italien. Und Friedrich kam den Fürsten weit entgegen, wollte sie nicht verprellen, um weiter freie

1250 ▶ 13.12. Tod von Friedrich II., bald danach kommt wie schon bei Barbarossa die Sage seiner Wiederkehr auf

1251 ▶ Konrad IV. zieht nach Italien, um sein Erbe anzutreten

1252 ▶ 15.5. Papst erlaubt ausdrücklich die Folter als Mittel der Inquisition

Hand in Italien zu haben. Eine vertrackte Situation also, die Vater und Sohn das Leben gegenseitig schwer machte.

Das Establishment im Reich hatte Heinrich schon gegen sich aufgebracht. Was hinderte den jungen König also noch daran, in den aufstrebenden Städten seine Verbündeten gegen die Landesherren zu finden? Kein Jahrhundert hat so viele Stadtgründungen erlebt wie die gut 100 Jahre der Stauferzeit. Zwischen Brügge und Wien, Schleswig und Genf sind bis 1250 bereits 1500 Städte entstanden. Mit Ausnahme der Römerstädte gehen fast alle deutschen Städte auf das Mittelalter zurück. Aber auch die Gründungen aus der Spätantike wurden im Mittelalter groß ausgebaut, wie etwa die Stadt Speyer mit ihrem berühmten Dom und der durchgeplanten Stadtanlage.

Ursprünglich wurden Städte mit starken Befestigungsanlagen auch »Burgen« genannt, daher sprechen wir noch heute von »Bürgern«. Im 13. Jahrhundert sind das die Stadtbewohner. Schon aus dem 12. Jahrhundert stammt das geflügelte Wort »Stadtluft macht frei!« Wem es als Leibeigenem gelang, in die schützenden Mauern einer Stadt zu fliehen und sich dort ein Jahr und einen Tag vor seinem Grundherrn versteckt zu halten, der war ein freier Mann und konnte das Bürgerrecht erwerben. Darauf war man stolz. So erreichten die Bewohner der Stadt Speyer bereits 1111, dass der Kaiser das Freiheitsprivileg »an die sesshafte Speyerer Bürgerschaft« mit goldenen Lettern über dem Domportal anbringen ließ.

Die fürstlichen Landesherren mussten mehr und mehr um ihre verbrieften Rechte fürchten, als der Sohn des Kaisers die Städte privilegierte. Fast vorwurfsvoll wurde der ferne Kaiser in Italien gebeten, auch im »Regnum Teutonicum« wieder einmal nach dem Rechten zu sehen. Der Vater sollte die Dinge gerade rücken, die der missratene Sohn verschoben hatte.

Im Frühsommer 1235 kam, sah und handelte Friedrich II. Ihn begleitete zur Sicherheit seine Sarazenengarde, die sich – bei gegebenem Anlass – gen Mekka zum Gebet verneigte. Im Gefolge ein ganzer Zoo mit Elefanten, Kamelen und Affen, sogar Jagdleoparden, die zum Reiten auf Pferden abgerichtet waren. Dazu noch schwarze Diener und orientalische Tänzerinnen. Was für ein Kaiser! Nicht nur den Zuschauern am Wegesrand werden die Mäuler offen gestanden haben, als diese bunte Ansammlung den Rhein hinabzog. Eine einmalige Attraktion – und für manch einen sicher auch ein früher »Clash of Cultures«.

Friedrichs Ziel: die Kaiserpfalz Wimpfen am Neckar. Eingefasst von zwei massiven Bergfrieden, 60 Meter hoch über den Fluss aufragend, war die größte deutsche Pfalz eine nach allen Seiten uneinnehmbare Festung. Hier sollte sich der bußfertige Sohn dem Vater unterwerfen. Doch auf die rituelle Vergebung folgte das erneute Aufbegehren. Zu tief schienen die Verletzungen des jungen Königs durch seinen übermächtigen Vater zu sein. Weil Heinrich die Burg Trifels mit den dort aufbewahrten Reichsinsignien nicht an Friedrich übergeben wollte, ließ dieser jenen nach Sizilien verbannen und unter erbärmlichen Umständen auf der Burg Rocca San Felice einkerkern. 1242 starb Heinrich (VII.) bei der Verlegung in eine andere Burg – ob bei einem Unfall oder durch eigene Hand, man weiß es nicht. Über die Liebe zu seinem Sohn hatte beim Kaiser die Staatsräson gesiegt.

»Beim Tod eines Sohnes leidet die Natur und zwingt die väterliche Liebe zu Tränen, die sie den Kränkungen des Sohnes versagt. Und wenn auch die Bosheit dem Sohn die Zuneigung entzogen hatte, so nahm sie dem Vater doch nicht das liebevolle Wohlwollen«, schrieb Friedrich an seine Freunde und Vertrauten.

Umstrittene Experimente

Gegenüber den Fürsten hatte Friedrich II. seine Deutschlandreise als »persönliches Opfer« bezeichnet. Er teilte nicht nur die Sehnsucht der deutschen Kaiser, die seit Otto dem Großen zunehmend das Leben im sonnigen Süden bevorzugten. Wer mag das nicht verstehen? Friedrich war dort sogar geboren und aufgewachsen. Der Macht- und Lebensmittelpunkt des Mannes aus Apulien war nun einmal sein Königreich im Süden Italiens.

Italien ist mein Erbe! Das weiß die ganze Welt.

**FRIEDRICH II. IN EINEM SCHREIBEN
AN DEN PAPST 1236**

Der kaiserliche Hof war ein Zentrum der Wissenschaft. Friedrich umgab sich mit den klügsten Köpfen seiner Zeit. Darunter Leonardo Fibonacci, ein Kaufmann aus Pisa, der in Europa die arabischen Ziffern mit der Null einführte, dem Nichts, was als Teufelswerk galt. Und mit denen sich schneller und einfacher rechnen ließ als mit römischen Zahlen. In Palermo übersetzten jüdische Gelehrte aus dem Arabischen ins Hebräische und Lateinische. Nicht weniger als das Wissen der Welt, ein »Kompendium enzyklopädischen Wissens«, sollte am kaiserlichen Hof zusammengetragen werden.

Arabische Quellen berichten über ganze Kataloge von Fragen, die Friedrich II. an mus-

Empfang einer Gesandtschaft der Araber durch Friedrich. Fresko von Hermann Wislicenus aus der Kaiserpfalz Goslar, 1879/97.

limische Gelehrte geschickt haben soll. Warum erscheinen Ruder im Wasser gebrochen? Bleibt die Seele im Körper des Toten, oder verlässt sie ihn? Und wo befindet sich das himmlische Paradies, wo liegen Hölle und Fegefeuer verborgen?

1256 ▶ Interregnum in Deutschland, erstmals Wahl durch die sieben Kurfürsten (bis 1273)

1257 ▶ 17.5. Richard von Cornwall wird in Aachen zum römisch-deutschen König gekrönt

1259 ▶ Kublai Khan, Enkel von Dschingis Khan, erklärt sich zum Großkhan der Mongolen

Eine im 15. Jahrhundert reich illustrierte Ausgabe des »Canon medicinae« des persischen Philosophen Ibn Sina, genannt Avicenna (980–1037). Auch seine Anleitungen zur Krankenbehandlung wurden am Hofe Friedrichs eingehend studiert.

1261 ▶ Byzantinische Truppen erobern Konstantinopel von den Christen zurück und stellen das Byzantinische Reich wieder her

1268 ▶ 29.10. Untergang der Stauferdynastie: Konrads IV. Sohn Konradin wird in Neapel hingerichtet

1271 ▶ Marco Polo reist nach Zentralasien

Von der Kunst, mit Vögeln zu jagen

Von der »aufmerksamen Beobachtung des vom Auge Erfassten« sei er ausgegangen, schreibt Friedrich im Vorwort seines Buches »De arte venandi cum avibus«. Kenner bezeichnen es als eines der kompetentesten Falkenbücher, die je geschrieben wurden.

Gut dreißig Jahre beobachtete er und machte Experimente mit Vögeln und Vogeleiern. Ein Falkner aus Leidenschaft, der sich »über jedes Maß an den Falken ergötzte« – so beschreibt ihn sein Hofastrologe Theodor von Antiochien. Heute würde man Friedrich einen Empiriker, einen Naturwissenschaftler von hohem Rang nennen.

Die wissenschaftliche Leistung, die in seinem Werk steckt, wurde erst spät gewürdigt. Dass auch die Jagd mit Greifvögeln zu den Wissenschaften zählt, widersprach gängiger Lehrmeinung. Im Mittelalter war eine theologische Deutung aller Dinge und Erscheinungen üblich. So mag es eine Ironie der Geschichte genannt werden, dass die Prachthandschrift heute zu den großen Schätzen in der Bibliothek des Vatikans gehört.

Der erste moderne Mensch auf dem Thron

JACOB BURCKHARDT, HISTORIKER

Friedrich war nicht nur an Philosophie und Wissenschaft interessiert, er selbst betrieb naturwissenschaftliche Forschungen und machte Experimente. Die alte Frage, ob die Sonne Straußeneier ausbrüten könne, klärte er in einem Versuch. Es gelang. Eine Herzensangelegenheit war ihm die Falkenjagd, er selber schrieb ein Standardwerk über die Falknerei. Auch hier forschte der Kaiser persönlich. Eine bleibende Innovation aus seiner Hand: kleine Löcher in den ledernen Falkenhauben, damit die kostbaren Tiere nicht so sehr schwitzten und sich erkälteten.

Gerüchteweise sind aber auch andere Experimente überliefert. War es für die Verdauung besser, nach einem üppigen Mahl zu ruhen oder aber zu reiten? Für die Suche nach der Antwort soll Friedrich die Sezierung von zwei Hingerichteten befohlen haben. Für die meisten Zeitgenossen war das eine Entweihung der Toten durch die Lebenden, wenn nicht sogar unbefugtes Eindringen in die kosmischen Geheimnisse der göttlichen Schöpfung.

Der Franziskanermönch Salimbene von Parma berichtet von weiteren zweifelhaften Versuchen: Neugeborene Kinder habe Friedrich isolieren lassen, um die Ursprache der Menschheit zu ergründen. Er habe einen Mann in einem Fass mit Spundloch ersticken lassen, um die Frage zu klären, ob die Seele den Toten

123

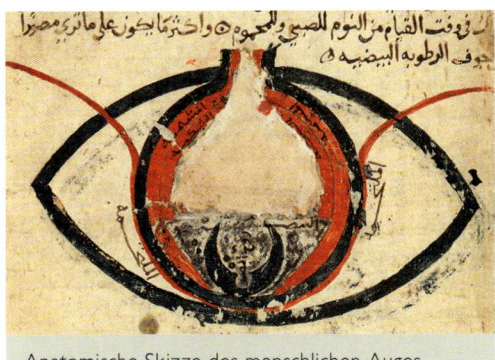

Anatomische Skizze des menschlichen Auges. Arabische Buchmalerei des 11. Jahrhunderts.

steigerte sich rasch zu einem apokalyptischen Endkampf – Gut gegen Böse.

»Es steigt aus dem Meere die Bestie voller Namen der Lästerung, die mit den Tatzen des Bären und dem Rachen des Löwen wütet und mit den übrigen Gliedern wie ein Leopard ihren Mund zu Lästerungen des göttlichen Namens öffnet und nicht aufhört, auf Gottes Zelt und die Heiligen, die in den Himmeln wohnen, die gleichen Speere zu schleudern. Mit eisernen Krallen und Zähnen will sie alles zermalmen und mit ihren Füßen die ganze Welt zerstampfen.« Friedrich sei nicht nur ein Ketzer, er sei der Antichrist, der Teufel in Person, verbreitete eine wutschnaubende römische Kirche.

Der Kaiser blieb seinem Gegner nichts schuldig und zahlte in gleicher Münze zurück. Der Papst selbst sei der Antichrist. »Wir behaupten, er sei jenes Ungeheuer, von dem man liest: ›Es ging heraus ein anderes Pferd, ein rotes, aus dem Meere, und der darauf saß, nahm den Frieden von der Erde, dass die Lebenden sich gegenseitig erwürgten.‹«

Vier Jahre später saß ein Jüngerer auf dem Heiligen Stuhl mit einem noch radikaleren Programm: Innozenz IV. Er kannte von Anfang an nur ein Ziel: die völlige Auslöschung der Staufer: »Vernichtet Namen und Leib, Spross und Samen dieses Babyloniers!«, so schrieb es Kardinal Rainer von Viterbo nieder, einer der engsten Mitstreiter des neuen Papstes.

verlasse. War das alles nur Propaganda, üble Nachrede eines scharfzüngigen Gegners des Kaisers? »Diese Anekdoten Salimbenes sind zweifellos Produkte der Fantasie des Franziskaners«, urteilt der Historiker Hubert Houben. »Sie zeigen aber, als wie ungewöhnlich Friedrichs wissenschaftliche Experimente angesehen wurden.«

Der Hammer der Welt

Ungewöhnlich. Umstritten. Fragen nach Gott und der Welt jenseits dessen, was Bibel und Heiliger Stuhl lehrten. Fragen gar an Ungläubige, an Muslime, gegen die man den Heiligen Krieg führte. Für den Papst war das alles zu viel. Aus einem nichtigen Anlass bekam Friedrich von Papst Gregor IX., der ihn auf Vermittlung der Reichsfürsten 1230 wieder aus dem Kirchenbann gelöst hatte, am 20. März 1239 die Quittung: die zweite und endgültige Exkommunikation des Kaisers.

Auf beiden Seiten häuften sich daraufhin die propagandistischen Manifeste. Eine nie dagewesene Hetzkampagne brach los und

Krieg mit Rom auf's Messer! Friede, Freundschaft mit dem Islam: so empfand, so that jener grosse Freigeist, das Genie unter den deutschen Kaisern, Friedrich der Zweite.

FRIEDRICH NIETZSCHE

Papst Innozenz IV. arbeitete auf die Vernichtung des Kaisers hin. Miniatur aus dem 14. Jahrhundert, mit Klara von Assisi.

er sich mit der Rückgewinnung Jerusalems für die Christenheit nicht große Verdienste auch vor Gott erworben? Was wollte dieser Papst noch von ihm? Sollte er sich wie Heinrich IV. in Canossa dem Papst auch noch unterwerfen? Lange genug war er geduldig und demütig der Amboss gewesen, auf den alle nach Belieben dreinschlugen. Jetzt wollte Friedrich der Hammer sein, der »Hammer der Welt«.

Im ganzen Reich blies Innozenz IV. zum Kreuzzug und Heiligen Krieg gegen den Kaiser. Tausende Bettelmönche zogen aus, um den Tyrannenmord zu predigen und für Untreue gegenüber dem Kaiser das Seelenheil zu versprechen. Priester riefen die Gläubigen zur tödlichen Jagd auf. Selbst Friedrichs Berater führte Innozenz in Versuchung, versprach ihnen höchste Würden, wenn der Kaiser fiele.

Im französischen Lyon, außer Reichweite des Heeres des erbitterten Kaisers, berief der Papst ein allgemeines Konzil ein, das am 26. Juni 1245 eröffnet wurde. Dort erklärte er den »seiner Frevel halber von Gott verworfenen« Kaiser für abgesetzt. Das Königreich Sizilien wurde der päpstlichen Gewalt unterstellt, die Deutschen (die sich bis dahin weitgehend loyal gegenüber Friedrich II. verhalten hatten) zur Wahl eines Gegenkönigs aufgerufen. »Dies irae« – das ist der Tag des Zorns – soll der kaiserliche Gesandte Thaddaeus von Sessa verschreckt ausgerufen haben.

Die Berichte vom dramatischen Geschehen in Lyon erreichten Friedrich in seinem kaiserlichen Palast in Turin. Hatte er nicht um des Friedens willen mit dem Papst verhandelt, ihm weitgehende Zugeständnisse angeboten? Hatte

Wäre er ein guter Katholik gewesen und hätte Gott, die Kirche und seine eigene Seele geliebt, so hätte er wenige seinesgleichen unter den Herrschern der Welt gehabt.

FRANZISKANERMÖNCH
SALIMBENE VON PARMA

Vergeblich. Ein Mordanschlag gegen ihn und seinen Sohn Enzo wurde vereitelt, päpstliche Schlüsselsoldaten, die erneut in Apulien einmarschierten, um die Aufständischen gegen die Kaiserlichen zu unterstützen, wurden vernichtend geschlagen. Die adligen Heerführer ließ Friedrich verstümmeln, in Säcken mit Schlangen eingenäht ins Meer stürzen, ihre Frauen endeten auf Scheiterhaufen. Den Anführer der Verschwörer, Tebaldus Franciscus, ließ Friedrich blenden und mit der Bulle des Papstes auf der Stirn durchs Land führen.

Die Darstellung aus der »Illustrierten Geschichte des deutschen Volkes« (1875) zeigt die Absetzung Friedrichs II. 1245 auf dem Konzil von Lyon durch Papst Innozenz IV. Im Vordergrund verbrennt ein Geistlicher die Vita des Kaisers.

Jeder sollte wissen, dass der Papst hinter dem Aufstand gegen den Kaiser von Gottes Gnaden stand. Auge um Auge, herausgefordert und bedroht, kannte Friedrich, der Mann der Extreme, kein Erbarmen.

Auf des Cäsars Geheiß bin ich des Königreichs Wächter. Stürzen werd ich in Schmach, die ich veränderlich weiß. Sicher schreite hindurch, wer fehllos zu leben gewillt ist. Aber der Untreue fürcht' Bann und im Kerker den Tod.

KAISERLICHE INSCHRIFT AUF DEM
BRÜCKENKASTELL VON CAPUA

»Untergegangen ist die Sonne der Welt«

Innozenz IV. hatte den Kampf auf Leben und Tod gewollt – und war sich der Konsequenzen bewusst. Der »Hammer der Welt« rüstete auf und brachte den Papst in Lyon in arge Nöte. Dieser fühlte sich in seinem Exil nicht mehr sicher und wollte nach Bordeaux ausweichen. Doch so weit kam es nicht mehr. Mitten in die Fluchtvorbereitungen des Papsthofes hinein platzte die Nachricht vom Tod des Kaisers.

Ein Ruhranfall auf der geliebten Jagd mit Falken. Seine Begleiter brachten ihn nach Castel Fiorentino bei Lucera. Schon bald musste der kaiserliche Leibarzt Johannes von Procida

Castel del Monte

Was hatte er sich nur dabei gedacht? Eine achteckige Burg mit acht achteckigen Türmen und achteckigem Innenhof zu bauen, ohne Festungsgraben, Zugbrücke und Burgfried, ohne Küche, Vorratsräume und Stallungen. Das Castel del Monte. Für Generationen von Forschern schuf Friedrich II. ein Rätsel aus Stein.

»Mit eigener Hand« soll der Stauferkaiser es 1240 entworfen haben. Hatte er dabei den achteckigen Felsendom in Jerusalem im Sinn, die achteckige Pfalzkirche Karls des Großen in Aachen, die aus acht Platten zusammengefügte Kaiserkrone? Wollte er ein imperiales Zeichen setzen in seinem Königreich Sizilien?

Die Acht gilt seit alters her als Ziffer des kosmischen Gleichgewichts. Aber was beweist das? Warum sollte Friedrich II. nicht der intellektuelle und ästhetische Reiz genügt haben, eine geometrische Skulptur nur aus Achtecken zu konstruieren? Warum sollte das inmitten von Wäldern weit abgelegene Jagdschloss nicht ein architektonisches Kleinod allein für ihn und sein Gefolge sein?

Wir wissen es nicht. Und werden es wohl nie erfahren. Und das wird auch der Grund sein, warum die als »steinerne Krone Apuliens« restaurierte Burg das Wahrzeichen einer Region und UNESCO-Weltkulturerbe geworden ist.

eingestehen, mit seiner Kunst am Ende zu sein. Umgeben von seinen Getreuen, darunter sein Lieblingssohn Manfred, lag der Unbeugsame im Sterben.

Seinem Freund, dem Erzbischof Berard, legte Friedrich II. die Beichte ab – und erhielt die Absolution. Nach elf Jahren war er damit wieder in den Schoß der Kirche aufgenommen. (Streng genommen allerdings ein ungültiger Akt, da sowohl Berard als auch der sterbende Kaiser noch exkommuniziert waren.)

Sein letzter Wunsch: Im Habit der Zisterzienser zu sterben. In das graue Ordensgewand gehüllt, von Berard mit den Sterbesakramenten versehen, als Christ und nicht als gottloser Freigeist, wie ihn viele sahen oder sehen wollten, schloss Friedrich am 13. Dezember 1250, 13 Tage vor seinem 56. Geburtstag, für immer die Augen.

Triumphgeheul drang aus dem Lyoner Papsthof. Genüsslich wurden Schmerzen und Todesqualen des Kaisers ausgemalt und Friedrichs Ende als der erbärmliche Tod eines Ketzers und Kirchenverfolgers dargestellt. »An schweren Durchfällen leidend, unter Zähneknirschen mit Schaum vor dem Mund sich zerreißend, gewaltige Schreie hinausbrüllend«, habe Friedrich seinen Atem ausgehaucht. So schreibt Nikolaus von Calvi in seiner Vita Innozenz' IV. Der Papst beglückwünschte

1308 ▸ Durchbruch in der Chirurgie: Erstmals wird in Europa eine Leiche seziert

1309 ▸ Nach Sturz der Universalherrschaft des Papsttums residiert der Papst in Avignon (»Babylonische Gefangenschaft«)

1314 ▸ Doppelregentschaft von Ludwig dem Bayern (Wittelsbach/Luxemburg) und Friedrich dem Schönen (Habsburg)

Ein von vier Löwen gehaltener Porphyrsarkophag im Dom von Palermo ist die letzte Ruhestätte Friedrichs II.

hatte er selbst Sorge getragen. Sein Leichnam wurde einbalsamiert im Ornat, Kopf und Krone auf einem Lederkissen, daneben der Reichsapfel, gefüllt mit Erde aus Jerusalem.

Eine sizilianische Volkssage kam auf; Friedrich ruhe im Ätna, aber eines Tages werde er wiederkommen, als neuer Messias und Friedenskaiser. Unsterblich aber machte ihn der englische Benediktinermönch Matthäus Paris mit einem Satz: »Es starb aber um jene Zeit der größte unter den Fürsten des Erdkreises, Stupor Mundi et Imutator mirabilis – das Staunen der Welt und ihr wunderbarer Verwandler.« Deutschland hatte keinen zweiten Kaiser wie ihn.

Der letzte deutsche Kaiser, der diesen Namen in vollem Umfang verdient, zum mindesten die reizvollste und fesselndste Persönlichkeit unter unseren Kaisern.

KARL HAMPE, HISTORIKER

die Bewohner des Königsreichs Sizilien »zur Befreiung von ihrem Unterdrücker«. »Mögen Himmel und Erde jubeln!«, ließ er verkünden.

Die Deutschen reagierten gespalten – nicht jeder Fürst war zuletzt gut zu sprechen auf seinen Stauferkaiser. Doch seine Anhänger waren bestürzt: »Untergegangen ist die Sonne der Welt, die über den Völkern geleuchtet hat; untergegangen die Sonne der Gerechtigkeit, der Hort des Friedens.« So teilte Manfred seinem Bruder Konrad den Tod des geliebten Vaters mit.

Die sterblichen Überreste wurden nach Sizilien überführt und am 25. Februar 1251 unter großer Anteilnahme im Dom von Palermo beigesetzt. In einem roten Porphyrsarg, neben seiner ersten Gemahlin Konstanze – dafür

Karl IV.

und der Schwarze Tod

Die Zeit Karls IV. gehört zu den dramatischsten Epochen der deutschen Geschichte. Hungersnöte, Naturkatastrophen und eine verheerende Pestepidemie erschütterten das Reich. Die Verwüstungen von apokalyptischem Ausmaß haben sich tief in das Gedächtnis der Nachwelt eingeprägt. Aber der damalige Kaiser ist den meisten Deutschen heute unbekannt.

Karl IV. hat nicht den Nimbus von Friedrich Barbarossa oder Friedrich II. Aber er hat den Verlauf der deutschen Geschichte stärker beeinflusst als viele seiner Vorgänger. Denn er gab dem Reich ein Grundgesetz, das das Verhältnis zwischen dem deutschen König und den Fürsten verbindlich regelte und für die Zukunft festschrieb: die berühmte »Goldene Bulle«.

Ende eines Ritters

Es war ein glänzendes Aufgebot europäischen Rittertums, das am 26. August 1346 bei dem kleinen nordfranzösischen Ort Crécy aufmarschierte. Auf der einen Seite das Heer des englischen Königs Edward, der Anspruch auf die französische Krone erhob. Das gegnerische Aufgebot wurde gleich von drei gekrönten Häuptern angeführt. Der französische König erhielt nämlich Beistand von zwei Monarchen aus dem Heiligen Römischen Reich. Johann, König von Böhmen, und sein Sohn Karl IV. waren ihm mit 500 Rittern zu Hilfe geeilt. Karl IV. war erst seit wenigen Wochen gewählter König der Deutschen und hatte wenig Interesse an dem Feldzug im fremden Land. Aber sein Vater hatte Jahre zuvor dem französischen König feierlich Freundschaft gelobt. Und diesen Schwur galt es jetzt einzulösen. Dabei hätte es niemand dem böhmischen König übel genommen, wenn er nicht auf dem Schlachtfeld erschienen wäre, denn er war durch eine Augenkrankheit vollständig erblindet. Aber Johann war ein Ritter vom alten Schlag, ein berühmter Turnierreiter, der manchen Gegner mit der Lanze vom Pferd stieß und damit nicht zuletzt auf die Damen seiner Zeit großen Eindruck machte. Die Behinderung war für Johann jedenfalls kein Grund, sich von der Schlacht fernzuhalten.

Als die Heere am späten Nachmittag aufeinanderprallten, ging nicht nur ein Gewitterregen auf dem Schlachtfeld nieder. Der Himmel über dem französisch-deutschen Heer verdunkelte sich von einem Hagelsturm aus Pfeilen, die von 5000 englischen Bogenschützen in dichter Folge abgeschossen wurden. Das schwerfällige Heer der gepanzerten Rit-

In der Schlacht von Crécy (1346) wird das schwer gepanzerte Heer der Franzosen und Deutschen von englischen Bogenschützen besiegt.

ter, das seine Wucht nur im direkten Kontakt mit dem Gegner entfalten konnte, hatte gegen die wirkungsvolle Distanzwaffe keine Chance. Johann ließ sich trotzdem von zwei Knappen ins Kampfgeschehen führen und fand prompt den Tod. Als man zu Beginn des 20. Jahrhunderts sein Grab öffnete, entdeckte man, dass sein linkes Auge von einem Pfeil durchbohrt war. Der ritterliche Heldentod machte selbst bei den Gegnern großen Eindruck. Sie bestatteten ihn mit allen Ehren.

Karl IV. überlebte, leicht verletzt. Als sich die Niederlage abzeichnete, verließ er das Schlachtfeld. Die genauen Umstände sind unklar. Ein zeitgenössischer französischer Chronist warf ihm Feigheit vor. Ein deutscher berichtete dagegen, dass ihn seine Leibwache zur Flucht gedrängt habe. Nach dem Tod seines Vaters war Karl der einzige Stammhalter seiner

Grabmal Johanns von Luxemburg (1296–1346), des Vaters von Karl IV. Sein englischer Gegner, der Schwarze Prinz, hatte den gefallenen, blinden König mit allen Ehren bestatten lassen und sogar sein Motto »Ich dien« übernommen. Das »I serve« ziert bis heute das Wappen der Prinzen von Wales.

Familie. Und das Überleben der Dynastie war wichtiger als der Krieg in Frankreich.

Nach der verlorenen Schlacht musste Karl zusehen, so schnell wie möglich nach Deutschland zurückzukehren. Zwar hatten ihn die Kurfürsten nur wenige Wochen zuvor zum König gewählt. Aber das Reich besaß bereits einen Monarchen, Ludwig den Bayern. Die politische Opposition gegen den amtierenden Kaiser hatte Karl zum Gegenkönig erkoren. Der Dreißigjährige ließ sich auf ein gewagtes politisches Spiel ein. Denn einige mächtige Fürsten und die meisten Städte waren Parteigänger Ludwigs. Und wenig sprach im Sommer 1346 dafür, dass Karl sich gegen seinen viel älteren und erfahrenen Widersacher Ludwig durchsetzen konnte.

Dieser Karl war weise und sehr gelehrt.

König ohne Land

Karl wurde am 14. Mai 1316 in Prag geboren und auf den Namen seines Großvaters, Wenzel, getauft. Sein Vater Johann aus dem Geschlecht der Luxemburger hatte die böhmische Prinzessin Elisabeth geheiratet. Eine Ehe, die ihm als politische Mitgift das Königreich Böhmen samt seiner Hauptstadt Prag eintrug. Dadurch wurde Johann einer der mächtigsten Männer im Heili-

131

gen Römischen Reich und zählte gleichzeitig zu dem erlauchten Gremium von sieben Fürsten, die nach altem Brauch das Recht besaßen, den deutschen König zu wählen.

Da Johann gute Kontakte zum französischen Herrscherhaus unterhielt, schickte er den siebenjährigen Sprössling an den mondänen Hof von Paris, damit er dort eine angemessene ritterliche Erziehung erhalte. Aus Dankbarkeit und Ehrerbietung gegenüber seinem Gastgeber nahm der kleine Wenzel bei der Firmung den Namen des französischen Königs an: Karl IV.

Der französische Hof verkörperte die Weltkultur der damaligen Epoche. Hier wurden hinsichtlich Mode und Benehmen die Standards für die gesamte höfische Kultur Europas gesetzt. Karl durchlief nicht nur die klassischen Ausbildungsfächer eines zukünftigen Monarchen wie Reiten und Fechten, er lernte auch Tischsitten, Umgangsformen und die komplizierte Etikette im Umgang mit den Damen. Der zukünftige deutsche König wurde aber auch in das Wissen der damaligen Zeit eingeweiht, was ihn von vielen seiner Vorgänger und Nachfolger unterschied. Karl reifte nach den Maßstäben der damaligen Zeit zu einem Intellektuellen heran. Er war intelligent und hochgebildet – ein Mann, der in mehreren Kulturen zu Hause war und viele Sprachen beherrschte. Mit 14 Jahren kehrte er aus Paris zurück und begleitete seinen Vater bei einem Feldzug über die Alpen.

Johann verfolgte den ehrgeizigen Plan, Norditalien dem Herrschaftsgebiet der Luxem-

Abbildung der sieben Kurfürsten: die Erzbischöfe von Köln, Mainz und Trier, der Pfalzgraf bei Rhein, der Herzog von Sachsen, der Markgraf von Brandenburg und der König von Böhmen.

Ein Autor überreicht Karl IV. sein Buch. Der König galt als ungewöhnlich belesen und gelehrt.

eingegriffen und ihn vor dem Tod bewahrt hatte. Das Gefühl, sich der himmlischen Gunst zu erfreuen, und die Überzeugung, dass Frömmigkeit sich auszahlt, sollten ihn ein Leben lang begleiten. Und tatsächlich kamen Karl im Lauf seines Lebens immer wieder unerwartete Glücksfälle zu Hilfe.

Aber auch politisches Geschick ebnete ihm den Weg zum Thron. Seit Beginn des 14. Jahrhunderts konkurrierten drei mächtige Adelsfamilien, die Wittelsbacher, die Habsburger und die Luxemburger, um die Macht im Reich. 1314 wählten die Kurfürsten den Wittelsbacher Ludwig zum König. Ludwig »der Bayer« war ein populärer Herrscher. Ein Ritter vom alten Schlag und erklärter Gegner des Papstes. Unter seiner Herrschaft eskalierte noch einmal der jahrhundertealte Kampf zwischen dem Oberhaupt der Kirche und dem Herrscher des Heiligen Römischen Reiches um die Frage, wer von beiden die höhere Autorität auf Erden sei. 1328 ließ sich Ludwig in Rom ohne den päpstlichen Segen zum Kaiser krö-

burger einzuverleiben. Den Vorwand dazu lieferte ihm ein Hilfeersuchen der Stadt Brescia, die von Verona angegriffen wurde. Doch nach zweijährigem Kleinkrieg musste Johann das Unternehmen erfolglos abbrechen. Aber in diesen Jahren lernte Karl das politische und militärische Handwerk. Mehrfach widersetzte er sich ausdrücklichen Befehlen des Vaters und griff als 16-Jähriger auf eigene Faust Florenz an. Er musste zwar die Belagerung abbrechen, trotzdem gewann Karl in dieser Zeit das Selbstvertrauen, das ein zukünftiger König benötigte. Dazu trug auch ein dramatischer Zwischenfall bei. Nur durch einen glücklichen Umstand – er wollte die Kommunion empfangen und verzichtete deshalb auf das Frühstück – entging Karl in Italien einem Giftanschlag. Für ihn bestand kein Zweifel daran, dass Gott selbst

Karl IV. hatte Kontakt zu dem berühmtesten Dichter seiner Zeit, Francesco Petrarca (1304–1374).

133

Ludwig IV., der Bayer. Der mächtige Widersacher
Karls IV. lebte von 1287 bis 1347.

Papst Clemens VI. (1291–1352) war ein mächtiger Verbündeter und persönlicher Freund Karls IV.

nen – eine unerhörte Provokation. Als ihn der
Papst daraufhin aus der Kirche ausstieß, inthro-
nisierte Ludwig kurzerhand einen Gegenpapst.
Doch er hatte den langen Arm der Stellvertreter
Christi unterschätzt.

Die Päpste residierten damals in Avignon –
im Einflussbereich der französischen Könige.
Das unfreiwillige Exil und ihr verschwenderi-
scher Lebensstil beschädigten zwar das Ansehen der Päpste – aber nicht unbedingt ihre Macht.
Eine effiziente Bürokratie und ausgeklügelte
Methoden der Geldbeschaffung spülten enorme Summen in die Kassen der Kurie, und durch
die mächtigen Erzbischöfe in Mainz, Trier und
Köln konnten die Päpste noch immer direkten
Einfluss auf die deutsche Politik ausüben.

Mit Klemens VI. erlangte 1342 ein Mann
das Pontifikat, der mit Karl aus seinen Tagen
am Hof von Paris befreundet war und den
Kampf gegen Ludwig mit aller Schärfe fort-
führte. Jeden Sonntag wurde in Avignon die
Exkommunikation des römischen Kaisers feierlich wiederholt. Auch im Reich formierte sich
Widerstand gegen den bayerischen Hitzkopf.
Das war die Stunde Karls.

Wer im mittelalterlichen Deutschland an
die Spitze kommen wollte, musste aber nicht
nur ein gewiefter Taktiker sein und die rich-

1327 ▸ Ludwig zieht nach Italien und bleibt dort bis 1330

1327 ▸ 31.5. Ludwig wird zum König von Italien gekrönt

1327 ▸ 21.9. Nach dem Mord am englischen König Eduard II. durch seine Barone wird Eduard III. sein Nachfolger

Ludwig der Bayer ließ sich im Jahr 1328 durch einen römischen Adligen zum Kaiser krönen. Da dieses Recht die Päpste beanspruchten, verschärfte Ludwig damit seinen Konflikt mit dem Papsttum.

tigen Allianzen bilden, er musste vor allem tief in die Tasche greifen – für horrende Wahlgeschenke an die Kurfürsten. Eine große Menge Silber aus den väterlichen Schatullen ebnete auch Karl den Weg zum Thron. Sein Großonkel Balduin, Erzbischof von Trier, stellte ihn schließlich – nach Empfang eines großen Geldbetrages – als Gegenkönig zu Ludwig auf. Am 11. Juli 1346 wurde Karl von fünf Kurfürsten in Rhens am Rhein zum deutschen König gewählt.

Nach dem blutigen Intermezzo von Crécy wurde Karl am 26. November 1346 während einer improvisierten Zeremonie in Bonn zum König gekrönt, da die traditionelle Krönungs-

stadt Aachen zu Ludwig hielt. Deutschland besaß jetzt zwei Monarchen.

In der Geschichte des Heiligen Römischen Reiches war das kein einmaliger Fall. Im Verlauf des Mittelalters kam es mehrfach vor, dass zwei konkurrierende Könige regierten. Weil das deutsche Königtum, im Unterschied zu Frankreich etwa, eine Wahlmonarchie war, hing der König von der Zustimmung der Großen des Reiches ab. Dadurch war er regelrecht erpressbar. Wenn er den Fürsten nicht genügend politische oder finanzielle Zugeständnisse machte, konnte es geschehen, dass ein zweiter König gewählt wurde. Dadurch

1328 ▶ 17.1. Ludwig lässt sich zum ersten Mal in der Geschichte nicht vom Papst, sondern von Volksvertretern zum Kaiser krönen

1328 ▶ 18.4. Ludwig erklärt Papst Johannes XXII. für abgesetzt und setzt als Gegenpapst Nikolaus V. ein

1328 ▶ Meister Eckhart stirbt während eines Inquisitionsprozesses

Der Kurverein von Rhense

Oberhalb von Rhens am Rhein erinnert der soge-nannte »Königsstuhl« daran, dass die kleine Stadt Schauplatz eines wichtigen Ereignisses für die deut-sche Geschichte war. Da Rhens an der Stelle lag, wo die Territorien mehrerer Kurfürsten aneinander-stießen, kamen diese dort mehrfach zusammen, um Vorbesprechungen zur Königswahl durchzu-führen. Bei einer Zusammenkunft 1338 trafen sie in Rhens eine Vereinbarung mit großen Folgen. In Zukunft solle nur derjenige rechtmäßiger König des Heiligen Römischen Reiches sein, der die Mehrheit der Stimmen der sieben Kurfürsten auf sich vereine. Darüber hinaus sprach man dem Papst das Recht der sogenannten Approbation, das heißt der for-mellen Prüfung und Zustimmung zur Königswahl, ab. Dieses Recht hatten die Päpste traditionell für sich in Anspruch genommen und waren aufgrund dessen in der Lage, einen gewählten König theoretisch wieder abzusetzen. Gegen diese Einmischung verwahrte sich der »Kurverein von Rhense« ausdrücklich und zeichnete damit den Weg vor, der zur »Goldenen Bulle« führte.

Als Karl IV. 1346 zum Gegenkönig erkoren wurde, konnte die Wahl nicht wie üblich in Frank-furt am Main durchgeführt werden, da die Stadt die Partei seines Gegners Ludwig ergriffen hatte. Deshalb versammelten sich die Kurfürsten in Rhens. Da es aber nicht als der »richtige« Ort galt, legte Karl später Wert darauf, die Wahl noch einmal in Frankfurt am Main zu wiederholen.

barg das Wahlkönigtum von Anfang an die Gefahr kriegerischer Konflikte in sich. Denn die beiden Konkurrenten mussten die Sache letztlich auf dem Schlachtfeld austragen.

Für einen Krieg gegen seinen Widersa-cher war Karls Position im Reich allerdings zu schwach. Nicht nur einige mächtige Fürsten, auch wichtige Städte waren Parteigänger Lud-wigs. Karl war ein König, der sich vor seinen eigenen Untertanen verstecken musste. Nach seiner hastigen Krönung sah er zu, möglichst unbehelligt in seine böhmische Heimat zu kommen. Um den Häschern Ludwigs zu ent-gehen, reiste er als Kaufmann verkleidet vom Rhein nach Prag.

Glanz und Elend

Das Reich, durch das Karl ritt, hatte sich in der zurückliegenden Epoche stark verändert. Wäh-rend des 13. Jahrhunderts war die Bevölkerungs-zahl von etwa 10 auf 13 Millionen angestiegen. Riesige Ackerflächen waren den Wäldern abge-trotzt worden, und in den Städten wuchsen gewaltige Kathedralen in den Himmel: Zeugen einer kulturellen und wirtschaftlichen Blütezeit.

Historiker haben diese Epoche »Spät-mittelalter« getauft und deuten damit an, dass es sich um eine Umbruchszeit handelte. Alte Mächte verloren an Einfluss, und neue zogen herauf. Die Päpste waren aus Rom vertrieben worden und residierten von 1308 bis 1378 in Avi-gnon. Die Könige hatten mehr und mehr Macht an die Fürsten verloren, Städte und Städte-bünde machten zunehmend ihre eigene Politik.

Der geografische Horizont der Epoche war weiter geworden. Zwar endete 1291 die Herrschaft der Kreuzritter über das Heilige Land endgültig, aber der kulturelle und wirt-

Auch auf anderen Gebieten begann der Geist der Genauigkeit Einzug zu halten. Das mittelalterliche Denken, das sich häufig im Zitieren antiker Autoritäten erschöpfte, wurde in Frage gestellt. Die Gelehrten der Zeit forderten Beobachtung und genaues Hinschauen. Das wirkte sich auch auf die Kunst aus. Die Maler und Bildhauer der Epoche bemühten sich um die naturgetreue Wiedergabe der Welt. Und es ist kein Zufall, dass Karl IV. der erste römische Kaiser ist, von dem Porträts überliefert sind.

Aber die Epoche hatte auch ihre Schattenseiten. Der ökonomische und demografische Boom des 13. Jahrhunderts war nicht zuletzt einem sehr warmen und trockenen Klima zu verdanken. Doch zu Beginn des 14. Jahrhunderts setzte eine schleichende Verschlechterung des Wetters ein. Eine meteorologische Schwankung, die von Wissenschaftlern »Kleine Eiszeit« genannt wird, war dafür verantwortlich. Die Sommer wurden nasskalt, sodass der Weizen auf den Halmen verfaulte. Durch die schweren und langen Winter war die Vegetationsperiode gestört. Bei der geringen Produktivität der damaligen Landwirtschaft reichte schon eine einzige schlechte Ernte aus, um eine Hungersnot auszulösen.

Sahe man zwen Cometen, und war ein naßer Sommer, große hungersnot, so an etlichen orten die leüt gezwungen, das Sie allerley hund, pferd, und dieb von Galgen gefreßen …

CHRONIK AUS DEM 14. JAHRHUNDERT

1315 brach eine furchtbare Katastrophe über Deutschland herein. Vom Mai bis in den Herbst

Im 13. Jahrhundert profitierte die Landwirtschaft von einem günstigen Klima.

schaftliche Kontakt mit Byzanz und dem Orient bewirkten einen bis dahin nicht gekannten Boom des Handels. In Italien entstanden die ersten Banken und versorgten die wachsende Wirtschaft mit Krediten. Durch Wind oder Wasser getriebene Maschinen erhöhten die Produktivität, und Papier, das die Europäer bei den Muslimen kennengelernt hatten, wurde zum Träger wachsenden Wissens. Vor allem die Städte profitierten von dieser Umbruchszeit und vergrößerten sich in bis dahin ungekanntem Maß. Den schnelleren Takt der neuen Zeit gab eine Erfindung vor, die wie ein Symbol für die gesamte Epoche steht: die mechanische Turmuhr. Sie ermöglichte erstmals eine exakte Einteilung des Tages.

1331 ▶ In China bricht die Pest aus und kostet 65% der Bevölkerung das Leben

1334 ▶ Baubeginn des Campanile für den Dom zu Florenz nach Plänen Giottos

1335 ▶ Installation der ersten Turmuhr mit Zifferblatt in Mailand

In der ersten Hälfte des 14. Jahrhunderts erleben die Städte einen rasanten Aufschwung. Französische Buchmalerei aus dem 14. Jahrhundert.

1336 ⟩ 26.4. Francesco Petrarca erklimmt den Mont Ventoux

1337 ⟩ Bündnis von Ludwig mit England gegen Frankreich und den Papst

1337 ⟩ England beansprucht den französischen Thron als Erbe: Beginn des Hundertjährigen Krieges zwischen Frankreich und England

Armenspeisung: In der Epoche Karls IV. kommt es zu schlimmen Hungersnöten.

1338 fielen riesige Heuschreckenschwärme über Süddeutschland her. Karl IV. wurde Zeuge des Phänomens. Eines Morgens weckte ihn ein Begleiter mit den Worten: »Herr, wacht auf, der Jüngste Tag bricht an! Die ganze Welt ist voller Heuschrecken.« Beängstigt und fasziniert zugleich wollte Karl dem Naturschauspiel auf den Grund gehen und ritt mitten in die flirrende Insekten-Armada. Später schrieb er seine Beobachtungen nieder: Der Schwarm »war aber sieben Meilen die Länge, und seine Breite war nicht zu überschauen. Ihre Stimme erklang wie lärmendes Tosen, ihre Flügel waren beschrieben wie mit schwarzen Lettern; sie flogen dicht wie geballter Schnee, so dass man die Sonne nicht sehen konnte. Ein gewaltiger Gestank ging von ihnen aus … Und sie vermehrten sich; denn zwei erzeugten zwanzig des Nachts und noch mehr; und waren sie anfangs klein, so wuchsen sie rasch. … Zu jener Zeit starben binnen zwei Monaten meine Schwester und mein Schwager, der Herzog von Österreich.«

regnete es fast ununterbrochen. Die dadurch ausgelöste Hungersnot war eine der schlimmsten in der deutschen Geschichte. Erstmals seit dem 9. Jahrhundert begann die Bevölkerungszahl des Reiches wieder zu schrumpfen.

Aber nicht nur das Klima setzte damals den Menschen zu. Eine »biblische« Plage, die seit Langem in Europa ausgerottet ist, suchte im 14. Jahrhundert vor allem Süddeutschland noch regelmäßig heim: Wanderheuschrecken. Ein einziger Schwarm kann aus einer Milliarde Insekten bestehen. Zusammen wiegen sie nicht weniger als 2000 Tonnen! Da die Heuschrecken ungefähr ihr eigenes Körpergewicht an pflanzlichem Material pro Tag vertilgen, ist der wirtschaftliche Schaden verheerend.

Verheerende Heuschreckenschwärme galten im Mittelalter als Strafe Gottes.

1338 ▶ Heuschreckenplage

1338 ▶ 16.7. Kurfürsten einigen sich im Kurverein von Rhense auf Unterstützung Ludwigs und erklären die Unabhängigkeit der Königswahl vom Papst

1338 ▶ 6.8. Ludwig verfügt ein Gesetz, nach dem die Kaiserwahl allein aus der Königswahl abzuleiten sei und keiner Zustimmung des Papstes bedarf

Land unter

Am 22. Juli 1342 ging für tausende Deutsche buchstäblich die Welt unter. An diesem Tag ereignete sich an Rhein, Main und Donau eine gigantische Hochwasserkatastrophe.

»In diesem Sommer war eine so große Überschwemmung der Gewässer, ... dass es schien, als ob das Wasser von überall her hervorsprudelte, sogar aus den Gipfeln der Berge. ... Über die Mauern der Stadt Köln fuhr man mit Kähnen. Donau, Rhein und Main trugen Türme, Brücken, Häuser und die Bollwerke der Städte davon, ... und es fiel Regen auf die Erde wie im 600. Jahre von Noahs Leben.« So beschreibt ein Chronist die deutsche Sintflut.

Die Wassermassen rissen Brücken weg und verwüsteten die Zentren von Mainz, Köln, Frankfurt und vielen anderen Städten des Reiches. Eine extrem seltene Wetterlage hatte das Desaster verursacht. Dabei gelangte sehr heiße und feuchte Luft aus dem Mittelmeerraum nach Deutschland, ohne an den Alpen abzuregnen. Innerhalb von nur zwei Tagen brachte der Regen die Hälfte der Niederschlagsmenge eines ganzen Jahres. Allein in der Donauregion zählte ein Chronist über 6000 Tote. Die Fluten schleppten so viel Boden weg, wie normalerweise in zwei Jahrtausenden durch Erosion verschwindet. Das sogenannte »Magdalenenhochwasser«, benannt nach der Tagesheiligen des 22. Juli, gilt als die größte Überschwemmungskatastrophe der deutschen Geschichte.

Der fromme Monarch

Die Menschen des Mittelalters hatten keine wissenschaftliche Erklärung für diese Phänomene. Stattdessen kannten sie sich sehr genau in den biblischen Geschichten aus. Karl IV. bildete da keine Ausnahme. In der Bibel sind Überschwemmungen oder Heuschrecken Strafen Gottes oder sogar Vorboten des Weltuntergangs. Deshalb richteten solche Katastrophen damals nicht nur ökonomische Schäden an, sondern erzeugten auch Angst und Schrecken.

Aber der Glaube nährte nicht nur die Furcht vor dem Ende der Welt, er bot auch Trost. Denn er enthielt für die mittelalterlichen Menschen die ganz reale Hoffnung auf ein ewiges Leben im Paradies. Deshalb war in der damaligen Epoche nichts im Leben wichtiger, als die Gnade Gottes zu erlangen. Dabei konnten die Heiligen helfen.

In der Vorstellungswelt des 14. Jahrhunderts war der Himmel genauso aufgebaut wie die höfische Gesellschaft auf der Erde. Gott besaß einen Hofstaat aus Engeln und Aposteln. Dazu kamen die Heiligen, das heißt Menschen, die sich durch ein besonders gottesfürchtiges Leben ausgezeichnet hatten oder für ihren Glauben als Märtyrer gestorben waren. Die Menschen der Zeit stellten sich vor, dass die Heiligen die Angelegenheiten der Erdenbürger mit Gott besprechen und ein gutes Wort für die Betroffenen einlegen. Jeder Heilige hatte dabei einen besonderen Zuständigkeitsbereich, war Schutzpatron einer Stadt, eines Berufsstandes, eines ganzen Landes oder bewahrte vor einer bestimmten Krankheit oder anderem Unheil.

In der christlichen Welt wurden daher immer schon ihre sterblichen Überreste, sogenannte Reliquien, verehrt: Knochen, Zähne, Haare oder Dinge, die mit ihren Körpern in

1338 ▸ Das englische Parlament wird in Ober- und Unterhaus geteilt

1340 ▸ 26.1. Eduard III. erklärt sich zum König von Frankreich

1341 ▸ 24.1. Ludwig beendet das Bündnis mit England, bricht mit dem Kurverein von Rhense und schließt einen Freundschaftsvertrag mit Frankreich

Karl IV. ist der erste römisch-deutsche Kaiser, von dem realistische Porträts überliefert sind.

Karl war in dieser Hinsicht Kind seiner Zeit. Geradezu besessen ließ er in ganz Europa Reliquien aufkaufen. Seine fromme Leidenschaft war überall bekannt und auch gefürchtet, und manche Stadt versteckte die Reliquien ihrer Kirchen, wenn der Kaiser zu Besuch kam. Manche der heiligen Knochen stiftete er Kirchen und Klöstern. Viele hob er aber auch in seinen Gemächern auf.

Aber die Zeit Karls IV. war nicht nur eine Epoche intensiver Frömmigkeit. Das Spätmittelalter hatte auch eine ausgesprochen frivole Seite. Jede Stadt besaß Dutzende von Badehäusern, in denen sich Paare, aber auch unverheiratete Männer und Frauen, mehr oder weniger nackt tummelten, ohne dass es als anrüchig empfunden wurde. In vielen Badehäusern gingen auch Prostituierte ganz offiziell ihrem Gewerbe nach. Erst mit der Ausbreitung der Syphilis im 16. Jahrhundert kamen die Badehäuser aus der Mode.

Berührung gekommen waren. Das späte Mittelalter erlebte einen regelrechten Reliquienboom. Die Mächtigen Europas gaben enorme Summen für die heiligen Überreste aus und ließen kostbare Schreine für ihre frommen Schätze herstellen.

Zur Erlangung der Reliquien hat Karl kein Mittel gescheut. Die Quellen berichten von Tränen ebenso wie von frommem Zwang und frommem Diebstahl.

FRANZ MACHILEK, HISTORIKER

Die frivole Seite des Mittelalters: die weit verbreiteten Badehäuser.

141

Vita Caroli Quarti

Im Alter von etwa 30 Jahren verfasste Karl eine Art Lebensbeichte in lateinischer Sprache: »Vita Caroli Quarti – Das Leben Karls IV.«. Ein in vielerlei Hinsicht außergewöhnliches Dokument. Es ist nicht nur die erste Selbstdarstellung eines mittelalterlichen Herrschers, sondern enthält auch private Äußerungen, wie sie von keinem anderen Monarchen der Zeit überliefert sind.

Die auf Tagebuchaufzeichnungen beruhende Autobiografie umfasst die Zeit von seiner Geburt 1316 bis zur Königswahl 1346. Ausführlich schildert Karl darin seine Jugend am Pariser Hof und den wechselhaften Feldzug, den er an der Seite seines Vaters in Norditalien führte. In den Text sind aber auch geistliche Betrachtungen und die Auslegung von Gleichnissen aus den Evangelien eingefügt. Frappierend wirken der religiöse Ernst, die Schwermütigkeit, aber auch das Selbstbewusstsein, mit dem der Dreißigjährige sich an die Nachwelt wendet: »Wenn ihr aber nach mir, mit der Königskrone geschmückt, regiert, so bedenkt, dass auch ich einmal vor euch König war und doch zu Staub und Schmutz geworden bin, in dem die Würmer hausen. Ebenso werdet ihr einmal dahinsinken wie ein Schatten und die Blumen auf dem Felde.«

Auch Karl hatte offenbar mit diesem Aspekt seines Zeitalters Bekanntschaft geschlossen. In seinen Lebenserinnerungen schildert Karl einen merkwürdigen Traum, der ihn so nachhaltig bewegte, dass er zum Anlass einer Reihe von Klosterstiftungen wurde. Karl träumte, dass er von einem Engel an den Haaren gepackt wurde und mit ihm durch die Luft sauste. Sie kamen bei einer Gruppe von Rittern an, die eine Burg belagerten. Plötzlich fuhr ein zweiter Engel vom Himmel herab und schlug einem Adligen – dem mit Karl verwandten Dauphin von Vienne – das Geschlechtsteil ab. Karl erfuhr im Traum auch den Grund dafür: Der Dauphin habe ein ausschweifendes Leben geführt und werde nun dafür bestraft.

Wie Karl weiter berichtet, kam der Dauphin kurze Zeit später tatsächlich bei der Belagerung einer Burg ums Leben. Mehr noch als diese Koinzidenz bewegte Karl aber, dass er den Traum auch auf sein eigenes Leben beziehen konnte. Einige Tage zuvor hatte er in der Stadt Lucca mit dem Gefolge seines Vaters an einer Orgie teilgenommen. Für Karl war klar: Der Traum war eine Warnung. Er sollte sich von sexuellen Ausschweifungen fernhalten und ein gottgefälliges Leben führen.

Auch die moderne Psychologie kennt das Phänomen des sogenannten Kastrationstraums. Sie bringt ihn mit Versagensängsten und Ohnmachtgefühlen in Verbindung. Möglicherweise legt Karls Traumschilderung auch

Karl IV. machte Prag zur bedeutendsten Metropole im Reich. Er ließ das Stadtgebiet um ein Vielfaches erweitern und gab die zwei Wahrzeichen Prags in Auftrag: die nach ihm benannte Karlsbrücke und den Veitsdom.

eine Spur in diese Richtung. In seiner Kindheit und Jugend stand er unter dem Einfluss seines übermächtigen, sehr vitalen Vaters, und als König hatte er einen Gegner, mit dem er sich mühsam auseinandersetzen musste.

Vater des Vaterlandes

Doch das Schicksal kam Karl wieder einmal zu Hilfe. Am 11. Oktober 1347 war sein mächtiger Widersacher Ludwig bei einer Bärenhatz unterwegs. Sie sollte seine letzte werden. Während der Jagd ereilte ihn ein tödlicher Herzinfarkt. Nicht nur für Karl war das ein Zeichen. Auch viele Zeitgenossen dachten, dass Gott selber den erbitterten Gegner des Papstes gefällt hatte. Mit dem Tod Ludwigs änderte sich die politische Lage zugunsten Karls.

Der drohende Krieg zwischen dem König und den Wittelsbachern war erst einmal aufgeschoben. Denn seine Gegner im Reich waren

jetzt ohne Führung. Zwar gelang es der bayerischen Partei, wieder einen Gegenkönig, Günther von Schwarzenburg, aufzustellen und wählen zu lassen. Doch er besaß weder das Charisma noch die Robustheit Ludwigs. Nach einem Scharmützel in der Nähe von Eltville am Rhein verzichtete der kränkliche Günther in aller Form auf das Königtum. Danach sollte es keinen weiteren Versuch mehr geben, Karl Rang und Titel streitig zu machen.

Karl IV. konnte sich endlich seinem Lieblingsprojekt widmen – der Erweiterung seiner Residenzstadt Prag. 1348 begannen die Bauarbeiten, die das Stadtgebiet um das Dreifache erweiterten. Es war das größte städtebauliche Projekt des europäischen Mittelalters.

Die neue Mauer steckte ein Gebiet von fast zwei Quadratkilometern ab. Allein der zentrale Marktplatz der Neustadt war größer als manche Stadt der Epoche. Jedem Christen oder Juden wurden zwölf Jahre Steuerfreiheit versprochen,

1346 ▶ Belagerung der Stadt Calais durch die Engländer

1347 ▶ 4.8. Calais kapituliert. Sechs Bürger lassen sich stellvertretend für die Stadt gefangen nehmen und werden begnadigt (»Die Bürger von Calais«)

1347 ▶ 11.10. Tod Ludwigs des Bayern

falls er innerhalb der neuen Mauer ein steinernes Haus errichtete. Während in anderen Städten des 14. Jahrhunderts die Straßenbreite nur vier bis sieben Meter betrug, wurde Prag mit Straßen von über 20 Metern Breite ausgestattet. Ende des 14. Jahrhunderts war die böhmische Metropole mit geschätzten 85 000 Einwohnern die größte Stadt Mitteleuropas. Durch die Vergoldung einer Reihe von Kirchtürmen, die in der Sonne glitzerten, wurde Karl zum Begründer des »Goldenen Prag«, das bis heute sprichwörtlich geblieben ist.

Aber Karl machte sich auch einen Namen als Förderer von Kunst und Wissenschaft. Am 7. April 1348 gründete er in seiner Residenzstadt Prag die erste Universität nördlich der Alpen. Sie wird häufig auch als erste deutsche Universität bezeichnet, weil sie vom römisch-deutschen Kaiser gegründet wurde. Tatsächlich waren die auf der Universität zugelassenen Nationalitäten: Böhmen, Polen, Bayern und Sachsen. Insofern spiegelte sich darin das multikulturelle Element des Heiligen Römischen Reiches. Die Unterrichtssprache war selbstverständlich die damalige internationale Wissenschaftssprache Latein. Dem Vorbild von Prag folgte 1365 die Universität Wien. Die ältesten Universitäten auf dem heutigen deutschen Staatsgebiet waren dagegen diejenigen von Erfurt, gegründet 1379, und Heidelberg, gegründet 1385.

Aber nicht alle sahen Karls Engagement mit ungeteilter Freude. Denn Karls Investitionen betrafen vor allem sein böhmisches Königreich und dessen Hauptstadt. Um das Geld dafür zu beschaffen, verkaufte er zunehmend die alten Privilegien der Könige. Das brachte ihm später den Schimpfnamen »Erzstiefvater des Reiches« ein.

Siegel der Prager Universität, die Karl 1348 gründete. Sie war die erste Universität des Reiches und wird oft auch als 1. »deutsche« Universität bezeichnet.

Dabei tat Karl IV. letztlich nur das, was andere Herrscher vor ihm auch schon praktiziert hatten, freilich in bis dahin ungekanntem Umfang. Denn Geldsorgen begleiteten die Herrschaft Karls IV. von Anfang an. Seine Königswahl hatte Unsummen an Bestechungsgeldern verschlungen, die politische Ruhe im Reich war buchstäblich in barer Münze bezahlt – durch den Ausverkauf königlicher Rechte an Fürsten, Erzbischöfe und Städte. Viele nannten Karl spöttisch auch den »Ersten Kaufmann des Reiches«.

Auch Karls ehrgeizige Bauvorhaben verschlangen viel Geld. Die Stadt Prag verdankte ihm ihr berühmtestes Wahrzeichen: die nach ihm benannte Karlsbrücke – ein technisches Meisterwerk seiner Zeit. Die 16 Bögen von 25 Meter Spannweite waren damals in Europa einzigartig. Prag wurde durch Karl zu einer internationalen Metropole, wie es in Deutschland keine zweite gab. Zum ersten Mal hatte das Heilige Römische Reich eine glanzvolle Hauptstadt. Aber durch die Ausverkaufspolitik Karls verlor es gleichzeitig mehr und mehr an Bedeutung.

Im Frühjahr 1349 gelang Karl IV. ein politischer Coup, der ganz seinem Wesen entsprach. Er brach keinen Krieg vom Zaum, sondern knüpfte zarte Bande. Da die Wittelsbacher zerstritten waren, nutzte er die Gunst der Stunde und heiratete eine Tochter aus der Verwandtschaft der Feinde. Damit spaltete er das Lager der wittelsbachischen Partei noch tiefer. Kurze Zeit später gaben sie ihre Ansprüche auf den Thron endgültig auf.

Jetzt wollte Karl IV. seinem Königtum auch den äußeren Anstrich der Rechtmäßigkeit verleihen. Er zog nach Aachen, um in der Kapelle seines berühmten Vorgängers Karls des Großen die Krone zu empfangen.

Technisches Meisterwerk: Die Bögen der Prager Karlsbrücke waren die größten ihrer Zeit.

Die Geißler

Doch der Einzug des königlichen Paars in die Krönungsstadt verzögerte sich. Denn in Aachen war eine Prozession von Geißlern angekommen. Die Geißlerbewegung war eines der merkwürdigsten Phänomene des späten Mittelalters: Männer und Frauen sammelten sich zu einer Prozession und zogen durch das Land. Sie trugen Peitschen, mit denen sie sich selbst Schmerzen zufügten, um die Leiden Jesu nachzuempfinden.

Mönche aus Italien hatten die Geißlerumzüge schon Jahrzehnte zuvor nach Deutschland gebracht, doch um die Mitte des 14. Jahrhunderts hatten sie den größten Zulauf. Die Menschen suchten nach neuen Ausdrucksformen und Ritualen, um mit Gott in Verbindung zu treten. Denn das Papsttum hatte viel von seinem Ansehen eingebüßt, und der Klerus galt als korrupt und sittenlos.

Für 33 Tage, entsprechend den Lebensjahren Jesu, verließen Männer und Frauen Haus und Hof, um Buße zu tun. Regelmäßig peitschten sie sich gegenseitig nach einem strengen Ritual öffentlich aus. Sie besetzten die Kirchen und jagten die Priester davon, denn sie glaubten, dass jeder Gottesfürchtige dieses Amt ausüben könne. Sie beichteten sich gegenseitig ihre Sünden und erteilten sich sogar die Absolution. Kein Wunder also, dass die Kirche selbst die Laienbewegung verurteilte und – wo sie konnte – bekämpfte. Tatsächlich gab es einige Fälle, in denen Geißler der Ketzerei beschuldigt und hingerichtet wurden. Aber da ihre Umzüge auf die meisten Menschen der Zeit großen Eindruck machten und auf Sympathie stießen, wagten die Autoritäten im Allgemeinen nicht, etwas gegen die Geißler zu unternehmen.

Die Geißler in Limburg

»Und wenn die Geißler vor eine Stadt kamen, dann gingen sie in einer Prozession zwei und zwei beieinander bis in die Kirche ... Und wenn sie in die Kirchen kamen, so machten sie diese zu und taten ihre Kleider aus bis auf die Unterkleider ... Und ein jeder schlug sich selbst mit seiner Geißel, und sie ließen die Geißeln zu beiden Seiten über die Achseln gehen, dass ihnen das Blut über die Enkel [Knöchel] floss. Sie trugen Kreuze, Kerzen und Fahnen vor sich, und ihr Sang war also, wenn sie umzogen: Jesus ward gelabt mit Gallen, drum wir am Kreuze niederfallen.

So knieten sie alle nieder und schlugen kreuzweis mit ausgestreckten Armen und Händen auf die Erde und lagen allda ... Und wenn die Geißler so niedergefallen waren, ...lagen sie auf der Erde, bis man wohl mochte fünf Vaterunser gesprochen haben. Dann kamen zwei, die sie zu Meistern erkoren hatten, und gaben einem jeden einen Streich mit der Geißel und sagten: Steh auf, dass dir Gott all deine Sünden vergebe ... Dann standen sie auf und gingen wieder umher und schlugen sich mit den Geißeln, dass man Jammer an ihrem Leibe sah. Wenn das geschehen war, dann gingen die ehrbaren Leute heran und luden die Geißler in ihr Heim ... und taten ihnen gütlich über Nacht. Auf den Morgen gingen sie wieder hinweg in einer Prozession mit ihren Kreuzen in eine andere Stadt.« (Limburger Chronik, 14. Jahrhundert)

1349 ▶ Höhepunkt der Pestepidemie, verbunden mit
Massakern an Juden

1349 ▶ 11.7. Zweite Krönung
Karls IV. zum römisch-
deutschen König

1350 ▶ Die Technik der Papier-
herstellung gelangt aus
dem Orient nach Europa

Karl blieb nichts anderes übrig, als in der Nähe zu warten, bis der Spuk vorbei war. Dann endlich war der Weg frei. Die Bürger der Stadt bereiteten dem König der Römer einen angemessenen Empfang. Am 25. Juli 1349 wurde Karl IV. in Aachen zum zweiten Mal gekrönt. Mit seinen ehemaligen Feinden war er inzwischen verwandt und verschwägert, hatte sie ausmanövriert oder einfach für ihre Unterstützung bezahlt. Jetzt war er endlich der von allen anerkannte König Deutschlands.

Bei seiner Krönung stiftete er für den Schädel Karls des Großen ein prächtiges Reliquiar. Es trägt bis heute die Krone, mit der Karl IV. gekrönt wurde. Das Gesicht der Büste gibt einen energischen und klugen Mann wieder – das idealisierte Bild eines Herrschers –, so wie Karl IV. sich selbst gerne sah.

Da man schrieb das Jahr 1349, da kam ein großes Sterben in die deutschen Lande, das ist genannt das große erste Sterben. Und starben sie an den Drüsen, und wen das anging, der starb gewöhnlich am dritten Tage. Und starben die Leute in den großen Städten zu Mainz, zu Köln und anderen meist alle Tage mehr denn hundert Menschen.

LIMBURGER CHRONIK

Der Schwarze Tod

Trotz der Naturkatastrophen, die das Reich heimsuchten, hätte Karls Herrschaft eine der glanzvollsten und friedlichsten des Mittelalters werden können – doch dann brach ein Verhängnis über die Mitte Europas herein, das die früheren bei Weitem in den Schatten stellte. Es forderte Millionen Todesopfer: die Pest.

Die Pest ist eine uralte Geißel der Menschheit und wurde seit der Antike in vielen Berichten erwähnt. Im 6. Jahrhundert n. Chr. wurde das Byzantinische Reich von einer schweren Epidemie heimgesucht. Im Westen Europas blieb der Ausbruch der Seuche aber immer lokal begrenzt. Was Mitte des 14. Jahrhunderts geschah, war in seinen verheerenden Konsequenzen ohne Beispiel.

Den Nährboden fand die Epidemie in den Städten. Hier herrschten haarsträubende hygienische Verhältnisse. Selbst die Metropolen glichen einem Albtraum aus Dreck und Gestank. Die Menschen teilten sich den ohnehin engen Raum zwischen den Stadtmauern mit Schweinen, Ziegen und Hühnern. In den schmalen Gassen verpesteten die Tiere zusammen mit menschlichen Fäkalien die Luft. Ställe, Misthaufen, Brennholzstapel und die dunklen, winkligen Häuser mit ihren Stroh- und Lehmwänden waren ideale Schlupfwinkel für Ratten, die in riesigen Mengen die Städte bevölkerten. Und von den Nagern ging die Seuche aus.

Mediziner bezeichnen die Pest als »Zoonose«, das heißt als eine Krankheit, die von Tieren auf Menschen überspringt. Ihr Auslöser ist ein unscheinbares Bakterium, Yersinia Pestis, benannt nach seinem schweizerisch-französischen Entdecker Alexandre Yersin.

Der Verlauf einer Epidemie ist folgendermaßen: Zunächst erkranken die Ratten und sterben. Die Flöhe, die auf ihnen schmarotzen, suchen sich einen anderen Wirt und springen auf Menschen über. Durch den Flohbiss gelangt der Erreger in die Blutbahn. Ist ein Mensch erkrankt, so wird er selbst hochinfektiös und steckt andere an. Die ersten Anzeichen sind Verdickungen an den Lymphdrüsen. Wird der Erreger eingeatmet, breitet er sich in der

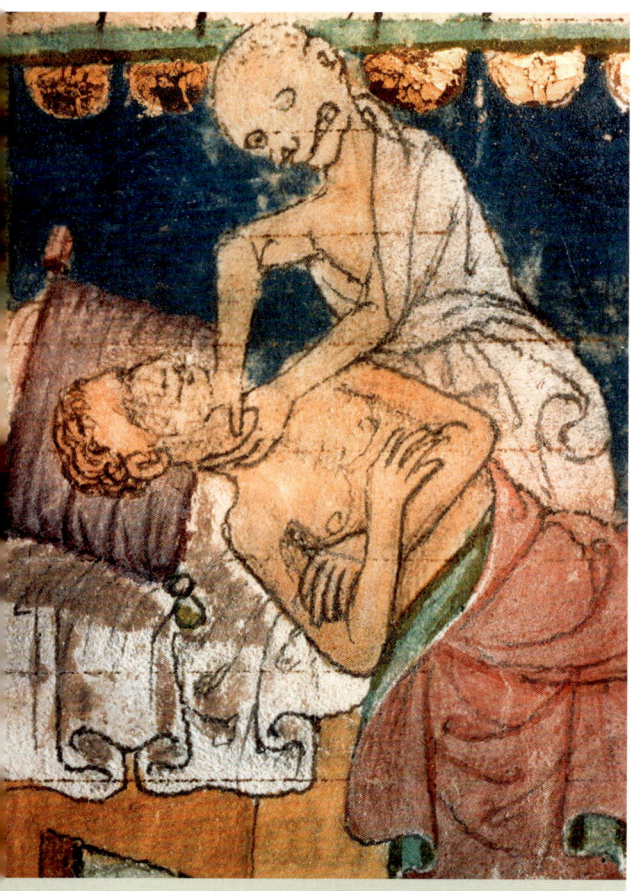

Die Pest als personifizierter Tod erwürgt einen Menschen. Böhmische Buchmalerei aus dem 14. Jahrhundert.

Lunge aus und führt in wenigen Tagen zum Tod. Bei manchen Infizierten bilden sich großflächige dunkle Hautverfärbungen. Daher der Name »Schwarzer Tod«.

Bis ins frühe 20. Jahrhundert hinein trat die Seuche immer wieder in Asien auf. Selbst heute noch infizieren sich Menschen in manchen Gegenden der Welt an Nagetieren, die von dem Pesterreger befallen sind. Doch die

Erkrankten können leicht durch Antibiotika geheilt werden.

Die Menschen des Mittelalters waren der Seuche hilflos ausgeliefert, und niemand hätte es damals für möglich gehalten, dass etwas so Alltägliches wie ein Flohbiss das Verderben bringen könnte. Die Ärzte, die ratlos waren, bemühten stattdessen die Sterne oder Luftbewegungen als Verursacher des Übels. Die medizinische Fakultät der berühmten Pariser Universität Sorbonne veröffentlichte 1348 ein Gutachten, das die Denkweise der damaligen Zeit widerspiegelt:

»Es ist bekannt, dass in Indien, in der Gegend des großen Meeres, die Gestirne, welche die Strahlen der Sonne und die Wärme des himmlischen Feuers bekämpften, ihre Macht besonders gegen jenes Meer ausübten und mit seinen Gewässern heftig stritten. … Aber am Ende wirkten Sonne und Feuer so gewaltig auf das Meer, dass sie einen großen Teil desselben an sich zogen und sich das Meeresgewässer in Dampfgestalt emporhob. … So bleibt kein Mensch am Leben, wohin dieser verdorbene Wind aus Indien kommt.«

Die Ärzte hatten zwar nicht die geringste Vorstellung von der Ursache der Seuche, aber sie machten Beobachtungen, die nützlich waren. Sie bemerkten, dass die Krankheit durch Kontakt mit anderen Menschen und sogar deren Kleidung übertragen wurde. Daher empfahlen sie, die Häuser auszuräuchern, den Kontakt mit Kranken und Toten zu meiden und deren Kleidung, Wäsche und Hausrat zu verbrennen.

Ausgangspunkt der Seuche war Zentralasien. Von dort gelangte sie zu einem italienischen Handelsplatz auf der Halbinsel Krim. Infizierte Schiffsbesatzungen trugen die Erreger nach Genua und Marseille. Binnen weniger Monate grassierte der Schwarze Tod in Frankreich, Italien und Spanien und fand den Weg über die Alpen nach Deutschland.

Doch der Schwarze Tod war launisch. Aus unbekannten Ursachen blieben Polen und Teile Süddeutschlands von der Pestwelle verschont. Auch vor Böhmen machte die Seuche halt. Aber im übrigen Reich raffte die Pest bis zu einem Drittel der 15 Millionen Deutschen dahin.

Während das Reich im Chaos zu versinken drohte, wuchs gleichzeitig das »Goldene Prag« mit seinen tausend Türmen in den Himmel – eine Insel des Wohlstands und Friedens in einer apokalyptischen Welt. Karl ließ in der Nähe von Prag die mächtige Burg Karlstein errichten: zum Schutz der Reichsinsignien und seiner Reliquiensammlung. Oft zog sich der König hierher zurück und verwehrte sogar seiner Ehefrau den Zutritt. Im Zentrum der Anlage ließ er eine prächtige Kapelle anlegen. Die Wände sind vollständig mit Edelsteinen ausgekleidet. Im Mittelalter sprach man den Steinen magische Wirkung zu und glaubte, sie könnten Krankheiten abwehren. Es war ein privates Refugium gegen die Stürme der Zeit.

Die von Karl IV. in der Nähe von Prag errichtete Burg Karlstein ist eine der eindrucksvollsten Burgen Europas. Sie diente der Aufbewahrung der Reichskleinodien und der riesigen Reliquiensammlung des Königs.

1355 ▸ 6.1. Karl IV. wird in Mailand zum König von Italien gekrönt

1355 ▸ 5.4. Karl IV. wird in Rom zum römisch-deutschen Kaiser gekrönt

1356 ▸ 10.1. Die »Goldene Bulle« gilt als erstes verfassungsähnliches Dokument Deutschlands und regelt v.a. die Modalitäten der Königswahl

In diesem Jubiläumsjahr, da das Sterben auf-hörte, da wurden die Juden allgemein in diesen deutschen Landen erschlagen und verbrannt. ... Und gab man den Juden die Schuld, dass sie die Christenmenschen vergiftet hätten, weshalb sie so zahlreich verstorben waren.

LIMBURGER CHRONIK

Die Judenpogrome

Im Westen des Reiches schlugen Verzweiflung und Hilflosigkeit der Menschen in Wut um. Sie suchten nach Schuldigen an der Katastrophe und fanden sie schnell: die verhasste Min-derheit, die Außenseiter der mittelalterlichen

Die Massenmorde an den Juden während der Pestzeit waren die schlimmsten Pogrome vor dem Holocaust.

Gesellschaft – die Juden. Angeblich hatten sie Gift in die Brunnen geträufelt! Die Aussage eines französischen Juden – unter der Folter erpresst – machte schnell die Runde in ganz Europa. In fast allen größeren Städten fiel der Mob über die Juden her.

Zur Zeit Karls IV. gab es über 1000 jüdische Gemeinden in Deutschland. Die größ-ten existierten in Mainz, Worms und Speyer. Sie konnten hierzulande auf eine sehr lange Geschichte zurückblicken. Schon im Gefolge der Römer waren Juden ins damalige Germa-nien gekommen. Sie siedelten an den großen Flüssen und Handelsrouten. Juden wohnten gewöhnlich sogar in der Stadtmitte, rund um ihre Synagoge.

Aber die Existenz der jüdischen Gemein-den war immer gefährdet. Diskriminierende Gesetze verwehrten Juden den Zugang zu den Handwerken. So blieben ihnen nur der Han-del und das Geschäft des Geldverleihens. Das machte sie zu einem notwendigen Glied der mittelalterlichen Gesellschaft – und gleichzei-tig verhasst. Denn die Zinsen waren wegen der unkalkulierbaren Risiken sehr hoch.

Pogrome waren eine Begleiterscheinung der gesamten mittelalterlichen Geschichte. Die bis zum 14. Jahrhundert schlimmsten Aus-schreitungen ereigneten sich im Vorfeld des ersten Kreuzzugs 1096. Die Kreuzfahrer, die sich in französischen und deutschen Städten sammelten, fielen über die jüdische Bevölke-rung her und brachten aus religiösem Fanatis-mus die »Jesusmörder« um.

Um die Juden vor immer wiederkehrenden Übergriffen zu schützen, schuf Friedrich II. 1236 ein neues Gesetz. Demnach standen die Juden im Heiligen Römischen Reich fortan unter der persönlichen Protektion der Herrscher und erhielten den offiziellen Titel »Kammerknechte«. Das hieß, sie gingen praktisch in den Haushalt und persönlichen Besitz des Monarchen über. Damit genossen sie aber auch Schutz. Denn niemand konnte sich ungestraft am Eigentum des Königs vergreifen. Diesen Schutz ließen sich die Mächtigen teuer bezahlen – in Form der Judensteuer, einer der wichtigsten Einnahmequellen der Könige.

Auch Karl IV. profitierte von den Juden und hatte sie als Siedler und willkommene Steuerzahler nach Prag eingeladen. Aber schon seine Vorgänger hatten häufig das sogenannte »Judenregal« im Reich, also das Recht, von den Juden Steuern zu erheben, an die Städte verpfändet. Diese Verpfändung bedeutete, dass der König gegen die Zahlung einer vereinbarten Summe das Recht, von den Juden Steuern zu erheben, an die Stadt abtrat. Nach Ablauf einer Frist fiel das Recht wieder an den König zurück: eine beliebte Methode der mittelalterlichen Herrscher, kurzfristige Liquiditätsprobleme zu lösen. Zwar wurde in den Verträgen vereinbart, dass die Stadtoberen für das Recht, die Judensteuer einzustreichen, auch die Sicherheit der jüdischen Gemeinde zu garantieren hatten. Aber die Praxis sah meistens ganz anders aus. Denn ohne den königlichen Schutz waren die Juden wieder rechtlos. Karl IV. verpfändete etwa die jüdische Gemeinde Straßburgs an den dortigen Magistrat und setzte damit eine unheilvolle Entwicklung fort.

Das Gerücht von den Brunnenvergiftern breitete sich schneller aus als die Pest selbst. In Basel, Straßburg und Freiburg loderten Scheiterhaufen, auf denen Menschen bei lebendigem Leib verbrannten. Anstifter des organisierten Massenmords waren oft die Kaufleute und mächtigen Zünfte, die mit den Juden auch ihre Schuldscheine verbrannten. Weder der König noch die städtischen Behörden schritten ein.

Vergeblich mahnte der Papst aus Avignon zur Vernunft. In einem Rundschreiben an die Christen Europas verurteilte er die Verbrechen und demontierte die Anschuldigungen: Die Juden könnten keine Schuld an der Pest tragen, da sie ihr selbst zum Opfer fielen. Außerdem wüte die Pest auch an Orten, an denen gar keine Juden lebten. Überzeugende Argumente, die aber niemand hören wollte.

Am Freitag nahm man die Juden gefangen, am Samstag verbrannte man sie, es waren etwa zweitausend, wie man schätzte. … Was man den Juden schuldete, das war alles beglichen, und alle Pfänder und Kreditbriefe, die die Juden besaßen, wurden zurückgegeben. … Wenn sie arm gewesen wären, … so wären sie nicht verbrannt worden.

STRASSBURGER CHRONIK

Auch die Nürnberger Judengemeinde wurde 1349 Zielscheibe zunehmender Anfeindungen. An der Stelle des heutigen Marktplatzes und der Frauenkirche befand sich einst das jüdische Viertel samt Synagoge. Der enorme wirtschaftliche Aufschwung der Stadt hatte zu einem erheblichen Anwachsen der Bevölkerung und des Stadtgebietes geführt. Daher beschloss der Magistrat, den Marktplatz zu erweitern. Für dieses ehrgeizige städteplanerische Projekt mussten aber einige Häuser von Juden abgerissen werden. Die Genehmigung dazu konnte nur der König als ihr persönlicher Schutzherr erteilen. Der städtische Gesandte Ulrich Stromer wurde in dieser Angelegenheit bei Karl in Prag vorstellig.

Die Vorgänge von damals sind gut dokumentiert. Im Nürnberger Stadtarchiv hat sich der Vertrag erhalten, den Karl IV. mit dem Nürnberger Magistrat schloss. Er erlaubte den Nürnbergern, die Häuser abzureißen. Dafür verpflichtete sich die Stadt, an der Stelle der Synagoge eine Kirche zu Ehren Marias zu errichten. Das Perfide an dem Vertrag: Mit keinem Wort wurde erwähnt, was mit den Bewohnern der Häuser geschehen sollte. Implizit ging die Vereinbarung davon aus, dass die Juden, wenn die Abrissarbeiten begannen, nicht mehr am Leben waren. Das Dokument datiert auf den 16. November 1349.

Zwei Wochen später wurden die Nürnberger Juden zusammengetrieben und verbrannt, ihr Friedhof wurde dem Erdboden gleichgemacht. Das Erinnerungsbuch der jüdischen Gemeinde verzeichnete den Tod von 560 Mitgliedern.

Nürnberg war kein Einzelfall. In Frankfurt am Main verpfändete Karl im Juni 1349 die ihm zustehende Judensteuer an die Stadt und überschrieb dem Magistrat den jüdischen Besitz – für den Fall, dass die Juden zu Tode kämen. Dafür erhielt der König 20 000 Mark in Silber. Einen Monat später massakrierten die Bürger Frankfurts die gesamte jüdische Gemeinde.

Vorfälle wie diese verdunkeln den Glanz der Herrschaft Karls IV. Auch wenn er die Ermordung der Juden nicht selbst anordnete, so

An der Stelle der Frauenkirche am Nürnberger Marktplatz (Bildmitte) erhob sich einst die jüdische Synagoge, die nach der Ermordung der Nürnberger Juden 1349 abgerissen worden war.

1363 ▸ Der Magdeburger Dom, die erste gotische Kirche Deutschlands, wird geweiht

1365 ▸ 4.6. Karl IV. wird König von Burgund

1365 ▸ 22.11. Friede von Vordingborg beendet den Ersten Hansekrieg

Kaiserkrönung Karls IV. in Rom im Jahr 1355. Da die Päpste damals in Avignon residieren mussten, wurde die Krönung von einem Gesandten des Papstes durchgeführt.

nahm er sie doch stillschweigend hin, denn er stellte den Magistraten praktisch Blankovollmachten für Pogrome aus – und verdiente daran. Deshalb wurde Karl IV. sogar als der »erste Schreibtischtäter der Geschichte« bezeichnet.

Dabei kann man nicht behaupten, dass er die Pogrome tatsächlich guthieß. Denn die Juden Böhmens blieben unter seiner Herrschaft unbehelligt. Rückblickend erklärte er,

dass die Ermordung der Juden ein großer Schaden für das Reich gewesen sei. Das Verstörende an seinem Verhalten ist der Pragmatismus, mit dem er vorging: Da ihm die Machtmittel fehlten, die Juden im Reich zu schützen, wollte er wenigstens aus der Situation Kapital schlagen. Karl war ein Mann mit zwei Gesichtern: einerseits hochgebildet, klug und weitsichtig, aber auch eiskalt, wenn es um seinen Vorteil ging.

153

1368 2.5. Im Zweiten Hansekrieg erobert eine hansische Kriegsflotte Kopenhagen und zerstört die Stadt

1368 Zweiter Italienfeldzug Karls IV.

1369 28.3. Truppen Karls V. von Frankreich siegen über das mit England verbündete Kastilien und führen den Hundertjährigen Krieg fort

§ NVREMBERGA §

S. Loremus.

S. Sebaldus.

1356 wurde Nürnberg zum Schauplatz monatelanger Verhandlungen zwischen Kaiser und Fürsten. Am Ende verabschiedete der Reichstag ein Gesetz, das unter dem Namen »Goldene Bulle« berühmt wurde. Farbiger Holzschnitt aus Hartmann Schedels Weltchronik von 1493.

Das erste deutsche Grundgesetz

Am 5. April 1355 war Karl in Rom zum Kaiser der Römer gekrönt worden. Damit besaß er alle offiziellen Würden, die ein deutscher Herrscher auf seine Person vereinen konnte. Im Vertrauen auf diese Machtposition nahm er ein ehrgeiziges Projekt in Angriff. Er berief einen Hoftag nach Nürnberg ein, auf dem grundlegende Dinge im Verhältnis zwischen Monarch und Fürsten beraten werden sollten. Denn das Reich befand sich in einer tiefen Strukturkrise. Das hatten nicht zuletzt die wiederholten Machtkämpfe um die Königswürde gezeigt. Zwar war auch Karl selbst zunächst als Gegenkönig gekrönt worden, doch da seine Herrschaft mittlerweile alle Attribute der Rechtmäßigkeit besaß, wollte er endlich Ordnung schaffen. Vor allem sollten für die Zukunft Doppelwahlen vermieden werden. Das war nur dadurch zu erreichen, dass der Ablauf einer rechtmäßigen Königswahl minutiös festgeschrieben wurde.

Auf Initiative Karls versammelten sich die Mächtigen des römisch-deutschen Reiches im November 1355 in Nürnberg. Der König stieg im Wohnhaus einer Patrizierfamilie in der Schildgasse 10 ab. Rund um das kleine Haus wohnten sein Hofstaat und seine Beamtenschaft. Auch die Fürsten waren mit großem Gefolge angereist.

Die Goldene Bulle ist weder ein kaiserliches Diktat noch ein Kotau vor den Kurfürsten, sie ist spätmittelalterliches Korrelat dessen, was man die Kunst des Möglichen zu nennen pflegt.

BERND-ULRICH HERGEMÖLLER,
HISTORIKER

Karl verhandelte an den meisten Tagen selbst im kleinen Kreis mit den Kurfürsten. Was Karl ein für alle Mal fixieren wollte, waren eindeutige Richtlinien für die Königswahl. Unstrittig war dabei das Grundsätzliche: Drei geistliche und vier weltliche Fürsten wählten den König mit einfacher Mehrheit. Denn das war bereits seit einiger Zeit Gewohnheitsrecht. Im Detail gab es aber viele Unstimmigkeiten. Die Legitimität des Königs konnte deshalb leicht angefochten werden. Damit sollte in Zukunft Schluss sein. Mit taktischem Geschick und großer Zähigkeit gelang es dem König, die Kurfürsten auf klare Regeln zu verpflichten.

Dafür musste Karl den Fürsten politische und ökonomische Zugeständnisse machen. Gleichzeitig wurde festgelegt, dass die Territorien der Kurfürsten nicht geteilt werden durften. Diese Bestimmung kam auch ihm selbst zugute. Denn sie stärkte seine eigene Macht in Böhmen.

Unter den gegebenen Umständen konnte die »Goldene Bulle« kein königliches Diktat werden, sondern lediglich das Ergebnis eines Vertrags unter gleichberechtigten Partnern. Auch wenn das Verfassungswerk nicht wirklich etwas Neues brachte, so hatte die Festschreibung der alten, etablierten Gewohnheiten doch einen Nutzen für die Zukunft. Da die Kriterien für die Rechtmäßigkeit einer Königswahl erstmals eindeutig fixiert wurden, kam es in der weiteren deutschen Geschichte zu keiner einzigen Doppelwahl mehr. Und der als »Pfaffenkönig« verunglimpfte Karl IV., der selbst mit Unterstützung des Papstes an die Macht gekommen war, erteilte den potentiellen Nachfolgern Petri, wenn auch nicht expressis verbis, so doch implizit eine Absage hinsichtlich ihrer Mitwirkung bei der Königswahl.

Die Nürnberger Vereinbarungen wurden schriftlich fixiert und den Kurfürsten ausgehändigt. Als »Goldene Bulle« – nach dem goldenen Siegel, lateinisch »bulla« – ging das Dokument in die Geschichte ein. Es ist das erste deutsche Grundgesetz. Es war länger in Kraft als jedes andere bisher: genau 450 Jahre lang, bis zum Ende des Heiligen Römischen Reiches im Jahr 1806.

Jedes Reich, das in sich selbst zerspalten ist, wird veröden, denn seine Fürsten sind Gefährten der Diebe geworden. Wir wollen die Einigkeit unter den Kurfürsten fördern, Einmütigkeit bei der Wahl herbeiführen und der verwünschten Zwietracht und den vielfachen aus ihr erwachsenden Gefahren den Einlass verwehren. Daher haben wir durch die Würde unseres kaiserlichen Amtes die unten stehenden Gesetze auf unserem feierlichen Reichstag zu Nürnberg erlassen.

ANFANG DER »GOLDENEN BULLE«

155

Inszenierung der Macht

Viele Bestimmungen der »Goldenen Bulle« betreffen Protokollfragen. Bei öffentlichen Auftritten sollten nämlich König und Fürsten in ihrem Rang für die Zuschauer unmittelbar erkennbar sein. Deshalb wurde bis ins kleinste Detail festgelegt, wo wer stehen durfte, an welcher Stelle er in einer Prozession zu gehen hatte oder welche Tischordnung eingehalten werden musste. Darüber hinaus legte die »Goldene Bulle« komplexe Rituale fest, in denen die Stellung von König und Fürsten symbolisch zum Ausdruck kam. Dafür griff man auf die so genannten Hofämter zurück.

Die herausragende Stellung bestimmter Adelsfamilien war im Verlauf des frühen Mittelalters aus ganz handfesten Dienstleistungen im Haushalt des Königs hervorgegangen. So war etwa der Marschall für die Pferde zuständig, der Truchsess für die Tafel, der Kämmerer für die Wohnräume und der Mundschenk für den königlichen Weinkeller.

Diese Tradition griff die »Goldene Bulle« auf und legte fest, dass der Herzog von Sachsen das Marschallamt auszuüben hatte. Der Pfalzgraf bei Rhein wurde zum Erztruchsess ernannt. Der Mark-

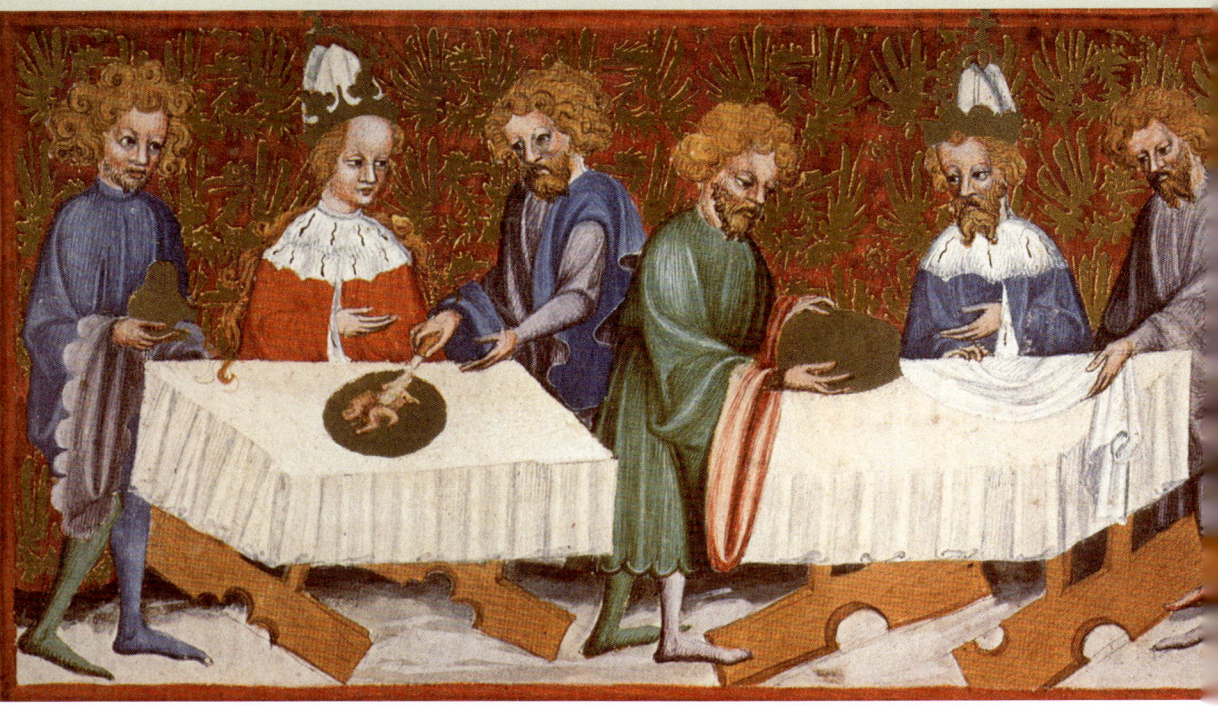

graf von Brandenburg erhielt den Titel »Erzkämmerer«, und der König von Böhmen wurde zum Erzmundschenk bestimmt. Bei Hoftagen mussten die Kurfürsten in die ursprüngliche Rolle schlüpfen, die mit diesen Ehrentiteln verbunden war. Tatsächlich streute der Herzog von Sachsen Hafer für das königliche Pferd aus, die anderen Kurfürsten deckten die Tafel, servierten Speisen und Getränke. Wie eine Theaterinszenierung wurde das umfangreiche Zeremoniell nach minutiös vorgezeichnetem Ablauf vor den Augen der Öffentlichkeit durchgespielt.

Der Sinn der Aufführung lag in der symbolischen Demonstration der Zusammenarbeit von König und Kurfürsten. Man wollte zum Ausdruck bringen, dass Monarch und Hochadel – und somit das Reich selbst – eine Art Organismus darstellen, in dem jeder Einzelne eine wichtige Funktion zum Gedeihen des Ganzen ausübte.

Wegen des goldenen kaiserlichen Siegels – lateinisch »bulla« – ging der Vertrag zwischen Kaiser und Fürsten als »Goldene Bulle« in die Geschichte ein.

Am 10. Januar 1356 wurde das Grundgesetz des Reiches öffentlich in Nürnberg verkündet. Die Proklamation fand auf dem Hauptmarkt statt. An der Stelle der einstigen Synagoge erhebt sich dort heute die Frauenkirche mit ihrer berühmten mechanischen Uhr. Jeweils zur vollen Stunde beginnt das »Männleinlaufen«. Die sieben blechernen Kurfürsten ziehen feierlich im Kreis am König vorbei und verbeugen sich artig – eine Erinnerung an den Reichstag von 1356 und eine der dramatischsten Epochen der deutschen Geschichte.

Der Taktierer

Karl hatte mit der »Goldenen Bulle« für Stabilität im Reich gesorgt. Mehr Einfluss hatte sie dem deutschen König – und seit 1355 auch römischen Kaiser – freilich nicht eingebracht. Denn die wirkliche Macht im Reich lag schon vorher in den Händen der Fürsten. Nun war der Herrscher selbst in Personalunion auch König von Böhmen. Dort genoss er all die Privilegien, die er als König im übrigen Reich mehr und mehr verlor. Deshalb lag es in seinem Interesse, die Landesherrschaft möglichst weit auszudehnen.

Das war nicht seine Erfindung. Auch seine Vorgänger hatten diese Strategie verfolgt. Als sogenannte »Hausmachtpolitik« ist sie berühmt geworden und behauptet ihren festen Platz in den deutschen Geschichtsbüchern. Denn als Kehrseite des schwachen Königtums bestimmte sie jahrhundertelang das politische Handeln der Regenten. Karl IV. war einer ihrer Virtuosen.

Heirat, Kauf, Tausch oder Krieg waren im Mittelalter die Mittel, um eine Territorialherrschaft zu vergrößern. Mit erstaunlichem Geschick setzte Karl IV. auf taktische Eheschließungen. Er heiratete insgesamt viermal, nachdem er jeweils zuvor verwitwet war. Die Ehe mit Anna von Wittelsbach brachte ihm als Mitgift Gebiete in der Oberpfalz und in Franken ein, die er durch Ankauf von weiterem Land zu einer stattlichen Herrschaft arrondierte. Die vierte Ehe mit einer Enkelin des polnischen Königs verhinderte immerhin einen militärischen Konflikt mit den mächtigen Nachbarn Polen und Ungarn.

Vor allem aber hatte er es auf das Kurfürstentum Brandenburg abgesehen, in dem seit dem Aussterben der ursprünglichen Herrscherdynastie seine bayerischen Gegner an der Macht waren. Bereits 1348 stand Brandenburg auf Karls Agenda – im Zusammenhang mit einer merkwürdigen Affäre. Damals tauchte in Magdeburg ein alter Mann auf, der von sich behauptete, der schon vor langer Zeit verstorbene brandenburgische Markgraf Woldemar zu sein. Er habe die letzten dreißig Jahre auf einer Pilgerfahrt im Heiligen Land verbracht. Da die bayerischen Wittelsbacher im Land unbeliebt

Das »Männleinlaufen« am Turm der Nürnberger Frauenkirche erinnert an die Verhandlungen von 1356.

159

1406 ▶ Beginn des Baus der Verbotenen Stadt in Peking

1409 ▶ Konzil zu Pisa soll das abendländische Schisma zwischen Rom und Avignon beenden, stattdessen wird dritter Papst gewählt

1413 ▶ 20.3. Heinrich V. wird König von England

Porträts Karls IV. und seiner dritten Gemahlin Anna von Schweidnitz.

Herrschaft auch einen wichtigen strategischen Vorteil. Denn das Haus Luxemburg verfügte jetzt über zwei Kurwürden und damit auch zwei Stimmen bei der Königswahl.

Mit diesem Pfund ließ sich wuchern, und Karl fasste sein letztes ehrgeiziges Ziel ins Auge: die Wahl seines ältesten Sohnes Wenzel zum König. Die Durchsetzung des Nachfolgers noch zu Lebzeiten des amtierenden Regenten war vor ihm nur wenigen gelungen. Karl IV. erreichte sein Ziel, nicht ohne noch einmal für die Geneigtheit der übrigen fünf Kurfürsten tief in die Tasche zu greifen. Am 10. Juni 1376 wurde Wenzel zum deutschen König gewählt.

Im folgenden Jahr brach Karl, der in seinem Leben Tausende von Kilometern zu Pferd zurückgelegt hatte, zu einer letzten Reise auf. Sie führte nach Paris. Es war eine sentimentale Reise zu den Stätten seiner Jugend. Als er der Schwester seiner ersten, früh verstorbenen Frau begegnete, brach er, von Rührung überwältigt, in Tränen aus.

Ein Jahr später, am 29. November 1378, verstarb Karl IV. 62-jährig in Prag. Sein Sohn Wenzel trat seine Nachfolge an. Er hatte ähnliche Herausforderungen zu bewältigen wie sein Vater – aber bei Weitem weniger Talent dazu. Wenzel ging als eine der unrühmlichsten Herrschergestalten in die deutsche Geschichte ein. Im Jahr 1400, nach 24-jähriger Herrschaft, setzten ihn die Kurfürsten wegen Faulheit und Unfähigkeit ab – ein einmaliger Fall im Heiligen Römischen Reich. Zwar gelang es seinem jüngeren Bruder Sigmund, noch einmal zum König gewählt zu werden, aber auch er konnte die Machtstellung des Vaters nicht mehr erreichen. Mit Sigmund erlosch die Dynastie der Luxemburger, und die große Zeit der Habsburger begann.

waren, wurde dem merkwürdigen Wiedergänger von vielen Brandenburgern nur zu gerne geglaubt, und es gelang ihm, in einem förmlichen Huldigungszug den Adel und die Städte des Landes hinter sich zu bringen. Karl IV. erkannte sofort den Nutzen, der im Auftauchen Woldemars lag, und belehnte ihn förmlich mit der Mark Brandenburg. Damit hatte er die Wittelsbacher wieder einmal geschickt ausmanövriert. Als er sich zwei Jahre später mit den Bayern im Frieden von Eltville einigte, ließ er den »Falschen Woldemar« fallen. Er wurde als Betrüger entlarvt und abgesetzt, durfte jedoch am Hof von Dessau eine Art adliges Gnadenbrot genießen und verstarb ein paar Jahre später.

Karl verlor aber in den Folgejahren die Mark Brandenburg nie aus den Augen. In zähen Verhandlungen und nicht zuletzt wieder durch immense Zahlungen erreichte er, dass die Wittelsbacher auf ihre Ansprüche im östlichen Reichsteil verzichteten. 1373 konnte er seine drei Söhne offiziell mit der Mark belehnen. Der politische Schachzug brachte ihm neben der erheblichen Ausdehnung seiner

1414 ▶ 5.11. Großes Abend-ländisches Konzil zur Überwindung des Großen Schismas wird in Konstanz eröffnet

1415 ▶ 6.7. Jan Hus wird als Ketzer verbrannt

1417 ▶ 11.11. Ende des Großen Schismas mit der Papstwahl von Martin V.

Festbankett im Pariser Königschloss für Karl IV. und seinen Sohn Wenzel.

»Nie ist das Reich von einer Pest betroffen worden, die verderblicher als Karl IV. gewesen wäre.«

KAISER MAXIMILIAN I. (1459–1519)

Geteiltes Echo

2005 suchte das tschechische Fernsehen im Rahmen einer Show die beliebteste historische Persönlichkeit des Landes. Der aus deutscher Sicht vollkommen unerwartete Sieger der Umfrage: Karl IV.! Der in Tschechien als »Vater des Vaterlandes« verehrte König und Gründer des »Goldenen Prag« erfreut sich seit jeher bei unseren Nachbarn großer Popularität. Heute erst recht, weil der luxemburgisch-deutsch-böhmische Herrscher mehr als jedes andere Staatsoberhaupt der tschechischen Geschichte die Gemeinsamkeiten Europas verkörpert.

Die Verehrung, die Karl im Nachbarland genießt, steht in krassem Gegensatz zu seiner Wahrnehmung und Beurteilung in Deutschland. Abgesehen davon, dass er den meisten Heutigen unbekannt ist, hat die ältere Geschichtsschreibung kein gutes Haar an ihm gelassen. Aeneas Silvio Piccolomini, der spätere Papst Pius II., schrieb Mitte des 15. Jahrhunderts eine Geschichte Böhmens. Darin kam er zu einem Urteil über Karl IV., dessen Tenor für die kommenden Jahrhunderte bestimmend blieb:

»In der Tat ein großer Kaiser, wenn er nicht den Ruhm des Königreiches Böhmen mehr gesucht hätte als den des Römischen Reiches. Dies auch befleckte seinen Namen nicht wenig, dass er Wenzel, den ältesten seiner Söhne, noch zu Lebzeiten zum Nachfolger im Reich zu machen suchte, und dies durch Geld. Denn als die Kurfürsten nur schwer dazu gebracht werden konnten, kaufte er sie und schenkte jedem Wähler 100 000 Gulden. Da er dies nicht bar zahlen konnte, verpfändete er den Kurfürsten die öffentlichen Zölle des Römischen Reiches. Daher kommt es, dass die Macht des Römischen Reiches zunichte gemacht ist.«

161

Denkmal zu Ehren Kaiser Karls IV. in Prag. Es wurde 1848, anlässlich des 500. Jahrestags der Gründung der Prager Universität, errichtet.

Der Ruf eines Pfaffenkönigs war ihm vorausgegangen. Der Ruf eines Friedenskaisers folgte ihm nach.

FERDINAND SEIBT

Moderne Historiker wie Ferdinand Seibt, der 1978 die auch heute noch gültige Biografie Karls IV. veröffentlichte, kommen zu differenzierten Urteilen. Vor allem sehen sie in ihm einen Menschen voller Widersprüche: klug, empfindsam und friedliebend, aber auch kalt und berechnend, wenn es um seinen Vorteil ging. Ein Kaiser, der sich der Würde seines Amtes bewusst war und wie keiner vor ihm das Sacrum Romanum Imperium in feierlichen Ritualen beschwor. Aber auch einer, der aus permanenter Geldnot gezwungen war, kaiserliche Privilegien zu veräußern. Sie erblicken in dem Herrscher des Spätmittelalters einen »Künstler des Möglichen«, einen Pragmatiker, der in klarer und nüchterner Einschätzung dessen handelte, »was sich in der Welt ausrichten lässt und was nicht«.

Der »Erzstiefvater des Reiches« und Ausverkäufer des Königtums, der Deutschland zugunsten seines Herkunftslandes Böhmen vernachlässigte und schamlos nahezu sämtliche königlichen Rechte und Privilegien versilberte und damit die Machtbefugnisse der deutschen Könige für alle Zeiten verspielte – dieser sehr nachhaltige Ruf haftet Karl IV. bis ins 20. Jahrhundert hinein an. Sein schmählicher Verrat an den Juden Deutschlands verdüstert dieses Bild noch mehr.

Auch die Beurteilung der »Goldenen Bulle« hat im Lauf der Zeit eine ganz ähnliche Wandlung erfahren. Sah man sie früher eher als die Kapitulation der Zentralgewalt vor den Territorialherren, die entscheidende Weichenstellung hin zur deutschen Kleinstaaterei, so verweisen moderne Historiker eher auf die positiven Aspekte des Vertrags. Karl IV. manifestierte in der »Goldenen Bulle«, was längst schon politische Realität war. Denn bereits seine Vorgänger hatten ihren Teil zur Misere des deutschen Königtums beigetragen und seine Handlungsmöglichkeiten immer weiter eingeschränkt. Sie alle hatten königliche Rechte an Fürsten und Städte verkauft oder sich

Das Reich beim Tod Karls IV. 1378

Luxemburger
Habsburger
Wittelsbacher
Wettiner
Welfen
Geistliche Gebiete
Reichsstädte
Reichsgrenze

KGR. DÄNEMARK

NORDSEE

OSTSEE

Rügen

Danzig

Gft. Holstein
Lübeck
Stralsund
Hzm. Pommern-Wolgast
Deutschordens-Gebiet

Friesland

Hamburg
Mecklenburg

Oldenburg
Bremen
Lüneburg

Bm. Utrecht
Hzm. Braunschweig-Lüneburg
Hannover
Kurfsm. Brandenburg
Stendal
Berlin
Posen

KGR. POLEN

Holland
Utrecht
Münster
Paderborn
Magdeburg
Fsm. Anhalt
Dessau
Kfsm. Sachsen
Cottbus

Hzm. Brabant
Antwerpen
Bm. Münster
Köln
Aachen

Breslau
Schlesische Herzogtümer

Brüssel
Bm. Lüttich
Landgft. Hessen
Lgft. Thüringen
Mgft. Osterld.
Leipzig
Meißen
Mgft. Meißen

Gft. Hennegau

Gft. Nassau

Hzm. Luxemburg
Mainz
Frankfurt
Bm. Würzburg
Bm. Bamberg
Coburg
Bayreuth
Prag
Mgft. Mähren
Brünn

Luxemburg
Trier
KGR. BÖHMEN

Reims
Verdun
Kurpfalz
Speyer
Rothenburg
Bgft. Nürnberg
Ober-Pfalz
Budweis

Metz
Hagenau
Gft. Württemberg
Regensburg
Hzm. Österreich

Straßburg
Mgft. Baden
Ulm
Bayern
Passau
Wien

Hzm. Lothringen
Freiburg
Rottweil
München
Salzburg
Hzm. Steiermark

Basel
Erzbm. Salzburg
Graz

Freigft. Burgund
Bern
Gft. Tirol
Innsbruck

Lausanne
Bozen
Kärnten

Genf
Patriarchat Aquileja
Laibach
Krain
Agram

KGR. FRANKREICH
Savoyische Lande
Visconti
Mailand
Trient
Aquileja
REP. VENEDIG
Venedig
Padua

ADRIA

Avignon
Gft. Provence
Republik Genua
Genua
Bologna
Ravenna
KIRCHENSTAAT

MITTELMEER
Pisa

0   50   100   150 km

163

abpressen lassen. Als Karl IV. König wurde, war das Heilige Römische Reich eher eine Erinnerungsgröße. Seine Herrscher trugen zwar feierliche Titel und beschworen die Heiligkeit ihres Amts, konnten aber häufig die Rechnungen für ihre Hofhaltung nicht bezahlen. Fürsten und Städte wagten es, sich über königliche Dekrete hinwegzusetzen, ohne mit Sanktionen rechnen zu müssen. Karl versuchte mit dem ihm eigenen Pragmatismus, das Beste aus der Situation zu machen. Dass ihm dabei seine »Hausmacht« mehr am Herzen lag als das Reich, entsprach dem Stil der Zeit.

Dabei war er als Reichspolitiker keineswegs gescheitert. Misst man Karl IV. an seinen äußeren Erfolgen, dann fällt seine Bilanz sogar besser aus als die der meisten anderen deutschen Regenten des Mittelalters. Als Einzigem war es ihm gelungen, alle drei Kronen des Reiches, die böhmische, die deutsche und die Kaiserkrone, zu erlangen. Er hatte sein Territorium erheblich erweitert. Durch den Erwerb Brandenburgs vereinte er sogar zwei Kurwürden auf seine Familie.

Karl IV. hat noch nicht überall, und wenn, nicht ohne Mühe seinen festen Platz im Geschichtsbild unserer Zeitgenossen erworben.

BEAT FREI, HISTORIKER

Und er hatte – wenn auch mit sehr viel Silber – die Wahl seines Sohnes als Nachfolger durchgesetzt. Wenzel machte freilich eine denkbar schlechte Figur. Und vielleicht hat im Urteil der Nachwelt etwas vom Sohn auf den Vater abgefärbt. Wie dem auch sei: Zum Lieblingskaiser der Deutschen hat Karl IV. es nicht gebracht. Er

taugt nicht zum strahlenden Helden, auch nicht zum tragischen. Dafür war er zu wenig ritterlich, zu sehr in Geschäfte verstrickt, immer hinter dem Geld her, oft auch ein gerissener Taktierer. Vielleicht ist er aus unserer Perspektive einfach schon zu modern, um zur mythischen Figur verklärt zu werden.

Aber Karl IV. hatte in einer schweren Zeit Deutschland eine Richtung und ein Fundament gegeben. Er hatte festgeschrieben, was Deutschland schon war und bis heute geblieben ist: ein Land der selbstbewussten Regionen. Ein Land ohne gewaltige Metropole, aber mit vielen vitalen Städten. Ein Land aus vielen Ländern, die sich immer wieder trennten und doch zusammenfanden.

Thomas Müntzer

und der Bauernkrieg

Er selbst sah sich als »Werkzeug Gottes«, seine Feinde brandmarkten ihn als Fanatiker und Schwärmer: Thomas Müntzer. Sein Ziel war eine radikale Reform der Gesellschaft auf der Grundlage »göttlichen Rechts«. Ein Vorhaben, das über die Ziele Luthers hinausgriff, der zwar die Kirche reformieren, die weltliche Ordnung aber unangetastet lassen wollte. Verbündete fand Müntzer in den Bauern, die sich um 1525 während des Deutschen Bauernkriegs gegen ihre Abhängigkeit von der Obrigkeit auflehnten. Mit der Niederlage der Bauern endete Müntzers Traum einer auf christlicher Freiheit und Gleichheit beruhenden Gesellschaft. Er selbst bezahlte seine aufrührerischen Ideen mit dem Leben.

Der Henker wartete bereits. Unter den Mauern Mühlhausens, der eroberten und gedemütigten Hochburg der Aufständischen, hatten die fürstlichen Aufgebote ihr Lager aufgeschlagen, hier sollte die Strafe an dem Mann vollzogen werden, der als Hauptschuldiger der »verruchten, gottlosen Empörung« galt. Doch der zeigte noch einmal Haltung – von der Folter gezeichnet, bekannte er, Unrecht getan zu haben, doch dann ermahnte er die Fürsten, die sich im Kreise ihrer Höflinge das Schauspiel der Hinrichtung nicht entgehen lassen wollten, das »arme Volk« nicht weiter zu bedrücken und sich in die Bücher der Könige des Alten Testaments zu vertiefen. »Nach solcher Rede ist er geköpft worden«, notierte ein Beobachter.

Es war der 27. Mai des Jahres 1525, der Samstag nach Himmelfahrt, als der thüringische Prediger Thomas Müntzer sein Ende fand – mit seiner Enthauptung endete auch der Bauernkrieg in Mitteldeutschland. An Müntzers Auftreten und Wirken scheiden sich bis heute die Geister: Es gibt kaum eine Gestalt in der deutschen Geschichte, die so unterschiedlich beurteilt worden ist.

Er selbst nannte sich »williger Botenläufer Gottes«, »unverdrossener Landsknecht«, »Verstörer der Ungläubigen« – in den etwa 30 Beinamen, die er sich in seinen Schriften zulegte, wird ein von ungeheurem Sendungsbewusstsein geprägtes Selbstverständnis deutlich: »Thomas Muntzer, der für die Wahrheit in der Welt kämpft«, »Thomas Muntzer mit dem Hammer« – er sah sich als »Werkzeug Gottes«, als »Knecht Gottes wider die Gottlosen«, als »Posaune und Mauer Israels«, und er verglich sich mit Elias, Daniel und Johannes dem Täufer.

Diese – oft anmaßend anmutenden – Selbstaussagen haben seit jeher auch das allgemeine Urteil über Müntzer beeinflusst. Nicht zuletzt aber war es Luther, sein großer Widersacher, der das Müntzer-Bild bis heute prägte – er nannte ihn schlichtweg »den schädlichen, wahnwitzigen Mann«, einen »lügenhaften Teufel«. Der Historiker Leopold von Ranke schrieb im 19. Jahrhundert, Müntzer sei ein »Schwärmer« gewesen, den »bis in seine letzten Stunden ein wilder Dämon beherrschte«. Müntzer wird auch heute noch bisweilen als »ruheloser Fanatiker« gescholten, andererseits würdigt man ihn als »uneigennützigen Streiter für Wahrheit und Gerechtigkeit«. In der DDR galt er als historischer Held, als früher Revolutionär; als »Visionär einer gerechten Gesellschaft«, in Westdeutschland wurde er lange Zeit bestenfalls als »Außenseiter der Reformation« beurteilt, als utopischer Prediger mit dem Hang zu »unerhörter Widersetzlichkeit«.

Ich habe Müntzer totgeschlagen, sein Tod liegt auf meinem Hals, ich musste es tun, weil er meinen Christus töten wollte.

LUTHER IN SEINEN »TISCHGESPRÄCHEN«, 1533

Hinsichtlich einer Frage besteht in der Müntzer-Forschung mittlerweile Einigkeit: Wer sich anschickt, über Müntzer zu schreiben, begegnet – wie es der Historiker Eike Wolgast, selbst Autor einer lediglich 80-seitigen Biografie, formuliert hat – »fast unüberwindlichen Schwierigkeiten«. Was vor allem mit der Quellenlage zu tun hat: Nur die letzten drei Lebensjahre Müntzers sind einigermaßen hinreichend dokumentiert, sein »öffentliches« Wirken lässt sich immerhin seit 1519 verfolgen. Müntzer

1488/89 ▶ Geburt von Thomas Müntzer

1488 ▶ 3.2. Erstmals umschifft mit dem Portugiesen Bartolomeu Diaz ein Europäer das Kap der Guten Hoffnung

1488 ▶ 21.4. Geburt von Ulrich von Hutten

Thomas Müntzer, protestantischer Theologe und Revolutionär: ein Porträt von unbekannter Hand und ohne Datierung.

Albrecht Dürers Holzschnitt »Die vier apokalyptischen Reiter« – Hunger, Seuchen, Krieg und Tod – versinnbildlicht die Krisenstimmung an der Zeitenwende.

selbst hat nur wenig Schriftliches hinterlassen, zwei Messliturgien, fünf umfangreiche Traktate, zudem ist eine Reihe von Briefen erhalten. Es gibt auch kein zeitgenössisches Porträt von ihm, ein wieder und wieder reproduzierter Kupferstich wurde vom Niederländer Christoph van Sichem zu Beginn des 17. Jahrhundert gefertigt (S. 165). Wir wissen also auch nicht, wie Thomas Müntzer wirklich aussah.

Müntzer wurde 1488 oder 1489 geboren – die Zeit, in die er hineingeboren wurde, das 15. Jahrhundert, gilt unter Historikern als »krisenhafte« Epoche, als Zeitalter des Bevölkerungsrückgangs, hervorgerufen durch Hunger, Seuchen, Krieg, als Phase agrarischer Krisen, in der Erträge und Absatz landwirtschaftlicher Produktion zurückgingen und sich die rechtliche Situation der Bauern vielerorts verschlechterte.

167

Frühe Kritik an der Leibeigenschaft

Schon im 13. Jahrhundert wurde – vor allem in regionalen Rechtsaufzeichnungen wie »Sachsenspiegel« und »Schwabenspiegel« – die Gottgegebenheit der Leibeigenschaft, also die persönliche Abhängigkeit vom und Bindung an den Grundherrn, bestritten. Als Autor des »Sachsenspiegels« gilt Eike von Repgow, möglicherweise ein Jurist. In seinem Werk, das er um 1230 verfasste, äußerte er sich zur Frage »Woher die Leibeigenschaft kommt«: »Gott hat den Menschen nach seinem Ebenbild geschaffen und hat ihn durch sein Leiden erlöst, den einen wie den anderen. Ihm steht der Arme so nahe wie der Reiche. Als man das Recht zuerst festlegte, gab es keinen Dienstmann, und alle Leute waren frei, als unsere Vorfahren in dieses Land kamen.« In Wahrheit habe »die Leibeigenschaft ihren Ursprung in Zwang, Gefangenschaft und unrechter Gewalt, die man von alters her zur unrechten Gewohnheit werden ließ und die man nun für echt erklären will«.

Das waren frühe, revolutionäre Auffassungen von Gleichheit und Menschenwürde, die allmählich auch ins Bewusstsein der mittelalterlichen Gesellschaft vordrangen. Im Deutschen Reich wurde der Satz »Als Adam grub und Eva spann, wo war denn da der Edelmann?« in den Bauernkriegen des 16. Jahrhunderts zum geflügelten Wort.

Die »Krise des Spätmittelalters« zeigte sich in einer immer stärkeren Differenzierung der Wirtschafts- und Gesellschaftsordnung – daher bezeichnen die Historiker die Wende zur Neuzeit auch als »schöpferische Wachstumskrise«. Im politischen Sinn gilt das Jahrhundert als eine Zeit des Übergangs, in der das europäische »Staatensystem« allmählich entstand. 1453 war Konstantinopel, die Metropole des byzantinischen Kaisers, der sich als einziger legitimer Nachfolger der römischen Imperatoren verstanden hatte, von den Türken erobert worden. 1477 war der Versuch des Burgunderherzogs Karls des Kühnen, zwischen Frankreich und Deutschland ein neues »lothringisches Zwischenreich« zu errichten, grandios gescheitert. Und 1492 entdeckte Kolumbus für die »katholischen Könige« Spaniens eine neue Welt, deren Konturen sich den Europäern erst allmählich erschlossen. Die Kolonisierung der Kontinente in Übersee leitete dann eine neue Epoche der Weltgeschichte ein, die von den seefahrenden europäischen Nationen geprägt wurde.

Im Deutschen Reich amtierte seit 1493 König Maximilian I., der Habsburger, dessen offizieller Titel »König der Römer« lautete, bis er sich 1508 – ohne Kaiserkrönung – »Erwählter Kaiser der Römer« nannte und das »Heilige Römische Reich« mit dem Zusatz »Deutscher Nation« versah. Nominell herrschte Maximilian über ein Reich, das aus den Territorien der heutigen Staaten Deutschland, Österreich, Schweiz, Niederlande, den Gebieten

1492 ▶ 31.3. Alhambra-Edikt zur Vertreibung aller Juden aus Spanien, die sich nicht zwangstaufen lassen

1492 ▶ 12.10. Christoph Kolumbus erreicht Amerika

1493 ▶ Maximilian I. wird als Nachfolger Friedrichs III. römisch-deutscher König

östlich von Oder und Neiße, einigen Territorien in Oberitalien, zudem Böhmen und Mähren bestand. Der schleichende Verfall der deutschen Zentralgewalt, der sich seit der Mitte
des 13. Jahrhunderts abzeichnete, zeigte sich
auch darin, dass Maximilians Versuch einer
Reichsreform um 1500 am Widerstand der
Fürsten scheiterte – das Deutsche Reich blieb
ein »monströses Umgetüm« (so ein Staatsrecht-
ler des 17. Jahrhunderts), bestehend aus einem
Konglomerat von annähernd 400 geistlichen
und weltlichen Territorialherrschaften und
Reichsstädten von unterschiedlicher Größe
und unterschiedlichem Gewicht.

Es war eine Zeit, in der die Humanisten –
weniger in Deutschland als in anderen europäischen Ländern – den Menschen neu entdeckt hatten. Der »Humanismus« setzte auf
mehr Vertrauen in die sittlichen und geistigen
Fähigkeiten des Individuums, das sich aus
eigener Kraft vervollkommnen könne. Viele
humanistische Gelehrte stellten Werte, Dog-
men und Wahrheiten, die als absolut galten,
in Frage. Dem gegenüber stand eine immer
stärker werdende Religiosität weiter Bevölkerungsgruppen, die mit der Amtskirche unzu-
frieden waren und innerkirchliche Reformen
einforderten. Die Menschen riefen nach Orientierung, nach geistiger und geistlicher Führung – zumal die Zeichen der Zeit längst auf
einen Wandel hindeuteten. Das berufene geistliche Oberhaupt der westlichen Christenheit,
der römische Papst, war als Herrscher des Kir-
chenstaats in die italienische und große Politik hineingezogen worden und gerierte sich
als großzügiger Kunstmäzen mit immensem
Finanzbedarf. Gerade Letzteres hatte zur Ver-
weltlichung, zu oft kritisierten Missständen in
der Kirche geführt – bei Stellenbesetzungen

Maximilian I., römisch-deutscher Kaiser (1459–1519),
genannt »der letzte Ritter«, legte die Grundlagen für
den Aufstieg des Hauses Habsburg.

erhob die Kurie hohe Gebühren, die Bischöfe
mussten die Einnahmen ihres ersten Amts-
jahres nach Rom abführen, die Verwaltung
in der Kurie war bestechlich, die kurialen
Ämter waren käuflich – es war, wie der Histo-

1493 ▶ Beginn des Baus der
Großen Mauer in China

1493 ▶ 23.12. Veröffentlichung
der Schedelschen
Weltchronik

1494 ▶ 7.6. Spanien und
Portugal demarkieren
auf Betreiben Papst Alexanders
VI. im Vertrag von Tordesillas ihre
Kolonialreiche

In diesem Holzschnitt von Lucas Cranach d. J. sind protestantische Glaubenslehre und verweltlichte katholische Kirchenpraxis gegenübergestellt.

riker Erich Meuthen formuliert hat, »ein Missbrauch der Heilsverwaltung zur eigenen Bereicherung«. Selbst auf Reichsversammlungen wurde das päpstliche Regiment kritisiert – schon 1456 hatten die deutschen Fürsten alle Kritikpunkte in den »Gravamina [Beschwernissen] der deutschen Nation« beschrieben: die Kurie werde beherrscht von Verschwendung, Vetternwirtschaft und Fremdbestimmung.

Müntzers Herkunft

Thomas Müntzer wurde in Stolberg geboren, einem Städtchen am südlichen Rand des Harzes. Er selbst gab seine Herkunft zumeist

mit dem Zusatz »von Stolberg« an – so in einer seiner frühen Schriften, dem »Prager Manifest« von 1521: »Ich, Thomas Munczer von Stolbergk, bekenne …«

Als sein Geburtsjahr wird, wie erwähnt, allgemein 1488/89 angenommen – da es dafür keinerlei Belege gibt, legte man den Beginn seines Studiums und die Datierung seiner Priesterweihe als Orientierungspunkt zugrunde und rechnete dann »zurück«. Das erste einigermaßen gesicherte Datum aus Müntzers Leben stammt aus dem Jahr 1506: Da immatrikulierte sich ein »Thomas Munczer« an der Leipziger Universität. In der Regel beendeten Schüler damals die Lateinschule im Alter

1495 ▶ Die Syphilis breitet
sich in Europa aus

1495 ▶ 7.8. Reichstag zu
Worms beschließt
Reichsreformen, u.a. Einführung
der ersten direkten Reichssteuer,
des Gemeinen Pfennigs

1496 ▶ Auch in Portugal
beginnt die Vertreibung
der Juden

von 17 Jahren und nahmen dann das Studium auf. Nimmt man den Tagesheiligen als Beleg für den Geburtstag, wäre Müntzer am 21. Dezember geboren worden. In der DDR wurde – sozusagen per Dekret – 1489 als Müntzers Geburtsjahr festgelegt, damit der Arbeiter-und-Bauern-Staat den 500. Geburtstag des »Volksreformators« Müntzer feiern konnte: das Jahr 1989, so war es geplant, sollte als »Thomas-Müntzer-Jahr« in die Geschichte der DDR eingehen.

Auch über Müntzers Familie kann man nur Mutmaßungen anstellen – fest steht nur, dass der Vater 1521 noch lebte, was einem Brief zu entnehmen ist, in dem Müntzer seinen Erbteil einfordert. Er stellte darin dezidiert fest, dass seine Mutter, die wohl 1520 gestorben war, nicht unvermögend in die Ehe gekommen war. Mit sieben Jahren wird Müntzer auf die städtische Lateinschule in Stolberg gegangen sein, wo er Lesen und Schreiben lernte; die Unterrichtssprache war damals ausschließlich Latein. Wahrscheinlich erlebte er den Schulalltag so, wie ihn ein Kölner Chronist des 16. Jahrhunderts, Hermann von Weinsberg, in einem Satz zusammengefasst hat: »Auf dieser Schule habe ich angefangen still sitzen und schweigen zu lernen, habe auch das ABC lesen und schreiben gelernt, das Paternoster, Ave Maria, Benedicite, Gratia, den Donat, Grammaticam Alexandri, Evangelia und Sequentias und dergleichen.«

Müntzer hat später geschrieben, dass es ihn von Anfang an dazu drängte, Theologie zu studieren – oder dass er zumindest Geistlicher werden wollte. Das Studium setzte damals an allen europäischen Universitäten mit einer Art Grundausbildung in der Artes-Fakultät (der Vorläuferin der philosophischen Fakultät) ein, wo die »sieben freien Künste«, die septem

artes liberales, gelehrt wurden. Das waren die drei Sprachwissenschaften Grammatik, Rhetorik und Dialektik und die vier Zahlenwissenschaften Arithmetik, Geometrie, Astronomie und Musik – diese Fächer galten als »Werkzeug« für die Erklärung der Heiligen Schrift und der theologischen Literatur. Im Lauf des 11. und 12. Jahrhunderts war – vor der Gründung der ersten europäischen Universitäten – nicht zuletzt durch arabische Weitervermittlung neuer Wissensstoff nach Europa gelangt, vor allem antikes Bildungsgut, darunter die Werke des Aristoteles. Erst mit der Magisterwürde der »Artistenfakultät« konnte man ein Studium in den höheren Fakultäten Theologie, Jurisprudenz und Medizin aufnehmen.

Müntzer schrieb sich im Oktober 1506 an der Leipziger Universität ein – wie lang er

Stadtansicht von Frankfurt an der Oder, wo Müntzer im Jahre 1512 als Student nachweisbar ist. Holzschnitt von Sebastian Münster.

171

1497 ▸ 16.2. Geburt von Philipp Melanchthon

1497 ▸ 20.11. Vasco da Gama passiert das Kap der Guten Hoffnung und findet den Seeweg nach Indien auf östlicher Route

1499 ▸ Schwabenkrieg, der im selben Jahr mit dem Frieden zu Basel endet

dort studierte und in welcher Burse (Studentenheim) er lebte, ist nicht bekannt. Wahrscheinlich verließ Müntzer Leipzig 1509/10 ohne Abschluss, danach war er als Hilfslehrer in Halle und Aschersleben tätig. 1512 taucht Müntzer dann wieder auf, in einem Inskriptionsvermerk der Matrikel der Universität Frankfurt/Oder: »Thomas Müntczer Stolbergensis«. Es wird vermutet, dass er an der brandenburgischen Universität, die in wissenschaftlicher Hinsicht als konservativ galt, sein Studium abschloss und den Grad eines magister artium erwarb. 1514 weilte er dann nachweislich in Braunschweig: In einem Dokument aus dieser Zeit wird er als Priester der Halberstädter Diözese bezeichnet – er muss also zuvor eine entsprechende Weihe empfangen haben. In Braunschweig hatte er eine nicht sonderlich hoch dotierte Pfründe (eine Art Stipendium für jüngere Kleriker) erhalten, auf die er erst 1521 verzichtete.

Wir wissen nicht, bei welchen akademischen Lehrern Müntzer Lektionen, Disputationen und Übungen besucht hat. So bleibt offen, welchen Einfluss das Studium in Leipzig und Frankfurt/Oder auf sein Weltverständnis und seinen theologischen Ansatz hatte. Müntzer selbst erklärte im »Prager Manifest«, dass er stets den »merklichen und allerhöchsten Fleiß« aufgewendet habe, »dass ich möchte vor anderen Menschen höher erkennen«. Insofern kann man immerhin davon ausgehen, dass er sich dem üblichen studentischen Treiben jener Zeit nicht übermäßig hingegeben hat. Das höhere Studium der Theologie blieb ihm indessen versagt – vielleicht liegen die Anfänge seiner Abneigung gegen die »närrischen, hodensäckischen Doktores«, die er später gewissenhaft pflegte, in diesem Sachverhalt begründet.

Der Dominikanermönch Johann Tetzel verkauft Ablassbriefe. Protestantisches Flugblatt, nach 1546 gedruckt.

Die Schriftgelehrten können hübsch vom Glauben schwatzen und einen trunkenen Glauben einbrauen den armen, verwirrten Gewissen.

MÜNTZER IN SEINER »FÜRSTENPREDIGT«, 1524

Der Seelsorger und die Reformation

Eine erste Anstellung als Geistlicher hat Münt-zer bereits 1515/16 im Benediktinerinnenstift Frose (zwischen Quedlinburg und Aschers-leben) gefunden. Er amtierte dort als Propst – zu seinen Aufgaben gehörten die geistliche Betreuung der Stiftsdamen und die Seelsorge für die Dorfgemeinde. Nebenbei, so ist über-liefert, erteilte Müntzer Braunschweiger Bür-gersöhnen Lateinunterricht. Den Kontakt zu Braunschweig hat er also nicht abreißen lassen – bei gelegentlichen Aufenthalten in der Stadt schloss er sich einem Kreis wohlhabender Bür-ger an, einer Gemeinschaft tief religiöser Men-schen, die nach innerer Erneuerung der Kirche strebte. Müntzer wurde wohl zum Kopf dieser Gemeinschaft, die schon vor Luthers Thesen-anschlag über die Berechtigung des Ablasses diskutierte – jener höchst umstrittenen Pra-xis der römischen Kirche, die den Erlass »zeit-licher Sündenstrafen«, etwa der Verweildauer im »Fegefeuer«, gegen Geldzahlungen ver-sprach, dezidiert verkündet von Papst Julius II. zur Finanzierung der Peterskirche in Rom.

Auch in Deutschland wurde der Ablass schon lange gepredigt. Ablasshändler verkauf-ten das Seelenheil für einige Groschen landauf, landab, durch Sachsen und Thüringen zog der Mönch Johann Tetzel, der sich auf eine päpst-liche Instruktion berufen konnte.

In dieser unruhigen Zeit trat der Wit-tenberger Augustinermönch Martin Luther an die die Öffentlichkeit. Am 31. Oktober des Jahres 1517 publizierte er seine 95 Thesen – eine wütende Abrechnung mit dem Ablass-handel –, die, als Flugblätter durch das neue Medium Buchdruck in ganz Deutschland ver-breitet, ungeheures Aufsehen erregten. Auch

Die 95 Thesen des Wittenberger Reformators Martin Luther als Einblattdruck. Erstdruck, Nürnberg 1517.

Müntzer wird auf Luther aufmerksam gewor-den sein. Der Historiker Walter Elliger, der die detailreichste Müntzer-Biografie verfasst hat, glaubt, dass Müntzer spätestens zu die-sem Zeitpunkt »die Fragwürdigkeit des herr-schenden Systems« erkannt habe und immer

Die Reformatoren Martin Luther (1483–1546) und Philipp Melanchthon (1497–1560) als Doppelporträt. Gemälde von Lucas Cranach d. Ä., 1543.

größere Zweifel an der kirchlichen Lehre und an der Amtsführung und dem Amtsverständnis von Kirchenmännern aller Art hegte. Müntzer gehörte zweifellos zu den ersten Befürwortern der frühreformatorischen Bewegung, die Luther mit seinen Thesen und weiteren Verlautbarungen ausgelöst hatte.

Es ist wahr, und ich weiß fürwahr, dass der Geist Gottes jetzt vielen auserwählten, frommen Menschen offenbart: eine treffliche, unüberwindliche, zukünftige Reformation von großen Nöten sein.

MÜNTZER IN SEINER »FÜRSTENPREDIGT«, 1524

Für Müntzer gab es nun nur ein Ziel: Wittenberg. Er wollte dem Mann begegnen, der den Kampf gegen die kirchlichen Missstände aufgenommen hatte. Elliger nimmt an, dass sich Müntzer im Jahre 1518 vier bis fünf Monate in der Stadt an der Elbe aufgehalten, dass er sich mit der Atmosphäre an der Wittenberger Universität vertraut gemacht hat. Er traf, das ist ziemlich sicher, einige Male mit Luther zusammen – aber er suchte auch Kontakt zu weiteren Reformatoren. Dazu gehörten der gerade nach Wittenberg berufene Philipp Melanchthon, Andreas Karlstadt, Professor für Theologie und Archidiakon am Wittenberger Allerheiligenstift, und Johann Agricola, ein enger Vertrauter Luthers.

Luther, gegen den man in Rom schon ein Verfahren wegen Ketzerei eingeleitet hatte, war inzwischen am Rande des Augsburger Reichstags vom päpstlichen Kardinallegaten Thomas Cajetan verhört worden – es ging nun gar nicht mehr um den Ablasshandel, es ging um die höchste Autorität des Papstes, die Luther anzweifelte und der er die »göttliche Wahrheit« der Heiligen Schrift gegenüberstellte. Cajetan hatte Luther zum Widerruf aufgefordert, was dieser ablehnte – die Heilige Schrift bürge für die Rechtmäßigkeit seiner Ansichten, betonte der Reformator, und als ihm der Bann angedroht worden war, hatte er Augsburg über Nacht verlassen. 1518 und 1519 hat Luther dann unablässig Traktate und Flugschriften veröffentlicht, die »Theologia Deutsch«, die großen Sermone, den »Sermon von Ablass und Gnade« und diejenigen über die wichtigsten Sakramente – Vorläufer jener Schriften, in denen seit 1520 ein klares reformatorisches Programm formuliert werden sollte.

Als Anhänger Luthers, als »Martinianer«, wurde Müntzer im ersten Drittel des Jahres 1519 nach Jüterbog berufen, wo er den Prediger Franz Günther, der ebenfalls zum Kreis um Luther gehörte, vertreten sollte. Günther hatte seit seinem Amtsantritt die Bürger von Jüterbog, das damals den Erzbischöfen von Magdeburg unterstand, auf reformatorischen Kurs gebracht, er hatte gegen den Ablass gewettert und sich bei einem Treffen im Franziskanerkloster kritisch zur Rolle des Papstes geäußert: Einem einfachen Mann, der sich auf die Bibel berufe, sei mehr Glauben zu schenken als einem Papst und einem Konzil, wenn sie sich nicht auf die Heilige Schrift beriefen. Als Günther darüber hinaus auch noch die Äbtissin des örtlichen Marienklosters beleidigte,

wurde er vom zuständigen Brandenburger Bischof ermahnt und wohl mit einem Predigtverbot belegt.

Das war die Stunde Müntzers. Er machte sofort Günthers Auseinandersetzung mit den Franziskanern zu seiner eigenen – und verschärfte den Streit noch. Aus dieser Zeit sind erstmals Inhalte einer Predigt Müntzers überliefert, die schon seine unbändige Streitlust und eine äußerst aggressive Rhetorik erkennen lassen. In den Ostertagen 1519 stand Müntzer auf den Kanzeln der Klosterkirche Sankt Marien und der Kirche Sankt Nikolai – und er schlug kirchenkritische Töne an, dass den Franziskanern Hören und Sehen verging. So verkündete er, wie ein Ordensangehöriger beflissen weitergab, der Papst müsse alle fünf Jahre ein Konzil abhalten, das Konzil könne sich auch ohne den Willen des Papstes versammeln, der römische Pontifex sei nur so lange das Haupt der Kirche, wie die Bischöfe dies zuließen. Als Bischöfe habe man einst heilige Männer eingesetzt, heute setze man »Tyrannen« ein, die nichts für ihr Amt leisteten. Müntzer pochte auf die Autorität des heiligen Evangeliums, das man wieder »hervorholen« müsse, nachdem es 400 Jahre »unter einer Bank gelegen« habe, vergessen worden sei.

Mit dieser Predigt wurde Müntzer seinem Ruf, »Martinianer« zu sein, durchaus gerecht. Und so ist es auch nur folgerichtig, dass Luther seinerseits ihn vor den Angriffen der Franziskaner in Schutz nahm und ihm grundsätzlich das Recht zubilligte, Kritik an den Prälaten, an Päpsten und Bischöfen zu üben. Luther scheint Müntzer damals als einen seiner Gefolgsleute gesehen zu haben.

Auch in Jüterbog blieb Müntzer nicht lange. Wann und warum er das Städtchen verließ, lässt sich nur vermuten. Als sein nächster Aufenthaltsort wird Orlamünde an der Saale genannt, wo einer der Wittenberger, Andreas Karlstadt, Pfarrherr war. Hier soll Müntzer mit den Schriften des Mystikers Johannes Tauler in Berührung gekommen sein, mithilfe einer einfachen Frau übrigens, der Pfarrköchin, wie ein späterer Pfarrer von Orlamünde berichtet: »Durch Taulers Lehre von Geist und Grund der Seele, nicht wohl verstanden, ist verführt worden Thomas Müntzer und sein Anhang, denn er las ihn stets mitsamt einem Weib, das meist Köchin gewesen ist und auch ein solches Wesen hatte, dass man sie etwa in Leipzig als heilig erachtete – von der hat gedachter Müntzer nicht wenig Hilfe für seinen Irrtum genommen.« Wahrscheinlich hat sich Müntzer schon früher mit der spätmittelalterlichen deutschen Mystik beschäftigt, die Laienfrömmigkeit spielte seit Langem eine wichtige Rolle in seiner theologischen Argumentation.

Ende Juni/Anfang Juli 1519 weilte Müntzer dann in Leipzig, wo er zumindest zeitweise die große Disputation zwischen dem Ingolstädter Theologen Johannes Eck einerseits und Luther und Karlstadt andererseits verfolgte. Im stets überfüllten Saal der Pleißenburg wurde – in Anwesenheit des Landesherrn, des Herzogs Georg von Sachsen – fast zwei Wochen lang auf höchstem Niveau über »Gott und die Welt« diskutiert. Luther zweifelte nun sogar die Autorität der Konzilien an – mit dem Satz »Auch Konzilien können irren« bestritt Luther den Anspruch der römischen Kirche auf unfehlbare Lehrentscheidungen.

Inwieweit die Disputation Müntzers Verhältnis zu Luther in eine negative Richtung beeinflusst hat, lässt sich nicht sagen – später schimpfte Müntzer über Luthers Verhalten:

Andreas Karlstadt (um 1482–1541), Professor für Theologie und Archidiakon am Wittenberger Allerheiligenstift. Kupferstich aus dem 16. Jahrhundert.

»Du meinst, es sei gut geworden, so du einen großen Namen bekommen hast?«

Müntzer nutzte die Tage in Leipzig, um sich auch verstärkt dem Quellenstudium zu widmen – so bestellte er bei einem Leipziger Buchhändler unter anderem die Akten des Konstanzer und des Basler Konzils. Zeit und Muße für die Lektüre dieser und anderer Werke fand er im Zisterzienserinnenkloster Beuditz (bei Weißenfels), wo er etwas später eine Stelle als Beichtvater der Nonnen annahm. Der Nachteil der geringen Entlohnung, so bekannte er, wurde durch die Möglichkeit aufgewogen, aus-

Die deutsche Mystik

Als deutsche Mystik (vom griechischen Wort mysti-kós – geheimnisvoll – abgeleitet) wird eine neue – auch philosophisch wichtige – Bewegung bezeichnet, die eine auf Erfahrung gegründete, unmittelbare Gotteserkenntnis in den Mittelpunkt des Glaubens stellte. Sie ging im 14. Jahrhundert von den Dominikanern aus, als Begründer gilt Meister Eckhart (etwa 1260–1327), der zuletzt am Kölner Dominikanerkloster wirkte. Die dominikanische Mystik war auch Antwort auf die Braut- und Passionsmystik, der sich seit dem 13. Jahrhundert zahlreiche Nonnen und Beginen hingegeben hatten – in Visionen und Erscheinungen, Meditationen und Gebeten suchten diese Frauen die Vereinigung mit Christus, dem »Seelenbräutigam«. Auf diese bisweilen ekstatische Frauenmystik wirkte Eckhart mäßigend ein, indem er den Weg zur Christusvereinigung nicht in der Liebe und im Leiden wies, sondern als existenziellen Akt der Erkenntnis definierte. Für Eckhart bildeten »Gelassenheit« und »Abgeschiedenheit« Voraussetzungen für die »Gotteinung«, die Union der Seele mit Gott wird bei ihm durch eine »Gottesgeburt in der Seele« vollzogen, jenseits von Liebe und Gnade – was viele seiner vor allem weiblichen Hörer nicht verstehen wollten.

Der Dominikaner Johann Tauler von Straßburg (1300–1361) mahnte in seinen volkstümlichen Reden und Schriften zur praktischen Nachahmung Christi, zu Demut und Selbsterkenntnis, in deren Folge der Mensch von Gott »überformt« werde. Zur »Einheitserfahrung« mit Gott konnten auch Frömmigkeitsübungen, Gebet und Eucharistie führen. Von Tauler übernahm Müntzer vor allem den Begriff der unmittelbaren Gotteserfahrung – der Mensch müsse bereit sein, das »Werk Gottes«, den »Geist Gottes« unmittelbar in seinem Inneren zu erfahren, zu erleiden.

177

In Anwesenheit des Landesherrn, Herzog Georgs von Sachsen, diskutierten Luther und Eck Ende Juni/Anfang Juli 1519 auf der Pleißenburg über Gott und die Welt. Ölgemälde von Karl Friedrich Lessing. 1867.

gedehnte Studien zu betreiben. Den Sinn dieser Studien hat Müntzer so beschrieben: »Mir geht es nicht um mich, sondern um unseren Herrn Jesus.« Antriebskraft seines Tuns war also nicht akademisch-humanistische Selbstverwirklichung, sondern das Streben nach dem rechten Zugang zum christlichen Glauben.

Prediger in Zwickau und Prag

Im Mai 1520 trat Müntzer ein neues Amt als Prediger an der städtischen Hauptkirche Sankt Marien in Zwickau an. Der Rat hatte ihn gebeten, für ein halbes Jahr den Stelleninhaber Johannes Silvanus Egranus zu vertreten, den man zu Studienzwecken beurlaubt hatte. Zwickau war damals mit seinen 7000 Einwohnern eine der bedeutendsten Städte des Kurfürstentums Sachsen, Kurfürst Friedrich der Weise nannte die aufblühende Industriestadt seine »Perle«. Der Reichtum Zwickaus beruhte auf zwei Säulen, der Tuch- sowie der Eisenindustrie, die vom Bergbau des nahen Erzgebirges profitierte. Der wirtschaftliche Aufschwung der Stadt hatte aber auch seine Schattenseiten – denn nur einige wenige patrizische Familien waren durch Beteiligungen am Silberbergbau, dem »Bergsegen«, reich geworden. Seit der Mitte

1513 ▶ 11.3. Leo X., Sohn von Lorenzo de Medici, wird in Rom zum Papst gewählt

1513 ▶ Machiavelli schreibt seine Abhandlung über die Kunst der Staatsführung »Il Principe«

1514 ▶ 9.8. Geheime Bauernbünde erheben sich gegen Ulrich von Württemberg, Anführer werden hingerichtet

Der Silberbergbau im Erzgebirge: Auf der Rückseite des sogenannten Bergaltars der Annenkirche in Annaberg, entstanden vor 1521, hielt der Künstler Hans Hesse Szenen aus dem Arbeitsalltag der Bergleute und Münzschläger fest.

des 15. Jahrhunderts war es zu Spannungen und gelegentlichem Aufruhr gekommen, vor allem Tuchmacher, an denen die Veränderungen in der Wirtschaftsweise, insbesondere die Einführung des auf dezentrale Produktion zielenden Kommissionshandels, vorübergegangen waren, begehrten gegen die offensichtliche Ungleichheit unter den Zunftgenossen auf. Und wie in anderen Städten auch, sahen sich die Ratherren als »Obrigkeit« – was zu weiterer Verbitterung beim »gemeinen Mann« führte.

179

Die städtische Hauptkirche von Zwickau, der Sankt-Marien-Dom, wo Müntzer 1520 als Prediger amtierte. Außenansicht von Osten.

sie »scheinheilig« und »heuchlerisch«, die Mönche hätten Mäuler, »dass man wohl ein Pfund Fleisch abschneiden könnte, und sie behielten dennoch Mauls genug«.

Die Franziskaner allerdings gaben diese Schmähungen zurück – sie wandten sich vor allem gegen ein Grundthema, das Müntzer nun immer wieder aufgriff: dass nämlich der Mensch das Leben und Sterben Jesu Christi in sich durchleben müsse und nur aus dieser Erfahrung ein wirklicher Glaube erwachsen könne. »Christus ist einmal gestorben«, liest man in einem Franziskanertraktat, »er muss nicht immer wieder in uns sterben.« Die Mönche, so wird berichtet, seien durch die Gassen Zwickaus gezogen und hätten versucht, die Bürger gegen den neuen Prediger einzunehmen, indem sie ihm Ketzerei und Abfall von der römischen Kirche unterstellten.

Der allerhöchste Gott, unser lieber Herr, will uns den allerhöchsten Christenglauben durch das Mittel der Menschwerdung Christi geben, so wir ihm gleich in seinem Leiden und Leben werden.

MÜNTZER IN SEINER SCHRIFT »AUSGEDRÜCKTE ENTBLÖSSUNG«, 1524

Die Bürger Zwickaus neigten weitgehend den reformatorischen Tendenzen und Gedanken zu, die aus Wittenberg verbreitet wurden – und so hatte man Müntzer als Anhänger der neuen Lehre geholt. Und der enttäuschte die Erwartungen keineswegs; denn schon in seiner ersten Predigt bediente er den weit verbreiteten »Pfaffenhass« mit dem Vorwurf, die kirchlichen Amtsträger schielten aufs Geld, anstatt auf die Seelsorge bedacht zu sein. Und er legte sich, schon gewohnt polemisch, auch mit den Zwickauer Franziskanern an, nannte

Die Ratsherren stellten sich aber hinter den »wahrhaft christlichen Prediger«, forderten ihn immerhin auf, bei Luther um Rat und Beistand zu bitten. Durch Müntzers Brief an Luther sind wir über die Vorgänge und theologischen Streitpunkte informiert. Eine der Kernaussagen des Briefes zeigt erneut Müntzers Selbstverständnis: »Ich tue nicht mein Werk, sondern das meines Herrn.« Eine Antwort Luthers – wenn sie denn erfolgte – ist nicht überliefert.

Die Wertschätzung, die Müntzer seitens der Bürger Zwickaus erfuhr, zeigte sich im Herbst 1520, als Egranus seine Studienreise beendet hatte. Man wollte Müntzer halten, und so versetzte der Rat ihn schließlich an die Katharinenkirche, wo er als hauptamtlicher Prediger tätig wurde. Diese Versetzung scheint für Müntzers weitere Entwicklung eminent wichtig gewesen zu sein, denn in seiner neuen Gemeinde traf er auf ein ganz anderes soziales Umfeld, auf eine Bevölkerungsschicht, die von der wirtschaftlichen Entwicklung nicht profitiert hatte: kleine Handwerksmeister und Gesellen, die sich in der Bruderschaft der Tuchmacherknappen organisiert hatten und die in kleinen Zirkeln ihren Zugang zu Gott und dem christlichen Glauben suchten.

Müntzer war offensichtlich tief beeindruckt von dieser Laienbewegung. Vor allem ein junger Tuchmacher hatte es ihm angetan, Nikolaus Storch, einer der »Zwickauer Propheten«, wie Luther den 20-Jährigen und dessen Gesinnungsgenossen später nannte. Müntzer ließ den »Propheten« sogar in seiner Kirche predigen – Storch sei »über alle Priester erhaben«, so seine Begründung. Storch, dem große Belesenheit nachgesagt wurde, war davon überzeugt, dass Gott nicht nur durch die Heilige Schrift, sondern auch und noch immer direkt mit den Gläubigen kommuniziere – in Träumen und Offenbarungen vermittle er den Christenmenschen spirituelle Erfahrungen, die keinerlei Vermittlung seitens Kleriker bedürften. Storch bestätigte Müntzer letztlich in der Auffassung, dass der fromme, ungebildete Laie durch göttliche Inspiration berechtigt sei, die Heilige Schrift auszulegen. Müntzer soll, so wurde später behauptet, gefordert haben, »die Laien müssen unsere Prälaten und Priester sein«.

In Zwickau, so nimmt der Historiker Wolgast an, vollzog Müntzer »den entscheidenden Schritt« vom Sola-scriptura-Prinzip (demzufolge nur die Bibel zählt) zur Überzeugung, dass es auch in der Gegenwart die unmittelbare Inspiration der Gläubigen durch den Heiligen Geist gebe. Und er sah sich von nun an noch mehr legitimiert, als einer der »Auserwählten Gottes« das Evangelium im Sinne der »Geistesmacht« Gottes, die sich den und in den kleinen Leuten offenbart, zu verbreiten.

Schwierig wurde die Situation für Müntzer indessen, als er sich auch mit Egranus überwarf. Nachdem man Müntzer schon zur Last gelegt hatte, zu Gewalttaten gegen einen Pfarrer aus Marienthal aufgerufen zu haben, wurde er beschuldigt, auch Egranus mit Gewaltanwendung gedroht zu haben – Müntzer sinne, so liest man bei Agricola, auf nichts »denn Mord und Blut«. Die Auseinandersetzung der Prediger endete damit, dass Egranus seinen Abschied einreichte.

Weil Egranus aber länger als angekündigt in Zwickau blieb und von Müntzers Anhängern weiterhin übel geschmäht wurde, kam es schließlich sogar zu Tumulten, Müntzer wurden die Fenster eingeworfen. Im April 1521 wurde er von seinen Amtspflichten entbunden – der Rat wollte damit einer weiteren Eskalation der gespannten Lage in Zwickau entgegenwirken. Als Begründung wurde angegeben, man habe ihn »der Schmähbriefe halber über Egranus« entlassen.

Müntzer verließ Zwickau am Tag seiner Entlassung – fluchtartig, wie manche meinen. Nach kurzen Aufenthalten im böhmischen Saaz und im Vogtland ging er im Juni 1521, begleitet von einem Reisegefährten, nach Prag; möglicherweise war er von einflussreichen Bür-

1517 ▶ 31.10. Luther verbreitet 95 Thesen gegen den Ablasshandel (laut Melanchthon zuerst an der Tür der WittenbergerSchlosskirche)

1518 ▶ 12.10. Reichstag in Augsburg: Luther wird von Kardinal Cajetan verhört, verweigert den Widerruf seiner 95 Thesen und flüchtet

1519 ▶ 1.1. Ulrich Zwingli bringt als Leutpriester am Zürcher Großmünsterstift die Reformation in die Schweiz

gern eingeladen worden. In der böhmischen Hauptstadt wurde er als Parteigänger Luthers empfangen und im Collegium Carolinum der Universität untergebracht. In beiden Universitätskapellen durfte er, in lateinischer und deutscher Sprache, predigen, unterstützt von tschechischen Dolmetschern. Doch seine Predigten brachten weder den erhofften religiösen Aufbruch unter den Böhmen noch den Durchbruch reformatorischer Gedanken. Müntzers Gönner hatten möglicherweise erkennen müssen, dass kein »Lutheraner« vor ihnen stand; seine überzogene Polemik, seine bisweilen ins Mystische gehende Diktion, seine »Geistlehre« – all das traf bei den Böhmen auf kein Verständnis, jenseits aller Sprachbarrieren. Müntzer durfte schließlich keine Prager Kanzel mehr betreten. In dieser misslichen Situation verfasste er das sogenannte »Prager Manifest«.

Von dieser Schrift, die uns einen aufschlussreichen Blick auf Müntzers theologische Vorstellungen bietet, sind vier Fassungen überliefert. Möglicherweise wollte Müntzer seine Gedanken wie Luther in Plakatform verbreiten, vielleicht auch anschlagen lassen, was aber wohl nicht erfolgt ist. Eine kürzere deutsche Fassung entstand vermutlich zuerst; in ihr geht es im Kern um das, was Müntzer in diesen Tagen am meisten bewegte – die unmittelbare Offenbarung des göttlichen Geistes im Menschen und die gegenwärtige Lebendigkeit Gottes.

Sankt Paulus aber sagt, dass ein Prediger Offenbarung soll haben, anders mag er das Wort nicht predigen.

MÜNTZER IM
»PRAGER MANIFEST«, 1521

Mönche und Pfaffen, so heißt es da, »stehlen Gottes Wort, welches sie selber von Gott, aus seinem Mund, kein einziges Mal gehört haben, … aber Paulus schreibt, dass die Herzen der Menschen das Papier oder das Pergament sind, da Gott mit seinem Finger seinen unverrücklichen Willen und die ewige Wahrheit nicht mit Tinte einschreibt«, »aber die Gelehrten schwatzen, dass Gott nicht mehr mit den Leuten rede, gleich als wäre er stumm geworden«. Am Schluss appellierte Müntzer auch an die Böhmen: »Es soll aber nicht länger so zugehen, dass die Pfaffen und Affen die christliche Kirche repräsentieren. Es sollen vielmehr die auserwählten Freunde des Gotteswortes auch prophezeien lernen, wie Paulus lehrt, damit sie wahrhaftig erfahren, wie freundlich Gott – ach so herzlich gerne – mit allen seinen Auserwählten redet. Gott wird wunderliche Dinge mit seinen Auserwählten, sonderlich im Lande Böhmen, tun.«

In der längeren deutschen Fassung – die mit dem Bekenntnis schließt: »Thomas Müntzer will keinen stummen, sondern einen redenden Gott anbeten« – stehen viel zitierte Sätze wie »Aber am Volk zweifele ich nicht« und: »Ich habe meine Sichel scharf gemacht, denn meine Gedanken sind heftig auf die Wahrheit gerichtet.« In allen Fassungen geht es letztlich aber um einen fundamentalen Gegensatz: die Schrift und geistloses Schriftverständnis auf der einen, der lebendige Geist Gottes auf der anderen Seite. Obwohl Müntzer die Bibel immer wieder zitierte, betonte er, dass es nicht genüge, sie nur auszulegen, für ihn war sie lediglich ein Prüfstein des Glaubens – dieser »Antibiblizismus« wurde ihm später immer wieder vorgeworfen. Das »Prager Manifest« ist letztlich ein Bekenntnis zum

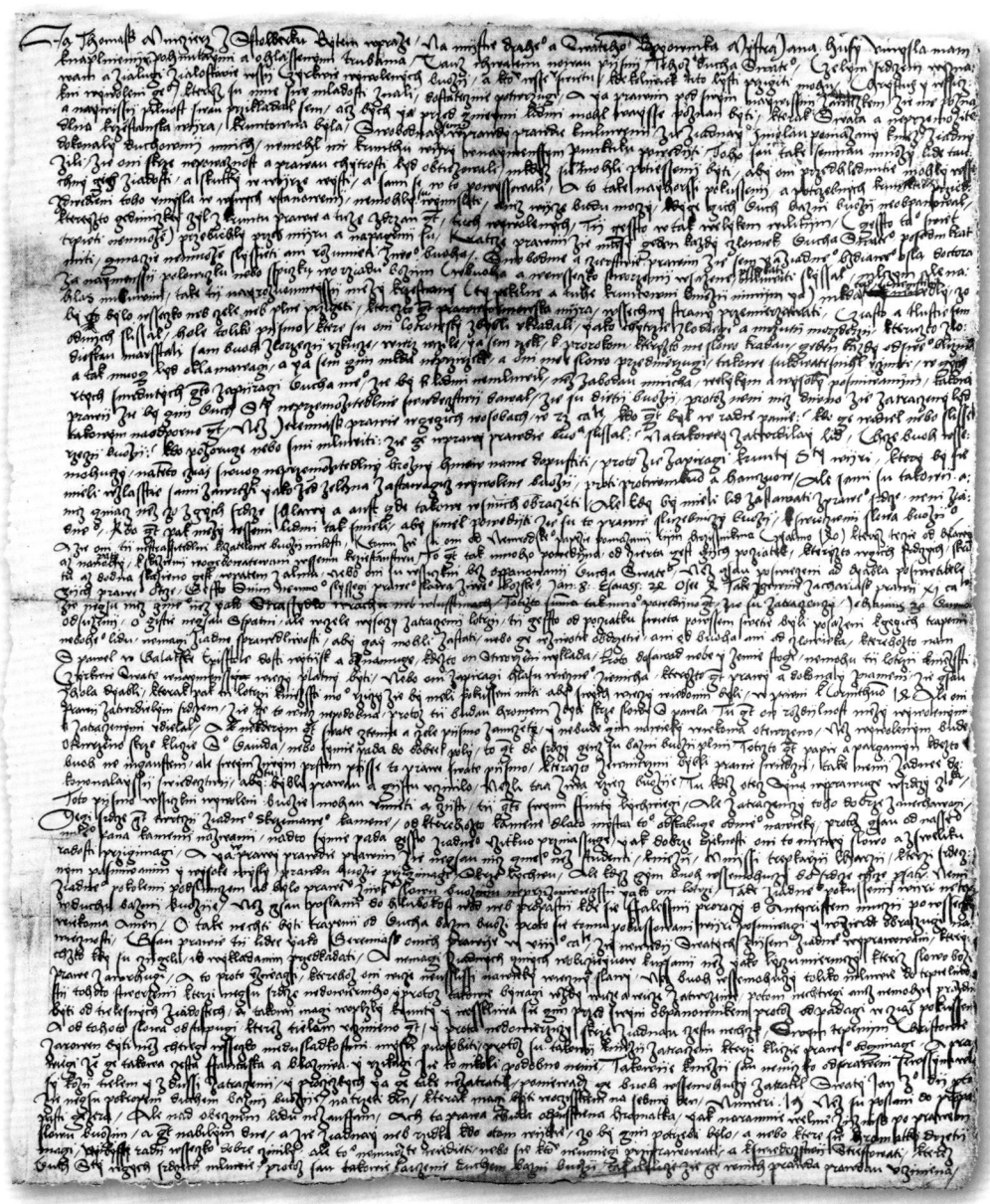

Erstes Zeugnis von Müntzers Theologie: Im »Prager Manifest« geht es um den fundamentalen Gegensatz zwischen Schrift und geistlosem Schriftverständnis auf der einen und dem lebendigen Geist Gottes auf der anderen Seite. Abschrift der tschechischen Fassung, 1522.

183

1519 ▶ 28.6. Karl V., Enkel Maximilians I. und König von Spanien, wird in Frankfurt zum römisch-deutschen König gewählt

1519 ▶ 4.7. Martin Luther vollzieht bei seiner Leipziger Disputation mit Johannes Eck den endgültigen Bruch mit der römischen Kirche

1519 ▶ 20.9. Magellan beginnt die erste Weltumsegelung

lebendigen, redenden Gott – Gott, davon war er zutiefst überzeugt, redet noch heute mit den Auserwählten. Das ist das zentrale Element vom Müntzers Theologie.

Das Manifest zeitigte offensichtlich keinerlei Wirkung in Prag. Im Gegenteil – Müntzer wurde im Dezember 1521 unter Hausarrest gestellt und »gezwungen, Prag zu verlassen«, wie in einem zeitgenössischen Bericht formuliert ist. Markus Stübner, Müntzers Reisegefährte, hat später erzählt: »Ist zu Prag in Böhmen gewesen, hat da gepredigt, aber sie haben ihn nicht angenommen, sondern mit Steinen beworfen.« Es war für Müntzer wieder ein unrühmlicher Abgang.

Müntzer gegen Luther – und die Fürsten

Nach seiner Ausweisung aus Prag hat Müntzer ein recht unstetes Leben geführt, möglicherweise hielt er sich einige Zeit in Erfurt auf, wie einem Brief an Melanchthon zu entnehmen ist. Der im März 1522 abgefasste Brief war im Ton sehr verbindlich, sparte aber nicht mit Kritik an Luther und seinen Anhängern; vor allem warf Müntzer den Wittenbergern vor, sie verehrten den »stummen Gott« – diesem stellte er das lebendige Wort gegenüber, »das aus dem Munde Gottes hervorgeht« und im Herzen des Menschen vernommen wird. »Glaubt mir, Gott ist williger zu reden, als ihr bereit seid, zu hören.« Dass Luther empfohlen habe, die Schwachen im Glauben nicht zu überfordern, Veränderungen in Kirche und Liturgie nur im Einklang mit der weltlichen Obrigkeit vorzunehmen, wies Müntzer scharf zurück: mit »Verworfenen« dürfe man keine gemeinsame Sache machen und den Fürsten solle man nicht nach dem Mund reden. Insgesamt gilt der Brief

aber als Beleg, dass Müntzer, der sich als »Bote Christi« bezeichnete, mit den Wittenbergern nicht brechen wollte – noch nicht.

Im Spätherbst 1522 nahm Müntzer dann in Weimar an der Disputation des Hofpredigers Wolfgang Stein mit Franziskanern teil. In einem Gespräch mit Stein wurde deutlich, wie sich Müntzers Verhältnis zu den prominentesten Vertretern der Reformation gewandelt hatte: »Über die Wittenberger denkt und redet Müntzer schlecht, und er nennt Luther, Karlstadt und Melanchthon einfältig«, heißt es in einer Gesprächsnotiz.

Wenige Wochen zuvor hatten sich Angehörige der Reichsritterschaft, von Luthers Appell »An den christlichen Adel deutscher Nation« ermuntert, zusammengeschlossen, um gegen den Klerus vorzugehen und kirchliche Güter in Besitz zu nehmen, notfalls mit Gewalt. Der niedere Adel, der Träger der Ritterschaft, hatte seine Bedeutung schon im Lauf des 15. Jahrhunderts eingebüßt, die militärische Wichtigkeit der Ritter nahm dramatisch ab – Kriege wurden entschieden durch den Einsatz großer Söldnerheere, in denen Landsknechte dienten, und nicht zuletzt die Entwicklung von Geschützen und Schusswaffen trug dazu bei, dass die ehemals stolze, ritterliche Adelsschicht allmählich ihren Status einbüßte, sich als »Raubritter« über Wasser hielt oder als Soldritter verdingte. Ritter wie Götz von Berlichingen – dem Goethe später ein unvergängliches literarisches Denkmal setzten sollte – wehrten sich gegen ihren gesellschaftlichen Abstieg.

Im Trierer Raum stellte sich Franz von Sickingen, ein reformbegeisterter Reichsritter, an die Spitze seiner unzufriedenen Standesgenossen – im August 1522 eröffnete er die Fehde gegen den Trierer Erzbischof Richard von Greiffenklau, der für viele Adlige und Ritter der Inbegriff des hemmungslosen Machtstrebens kirchlicher Territorialherren war. Greiffenklau wurde zudem vorgeworfen, ein Parteigänger des französischen Königs Franz I. zu sein – so konnte man auch an seiner deutschen Gesinnung zweifeln. Annähernd 1500 Reiter und 5000 Mann Fußvolk konnte Sickingen im sogenannten »Pfaffenkrieg« aufbieten, seine Reiter trugen den Spruch »O Herr, dein Wille werde« auf den Ärmeln. Doch der Kurfürst von der Pfalz und der hessische Landgraf eilten dem bedrängten Bischof zu Hilfe – noch zählte fürstlicher Zusammenhalt mehr als religiöser Zwist. Franz von Sickingen wurde bei der Beschießung seiner Feste Landstuhl tödlich verwundet. Damit endete der Versuch der Reichsritter, die reformatorische Bewegung mit nationalen oder ständischen Interessen zu verbinden. Doch die Unruhen hörten nicht auf – vor allem unter den Bauern, deren rechtliche und fiskalische Situation zunehmend verschlechtert worden war, wuchs die Unzufriedenheit.

Im März 1523 konnte Müntzer eine neue Stelle antreten: die des Pfarrers der Hauptkirche Sankt Johannis in Allstedt. Allstedt war eine kleine Landstadt, die weniger als 1000 Einwohner zählte und zum Kurfürstentum Sachsen gehörte. In der Stadt, in der Müntzer bis August 1524 tätig sein sollte, gaben Anhänger der neuen Lehre den Ton an. Es war der Rat, der Müntzer berufen hatte – das kurfürstliche Präsentationsrecht war nicht beachtet worden. In Allstedt habe Müntzer, so liest man, »glückliche Tage verbracht«, hier heiratete er die ehemalige Nonne Ottilie von Gersen, die im März 1524 einen Sohn zur Welt brachte (von dem sonst nichts bekannt ist).

Franz von Sickingen (1481–1523), der Führer des Bundes der schwäbischen und rheinischen Ritterschaft. Kupferstich, um 1520.

Müntzer ging – zunächst mit dem Wohlwollen des kurfürstlichen Repräsentanten Hans Zeiß – sofort ans Werk, sein Hauptanliegen war eine Gottesdienstreform, die ihm schon lange am Herzen lag. Die Messe sollte fortan in deutscher Sprache gefeiert werden, um den Menschen die Teilnahme am Gottesdienst zu ermöglichen: »Wann die Leuthe zusammenkommen, sollten sie sich ergetzen mit Lobgesengen und Psalmen, auf dass alle, die hineyngehen, mögen gebessert werden.« Es ging ihm darum, dass »ein jeglicher gutherziger Mensch sehn, hören und vernehmen mag«, was in der Bibel steht. »Darum hab ich

Bauernaufstände an der Wende zur Neuzeit

Mehr als 80 Prozent der Bevölkerung lebten zu Beginn des 16. Jahrhunderts noch auf dem Land – die Masse der Bevölkerung war also in der Landwirtschaft tätig. Es gab in dieser Zeit auch freie Bauern, doch der Großteil der Bevölkerung lebte in Unfreiheit; die vielfältigen Formen oft drückender bäuerlicher Abhängigkeit werden hauptsächlich mit den Begriffen »Hörigkeit« und »Leibeigenschaft« umschrieben.

Als Folge verschiedener Agrarkrisen des 15. Jahrhunderts kam es schon damals in vielen Regionen Europas zu Bauernaufständen. Vereinzelte Proteste gegen höhere Abgaben, gegen Verletzungen von bäuerlichen Individual- und Gemeinrechten (etwa die herrschaftliche Nutzung der Allmende), gegen existenzielle Not und zunehmende Proletarisierung schlugen um in zunächst vereinzelte Revolten, aber auch in regelrechte Aufstandswellen, die

allerdings – so auch im »Deutschen Bauernkrieg« 1524/25 – immer nur auf Süd- und Mitteldeutschland beschränkt blieben.

Schon 1476 hatte der Viehhirte und Laienprediger Hans Böhm, der »Pfeiffer von Niklashausen«, mit seiner Forderung nach Abschaffung der ständischen Ordnung mehr als 40 000 Bauern in Franken mobilisiert. Böhm wurde gefangen genommen und als Ketzer verbrannt. 1491/92 kam es dann in Oberschwaben zu Unruhen, 1493 im Elsass, wo die aufständischen Bauern den Bundschuh, den traditionellen bäuerlichen Schnürschuh, zum Symbol und Feldzeichen ihrer Bewegung wählten. Dieser wurde noch 1517, beim Aufstand am Oberrhein, den bäuerlichen Scharen vorangetragen. Aber auch »wohlhabende« Bauern erhoben sich gegen ihre Herren: Die Bewegung des »Armen Konrad« ging von freien Weinbauern im Remstal aus, die sich gegen erhöhte steuerliche Belastungen wehrten. Alle diese Aufstände scheiterten, blieben regional begrenzt, denn den Bauern fehlte es vor allem an anerkannten Anführern, an klaren Strukturen, die über das jeweilige Territorium hinausreichten, an Strategien und an einem überregionalen Forderungskatalog.

zur Besserung der Deutschen Art und Musterung verdolmetzscht die Psalmen, mehr nach dem Sinne denn nach den Worten«, so erläuterte Müntzer seine Neuerungen.

Müntzers Gottesdienstreform, die er in zwei umfangreichen Werken – »Deutsches Kirchenamt« und »Deutsch-evangelische Messe« betitelt – veröffentlichte, ging weiter als die der Wittenberger. Die Messe, obwohl in mancher Hinsicht in traditioneller Form gefeiert, war an der Gemeinde orientiert, der Gottesdienst sollte »nicht von einem allein, sondern durch die ganze Gemeinde geschehen«. Der Altar wurde versetzt, dass der Pfarrer »das Angesicht hat zum Volk«, es wurden keine kurzen Abschnitte der Bibel, sondern ganze Kapitel gelesen. Müntzer fungierte so als Erzieher der Gläubigen – und er hatte Erfolg, nicht nur bei den Allstedtern: Mehr als 2000 Menschen sollen oft an seinen Gottesdiensten teilgenommen haben: »Es ist nicht anders die Wahrheit«, so sagte er später, »das arme durstige Volk begehrte die Wahrheit so fleißig, dass auch alle Straßen voll von Leuten waren von allen Orten, anzuhören, auf welche Weise das Amt, die Bibel zu singen und zu predigen in Allstedt angerichtet ward.«

Im Juli 1523 suchte Müntzer in einem Brief an Luther eine erneute Verständigung – »der Herr behüte dich und erneuere die alte Liebe und leb wohl im Herrn«, so schließt das Schreiben. Müntzer distanzierte sich darin von Storch und den »Zwickauer Propheten«, er betonte, dass seine Lehre auf dem Fundament der Heiligen Schrift beruhte. Und obwohl im Brief der Geistglauben Müntzers so gut wie nicht zur Sprache kam, verschloss Luther sich jeder Annäherung, er antwortete nicht einmal. In einem Gespräch mit Zeiß gab er zu erken-

Einem Propheten soll Müntzer geglichen haben: Ein Holzschnitt von 1527 stellt ihn in die Reihe der alttestamentarischen Prediger.

nen, wie er Müntzer mittlerweile einschätzte: Er forderte Zeiß dringlich auf, sich vom »Geist des Propheten Thomas« fernzuhalten, zu distanzieren: »Ich jedenfalls kann diesen Geist, wer es auch sei, nicht ertragen«, die Terminologie des Allstedter Predigers sei absonderlich, so dass man ihn für »verrückt oder betrunken« halten müsse. Müntzer, so Luther, »flieht uns und will nicht mit uns zusammenkommen, und dennoch tut er sich außerordentlich wichtig«.

Etwa zur gleichen Zeit warnte Müntzer die Einwohner Stolbergs, seiner Heimatstadt, davor, die Reformation auf dem Weg der Gewalt voranzutreiben. Offensichtlich war es dort zu Unruhen gekommen, Müntzer beschwor seine »lieben Brüder«, keinen »unfuglichen Aufruhr« vom Zaun zu brechen. Eine direkte Herrschaft Gottes werde es nur dann geben, wenn die Seelen der Menschen bereit seien,

ERNST · GRAF · ZV · MĀS:
FELT · EDELER · HER · ZV
HELDRVNGE ·

DOROTEA · GEBORN · VŌ
SZVLMS · GREFIN · ZV
MANSFELT · ·

Mit ihnen legte sich Müntzer mehrfach an: Graf Ernst von Mansfeld und seine Gemahlin Dorothea von Solms; auf Schloss Heldrungen, dem Sitz des Grafen, wurde Müntzer nach seiner Gefangennahme 1525 unter der Folter verhört. Kupferstich aus dem 16. Jahrhundert.

ein »Stuhl Gottes« zu sein. Bis dahin werde Gott dem Wüten der »Tyrannen« zusehen – erst wenn die Menschen sich dem göttlichen Geist öffnen, »kommt der Herr und regiert und stößt die Tyrannen zu Boden«. Hier werden Müntzers eschatologische Vorstellungen, der Glaube an die bevorstehende Endzeit, schon deutlich. Der »Sendbrief an die Brüder zu Stolberg« ist, so glaubt der Historiker Hans-Jürgen Goertz, ein »wahres Kunststück«: »Die Warnung vor einem lokalen Aufruhr verwandelte er unter der Hand zur Ankündigung einer universalen Revolution.«

Im Herbst 1523 legte sich Müntzer mit dem Grafen Ernst von Mansfeld an – der hatte seinen Untertanen verboten, die Gottesdienste in Allstedt zu besuchen. Müntzer wandte sich im Laufe der Auseinandersetzung in einem Brief vom 4. Oktober 1523 erstmals an seinen Landesherrn, den Kurfürsten Friedrich den Weisen. Das war der Mann, der Luther und damit womöglich die Reformation gerettet hatte, der aber selbst zeitlebens Katholik blieb. Im Schreiben rechtfertigte Müntzer sein Wirken als Priester; es tauchte aber erstmals der Gedanke vom Widerstandsrecht des Volkes

1523 ▸ 29.8. Tod des Humanisten und Reichsritters Ulrich von Hutten

1524 ▸ Beginn des Bauernkriegs in weiten Teilen Süddeutschlands

1524 ▸ 13.7. Fürstenpredigt von Thomas Müntzer

Friedrich der Weise, Kurfürst von Sachsen (1486 bis 1525), der Förderer Luthers und Gründer der Universität Wittenberg. Ölgemälde, um 1525/27.

Lehre betreffend« und »Vom gedichteten Glauben« (beide gingen 1524 in Druck), letztere Schrift möglicherweise als Antwort auf einen Fragenkatalog Spalatins. In 14 knapp formulierten Abschnitten argumentierte Müntzer »wider den gedichteten Glauben der Christenheit«, er habe herausgefunden, »dass alle Väter, Patriarchen wie Abraham, Propheten wie Jeremia und sonderlich die Apostel ganz schwerlich zum Glauben gekommen sind«. Man habe einen »süßen Christus« gepredigt, um dem Verlangen der »fleischlichen Welt« entgegenzukommen. »Wer den bitteren Christus nicht haben will, wird sich am Honig tot fressen. … Denn wer mit Christus nicht stirbt, kann nicht mit ihm auferstehen.« Das Leiden Christi könne nur verstanden werden, wenn der Mensch dem Vorbild des leidenden Christus nacheifere – »Verzweiflung muss man erlitten haben, es muss die Hölle erst erlitten werden!« Beide Schriften blieben indessen nahezu unbeachtet, es gab kaum Reaktionen.

Müntzer sagt, keiner könne beweisen, dass einer der Kirchenväter je irgendeinen Ketzer bekehrt habe, und wenn ihm das einer beweisen könne, dann wolle er sich den Kopf abschlagen lassen.

MITSCHRIFT EINER PREDIGT
MÜNTZERS, 1519

auf – Müntzer ließ den Fürsten wissen, dass sich die weltliche Herrschaft nicht gegen das Evangelium stellen dürfe, ansonsten werde ihr das Schwert genommen und dem Volk gegeben.

Nachdem dann im November 1523 ein Gespräch zwischen Müntzer und dem Beichtvater des Kurfürsten, dem Humanisten Georg Spalatin, ergebnislos verlaufen war, verfasste Müntzer zwei Traktate: »Protestation oder Entbietung Thomas Müntzers von Stolberg seine

Dafür drohte dem Allstedter Pfarrer im Frühjahr 1524 anderes Ungemach: Offenbar durch eine Predigt Müntzers angestachelt, zündeten einige seiner Anhänger die Marienkapelle von Mallerbach an, die zum Kloster Naundorf gehörte. Müntzer, der gegen die »Abgötterei« am Wallfahrtsort gewettert hatte, war bei der

Das Titelbild der 1524 erschienenen Schrift »Protestation oder Entbietung Thomas Müntzers von Stolberg seine Lehre betreffend«.

Aktion zugegen. Als der Rat eine Untersuchung des Vorfalls einleitete und die Täter bestrafen wollte, kam es zu Unruhen in Allstedt. In dieser Situation soll Müntzer ein »christliches Verbündnis« zum Schutz des Evangeliums und zum Kampf gegen die alte Kirche gegründet (oder erneuert?) haben, ein Zusammenschluss zunächst nur etwa 30 »entschlossener Christen«.

Die »Fürstenpredigt«

Müntzer bemühte sich indessen in Frühsommer 1524, verstärkten Einfluss auf seine Landesherren zu gewinnen. Herzog Johann, der Bruder des Kurfürsten, weilte im Juli mit seinem Sohn in Allstedt. Müntzer erhielt die Erlaubnis, vor ihnen zu predigen. In dieser »Fürstenpredigt« (im Druck erschienen unter dem Titel »Auslegung des anderen Unterschieds Daniels des Propheten«) erläuterte er den Landesfürsten sein Offenbarungsverständnis und seine Sicht der Obrigkeit und ihrer Pflichten – in der nahenden Phase der Endzeit, wie er glaubte. Es war nicht zuletzt der Versuch, die Autorität Luthers zu erschüttern – um sich bei den Fürsten an die Stelle ihres Wittenberger Ratgebers zu setzen. Dem zweiten Kapitel des Buchs Daniel folgend, begründete er seine Auffassung der Offenbarungen Gottes in Träumen und Visionen, eine Lehre, die – weil die göttliche Vision vor allem im Leiden zuteil werde – von »Bruder Mastschwein und Bruder Sanftleben« in Wittenberg selbstredend abgelehnt werde. Mit Blick auf die Endzeitprophezeiungen Daniels betonte Müntzer, dass gegenwärtig im Deutschen Reich sich Pfaffen und Regenten die Herrschaft teilten wie »Aale und Schlangen«, ohne ihrer Verpflichtung nachzukommen, auf das Reich Gottes hinzuwirken. Müntzer appellierte an die Fürsten: »Drum, Ihr teuren Regenten von Sachsen, sucht nur stracks Gottes Gerechtigkeit und greift die Sache des Evangeliums tapfer an. Denn Gott steht so nah bei Euch, dass Ihr's nicht glaubt!«. Pflichtvergessenen Fürsten aber werde, so verkünde es der Daniel-Text, »das Schwert genommen« – an wen es dann übergeben werde, sagte er in Gegenwart der Fürsten nicht, obwohl er diesen Gedankengang bereits zu Ende gedacht und auch schon geäußert hatte: Das Schwert werde dem Volk gegeben werden.

Sollt Ihr nun rechte Regenten sein, so müsst Ihr das Regiment bei der Wurzel anheben und handeln, wie Christus befohlen hat – treibt seine Feinde von den Auserwählten!

MÜNTZER IN SEINER
»FÜRSTENPREDIGT«, 1524

Müntzer hat auf seine mutige Predigt lediglich eine kurze Antwort erhalten: Der kursächsische Kanzler teilte ihm mit, dass er künftig nur noch mit Genehmigung der Weimarer Regierung Schriften und Traktate veröffentlichen dürfe – was Müntzer nicht davon abhielt, eine zügige Drucklegung seiner »Fürstenpredigt« zu veranlassen. In einem erläuternden Schreiben machte Müntzer gleichzeitig deutlich, dass die Fürsten ihre Amtsführung künftig auf der Basis eines »getreulichen Bundes göttlichen Willens« gestalten sollten. Nur solange sich die Obrigkeit als »Dienerin Gottes« verstehe, könne sie Gehorsam erwarten; verstoße sie gegen diese Verpflichtung, müsse ihr widerstanden werden. Luther hatte ein Widerstandsrecht mit Hinweis auf Paulus (Römerbriefe 13) abgelehnt: »Wo aber Obrigkeit ist«, heißt es da, »ist sie von Gott verordnet, wer sich der Obrigkeit widersetzt, der widerstrebt Gottes Ordnung.« Der Historiker Eike Wolgast stellt dazu fest, dass Müntzers Konzept »alle herkömmlichen Vorstellungen« zerstört und »das Normen- und Rechtsgefüge seiner Zeit« gesprengt habe: »Während für ihn im Bewusstsein der Endzeit die bisherigen Kompetenzabgrenzungen wegfielen zugunsten der einfachen

Burg Allstedt (im heutigen Sachsen-Anhalt): Hier hielt Müntzer 1524 den Herzögen von Sachsen seine berühmte »Fürstenpredigt«.

Trennung Gottlose – Fromme, verstanden sich die Fürsten weiterhin als Territorialherren mit eindeutigen, durch Recht und Herkommen gegebenen Zuständigkeiten und Aufgaben.«

Unterdessen verschärfte sich die Situation in Allstedt. Flüchtlinge strömten in die Stadt, die den Verfolgungen und Schikanen ihrer katholischen Landesherren entgehen wollten. Müntzer hielt Ende Juli 1524 seine »Bundespredigt« – wie König Josia und die Ältesten Israels sollten sich die Allstedter zusammenschließen, um die Schar der »Auserwählten« vor der Menge der Gottlosen und der Willkür der Obrigkeiten zu schützen. Erst nach diesem Gottesdienst scheinen sich jene 300 – in anderen Quellen: 500 – Mitglieder in die Bundesliste eingetragen zu haben. Auch Zeiß und die Mitglieder des Rates traten dem Bund bei – und Müntzer selbst, der nun die Führung des Zusammenschlusses der Auserwählten über-

1525 ▶ 29.10. Martin Luther hält die erste Messe in deutscher Sprache ab

1525 ▶ 30.12. Tod des Augsburger Großbankiers Jakob Fugger

1526 ▶ 27.8. Reichstag zu Speyer vertagt die Durchführung des Wormser Edikts und überlässt Bestimmung der Konfession den Landesherren

nahm. Der Charakter des »Allstedter Verbünd-nisses« war indessen rein defensiver Natur, es sollte ganz allein die Freiheit des Glaubens verteidigen, und so lud Müntzer selbst den Kurfürsten ein, sich dem Bund anzuschließen.

Amtmann Zeiß schickte Müntzers Schreiben nach Weimar – wo aber inzwischen Luthers »Brief an die sächsischen Fürsten vom aufrührerischen Geist zu Allstedt« eingetroffen war, eine einzige Abrechnung mit dem ehemaligen – oder vermeintlichen – Gefolgsmann, der sich in den »Satan von Allstedt« verwandelt habe. Luther bestritt Müntzer jegliche Legitimation als »Gottesbeauftragter«, er verwarf erneut Müntzers Geistglauben und nannte seine Predigt, die zu Aufruhr und Empörung führe, eine »Faustpredigt«. Er habe diesen Brief »allein aus der Ursach geschrieben, dass ich vernommen habe, als wollte der selbige Geist die Sache nicht im Wort bleyben lassen, sondern gedenke, sich mit der Faust drein zu begeben, und sich mit Gewalt setzen wolle wider die Oberkeit und stracks daher einen Aufruhr anrichten«.

Damit war Müntzers Zerwürfnis mit Wittenberg in seiner ganzen Tragweite offenbar geworden. Die kurfürstliche Regierung bestellte ihn, Zeiß und zwei Ratsherren daraufhin im August 1524 nach Weimar ein, sie sollten sich zu den Vorgängen in Allstedt äußern. Schon im Verhör ließen die Allstedter Ratsvertreter Müntzer fallen, aus Furcht vor politischen Konsequenzen. Müntzer selbst wurde erst nach seiner Rückkehr nach Allstedt über das, was die Landesherren angeordnet hatten, informiert: Auflösung des Bundes, Verbot aufrührerischer Predigten, Bestrafung der Brandstifter, Entlassung des Allstedter Druckers (der Müntzers Traktate publiziert hatte). Während der Rat widerstandslos alle Anordnungen in

die Tat umsetzte, schrieb Müntzer an den Kurfürsten, er möge ihm erlauben, sich gegen den »verlogenen Luther« zu wehren und dessen »Schantbrief« zu beantworten. Ohne eine Antwort aus Weimar abzuwarten, verließ er aber – von der ambivalenten Haltung des Allstedter Rates enttäuscht – in der Nacht vom 7. auf den 8. August 1524 die Stadt. Es war wieder eine Flucht.

Bauernaufstände am Oberrhein – »Revolution« in Mühlhausen

Müntzer ließ Frau und Kind in Allstedt zurück und begab sich auf direktem Weg nach Mühlhausen. Mühlhausen war neben Nordhausen die einzige Reichsstadt in Thüringen, mit ihren 7500 Einwohnern und einem nicht unbedeutenden Territorium zählte sie noch immer zu den größten Städten des mitteldeutschen Raumes. Seit der Mitte des 15. Jahrhunderts hatte indessen ein wirtschaftlicher Niedergang eingesetzt, annähernd ein Fünftel der Bevölkerung war mittellos, weitere 20 Prozent waren Hilfsarbeiter und Tagelöhner, vor allem in den Vorstädten lebten die ärmeren Schichten, denen wie den Bauern in den Dörfern des reichsstädtischen Umlandes keinerlei politische Rechte zustanden.

Im Sommer 1523 war es in der Stadt zu sozialen und religiösen Spannungen gekommen. Der oligarchisch besetzte Rat hatte seine uneingeschränkte Macht verloren, ein entlaufener Mönch, Heinrich Pfeiffer, ein gebürtiger Mühlhausener, hatte mit seinen Predigten durchgesetzt, dass an Pfarrkirchen der Stadt evangelische Prediger eingesetzt werden konnten, Pfeiffer selbst hatte es zum Pfarrer der Vorstadtkirche Sankt Nikolai gebracht.

1526 ▶ 29.8. Die Türken unter Süleyman dem Prächtigen siegen in der Schlacht bei Mohács über die Ungarn

1526 ▶ 14.1. Der von den Truppen Karls V. festgenommene Franz I. willigt in den Vertrag von Mailand ein, bricht ihn aber bald wieder

1527 ▶ 22.6. Tod Niccolo Machiavellis

Obwohl Luther die Einwohner Mühlhausens in einem Brief vor »dem falschen Geist und Propheten« gewarnt hatte (»er geht einher in Schafskleidern, ist inwendig aber ein reißender Wolf«), wurde Müntzer in der Reichsstadt zunächst gut aufgenommen. Neben ersten Predigten fand er die Zeit, auf den Brief Luthers zu antworten. In seiner Entgegnung – sie trägt den Titel »Hochverursachte Schutzrede und Antwort wider das geistlose, sanftlebende Fleisch zu Wittenberg« – beschimpfte er Luther im groben Stil der Zeit als »Wittenbergischen Papst«, »Erzkanzler des Teufels«, »Vater Leisetritt« und »Doktor Lügner«. In dieser Schrift wird aber auch ausführlich begründet, dass die Be- und Unterdrückung großer Teile der Gesellschaft durch »unsere Herren und Fürsten« ein eindeutiger Verstoß gegen die Schöpfungsordnung sei.

Deshalb ist es nicht fast ein großes Wunder, dass der allerehrgeizigste Schriftgelehrte Doktor Lügner [= Luther] je länger je weiter zum hochfahrenden Narren wird.

MÜNTZER IN SEINER SCHRIFT
»HOCHVERURSACHTE SCHUTZREDE«, 1524

Für Müntzer, auch das wird im Text deutlich, stand fest: Wahrer Glaube kann nur erreicht werden, wenn die äußere Freiheit des Menschen gegeben ist und die sozialen Unterschiede beseitigt sind, wenn die allgemeine Gleichheit der Christen im urkirchlichen Sinne wiederhergestellt ist – so dezidiert hat er das allerdings erst in seinem (teilweise durch die Folter erzwungenen) »Bekenntnis« formuliert.

Was Müntzer den Bürgern von Mühlhausen predigte, hat der Amtmann von Langensalza dem albertinischen Herzog von Sachsen berichtet: »Der törichte Pfaffe von Allstedt hat die Leute unterwiesen, dass sie keiner Obrigkeit gehorsam zu sein, niemandem Steuern und Abgaben zu geben schuldig seien, und man solle alle geistlichen Standespersonen verfolgen und austreiben.« Mühlhausen kam, vielleicht aufgrund dieser Agitation, nicht zur Ruhe, nach weiteren Unruhen im September flohen die zwei Bürgermeister nach Langensalza; Müntzer und Pfeiffer führten daraufhin eine Demonstrantengruppe von etwa 200 Mann aus der Stadt, dem Zug wurden ein rotes Kreuz, Zeichen des Kreuzzugs, und ein

Titelblatt der Müntzer-Schrift »Hochverursachte Schutzrede« von 1524, in der Luther scharf angegriffen wird.

Mühlhausen in Thüringen: Blick auf die städtische Hauptkirche Sankt Marien, an der Müntzer 1525 als Prediger wirkte. Hier kam er endgültig zur Überzeugung, dass die Zeit gekommen sei, den Kampf gegen die Tyrannei der Gottlosen aufzunehmen.

Schwert vorangetragen. Bei einer Versammlung in einer Klause drängten die Männer auf eine Umgestaltung des Rates – möglicherweise ist bei dieser Gelegenheit der »Ewige Bund« geschlossen worden, ein Zusammenschluss gegen die Gottlosen, wie in Allstedt. In einer erhaltenen Bundesliste stehen mehr als 200 Namen, Pfeiffer wurde als Feldkaplan genannt, Müntzers Name fehlt. In diesen Tagen entstanden auch jene »Elf Artikel«, die eine Neuordnung der städtischen Verfassung propagierten. Zentrale Forderung war die Wahl eines »ewigen Rats«, dessen Mitglieder nicht mehr Jahr für Jahr wechselten, der aber der Stadtgemeinde zur Rechenschaft verpflichtet sein sollte. Die Mehrheit der Mühlhausener Bürger und Bauern war aber anscheinend nicht bereit,

das Reformprogramm der »Elf Artikel« mitzutragen. Nach erneuten Tumulten und bewaffneten Aufläufen wurden Müntzer und Pfeiffer Ende September 1524 aus der Stadt gewiesen.

Wo sich Müntzer in den darauffolgenden Wochen und Monaten aufhielt, ist aufgrund der spärlichen Quellen nicht eindeutig zu klären. Wahrscheinlich weilte er einige Zeit in Nürnberg, wo er seine Schriften »Ausgedrückte Entblößung des falschen Glaubens der ungetreuen Welt« (in der er sich als »Thomas Muntzer mit dem Hammer« bezeichnete) und »Hochverursachte Schutzrede« zum Druck bringen wollte. Beide Schriften wurden aber auf Veranlassung des Nürnberger Rats aus dem Verkehr gezogen bzw. beschlagnahmt, so dass nur wenige Exemplare in die Öffentlichkeit gelangten.

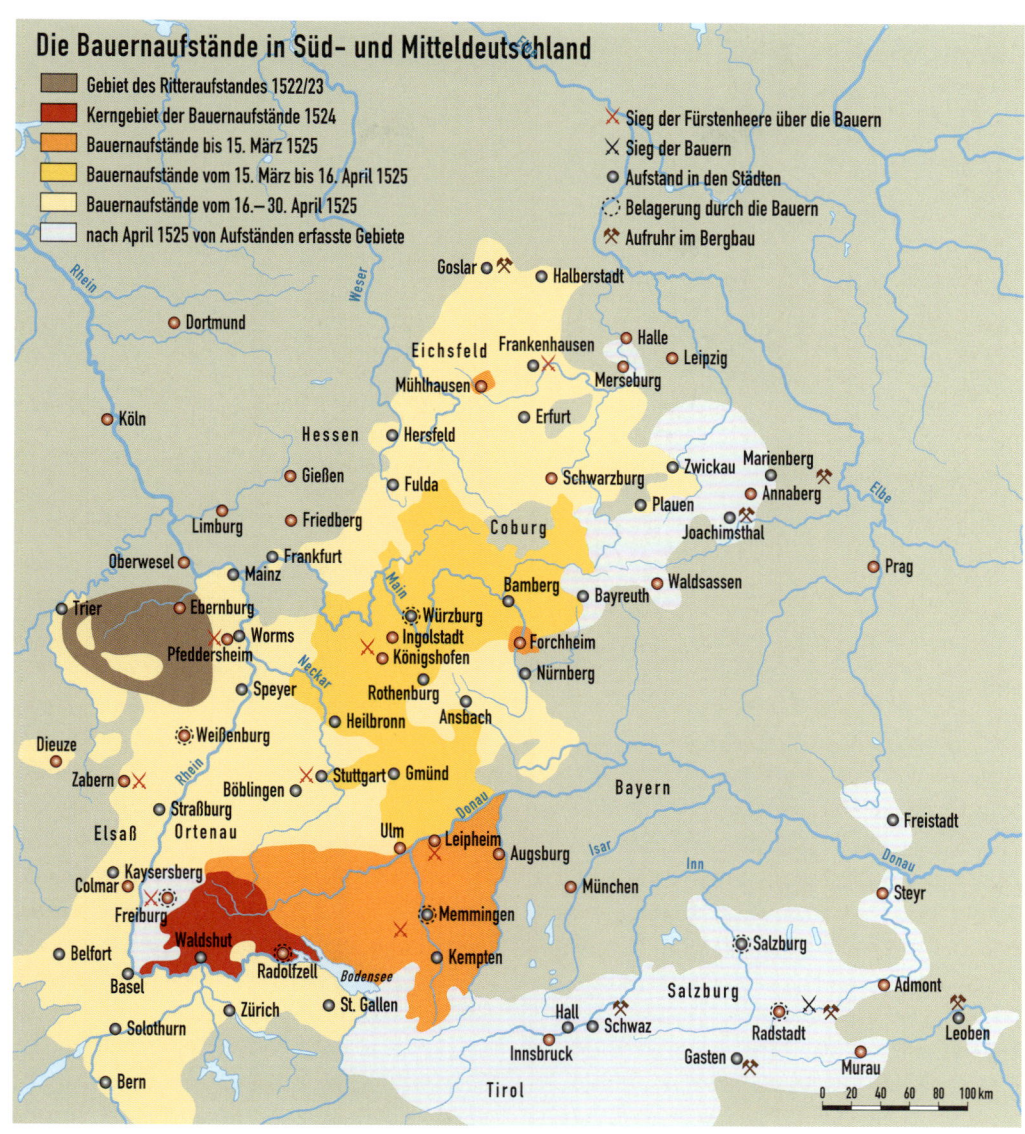

Die Bauernaufstände in Süd- und Mitteldeutschland

- Gebiet des Ritteraufstandes 1522/23
- Kerngebiet der Bauernaufstände 1524
- Bauernaufstände bis 15. März 1525
- Bauernaufstände vom 15. März bis 16. April 1525
- Bauernaufstände vom 16.–30. April 1525
- nach April 1525 von Aufständen erfasste Gebiete

- ✕ Sieg der Fürstenheere über die Bauern
- ✕ Sieg der Bauern
- ⊙ Aufstand in den Städten
- ⦂ Belagerung durch die Bauern
- ⚒ Aufruhr im Bergbau

Die jetzige Kirche ist eine alte Hure.

MÜNTZER IN SEINER SCHRIFT
»AUSGEDRÜCKTE ENTBLÖSSUNG«, 1524

Eine weitere Reise führte Müntzer nach Basel, anschließend zog er an den Oberrhein, in den Klettgau und den Hegau, wo sich die Bauern bereits im Spätsommer 1524 gegen ihre Herren erhoben hatten. Ein Ereignis in der Nähe des

1530 ▶ 25.6. Melanchthon verfasst die Augsburgische Konfession der Prostestanten, Karl V. weist sie zurück und bestätigt das Wormser Edikt

1532 ▶ 23.7. Nürnberger Religionsfriede: Protestanten erhalten Religionsfreiheit und leisten dafür Hilfe gegen die Türken

1534 ▶ 15.8. Ignatius von Loyola gründet den gegen die Reformation gerichteten Jesuitenorden

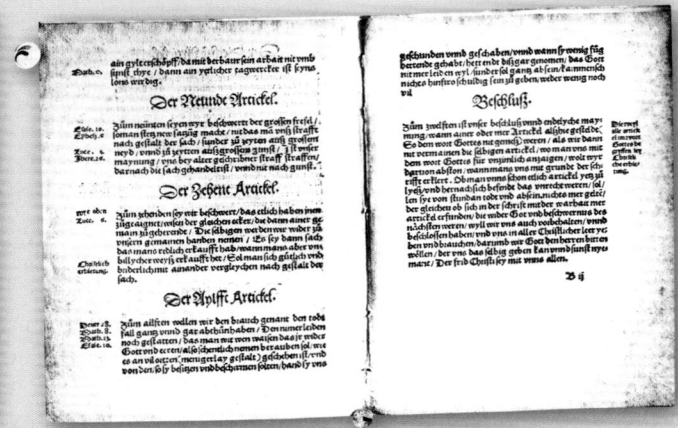

Die »Zwölf Artikel«

Im Februar 1525 gingen vom Oberrhein aus die berühmten »Zwölf Artikel« durch Deutschland. Sie werden dem aus Horb am Neckar stammenden Handwerker Sebastian Horb zugeschrieben, der sie unter dem maßgeblichen Einfluss des Memminger Predigers Christoph Schappeler verfasst haben soll.

Es sind teilweise ganz lebensnahe, dann aber wieder auch grundsätzliche Forderungen – jede Gemeinde soll ihren Pfarrer selbst wählen dürfen, lautete Artikel 1, die Bauern seien bereit, den Kornzehnten zu entrichten, in den Gemeindewäldern solle jeder Brennholz schlagen dürfen, die »harten Dienstleistungen« sollten auf das frühere Maß zurückgeführt werden. In Artikel 3 heißt es: »Die Leibeigenschaft soll abgeschafft werden ... es ergibt sich aus der Schrift, dass wir frei sind, und deshalb wollen wir's sein; nicht dass wir gar keine Obrigkeit haben wollen, das lehrt uns Gott nicht.« Und in Artikel 4 liest man: »Ist es unbrüderlich und dem Wort Gottes nicht gemäß, dass der arme Mann nicht Gewalt hat, Wildbret, Geflügel und Fische zu fangen. Denn als Gott der Herr den Menschen erschuf, hat er ihm Gewalt über alle Tiere, den Vogel in der Luft und den Fisch im Wasser gegeben.« Im zwölften Artikel wurde auch Kompromissbereitschaft angedeutet: »Ist unser Beschluss und endliche Meinung, wenn einer oder mehr der hier aufgestellten Artikel dem Worte Gottes nicht gemäß wären – von denen wollen wir abstehen, wenn man es uns aufgrund der Schrift erklärt.«

Historisch gesehen waren die »Zwölf Artikel«, die auf dem Memminger Marktplatz proklamiert wurden, das erste Dokument, das sich lange vor der Französischen Revolution oder der amerikanischen Unabhängigkeitserklärung mit der Würde des Menschen und den damit zusammenhängenden Menschen- und Freiheitsrechten befasst hat – insofern durchaus ein früher Vorläufer der Erklärung der Menschenrechte. Die Reformation, das zeigen die Artikel aber auch, hatte die religiösen Motive innerhalb der Aufstandsbewegung intensiviert – sie gab dem Aufstand seine besondere Prägung. Ausgelöst hat die Reformation den Bauernkrieg aber nicht.

1536 ▷ 30.5. Heinrich VIII. heiratet elf Tage nach der Hinrichtung Anna Boleyns als seine dritte Gattin Jane Seymour

1543 ▷ 24.5. Tod von Nikolaus Kopernikus

1546 ▷ 18.2. Tod von Martin Luther

kleinen Städtchens Stühlingen im Schwarzwald hatte den Funken der Empörung gezündet: Mitten in der Haupterntezeit, in der die Bauern und ihre Familien von Sonnenaufgang bis Sonnenuntergang auf ihren Feldern arbeiten mussten, wurden sie zum Schloss ihres Grundherrn, des Grafen von Lupfen, befohlen. Statt ihre Ernte einzubringen, sollten die Bauern fortan auf den gräflichen Wiesen Schneckenhäuser sammeln. Ihre Dienstmädchen, so erklärte die Gräfin, benötigten die Schneckenhäuser, um Garn daraufzuwickeln. Es war ein weiterer Akt herrschaftlicher Willkür, nachdem bereits die Zinsabgaben erhöht worden waren – doch dieses Mal widersetzten sich die Stühlinger Bauern der herrschaftlichen Forderung, es kam zu einer regelrechten Erhebung. In Windeseile breitete sich die Aufstandsbewegung aus – die Bauern schickten Boten über den Schwarzwald hinaus in die oberdeutschen Landschaften und forderten ihre Standesgenossen auf, sich gegen die ständige Verschlechterung des rechtlichen Herkommens zur Wehr zu setzen.

Doch die Aufständischen hatten sich nicht nur auf das »gute, alte Recht«, das für ihre Väter gegolten hätte, sondern auch auf die Heilige Schrift berufen. Im Februar 1525 gaben sich die oberrheinischen Bauern sogar ein eigenes Programm, die »Zwölf Artikel«, in denen unter anderem die Abschaffung der Leibeigenschaft, die Begrenzung der Frondienste und Pachthöhe, freies Fischerei- und Jagdrecht gefordert wurden. Während die Bauern in einigen Aufstandsgebieten noch auf Verhandlungen und eine friedliche Lösung des Konflikts setzten, wählten andere den Weg der Gewalt – es wurden Schlösser und Klöster geplündert, auch vor Mord und Totschlag schreckte man nicht zurück. Ehemalige Landsknechte gewährten

Schützenhilfe, brachten den militärisch Unerfahrenen das blutige Kriegshandwerk bei, wurden zu den eigentlichen Wortführern und Agitatoren der Unzufriedenheit.

Müntzer soll in den Aufstandsgebieten gepredigt haben, allerdings mit mäßigem Erfolg – immerhin hätten ihn die Aufständischen »gern behalten«, wie er berichtet. Anfang 1525 kehrte er nach Thüringen zurück. Er hatte wahrscheinlich erfahren, dass sich sein Gesinnungsgenosse Pfeiffer schon seit Wochen wieder in Mülhausen aufhielt. Pfeiffer war es gelungen, Bauern der Umgebung und Bewohner der Vorstädte für seine Pläne zu mobilisieren – bewaffnete Anhänger hatten den Rat durch eine Belagerung des Rathauses gezwungen, dem Prediger die Rückkehr in die Heimatstadt zu gestatten. Das Achtmännerkollegium, ein Gremium, das zwei Jahre zuvor zur Kontrolle des Rates eingerichtet worden war, hatte im Laufe dieser Auseinandersetzungen die Macht übernommen, die Gerichtsverfassung geändert und offiziell die Reformation in Mühlhausen eingeführt – das bedeutete auch, dass Klöster gestürmt, dass Kleriker, die am römischen Glauben festhielten, aus der Stadt vertrieben worden waren.

Und so wurde Müntzer dieses Mal mit offenen Armen empfangen, man bestellte ihn sogleich zum Pfarrer der Hauptkirche Sankt Marien. Als der noch amtierende Rat, der eine militärische Intervention katholisch gesinnter thüringischer Landesherren befürchtete, eine Musterung aller wehrfähigen Bürger der Stadt anordnete, sollen am 9. März 1525 fast 2000 Männer diesem Aufruf gefolgt sein – Müntzer nutzte das zu einem großen Auftritt: Zu Pferde inspizierte er die Männer und forderte sie in einer Feldpredigt auf, zu schwören, »beim Wort

1546 ▶ 20.7. Karls V. Verhängung der Reichsacht über die sächsischen und hessischen Fürsten löst den Schmalkaldischen Krieg aus

1547 ▶ 24.4. Karl V. siegt im Schmalkaldischen Krieg in der Schlacht bei Mühlberg

1552 ▶ 2.8. Passauer Vertrag erkennt den Protestantismus formal an

Gottes bleiben zu wollen«. Dass sein Führungsanspruch längst nicht allseits akzeptiert wurde, zeigte sich aber darin, dass ihm der Stadthauptmann Einhalt gebot – es gehöre sich, in der Kirche zu predigen, nicht im Felde. Der geforderte Schwur wurde dann auch nicht geleistet.

Darum seid getrost und tut Gott den Dienst und vertilget diese untüchtige Obrigkeit. Dann was hilft es, wenn wir schon Frieden machten mit ihnen, denn sie wollen doch fortfahren, uns nicht freizulassen, sondern uns zu Abgötterei zu treiben.

MÜNTZER IN SEINER
»FELDPREDIGT«, 1525

Eine Woche später gehörten Müntzer und Pfeiffer dann zu den Hauptakteuren bei Verhandlungen, die letztlich zur Abwahl des alten Rates und zur Wahl jenes »Ewigen Rates« führten, dessen Einrichtung schon im Vorjahr in den »Elf Artikeln« gefordert worden war. In der DDR-Geschichtsschreibung hat man diesen Vorgang als »revolutionäre Aktion« interpretiert – der 16./17. März 1525 sei ein »Höhepunkt der Volksreformation und des Bauernkriegs« gewesen. Dabei ist wohl übersehen worden, dass dem 16-köpfigen »Ewigen Rat« allein vier oder fünf Bürger angehörten, die schon im abgelösten Rat saßen; kein Bauer, kein Vertreter der mittellosen Unterschicht war von den wahlberechtigten Bürgern – und das waren gerade mal die Hälfte aller Einwohner – in das Gremium entsandt worden, auch städtische Beamte wie der Syndikus behielten ihre Ämter. Und es sind auch keine Maßnahmen des »Ewigen Rates« überliefert, die man als politische oder soziale Reformen deuten könnte – von »Klassenkampf« kann also keine Rede sein.

Zu Ostern 1525 schwappte die Welle der Bauernaufstände von Oberdeutschland über Franken auf Thüringen über, ohne dass es indessen zu gemeinsamen Aktionen der verschiedenen »Haufen«, wie die bäuerlichen Aufgebote genannt wurden, kommen sollte. Müntzer war nun zweifellos davon überzeugt, dass die Zeit angebrochen sei, den Kampf gegen die Tyrannei der Gottlosen aufzunehmen. Die aufrührerischen Bauern waren für ihn das Volk Gottes, das nach der Prophezeiung Daniels die Macht übernehmen und die gottlosen Obrigkeiten vernichten werde. Und so beteiligte sich Müntzer an der allgemeinen Mobilmachung, die nun in Mühlhausen, auch aus Furcht vor Militäraktionen der thüringischen Fürsten, einsetzte. Es wurden Pulverlager angelegt, Geschütze gegossen, Spieße beschafft, Söldner angeworben.

Bauern gegen Ritter und Landsknechte: Kampfszene aus dem Bauernkrieg 1524/25. Holzschnitt von Hans Burgkmair aus dem 16. Jahrhundert.

1555 ▶ 25.9. Augsburger Religionsfriede

1556 ▶ 12.9. Abdankung Karls V., als Kaiser folgt ihm sein Bruder Ferdinand I.

1559 ▶ 15.1. Elisabeth I. wird in der Westminster Abbey zur Königin von England und Irland gekrönt

Thomas Müntzer und die DDR

In der DDR, dem »Arbeiter- und Bauern-Staat«, gab es gleich zwei »Thomas- Müntzer-Städte« – sein Geburtsort Stolberg durfte sich so nennen, und auch Mühlhausen, wo Müntzer zuletzt gewirkt hatte und wo er hingerichtet worden war. 1989, in Müntzers 500. Geburtsjahr, war er in der DDR sozusagen omnipräsent: Die DDR-Staatsbank gab eine 20-Mark-Gedenkmünze heraus, die DDR-Post eine Sonderbriefmarke, und die »Thomas-Müntzer-Medaille« war die höchste Auszeichnung der »Vereinigung der gegenseitigen Bauernhilfe« der DDR.

Auslöser der Müntzer-Verehrung war im Übrigen schon Friedrich Engels. In dessen 1850 publiziertem Werk »Der deutsche Bauernkrieg« wurde der Konflikt im marxistischen Sinne »als Klassenkampf« gedeutet. Repräsentant der »frühbürgerlichen Revolution« war demgemäß Thomas Müntzer, ein früher deutscher Sozialrevolutionär. Auch die Arbeiterbewegung des 19. Jahrhunderts berief sich fortan auf Müntzer – und so war es nur konsequent, dass die marxistische Geschichtsschreibung in der DDR sich alsbald intensiv mit der »revolutionären Tradition« Deutschlands auseinandersetzte. Dazu wurden natürlich der Bauernkrieg und Thomas Müntzer gezählt, während man Luther zunächst als »Fürstenknecht« abtat.

Niederschlag fand die Müntzer-Verehrung auch in diversen Kunstformen. So wurde Müntzer 1956 im DEFA-Film »Thomas Müntzer« als »revolutionäre« und »demokratische« Lichtgestalt verklärt. 1976 beauftragte dann die SED den Maler und Grafiker Werner Tübke (1926–2004), zum Gedenken an Müntzer und den Bauernkrieg auf dem Schlachtenberg bei Frankenhausen das Panoramabild »Frühbürgerliche Revolution in Deutschland« zu schaffen. Nach mehrjähriger Arbeit vollendete Tübke sein 1722 Quadratmeter großes Monumentalgemälde, ein gewaltiges Rundbild, aufgestellt in einem Bildsaal von 13 Metern Höhe und 40 Metern Durchmesser, im Oktober 1987. Eingeweiht wurde es im Müntzer-Jahr 1989 unter Anwesenheit des SED-Chefideologen Kurt Hager – kurz vor dem Ende des deutschen »Bauernstaates«.

Müntzer stimmte die Bürger mit einer »Bundesfahne« auf die kommenden kriegerischen Auseinandersetzungen ein: »Er hat«, so der Amtmann von Langensalza in einem Lagebericht, »ein weißes Fähnlein von ungefähr 17 Metern Stoff machen lassen und einen Regenbogen mit den Worten: ›Gottes Wort soll in Ewigkeit bleiben und einen Reim: Dies ist das Zeichen des heiligen Bundes Gottes – alle, die bei dem Bund stehen, sollen darunter treten!‹ auf dem Tuch anbringen lassen.« Der Regenbogen war das alttestamentarische Symbol für den Bund Gottes mit Noah und seinem Volk, geschlossen nach der Sintflut – nun sollte er das Feldzeichen für die Auserwählten sein.

Seht ihr nicht den Regenbogen am Himmel? Der bedeutet, dass Gott uns, die wir den Regenbogen im Banner führen, helfen will und droht den mörderischen Fürsten Gericht und Strafe.

MÜNTZER IN SEINER »FELDPREDIGT«, 1525

Müntzers apokalyptische Vision eines bevorstehenden Endkampfs fand wie nirgendwo sonst ihren Ausdruck in einem Brief, den er Ende April 1525 an die Allstedter Bürger und Mansfelder Bergknappen schickte: »Das sage ich euch: Wollt ihr nicht um Gottes willen leiden, so müsst ihr des Teufels Märtyrer werden. Seid also nicht verzagt, nachlässig, fanget an

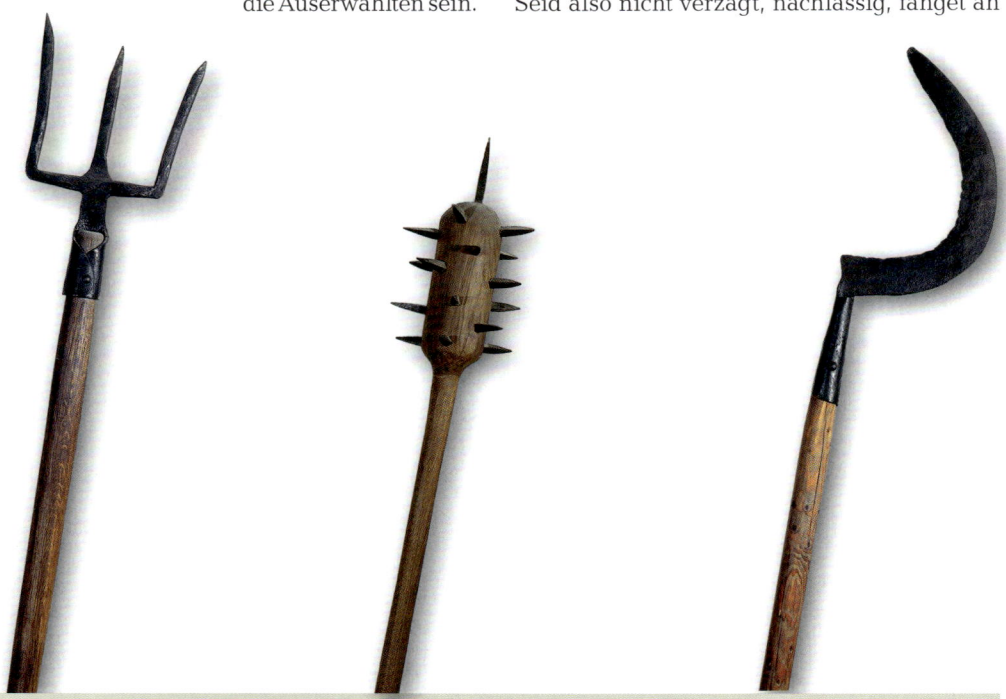

Landwirtschaftliche Gerätschaft gegen die Artillerie der Fürsten: die Waffen der Bauern – ein Spieß, ein Streitkolben aus Holz, eine Sichel, alle um 1500)

und streitet den Streit des Herrn! Es ist höchste Zeit, haltet eure Brüder alle dazu an. Das ganze deutsche, französische, welsche Land wacht auf, die Bösewichter sind schon verzagt. Dran, dran, dran! Lasst euch nicht erbarmen, seht nicht den Jammer der Gottlosen. Sie werden euch freundlich bitten, greinen, flehen wie die Kinder. Dran, dran, derweil das Feuer heiß ist. Lasset euer Schwert nicht kalt werden! Dran, dran, solang ihr Tag habt. Gott geht euch voran, folget, folget!«

waren, als zahlreiche Grundherren, Äbte und kleine Grafen sich der Übermacht der Bauern fügen mussten, äußerte der todkranke Kurfürst Friedrich: »Vielleicht hat man den armen Leuten Ursache zu solchem Aufruhr gegeben, will es Gott so haben, so wird es also hinausgehen, dass der gemeine Mann regieren soll.«

Nach einem Zug durch das Eichsfeld forderte Müntzer erneut, gegen seinen alten Gegner, den Grafen Ernst von Mansfeld, vorzugehen. Vergeblich – und so beschloss er, einem

Das Blutbad von Frankenhausen

Der Bauernkrieg war weder in Oberdeutschland noch in Thüringen planmäßig vorbereitet worden – noch breitete er sich planmäßig aus. Müntzer hat weder die Aufstandsbewegung am Oberrhein initiiert (die sei schon in Gang gewesen, als er in Süddeutschland weilte, betonte er unter der Folter), noch hat er die Empörung in Thüringen angezettelt. Er hatte zudem keinerlei konkrete Konzeption oder Idee einer neuen politischen und gesellschaftlichen Ordnung. Vages Endziel war möglicherweise die urchristliche Gemeinschaft, in der allen alles gehörte und »einem jeden nach seiner Notdurft ausgeteilt werden« sollte – und er äußerte: »Die Menschen müssen frei werden, soll das reine Wort Gottes aufgehen.«

Das Ende aller Endzeiterwartungen kam schneller als gedacht: Nachdem Müntzer und Pfeiffer am 26. April mit einem Mühlhausener Aufgebot zunächst vergeblich gegen Langensalza gezogen waren, kam es wenige Tage später zur Vereinigung mit bäuerlichen Scharen aus dem kurmainzischen Eichsfeld und dem Werraraum. Als damals immer mehr Schlösser und Klöster in Flammen aufgegangen

Thomas Münzer als »Bauern-Feldmarschall«: der Regenbogen als Siegessymbol vor der Schlacht bei Frankenhausen. Kolorierte Lithographie von 1832.

Hilferuf des sogenannten Frankenhausener Haufens zu folgen, der sich Anfang Mai gebildet hatte und aus etwa 4000 Mann bestand, zumeist Bauern der Umgebung, aber auch Bürgern aus Frankenhausen, vor allem Salzarbeitern. Die zusammengewürfelte Truppe hatte durchaus schon Erfolge vorzuweisen – so hatten die Grafen von Schwarzburg, Hohnstein und Stolberg sich den Aufständischen ergeben und sich ihnen sogar angeschlossen. Mit einer kleinen Schar von 300 Bewaffneten, acht vom Rat geliehenen »Karrenbüchsen« (Kanonen, die man auf Wagen gestellt hatte), im Bewusstsein, das »Schwert Gideons« zu führen, verließ Müntzer am 10. oder 11. Mai 1525 schließlich Mühlhausen und trat den Marsch nach Frankenhausen an, während Pfeiffer mit der anderen Hälfte des kommunalen Aufgebots die Verteidigung der von fürstlichen Truppen bedrohten Stadt in die Hände nahm.

In Frankenhausen wurde Müntzer von den dort versammelten Aufständischen, deren Zahl auf über 7000 Mann angewachsen war, wie selbstverständlich als – zumindest geistliche – Autorität akzeptiert. Mit seinen Predigten im Lager schaffte er es, Zuversicht zu verbreiten und die allgemeine Entschlossenheit, den Kampf aufzunehmen, zu stärken – nichts könnten die fürstlichen Heere »gegen die ausrichten, die an der Seite Gottes kämpften«, so seine immer wieder variierte Botschaft, die er unter der Regenbogenfahne verkündete. In zahlreichen Schreiben forderte er Städte der Umgebung zum Anschluss auf. Als Georg von Sachsen und Philipp von Hessen, die Führer der fürstlichen Aufgebote, die sich am 15. Mai vereinigt hatten und die Stadt und das Lager der Aufständischen eingekreist hatten, die Auslieferung »des falschen Propheten« verlangten und dafür Gnade walten lassen wollten, wurde das von den Bauern abgelehnt. »Nein, nein«, sollen sie geschrien haben, »wir wollen tot oder lebend beieinander bleiben!«

Liebe Brüder, ihr seht, dass die Tyrannen unsere Feind da sind, und unterstehen sich, uns zu erwürgen, und sind doch so furchtsam, dass sie uns nicht angreifen dürfen, und fordern, dass ihr sollt abziehen.

MÜNTZER IN SEINER »FELDPREDIGT«, 1525

Müntzer war derjenige, der die Bauern beharrlich daran erinnerte, dass sie Kämpfer Gottes waren, dass Gott ihnen zu Hilfe kommen werde – als dann auch noch eine seltsame Himmelserscheinung, ein farbiger Ring um die Sonne (ein sogenannter Sonnenhalo), gesichtet wurde, deutete man dies im Lager als »Regenbogen«, als göttliches Zeichen, das den Sieg signalisiere – die Bauern stimmten »Komm, Heiliger Geist« und »Nun bitten wir den Heiligen Geist« an.

Zur »Schlacht von Frankenhausen«, wie man immer wieder liest, ist es indessen nicht gekommen, wohl aber zu einem fürchterlichen Blutbad, einem Abschlachten der Bauern. Schon beim ersten Angriff der fürstlichen Truppen brach Panik unter den Aufständischen aus, die ohne jede Gegenwehr versuchten, in die Stadt zu flüchten – etwa 6000 von ihnen wurden auf der Flucht niedergemetzelt, während man auf der Gegenseite nur sechs Tote zählte.

Auch Müntzer konnte zunächst fliehen. Die furchtbare Niederlage der Bauern machte aber deutlich, welchem Realitätsverlust er erlegen war – Gott hatte wider Erwarten nicht der

1618 ▶ 23.5. »Prager Fenstersturz« als Beginn des Dreißigjährigen Krieges

1624 ▶ 29.4. Kardinal Richelieu übernimmt die französischen Regierungsgeschäfte

1633 ▶ 22.6. Galileo Galilei wird von der Inquisition verurteilt und widerruft die Lehre des kopernikanischen Weltsystems

Das Ende im Fürstenlager vor Mühlhausen: »Der letzte Gang Thomas Müntzers und seiner Genossen«. Holzstich von 1853.

Schar der Erwählten geholfen. Müntzer versteckte sich in Frankenhausen, wurde aber alsbald entdeckt und anhand der Briefe, die er mit sich führte, erkannt. Auf Schloss Heldrungen, dem Sitz des Grafen von Mansfeld, wurde er unter der Folter verhört. Das Protokoll der Verhöre erschien später als »Bekenntnis«, dabei enthält es vor allem Namen seiner Anhänger, Angaben über seinen Lebensweg und frühere »Verschwörungen« – Dinge, nach denen man ihn gefragt hatte. Als weiterer Text entstand damals der »Widerruf«, in dem Müntzers Aussagen aber möglicherweise im Sinne der Sieger zurechtgerückt worden sind. So räumte er hier die unbedingte Gehorsamsverpflichtung der Untertanen gegenüber der Obrigkeit ein. Einzig authentisch ist jedoch ein Brief an die Bürger Mühlhausens, in dem er Irrtümer eingestand – und er war bereit, für die Niederlage die Verantwortung zu übernehmen. Seine Zuversicht auf Gott blieb aber unverrückt. In allen drei Texten findet man nur schwerlich Hinweise auf einen Widerruf seiner Theologie.

Nachdem sich Mühlhausen kampflos ergeben hatte, wurden Müntzer und Pfeiffer zwei Tage später, am 27. Mai 1525, enthauptet, ihre Körper und Köpfe zur Abschreckung der Bevölkerung vor den Toren der Stadt aufgespießt.

Müntzers Person und Lebenswerk sind bis heute umstritten, nicht zuletzt eine Folge des negativen Urteils, das Luther über ihn fällte. Die Wittenberger unternahmen nach 1525 immense Anstrengungen, um Müntzer zu verketzern und zu verteufeln – und so wurde er allmählich »aus der Geschichte gedrängt«, wie der Historiker Hans-Jürgen Goertz meint, als abschreckendes Beispiel eines mordgierigen Revolutionärs.

War Müntzer ein Revolutionär? Die Antwort muss lauten: Nur bedingt – in erster Linie war er Theologe, der mit unglaublich tiefer – »mystischer« – Frömmigkeit seinen Weg ging, der ihn schließlich an die Seite des »kleinen

Luthers Schrift »Wider die Mordischen vnd Reubischen Rotten der Bawren«: ein Aufruf an die Fürsten, die gottgewollte Ordnung wiederherzustellen.

Mannes« führte – im Gegensatz zu Luther, der zwar die »Zwölf Artikel« guthieß, aber »wider die mörderischen Bauern« wetterte. Müntzer, der »Knecht Gottes«, der seiner Zeit weit voraus war, und der »gemeine Mann« stimmten schließlich in einem Ziel überein: Es ging ihnen nicht nur darum, die wirtschaftlichen und sozialen Bedingungen ihrer Zeit zu verbessern, sondern auch darum, eine dem Evangelium gemäße Welt der Brüderlichkeit und Nächstenliebe zu schaffen. Ohne gesellschaftliche Veränderungen war für Müntzer die religiöse Reformation nicht denkbar. Insofern war er ein Reformator besonderer Prägung, der sich – unter dem Einfluss apokalyptischen Gedankenguts – als endzeitlicher Vollender der von Wittenberg »verratenen« Reformation verstand.

Gegen eine leichtfertige politische Vereinnahmung sperrt sich seine Theologie und gegen die theologische sein politisches Handeln.

KLAUS EBERT, HISTORIKER

Mit der »Schlacht« von Frankenhausen endete der Bauernaufstand in Thüringen. Bereits Anfang April 1525 war es bei Leipheim in Schwaben zur ersten großen Schlacht des »Bauernkrieges« gekommen. Hier schon hatte der Einsatz moderner Waffen und Kanonen aufseiten des fürstlichen Heeres zur Niederlage der Bauern geführt, die mit Mistgabeln, Sensen, Spießen und Keulen angetreten waren. Mehr als tausend von ihnen verloren an einem Tag ihr Leben – nach der Nachricht von der Niederlage hatten sich viele süddeutsche Bauernhaufen aufgelöst, während Landes- und Grundherren grausame Rache übten. In Schwaben war man vielerorts dazu übergegangen, den »roten Hahn« auf die Dächer der Bauern zu setzen. Bei Königshoven wurden die Odenwälder Bauern vernichtend geschlagen, und am Tag der Frankenhausener Schlacht wurde den fränkischen Bauern ein planloser Angriff gegen den Würzburger Marienberg zum Verhängnis – der Abgesang auf die aufständischen Bauern geriet zum Blutbad.

Wie Müntzer und Pfeiffer waren auch andernorts die Anführer mit aller zeitüblichen Marter zu Tode gebracht worden. Man schätzt, dass im Frühjahr 1525 bis zu 100 000 Bauern ihr Leben verloren. Luther soll später gestanden haben: »Ich habe im Aufruhr alle Bauern erschlagen, denn ich habe geheißen, sie totzuschlagen. All ihr Blut ist auf meinem Hals.« Nur wo die Bauern frühe Abkommen getroffen hatten, wurde einiges an Erleichterungen erreicht, in den meisten Aufstandsgebieten aber mussten die Überlebenden neben den alten Lasten noch lange Strafen und Entschädigungen zahlen.

Damals kursierte der Vers in deutschen Landen: »… Reich wären wir wor'n? / Dass Gott erbarm! / Was wir hatten, han wir verlorn: / Nun sind wir arm.« Und bäuerliche Unfreiheit und Leibeigenschaft sollten noch fast 300 Jahre fortbestehen.

August

und die Liebe

Kein zweiter Deutscher verkörperte das Zeitalter des Barock so sehr wie der Mann, der sich als August der Starke ins kollektive Gedächtnis der Deutschen eingeprägt hat. Ein sächsischer Herkules und Casanova – maßlos in der Liebe, maßlos in der Gier nach Ruhm, maßlos in der Entfaltung von Prunk. Der Kurfürst aus Dresden eroberte für sein Haus die polnische Königskrone und läutete diesseits des Rheins das Zeitalter des Absolutismus ein. Doch mehr als einmal brachte sein polnisches Abenteuer sein Heimatland an den Rand des Ruins. So ist seine Bilanz zwiespältig: Während seine politischen Visionen zum Scheitern verurteilt waren, haben seine kulturellen Leistungen bis heute Bestand.

Bis heute gilt er als Kraftmensch, von dem es hieß, dass er Hufeisen mit den bloßen Händen zerbrechen und massive Silberteller wie Pergamentpapier einrollen konnte. Als Frauenheld, der zahllose Romanzen gehabt und 354 Kinder gezeugt haben soll. Als Draufgänger, der wilde Stiere im wahrsten Sinne des Wortes bei den Hörnern packte und weder Tod noch Teufel fürchtete. Als Genießer, der alle Tage prächtige Feste feierte und dabei hemmungslos aß und trank. Und nicht zuletzt als Mäzen, der die besten Künstler seiner Zeit nach Sachsen holte und aus Dresden jenes Elbflorenz machte, das bis heute Touristen aus aller Welt anzieht.

Mit dieser Urkunde ließ sich August der Starke 1711 bestätigen, ein Hufeisen »mit dero hohen Händen« zerbrochen zu haben.

Was davon ist Wahrheit, was Legende? Ungezählte Anekdoten, deren Wahrheitsgehalt oft mehr als zweifelhaft ist, kursieren über das Leben dieses Fürsten. Tatsächlich ragte August der Starke weit aus dem Mittelmaß seiner Epoche heraus. Schon allein seine für die damalige Zeit stattliche Größe von 1,76 Metern war außergewöhnlich – ebenso sein Leibesumfang, brachte er zu seinen besten Zeiten doch über 120 Kilogramm auf die Waage. Was heute bestenfalls mitleidige Blicke ernten würde, galt damals als Zeichen von Wohlstand – und sogar als erotisch anziehend. Doch es war auch die Erotik der Macht, die der Monarch in überaus großem Maße verströmte – der in der Tat zahlreiche Frauen erlagen. Die Namen von einem guten Dutzend Mätressen sind bekannt, zahlreiche weitere Liebschaften liegen im Dunkel der Geschichte. Neben seinem ehelich geborenen Sohn und Nachfolger legitimierte August acht Kinder seiner Favoritinnen, die später zum Teil hohe Positionen in Militär und Verwaltung innehatten. Auch seine legendären Körperkräfte sind amtlich bestätigt. Das von ihm höchstselbst zerbrochene Hufeisen etwa wird bis heute in der Dresdner Rüstkammer aufbewahrt – samt Zertifikat, das sich der Barockfürst über diesen Kraftakt ausstellen ließ.

Eine fürstliche Familie

Seine Lebensperspektive schien eigentlich eine ganz andere zu sein: ein weitestgehend ereignisloses Dasein als Verwalter irgendeines unbedeutenden Amtes in der sächsischen Provinz oder die Aussicht, sich als Heerführer »kriegerischen Ruhm« zu erwerben. War er doch lediglich der zweitgeborene Sohn des sächsischen Kurfürsten Johann Georg III. und damit als Thronerbe eigentlich gar nicht vorgesehen. Dass es dann doch anders kam und er 1694 den Thron besteigen konnte, hat viel mit den Irrungen und Wirrungen des späten 17. Jahrhunderts zu tun.

Es war die Epoche des Wiederaufbaus nach dem verheerenden Dreißigjährigen Krieg, der Sachsen in seiner Mittellage mit brutaler Härte getroffen und weite Landstriche gänzlich verwüstet hatte. Augusts Großvater Johann Georg II., der ab 1656 regierte, erwies sich auf der einen Seite als kluger Landesherr, der Handel und Gewerbe förderte und damit die Not seiner Untertanen zu lindern vermochte. Auf

der anderen Seite konnte er sich nicht dem suggestiven Sog entziehen, den das Vorbild des absolutistisch regierten Königreichs Frankreich mit dem prächtigen Hofstaat des »Sonnenkönigs« Ludwig XIV. auf die Fürsten der deutschen Klein- und Mittelstaaten ausübte.

Auch Johann Georg II. versuchte, durch eine luxuriöse und prächtige Hofhaltung – zu der der Ausbau der Dresdner Residenz ebenso gehörte wie zahlreiche Festlichkeiten, Bälle, Jagdvergnügen, Opern- und Ballettaufführungen – dem französischen Vorbild nachzueifern, was seinen Enkel sichtlich beeindruckte: »Es bliheten unter ihm alle ergezlichkeiten und

Absolutismus

»L'État, c'est moi« – »Der Staat bin ich«: Dieser Ludwig XIV. zugeschriebene Ausspruch war charakteristisch für das Zeitalter des Absolutismus. Der Monarch verstand sich als alleiniger Inhaber der Staatsgewalt, legitimiert nur durch göttliche Gnade. Äußeres Kennzeichen der absoluten Herrschaft war ein prunkvolles Hofleben, in dessen Mittelpunkt der König stand. Der französische Adel durfte sich amüsieren – aber immmer unter dem wachsamen Auge des Herrschers. Schloss und Park von Versailles verkörperten auf perfekte Weise die Staatsidee des Absolutismus. Wege und Sichtachsen, selbst Bäume und Hecken beugten sich einem einzigen Willen: Allgegenwärtig war das Symbol der Sonne. Alles kreiste um einen Fixstern, den »Sonnenkönig« Ludwig XIV. Dem Sonnenkönig eiferten viele europäische Monarchen nach. Auch für deutsche Landesfürsten wurde er zum Vorbild.

1675 ▶ 26.6. Brandenburg besiegt die Schweden in der Schlacht bei Fehrbellin

1678 ▶ 10.8. Friede von Nimwegen zwischen Frankreich und den Niederlanden und Frankreich und Spanien

1680 ▶ 9.8. Ludwig XIV. nimmt große Teile von Elsass und Lothringen für Frankreich in Besitz

man kunte sagen[,] das es der schenste hoffe [war,] den ein kenig zu der zeit hatte«, notierte er als Zwanzigjähriger in der ihm auch späterhin eigenen, an das gesprochene Wort angelehnten und alle orthografische Regeln souverän ignorierenden Weise. Augusts Vater Johann Georg III. wiederum setzte andere Prioritäten. Er verstand sich vor allem als Soldat, was ihm den Beinamen »sächsischer Mars« eintrug. Er verkleinerte den aufgeblähten Dresdner Hofstaat und legte die Steuergelder seiner Unter-

tanen in einem stehenden Heer an. Mit Johann Georg III. kam freilich eine andere Spielart der »französischen Mode« an den Dresdner Hof: nämlich das »Mätressenunwesen« – so jedenfalls nannten es die lutherischen Hofprediger.

Es lag auf der Hand, dass es in der sächsischen Provinz einige Nummern kleiner zuging als am Hof des Sonnenkönigs. Unter den wachsamen Augen des lutherischen Klerus, der in weit geringerem Maße als seine katholischen Amtsbrüder zur zumindest gele-

Das Mätressenwesen

Nicht nur in Frankreich war es schon seit Längerem üblich, dass Monarchen neben ihrer Ehefrau auch Geliebte hatten. Im 16. Jahrhundert hatte sich der Status dieser Frauen, die sich zumeist aus den Reihen der adligen Hofdamen und Ehrenjungfern rekrutierten, dann mehr und mehr zu einer halb offiziellen Institution entwickelt. In einer Zeit, in der die Kirche Ehebruch an sich unter schwere Strafe stellte, fand sie sich nolens volens bereit, derartige Zustände zu akzeptieren – nicht nur weil der hohe katholische Klerus bald selbst davon profitierte. Im Geflecht der gegenseitigen Abhängigkeiten gestand die Kirche dem Hochadel Ausnahmetatbestände zu – hatten diese Fürsten doch ihre Ehefrauen meist nicht frei wählen können, sondern waren ohne Rücksicht auf persönliche Neigung nach dynastischen Gesichtspunkten verheiratet worden. Vorbild wurde einmal mehr der viel bewunderte Ludwig XIV., der sich mit Mätressen in Gestalt der schönsten und geistreichsten Frauen Frankreichs schmückte.

Augusts Vater, Kurfürst Johann Georg III., ging als »sächsischer Mars« in die Geschichte ein.

den Geschwistern freilich keine Rede sein. Sie hätten nur »stehten Krieg miet einander« gehabt, notierte August 1690. Die Natur hatte ihnen durchaus unterschiedliche Anlagen und Talente mit auf den Weg gegeben: Während Johann Georg ein Stubenhocker und Bücherwurm war, der die ernsthaften Anlagen seiner Mutter Anna Sophie geerbt hatte, schlug Friedrich August, dessen einziges mütterliches Erbteil seine lange Entenschnabelnase zu sein schien, nach dem draufgängerischen Vater aus. Reiten und Fechten, Fahren und Jagen, das entsprach seinem Naturell; zum »studiren« aber wollte er sich »nicht applicieren«, wie er später bekannte. Dies hinderte ihn jedoch nicht daran, sich selbst durchaus für geeigneter als Kurprinz und Nachfolger des Vaters zu halten als seinen Bruder.

[Er] wahr von natur und glietmaßen schwag, von gemiete zornig und mellanquollich; sehr großes belieben wissenschaften zu lernen in welchen er sehr reuchirte.

AUGUST ÜBER SEINEN BRUDER, 1690

gentlichen Tolerierung von Sinnenfreuden neigte, nahmen die Mätressen Johann Georgs III. deshalb auch längst nicht die öffentlich sichtbare Stellung ein wie diejenigen am französischen Hof.

Lehrjahre eines Nachgeborenen

In diesem Spannungsfeld zwischen Vater und Großvater, zwischen fürstlichem Pomp und soldatischer Einfachheit wuchsen die beiden Söhne des Kurfürsten, der 1668 geborene Kurprinz Johann Georg und sein zwei Jahre jüngerer Bruder Friedrich August, am sächsischen Hof auf. Von brüderlicher Eintracht konnte bei

Ständige Reibereien und Eifersüchteleien dieser Art führten wohl auch dazu, dass die Ausbildung der beiden Knaben ab 1685 getrennt voneinander vonstatten ging. Bei Johann Georg standen weiterhin Wissenschaft und Diplomatie im Vordergrund. Friedrich August jedoch, der den Titel eines Herzogs von Sachsen führte und zu dieser Zeit zumeist nur »Friedrich« gerufen wurde, ehe er später als »August« in die Geschichte einging, konnte sich auf das konzentrieren, was ihm ohnehin am meisten zusagte: die militärische Ausbildung.

Wie vor ihm schon sein Bruder durfte auch er die sogenannte Kavalierstour absolvieren: eine Art Bildungsreise durch Europa, deren Zweck darin bestand, den Fürstensohn an ausländischen Höfen einzuführen und ihm auch diplomatische Kenntnisse und Erfahrungen zu vermitteln. Kurz nach seinem 17. Geburtstag im Mai 1687 brach August auf. In Begleitung eines guten Dutzends Hofbeamter und Bediensteter reiste er inkognito als »Graf von Leißnigk« – weniger aus Gründen der Tarnung als vielmehr deshalb, um seinen Gastgebern komplizierte Probleme auf dem Feld der Etikette zu ersparen.

Zum Soldatenberuf erzogen: Friedrich August als junger Mann im Alter von etwa 15 Jahren. Das Gemälde ging im Zweiten Weltkrieg verloren.

Erstes Ziel der Reise war Frankreich, wo er den prächtigen Hofstaat Ludwigs XIV. erlebte und auch dem so viel bewunderten Sonnenkönig selbst vorgestellt wurde – eine Begegnung, die auf beiden Seiten zunächst wenig Eindruck hinterließ, zumal August mit seinem mangelhaften Französisch auf dem höfischen Parkett keine gute Figur machte. Immerhin beeindruckten ihn die Größe und der Glanz von Versailles tief und bestätigten sein Bild des absoluten Königtums. Nach längeren Aufenthalten in Madrid und Lissabon gelangte der Tross nach einem erneuten Abstecher nach Paris schließlich nach Venedig, das sich als quirlige Handelsmetropole stark von den sonstigen, höfisch geprägten Metropolen unterschied. Vor allem das bunte Karnevalstreiben, in das er bald eintauchte und in dem er gleich mehrere Tage lang verloren blieb, hinterließ bei dem jungen Fürstenspross einen unauslöschlichen Eindruck und sollte, sobald er an die Macht gelangt war, seine eigene Festkultur prägen.

Frankreich hat dem sächsischen Kurfürsten abscheulich geschadet. ... Sobald junge Kinder in die Debauchen [Ausschweifungen] fallen, ist ihnen kein Laster zu viel.

LISELOTTE VON DER PFALZ,
SCHWÄGERIN VON LUDWIG XIV.

»Das galante Sachsen«

Während sich Augusts Reise anhand von überlieferten Dokumenten – offiziellen Berichten, Briefen, Rechnungen – gut nachvollziehen lässt, beginnen mit seiner »Großen Tour« auch weniger eindeutige und einwandfreie Quellen ihre Wirkungsmacht zu entfalten. Es beginnt die Zeit der Histörchen und Anekdoten, die sich um die Person Augusts ranken, und von seinen außergewöhnlichen Körperkräften, von seinem Mut und seiner Tapferkeit handeln – und natürlich von seinen mannigfaltigen amourösen Abenteuern.

Ein Meister dieser Art von Berichten ist Karl Ludwig Freiherr von Pöllnitz, der die Liebeshändel des starken August so plastisch schildert, als wäre er selbst dabei gewesen. Seine blumigen Beschreibungen in »La Saxe galante« (»Das galante Sachsen«) sind freilich erst nach dem Tod Augusts entstanden und stellen insofern, wie August-Biograf Paul Haake urteilt, eine eher trübe Quelle dar. So soll August in Madrid, nachdem er zunächst bei einer Art Stiertreiben auf der Plaza Mayor einen Stier mit einem Messerstich erledigt und auf diese Weise Aufsehen erregt hatte, mit einer Marquesa de Mancera angebandelt haben. Deren gehörnter Ehemann habe ihm schließlich nach dem Leben getrachtet, doch August sei es gelungen, gegen vier gedungene Mörder zu obsiegen. Ähnliche Geschichten weiß Pöllnitz auch aus Paris, Venedig oder Florenz zu berichten.

Dieser Printz war galant, wohl gebildet, und der Liebe ergeben; und obwohl diese Neigung bey ihm einer so offtmahligen Veränderung unterworfen war, so wuste er doch so zärtlich zu lieben, als wenn ihm das Vergnügen der Liebe die allerneuste Sache gewesen wäre.

KARL LUDWIG
FREIHERR VON PÖLLNITZ,
»DAS GALANTE SACHSEN«

Die Kämpfernatur konnte August nach seiner Rückkehr 1689 erstmals auch »im Felde« unter Beweis stellen. Beim Sturm auf die Festung Mainz kämpfte er an vorderster Linie und wurde durch einen Streifschuss am Kopf schwer verwundet. Wieder einmal machte er jedoch auch durch anderweitige Extravaganzen auf sich aufmerksam, wie sein Begleiter Philipp Christoph Graf von Königsmarck über den sächsischen Herzog und einen Herzog von Richmond berichtet: »Er und Herzog Friedrich ergaben sich der Ausschweifung mit Dirnen; die Ausschweifung führte sie so weit, dass, nachdem sie schon alle Arten von Lastern ausprobiert hatten, der Herzog von Richmond die Mädchen zwingen wollte, sich mit einer großen deutschen Dogge gemein zu machen, Sie verstehen mich doch! Das heißt die Ausschweifung ein wenig weit treiben.«

Der Ruf Augusts, kein Kostverächter zu sein, muss jedoch auch an das Ohr seiner Mutter Anna Sophie gedrungen sein. Als letzte Möglichkeit, ihren Sohn auf den Pfad der Tugend zurückzuführen, schien ihr in dieser Lage die Stiftung eines Ehebundes zu sein. Ihre Wahl fiel auf Christiane Eberhardine von Brandenburg-Bayreuth, die einen durchaus vorhandenen Liebreiz mit einer ausgeprägten lutherischen Frömmigkeit verband. Der Bayreuther Markgraf Christian Ernst, der einer fränkischen Nebenlinie der Hohenzollern entstammte, dachte zunächst jedoch gar nicht daran, seine älteste Tochter mit dem Hallodri aus Dresden zu verheiraten. Erst als sich zwei andere Bewerber zurückzogen, willigte er schließlich in die Hochzeit ein. August schien zunächst für seine Braut in Liebe entflammt, schrieb er doch in seinem typischen Stil als »gedreister knecht« der »schensten princessin von der wehlt«, er würde sich glücklich schätzen, wenn Eberhardine ihn zu ihrem »dihner« erwählte.

Am 20. Januar 1693 schließlich war es so weit: Er führte die Prinzessin zum Traualtar. Zur markgräflichen Mitgift gehörte neben Silbergeschirr, Schmuck und Juwelen auch der nur zwei Werkschuh (etwa 60 Zentimeter) große »Kammerzwerg« Johann Tramm, von dem Eberhardine noch nicht wissen konnte, wie sehr er bald zu ihrem treuen Gefährten werden sollte. Denn rasch zeigte sich, dass August keinesfalls gewillt war, sein unstetes Leben aufzugeben. Schon nach zwei Monaten trauter Zweisamkeit zog es ihn wieder an die Fronten des Türkenkriegs, von wo aus er nur zu einem kurzen Urlaub nach Dresden zurückkehrte. Schon Ende 1693 reiste er erneut nach Italien, um sich in Venedig wiederum in den Karneval zu stürzen.

Die Unglückseligste auf Erden: Augusts Gemahlin Christiane Eberhardine von Brandenburg-Bayreuth wurde bald in die Provinz abgeschoben.

Ew. Gnaden wenten Dero vetterl. Gnad und hertz nicht von mir, die ich ohne dem die unglückseeligste auf erden bin, welche mit so vielen leuden umgeben, dass ich wohl tegl. und stüntl. nach meiner erlößung seufze und ein seeliges ende mir ales guht machen könnte.

**BRIEF EBERHARDINES
AN IHREN VATER, 1705**

Tod eines Kurfürsten

Als August im Frühjahr 1694 nach Dresden zurückkehrte, hatte sich die Lage am Hof dramatisch zugespitzt. Sein Vater Johann Georg III. war im Herbst 1691 während des Feldzugs gegen die Franzosen unerwartet im Alter

von nur 44 Jahren gestorben. Ihm auf dem Thron folgte Augusts ungeliebter Bruder als Johann Georg IV. Der bewies jetzt, dass seine umfassende Ausbildung nicht umsonst gewesen war, und ging mit kluger Umsicht an eine Umgestaltung seines Staatswesens. Insbesondere plante er, die Macht des Adels und der Stände zu beschneiden, und setzte auch außenpolitisch neue Akzente, indem er die enge Bindung Kursachsens an den Kaiser lockerte.

Zum Verhängnis wurde ihm freilich eine Privatangelegenheit, die Liebe zur schönen Magdalena Sibylla von Neitschütz, einer Tochter von Ursula Margarethe von Haugwitz, die mehr als ein Jahrzehnt zuvor die Geliebte seines Vaters gewesen war. Ursula Margarethe hatte zwar pro forma einen Obristen von Neitschütz geheiratet, ihr Verhältnis zu Johann Georg III. jedoch nicht beendet. Alle Spatzen pfiffen es von den Dächern: Das schöne Mädchen musste eine illegitime Tochter des alten Kurfürsten sein. Dafür gab es keine Beweise, doch es würde immerhin die Vehemenz erklären, mit der sich Johann Georg III. – der sonst nichts gegen Liebesabenteuer seiner Söhne einzuwenden hatte – gegen die Verbindung ausgesprochen hatte und Mutter und Tochter vom Hof entfernen ließ.

Nach dem Tod des Vaters freilich machte Johann Georg IV. sein »Billchen« umgehend zur ersten offiziellen Mätresse in der Geschichte Kursachsens. Schnell gewann die Familie Neitschütz großen Einfluss auf den jungen Kurfürsten, der seine Gemahlin Eleonore Erdmuthe noch weit abschätziger behandelte als Friedrich August seine Frau Eberhardine. Dabei zog im Hintergrund stets die Mutter der Neitschütz, bald die »Generalin« genannt, die Fäden. In der Folge versank der Hof in einem Sumpf von Intrigen und Korruption. Johann Georg war von dieser Clique offenbar in einem Maße abhängig, die an Hörigkeit grenzte. So betrieb er, nachdem Magdalena Sibylla Ende 1692 schwanger geworden war, ihre Erhebung zur Reichsgräfin von Rochlitz und erkannte die aus der Verbindung entstandene Tochter als rechtmäßig an. Sein Ziel war es, die frisch ernannte Gräfin vom Kaiser zur Reichsfürstin erheben zu lassen, was sie zur ebenbürtigen Partnerin und möglichen Kurfürstin gemacht hätte, sollte seine Ehe mit Eleonore Erdmuthe kinderlos bleiben. Und danach sah es aus, klagte er seinem Diener doch, »es würde ihm heiß und übel, sobald er nur den Fuß zu ihr in das Ehebette setzen wollte«.

Magdalena Sibylla Comes de Rochlitz.

Nach seiner Thronbesteigung 1691 machte Johann Georg IV. die erst 16 Jahre alte Sibylla von Neitschütz zu seiner Mätresse.

Zum letzten Schwur in dieser Sache sollte es freilich nicht mehr kommen. Im März 1694 erkrankte die Gräfin Rochlitz unerwartet und starb wenig später – nach offizieller Lesart an den Pocken. Demnach infizierte sich Johann Georg IV., der bis zuletzt an ihrem Sterbebett gewacht und die Todkranke immer wieder mit Küssen bedacht hatte, auf diese Weise mit dem Virus, denn schon drei Wochen später folgte er seiner Geliebten ins Grab. Bis heute gibt es freilich Zweifel an dieser amtlich beglaubigten Version. Schon Johann Georg selbst hatte beim Tod seiner Mätresse an einen Giftmord geglaubt. Auch sein eigener Tod wenig später heizte die Gerüchteküche an – ein Anschlag schien nicht ausgeschlossen, hatte sich der junge Kurfürst

Die nur zweieinhalb Jahre währende Regierungszeit von Kurfürst Johann Georg IV. stand unter keinem guten Stern. Kupferstich von Johann Christoph Boecklin.

August besteigt den Thron

»Das Land jubelte, mich an die Stelle meines Bruders treten zu sehen, da man mein sanftes Gemüt kannte. Ich hatte seit dem 18. Lebensjahr nur militärische Studien getrieben und nicht die geringste Kenntnis von den Geschäften. Mein einziger Wunsch war kriegerischer Ruhm.« So beschrieb August selbst in seinen auf Französisch verfassten und Fragment gebliebenen Memoiren nicht ganz unbescheiden den Beginn seiner Regierung kurz vor seinem 24. Geburtstag. Nicht alles an dieser Selbsteinschätzung entsprach freilich der Wirklichkeit. Sanftmut gehörte sicherlich nicht zu seinen hervorstechenden Charaktereigenschaften. Auch der angebliche Jubel des Staatsvolks über den neuen Regenten dürfte eher ein erleichtertes Seufzen gewesen sein, schien es nach den amourösen Eskapaden und dem mysteriösen Tod seines Bruders doch nur noch besser werden zu können. Eines freilich war nicht von der Hand zu weisen: August war nicht auch nur annähernd so gut darauf vorbereitet worden, eines Tages die Staatsgeschäfte zu führen, wie sein Bruder.

Der Kurfürst kann sich an irgendeine regelmäßige Lebensart gar nicht gewöhnen und wird bei dieser Art zu leben untergehen.

GEORGE STEPNEY, ENGLISCHER GESANDTER IN SACHSEN, MÄRZ 1695

doch zahlreiche Feinde gemacht: die Stände, den Klerus, seine Ehefrau, seinen Bruder. Alle diese Parteiungen konnten ein Interesse am Tod des Monarchen haben. Ob die eine oder andere davon freilich tatsächlich zumindest nachgeholfen hatte, Johann Georg IV. ins Jenseits zu befördern, wird wohl für immer im Dunkel der Geschichte bleiben.

Was war das für ein Land, an dessen Spitze Kurfürst Friedrich August I. so unvermittelt gelangte? Sachsen war damals mit seinen gut anderthalb Millionen Einwohnern der drittgrößte deutsche Staat nach Österreich und Brandenburg-Preußen und noch um einiges größer als das heutige Bundesland. Es reichte im Norden bis nach Wittenberg und zum Spreewald, umfasste im Osten heute zu Brandenburg und Polen gehörende Gebiete der Niederlausitz und erstreckte sich teilweise im Westen weit in thüringisches Gebiet. In den Ebenen mit fruchtbarem Ackerland und im Gebirge mit reichen Bodenschätzen gesegnet, war Sachsen relativ wohlhabend. Handel und Gewerbe blühten, die Leipziger Messe galt schon seit dem Mittelalter als wichtiger Wirtschaftsmotor.

Es ist unsicher, wie weit Augusts politische Visionen in dieser frühen Phase seiner Herrschaft bereits konkrete Gestalt angenommen hatten. Eines war jedoch klar: Wollte er einem absolutistischen Herrscher wie dem französischen König Ludwig XIV. nacheifern, war es zwingend notwendig, die Macht der Landstände zu brechen oder zumindest zu schwächen. Was sein Bruder Johann Georg IV. begonnen hatte, schien August nun fortzusetzen. Doch seine im November 1694 vor dem Landtag präsentierten Forderungen nach Steuererhöhungen und einer Verstärkung der Armee wurden von den Ständen zurückgewiesen.

Der Monarch selbst widmete sich bald schon wieder seinen persönlichen Neigungen. Im Herbst 1694 war eine Dame am sächsischen Hof erschienen – Maria Aurora Gräfin von Königsmarck. Sie bat um Hilfe bei der Suche nach ihrem Bruder Philipp Christoph, dem einstigen Kriegskameraden Augusts. Philipp Christoph hatte sich neben seinen militärischen Meriten auch einen veritablen Ruf als galanter Herzensbrecher erworben und unter anderem mit der Frau des hannoverschen Kurprinzen Georg Ludwig angebandelt. Im Juli

Die Landstände

Die Macht in Kursachsen lag nicht allein beim Kurfürsten. Wichtige Befugnisse befanden sich in den Händen der Landstände, die sich aus Vertretern des Adels und der Städte zusammensetzten. Die Stände hatten ein Mitspracherecht bei allen finanziellen und militärischen Entscheidungen des Herrschers. Insbesondere ihr Recht zur Steuererhebung war immer wieder Zankapfel zwischen Landständen und Kurfürst: zum einen, da der Finanzbedarf des Hofes ständig wuchs, zum anderen, weil aufgrund fehlender Kontrollinstanzen erhebliche Teile des Steueraufkommens in den Privatschatullen einzelner Adliger und Patrizier versickerten. Als 1698 eine königliche Kommission das Steuerwesen überprüfte, konnte einem Finanzbeamten beispielsweise nachgewiesen werden, dass in seiner Kasse mehr als 350 000 Taler fehlten.

1694 war der Graf spurlos verschwunden, und Aurora hoffte, dass August dank seiner guten Beziehungen Licht ins Dunkel der Affäre bringen konnte.

Der Kurfürst bedauerte sicherlich das Schicksal seines alten Kameraden, doch zeigte er sich rasch mehr an der lebendigen Schwester interessiert denn am toten Bruder. Aurora vereinte alle Schönheitsideale der damaligen Zeit in ihrer Person – »es schiene, die Natur habe sich ihr zu Liebe fast erschöpft«, so Pöllnitz. Doch damit nicht genug: Die Gräfin war zudem außerordentlich belesen, beherrschte

1699 26.1. Friede zu Karlowitz: die Türkei ist besiegt, Österreichs Großmacht gestärkt

1700 Beginn des Großen Nordischen Krieges der Verbündeten Sachsen-Polen, Dänemark und Russland gegen Schweden

1700 1.11. Beginn des Spanischen Erbfolgekrieges

Maria Aurora Gräfin von Königsmarck eröffnete den Liebesreigen der großen Damen um August den Starken.

konnte über die Absichten des Monarchen kein Zweifel mehr bestehen. Noch während der Feier verließ das Paar die Gesellschaft und zog sich in ein kostbar ausgeschmücktes Séparée zurück – »und der Churfürst genoß mit guter Weil die süßesten Entzückungen mit der Mademoiselle von Königsmarck, welche ihm die kräfftigsten und wesentlichsten Zeichen ihrer Zärtlichkeit schenkte«, so Pöllnitz. Vertraute berichteten später, dass die Gräfin dem in Liebesdingen ja nicht gerade unerfahrenen Monarchen sogar noch etwas Neues beizubringen vermochte: die Kunst, mit *delicatesse* und *plaisir* zu lieben und nicht allein stürmisch und ausschweifend, wie August es zuvor im Übermaß betrieben hatte. Von dieser Liebeskunst sollten in den darauf folgenden Jahren noch einige Damen profitieren.

Sein größtes Vergnügen war die Liebe, obwohl er nicht so viel Spaß an ihr fand, wie er andere glauben machen wollte. Er hat geliebt, um Aufmerksamkeit zu erregen.

JACOB HEINRICH VON FLEMMING

fünf Sprachen fließend, schrieb Dramoletts und Singspiele und glänzte auf der Viola da Gamba. Voltaire nannte sie »eine der bemerkenswertesten Frauen zweier Jahrhunderte«. Bevor sie an den Dresdner Hof kam, hatte sie bereits Verehrer in ganz Deutschland.

Nun machte ihr auch August den Hof – in einer Art und Weise, die er dem Objekt der Begierde für angemessen hielt. Pöllnitz berichtet, dass Aurora zu einem mehrtägigen gigantischen Maskenball ins Schloss Moritzburg entführt wurde. Als sie schließlich an ihrem Platz ein außerordentlich kostbares Diadem vorfand,

Aurora sollte jedoch die einzige Mätresse Friedrich Augusts bleiben, die durch ihr höfliches und taktvolles Benehmen sogar die Achtung zweier gewissermaßen naturgegebener Feinde errang: der Mutter und der Ehefrau des Herrschers. Dies galt umso mehr, da die Schäferstündchen zwischen Fürst und Mätresse nicht folgenlos blieben. Aurora zog sich zur Geburt ihres Sohnes Moritz Ende Oktober 1696 jedoch diskret ins Harzstädtchen Goslar zurück. Ein veritabler Skandal wurde auf diese Weise vermieden, denn zwei Wochen zuvor war endlich

Moritz von Sachsen, der Sohn Augusts und der Gräfin Königsmarck, machte später als Feldherr Furore. Porttrait von Jean-Marc Nattier, 1720.

als Thronfolger vorbereitet wurde, machte der vom Kurfürsten legitimierte Moritz später unter dem Namen Maurice de Saxe als Feldherr in französischen Diensten Karriere.

August freilich nahm von beiden Sprösslingen zunächst keine Notiz: Er hatte sich entschieden, es beim Erwerb von Ruhm und Ehre zunächst noch einmal auf seinem ureigensten Terrain zu versuchen. Seit Sommer 1695 amtierte er als Oberbefehlshaber des kaiserlichen Heeres, das in Ungarn gegen die Türken kämpfte. Weil er sich zur Vorbereitung der sommerlichen Feldzüge – im Winter ruhten damals zumeist noch die Waffen – oft in der österreichischen Hauptstadt Wien aufhielt, hatte er auch dort schon bald eine neue Favoritin, Maximiliane geborene Gräfin Lamberg. Offenbar war diese, bevor sie Friedrich August kennenlernte, bereits mit einem Grafen Hieserle von Chodau verheiratet. Pöllnitz weiß zu berichten, dass der Fall sogar diplomatische Verwicklungen nach sich gezogen habe, als nach einer lauschigen Liebesnacht plötzlich der gehörnte Ehemann im Schlafgemach der Gräfin gestanden und sich umgehend beim Kaiser persönlich beschwert habe. Schließlich habe man Hieserle aber doch gegen gutes Geld überreden können, seine ehelichen Rechte auf Zeit an August abzutreten.

Als Feldherr dagegen agierte Friedrich August äußerst glücklos, ganz besonders als im August 1696 die Schlacht an der Bega im heute zu Rumänien gehörenden Teil des Banat ausgefochten wurde: Zwar waren die Verluste auf beiden Seiten hoch, doch die Türken hatten ihre Stellungen behaupten können. Zu allem Unglück war es ihnen aber auch noch gelungen, eine große Zahl der begehrten Geschütze zu erbeuten. Friedrich August ver-

auch Kurfürstin Eberhardine von einem Knaben entbunden wurden, der nach dem Vater Friedrich August genannt wurde. Während der Kurprinz am Hof erzogen und auf seine Rolle

August in der Verkleidung als Alexander der Große während der Karnevalsfeierlichkeiten 1695 in Dresden.

Um die polnische Krone

In diesen Jahren an der Wende vom 17. zum 18. Jahrhundert geriet das scheinbar festgefügte europäische Staatensystem in Bewegung, und auch für ehrgeizige Provinzfürsten aus dem bunten Flickenteppich des Heiligen Römischen Reiches Deutscher Nation taten sich plötzlich ganz unerwartete Möglichkeiten auf. Auf dem spanischen Thron saß mit Karl II. ein kinderloser Habsburger, dessen Nachfolge unklar war – auf diese spekulierte vor allem Frankreich unter dem Sonnenkönig Ludwig XIV. Aber auch der bayerische Kurfürst Maximilian II. Emanuel konnte berechtigte Interessen an der Krone, die die Herrschaft über ein Weltreich bedeutete, anmelden. Der gerade erst zum Kurfürsten erhobene Georg Ludwig von Hannover sollte wenige Jahre später Erbe des britischen Throns werden, da dort der protestantische Zweig der Stuarts ausstarb. Auch Friedrich III. von Brandenburg wollte sich nicht damit begnügen, nur Kurfürst zu sein. Er forderte vom Kaiser eine Königskrone, die er schließlich 1701 bekam.

Auch als im Juni 1696 der polnische König Jan Sobieski starb, begann sich das große europäische Königskarussell wieder einmal heftiger zu drehen. Polen hatte damals den Status einer Adelsrepublik, der Rzeczpospolita, deren Oberhaupt jedoch ein König war. Nach dem Tod des Herrschers folgte ihm nicht der familiäre Erbe, sondern ein vom polnischen Adel gewählter Nachfolger. Auch Ausländer waren auf dem polnischen Thron gern gesehen – deshalb wurde im Grunde jeder, der aus den regierenden Fürstenhäusern Europas stammte oder sich als adliger Feldherr auf den Schlachtfeldern des Türkenkriegs bewährt hatte, als Thronkandidat in Betracht gezogen. Entspre-

suchte, die Pleite damit zu rechtfertigen, dass er am Gängelband des kaiserlichen Kriegsrats nicht schnell genug Entscheidungen habe treffen können. Die Herren Generäle revanchierten sich, indem sie behaupteten, der Kurfürst habe am Abend vor der Schlacht dermaßen gezecht, dass er am Morgen die falschen Befehle gegeben hätte – was dieser wiederum empört zurückwies: Er habe »fast nichts geßen, viel weniger truncken«. Wer in dieser Situation auch immer recht hatte: Im Herbst 1696 legte Friedrich August den Oberbefehl nieder, hatten sich doch durch unvorhergesehene Ereignisse ganz neue Perspektiven ergeben.

Sachsen und Polen unter
August dem Starken

...... Reichsgrenze

chend groß war zunächst die Bewerberzahl – von deutschen Fürsten aus Pfalz-Neuburg, Bayern und Lothringen bis hin zu Prinzen aus Frankreich und Italien.

So wenig außergewöhnlich es war, dass Friedrich August seine Chance beim Schopfe packen wollte, auf diesem Wege eine Standeserhöhung zu erreichen, so aussichtslos schien doch seine Bewerbung um die polnische Krone

zu sein. Der Kurfürst war Protestant, und Polen galt als erzkatholisches Land, das das entsprechende Bekenntnis seines Monarchen sogar in der Verfassung festgeschrieben hatte. Besonders eng waren die Beziehungen zwischen Sachsen und Polen zudem nie gewesen. Beide Länder hatten nicht einmal eine gemeinsame Grenze – wer von Sachsen nach Polen reisen wollte, musste entweder die preußische Neu-

1709 ▶ 2.7. Auf dem Dreikönigstreffen in Potsdam suchen Dänemark und Sachsen, Preußen zum Kriegseintritt gegen Schweden zu bewegen

1709 ▶ 8.7. Russland geling bei Poltawa der entscheidende Sieg gegen Schweden

1710 ▶ Das Osmanische Reich tritt auf Seiten Schwedens in den Krieg gegen Russland ein

mark oder das habsburgische Schlesien durchqueren. Warum also richtete August den Blick nun starr nach Osten?

Sein Berater Hans Adam von Schöning, der dem jungen Kurfürsten in den ersten Jahren seiner Amtszeit nahestand, hatte stets zu einer innerdeutschen Expansion Sachsens tendiert – etwa durch den Kampf um das nach dem Dreißigjährigen Krieg Brandenburg-Preußen zugesprochene Herzogtum Magdeburg oder die Einlösung der Anwartschaft auf das Herzogtum Sachsen-Lauenburg. Kursachsen hätte sich auf diese Weise im Reich als dritte Kraft neben Österreich und Preußen konsolidieren können. Für den Geltungsdrang des Kurfürsten war das freilich eine Nummer zu klein.

Als Schöning 1696 starb, gaben andere den Ton an – allen voran Jacob Heinrich von Flemming. Er wurde geradezu zum Prototypen des Kurfürstenberaters. Wie Schöning stammte auch Flemming aus Preußen und war nach mehreren Jahren militärischer Erfahrung in sächsische Dienste getreten. Allein mit seinen braven Sachsen, das ahnte August, konnte er seine hochfliegenden Pläne nicht verwirklichen. Die meisten Adligen saßen selbstgenügsam auf ihrer Scholle und wurden höchstens aktiv, wenn es darum ging, ihre althergebrachten Privilegien gegen die Ansprüche des Kurfürsten zu verteidigen. Nur wenige von ihnen wollte an der Seite des Monarchen eine Politik mittragen, die den eigenen Interessen großteils zuwiderlief. So kam es, dass in diesen Jahren vor allem Preußen, Balten oder Österreicher die Geschicke des Landes lenkten.

Wie Schöning begann auch Flemming seine Karriere am Dresdner Hof als Militärberater, ehe er rasch zum wichtigsten Minister und engsten Vertrauten des Monarchen avancierte. Türöffner bei Friedrich August waren Flemmings exzellente Beziehungen nach Polen: Er war mit einem der einflussreichsten polnischen Adelsclans verschwägert und verfügte auf diese Weise über beste Verbindungen zu Königsmachern wie dem Krongroßschatzmeister Jan Jerzy Przebendowski. So hatte Flemming wohl einen nicht unbeträchtlichen Anteil daran, dass aus einer eher vagen Absichtserklärung konkrete Pläne wurden.

Während Flemming in Polen die Lage sondierte, machte sich August mit Feuereifer an die Arbeit. »Umb Pohlen in flor und in ansehung gegen seine nachtbarn zu setzen« lautete der Titel einer Denkschrift, die er im Frühjahr 1697 eigenhändig zu Papier brachte. Darin skizzierte er Pläne, die »commercien in schwang« zu bringen, das Finanz- und Steuerwesen zu reformieren, Justiz und Bildungswesen zu modernisieren sowie die Armee zu verstärken. Ziel sollte sein, Polen als europäische Großmacht zu etablieren. So wohlfeil und modern diese Gedanken freilich auch daherkamen – Chancen auf eine Verwirklichung hatten sie, wie die Zukunft zeigen sollte, in keiner Weise. Denn die Machtverhältnisse in der Rzeczpospolita waren ganz anders, als es sich August mit den Erfahrungen in seinem wohlgeordneten kursächsischen Staatswesen vorzustellen vermochte.

Die justiciensachen mißen besser atministriret werden, den anitzoh wirfet der reige [Reiche] den armen übern hauffen und ist keine gerechtigkeit in keiner sache.

AUS AUGUSTS DENKSCHRIFT
»UMB POHLEN IN FLOR ... ZU SETZEN«

Jacob Heinrich von Flemming gelang binnen weniger Jahre der Aufstieg zum wichtigsten Berater des Kurfürsten. Gemälde von Louis de Silvestre, um 1728.

Polen war damals mehr als doppelt so groß wie heute. Es erstreckte sich bis tief in weißrussisches und ukrainisches Gebiet und umfasste ganz Litauen sowie Kurland. Fast drei Viertel der Bevölkerung waren leibeigene Bauern, die keinerlei Rechte besaßen. Das Sagen im Lande hatten die sogenannten Magnaten, reiche Familien des Hochadels, die teilweise riesige Ländereien ihr Eigen nannten. So beherrschte der Clan der späteren zweiten Flemming-Ehefrau Radziwiłł halb Litauen, andere Geschlechter weite Teile der Ukraine. Dagegen waren viele Vertreter des niederen Adels, der sogenannten Schlachta, die bis zu zehn Prozent der Bevölkerung ausmachte, bitterarm. Über ihre Angehörigen, die sogenannten Schlachtschitzen, spottete man, dass sie manchmal nur so viel besaßen, um eine Ziege zum Markt treiben zu können – wenn sich sieben von ihnen zusammentaten. Doch auch sie hatten Sitz und Stimme im polnischen Reichstag, dem Sejm – und waren auf diese Weise an der Königswahl beteiligt. Auch andere Eigentümlichkeiten des polnischen Lebens muteten fremdartig an: Sämtliche Beschlüsse des Sejm mussten einstimmig gefasst werden – eine einzige Gegenstimme, das sogenannte *liberum veto*, genügte, um eine Wahl platzen zu lassen. Auch war das ausdrückliche Recht des Adels zur Rebellion gegen den König festgeschrieben. Ausgerechnet in diesem Land nun eine absolutistische Herrschaft errichten zu wollen, musste geradezu utopisch anmuten.

Polnisches Roulette

Da der Königstitel der Rzeczpospolita kaum wirkliche Macht bedeutete, wurde er vom Sejm gewissermaßen an den Meistbietenden versteigert. An Geld dürfe im Falle einer Kandidatur nicht gespart werden, das hatte Przebendowski Flemming bereits im Vorfeld mit auf den Weg gegeben. August versuchte deshalb fieberhaft, alles zu verflüssigen, was sich zu Bargeld machen ließ. Er verpfändete seine Juwelen, verhökerte ganze Landstriche an Nachbarländer und presste den sächsischen Städten Zwangsanleihen in Millionenhöhe ab. Immerhin war er nun ein ernst zu nehmender Thronbewerber, da inzwischen auch zahlreiche Reichsfürsten seine Kandidatur unterstützten – wollten sie das Reich doch nicht durch Frankreich und einen seiner Vasallen von West und Ost in die Zange genommen wissen.

1711 12.10. Karl VI. wird zum deutschen Kaiser gewählt

1713 25.1. Tod Friedrichs I., dessen Sohn Friedrich Wilhelm I. die Macht in Preußen übernimmt

1713 11.3. Friede von Utrecht beendet den Spanischen Erbfolgekrieg, wird von Karl VI. jedoch nicht anerkannt

Der polnische König wurde vom Adel des Landes traditionellerweise auf dem Wahlfeld von Wola vor den Toren Warschaus gewählt.

Ein Problem freilich ließ sich auch mit hohen Bestechungssummen und den Mitteln der Diplomatie nicht lösen: August war sächsischer Kurfürst, und Sachsen galt geradezu als protestantisches Bollwerk in einem von katholischen Kaisern dominierten Reich. Kurfürst Friedrich der Weise war einst der Schutzpatron Luthers gewesen. Und selbst wenn die albertinische Linie des Hauses, der August angehörte, erst einige Jahre nach den ernestinischen Verwandten die vom sächsischen Wittenberg ausgehende Reformation unterstützt hatte: Spätestens seit im Jahr 1547 die Kurwürde auf die Albertiner übergegangen war, stellten die sächsischen Herrscher die wichtigsten Sachwalter der protestantischen Sache im Reich dar.

Auch von August selbst berichteten frühe Biografen, dass er, »als er noch nicht reden gekonnt, schon allerhand schöne Gebetlein gelernt und ihm bereits im vierten Jahre der Catechismus Doktor Luthers in die Seele

gedrückt worden sei«. Tatsächlich jedoch hatten die strenge protestantische Erziehung und das mahnende Vorbild seiner frommen Mutter wenig Frucht getragen. Als jetzt die polnische Krone lockte, waren alle Schwüre und Beteuerungen vergessen. So wie dem französischen König Heinrich IV. ein gutes Jahrhundert zuvor Paris eine Messe wert war, so opferte August jetzt das religiöse Bekenntnis seiner Vorfahren für seinen Traum vom Ruhm. »August, sagt man, hat die Religion verändert! Ich würde es zugeben, wann ich gewiss wüsste, dass er zuvor eine gehabt hätte«, kommentierte der scharfzüngige Gelehrte Johann Michael von Loen einige Jahre später den Vorgang. »Es ist bekannt, dass er von Jugend auf ein kleiner Freigeist war, der nicht mehr glaubte, als was viele unsrer Fürstenkinder insgemein zu glauben pflegen: nämlich dass ein Gott im Himmel sei, sie aber als Fürsten auf Erden tun könnten, was sie wollten. August hatte demnach, als er

1713 ▶ 19.4. Karl VI. führt mit der Pragmatischen Sanktion die weibliche Erbfolge für die Habsburger ein

1714 ▶ 6.3. Rastatter Frieden beendet Spanischen Erbfolgekrieg zwischen Frankreich und Karl VI.

1715 ▶ 1.9. Tod von Ludwig XIV., dem sein Urenkel Ludwig XV. nachfolgt

zu der römischen Kirche überging, eigentlich noch keine Religion, man kann also nicht von ihm sagen, dass er die seinige verändert hätte; er nahm nur eine an.«

Immerhin war dem Kurfürsten klar, welche politische Brisanz sein Übertritt zum Katholizismus in seinem durch und durch lutherisch geprägten Land entwickeln konnte. Er vollzog den Glaubenswechsel am 2. Juni 1697 mithilfe eines bereits zuvor konvertierten Verwandten, der als Bischof von Raab (heute: Györ) amtierte, zunächst im Geheimen. Beide Männer waren sich einig, den Akt im Falle eines Fehlschlags in Polen als nicht geschehen zu betrachten.

Es wäre besser, sie hätten den König im ersten Bad ersäufet, so hätte er nicht können katholisch werden.

DER KREISAMTMANN VON SCHWARZENBERG NACH DEM KONFESSIONSWECHSEL DES KURFÜRSTEN

Der französische Prinz Conti war der letzte ernst zu nehmende Konkurrent Augusts im Ringen um den polnischen Thron.

Augustus Rex

Unterdessen trafen auf dem traditionellen Wahlfeld bei Wola westlich der Hauptstadt Warschau bereits die Abgesandten des polnischen Adels ein. Am 26. Juni 1697 wurde es ernst. Nachdem zunächst Jakub Sobieski, Sohn des verstorbenen Königs, aufgrund seiner beschränkten Barmittel die Segel streichen musste, fiel die Entscheidung zwischen dem Prinzen von Conti, einem Protegé von Ludwig XIV., und August. Eine abendliche Probeabstimmung brachte für den Sachsen freilich ein desaströses Ergebnis: Zwei Drittel aller Stimmberechtigten sprachen sich für Conti aus. Doch während die Franzosenfreunde sich nun

in Sicherheit wiegten, handelten die Anhänger von August entschlossen. Flemming und seine Emissäre zogen in der Nacht durch die Zeltstadt am Weichselufer und verteilten ihre Wohltaten: wärmenden Branntwein und einen blinkenden Taler für die an Lagerfeuern hockenden Schlachtschitzen, Flugblätter mit der päpstlich beglaubigten Übertrittserklärung für Zweifler an der Rechtschaffenheit des als »Ketzer« verschrienen Kurfürsten, erlesene Geschenke und hohe Geldversprechen für die anspruchsvollen Familien der Magnaten.

Am nächsten Morgen hatte sich die Stimmung komplett gedreht. Zwar konnte bei der Wahl von Einstimmigkeit keine Rede sein, doch die klare Mehrheit Contis war dahin: Im Durcheinander des Wahlfelds behauptete nun jede Partei, einen knappen Sieg errungen zu haben. Um seine Felle nicht endgültig davonschwimmen zu sehen, sprach Kardinalprimas Radziejowski, Oberhaupt der polnischen Kirche und Parteigänger von Conti, ein Machtwort: Er begab sich mit seinen Anhängern nach Warschau und hielt einen Dankgottesdienst für die Wahl des Franzosen ab. Kaum eine Stunde später wurde die Zeremonie in Wola selbst wiederholt, mit dem Unterschied, dass der prosächsisch gesinnte Bischof von Kujawien nun August zum Gewinner der Wahl erklärte und ihm zu Ehren ein Tedeum anstimmen ließ.

In dieser verworrenen Situation verschaffte entschlossenes Handeln dem Kurfürsten schließlich den entscheidenden Vorteil im Rennen um die Krone. Während sich Conti noch fernab in Frankreich aufhielt und erst Ende September per Schiff in Danzig eintraf, machte August sofort Nägel mit Köpfen. In der Lausitz hatte er 8000 Mann zusammengezogen und marschierte nun an der Spitze seiner Truppen in Polen ein. Dass die Mission rasch den Charakter eines Blumenkriegs annahm, hatte erneut damit zu tun, dass der Kurfürst großzügig Geldgeschenke an seine Anhänger verteilte. Ein nicht unerheblicher Betrag machte es wohl auch möglich, dass die Kronenwächter der königlichen Schatzkammer beide Augen zudrückten und Beauftragte des potenziellen Königs Krone und Zepter in ihren Besitz bringen konnten.

Damit stand der Krönung des neuen Herrschers nichts mehr entgegen, die am 15. September 1697 in der Krakauer Wawelkathedrale mit großem Pomp zelebriert wurde. Der sächsische Kurfürst, der sich als König August II.

nannte und mit diesem Namen an die Tradition der polnischen Jagiellonen anknüpfen wollte, schien mittels eines prächtigen Fantasiegewands östliche und westliche Hemisphäre geradezu sinnbildlich verschmelzen zu wollen. Doch die schwere goldene altrömische Rüstung, die darüber getragene polnische Nationalkleidung und der dicke Krönungsmantel machten in Verbindung mit den zahlreichen Litaneien, Segnungen, Kniebeugen und Salbungen selbst dem mit Bärenkräften gesegneten August zu schaffen. Wie es die Legende will, brach er gerade in dem Augenblick ohnmächtig zusammen, als in der Kathedrale das katholische Glaubensbekenntnis verlesen wurde. Man brauchte eine Viertelstunde, um ihn wieder zur Besinnung zu bringen, dann wurde die Zeremonie ohne weitere Zwischenfälle zu Ende gebracht.

Die Krone, die August am 15. September 1697 in Krakau bei seiner Erhebung zum polnischen König trug.

Krähen und Eulen

Damit war August endlich am Ziel – er war aus dem Kreis der Kurfürsten in den erlauchten Stand der Könige aufgestiegen und trachtete nun danach, seine beiden Länder zu einem absolutistisch regierten Doppelstaat zu verbinden. Zunächst einmal saß der neue Herrscher jedoch alles andere als fest im Sattel. In Polen machte ihm weiterhin die Opposition der Magnaten zu schaffen, und auch sein Heimatland befand sich am Rand des Aufruhrs. Insbesondere die Nachricht vom Glaubenswechsel des Kurfürsten hatte in Sachsen Bestürzung ausgelöst, war der Landesherr doch nach lutherischem Verständnis zugleich Bischof und oberster Glaubenshirte seiner Untertanen. Zwar bemühte sich Friedrich August zu versichern, seine Religionsveränderung sei nur eine »personale«, doch die Beunruhigung war mit Händen zu greifen – nicht zuletzt, weil der Monarch für die Zeit seiner Abwesenheit in Sachsen einen Statthalter eingesetzt hatte: Anton Egon Fürst von Fürstenberg, zuvor in kaiserlichen Diensten und selbstredend von katholischer Konfession.

Im Januar 1698 hielt August als neuer König von Polen Einzug in seiner Hauptstadt. Missbilligend registrierte der polnische Adel, dass der Sachse ohne seine Gemahlin Eberhardine nach Warschau kam. Die boshaft auch als »Betsäule Sachsens« titulierte Kurfürstin weigerte sich standhaft, zum katholischen Glauben überzutreten, und verzichtete lieber auf die Würde einer polnischen Königin, als dass sie dem Glauben Luthers abschwor. August verband in dieser Situation wieder einmal das Angenehme mit dem Nützlichen: Mit Ursula Catherina Fürstin Lubomirska fand sich auch

Ursula Catharina Fürstin Lubomirska wurde Augusts erste polnische Mätresse.

in Warschau eine Dame von Stand für die Rolle einer *maîtresse en titre*. Dass auch sie bereits verheiratet war, erwies sich wie im Fall Hieserle als kein wirkliches Problem: Eine päpstliche Urkunde bewilligte die Scheidung, was im Vergleich mit anderen katholischen Ländern als außergewöhnlich gelten durfte.

Die elegante und geistreiche Fürstin stellte aber nicht allein deshalb die Idealbesetzung als Mätresse dar, weil sie alle repräsen-

1718 ▶ 2.8. Quadrupelallianz Karls VI. mit England, Frankreich und den Niederlanden gegen Spanien

1719 ▶ 25.4. »Robinson Crusoe« von Daniel Defoe wird veröffentlicht

1721 ▶ 10.9. Ende des Großen Nordischen Krieges mit dem Frieden von Nystad

tativen Pflichten an der Seite des Königs souverän zu erfüllen vermochte. Als Nichte des widerspenstigen Kardinalprimas Radziejowski vermochte sie es zudem, die unter der Oberfläche weiterschwelenden Konflikte zwischen Anhängern und Gegnern des neuen Königs zumindest zeitweise in den Hintergrund treten zu lassen. Fünf Jahre lang blieb sie die Favoritin des Königs. 1704 gebar sie ihm den Sohn Johann Georg und wurde wenig später vom Kaiser zur Reichsfürstin von Teschen erhoben – eine Rangerhöhung, die keine andere Mätresse des Königs jemals erreichen sollte.

August selbst bemühte sich derweil, sein Ansehen in Polen auch durch den Ausweis seiner Feldherrnqualitäten zu heben. Vor seiner Wahl hatte er sich verpflichtet, den im äußersten Südosten der Rzeczpospolita gelegenen Landstrich Podolien, der einige Jahrzehnte zuvor an die Türken verloren gegangen war, zurückzuerobern. Was jedoch schon seit seinem Amtsantritt in Staat und Verwaltung zu zahllosen Reibereien geführt hatte, wuchs sich jetzt auch bei der Truppe zu einem veritablen Problem aus. Ein brandenburgischer Diplomat beschrieb es so: »Die Sachsen können sich mit dehnen Pohlen so wenig alß Eulen und Krähen stellen, allermaßen die Pohlen selbst sagen, daß sie zwar hoffertig, doch höfflich, die Sachsen aber stoltz und grob dabey seyn.« Im Sommer 1698 spitzten sich in Augusts Armee die Konflikte derart zu, dass sächsische und polnische Soldaten zuerst mit Fäusten, dann mit Bajonetten aufeinander losgingen. August musste den Feldzug schließlich abbrechen. Doch welche Ironie der Geschichte: Ausgerechnet dieser so blamabel verlaufene Waffengang führte doch noch zum Triumph. Augusts Verbündete werteten die Scharmützel im Nor-

den als taktisch kluge Entlastung der Hauptfront im Banat. Als ein Jahr später der Waffenstillstandsvertrag mit dem türkischen Sultan geschlossen wurde, erhielten die Polen tatsächlich ihre Gebiete zurück – ganz ohne Schlachterfolg des Feldherrn-Königs.

Wahlverwandtschaften

Zur gleichen Zeit machte August die Bekanntschaft eines Mannes, mit dem er das folgende Vierteljahrhundert auf Gedeih und Verderb verbunden sein sollte: Zar Peter I. von Russland. Als die Monarchen am 10. August 1698 im Städtchen Rawa Ruska in der Nähe von Lemberg erstmals aufeinandertrafen, fanden

Mit Zar Peter I. von Russland verband August zunächst eine herzliche Freundschaft. Portrait von Pierre Gobert.

sie sofort Gefallen aneinander. Viele Stunden hätten sie »ohne unterlaß in Trincken« zugebracht, heißt es in Augenzeugenberichten. Die Monarchen seien zudem rasch »in solche Bruderliche vertraulichkeith kommen, daß beede einen Kleidertausch getroffen, auch der Czar mit des Königs in Polen rockh, hueth und schlechten Degen in Moscau ankommen.«

Peter I. galt damals in Europa als wunderlicher Kauz. Seine »Große Tour« hatte ihn nicht in die Königspaläste und Fürstenhöfe geführt – stattdessen hatte er sich in Werften, Krankenhäusern und Manufakturbetrieben umgesehen. Man munkelte, dass er in dieser Zeit mit einfachen Handwerkern Brüderschaft getrunken habe und in gewöhnlichen Matro-

Der als Jugendlicher auf den Thron gelangte schwedische König Karl XII. schien ein leichter Gegner zu sein. Zeitgenössisches Schabkunstblatt.

senkneipen verkehrte. Sein riesiges Reich galt Regenten und Diplomaten in weiten Teilen als Terra incognita, dessen wirkliche Stärke niemand recht einzuschätzen wusste. Zunehmend wurde jedoch deutlich, dass er das rückständige Russland modernisieren und zur Großmacht machen wollte.

Ähnliches plante auch August mit seinem ungleichen Doppelreich, und ebendafür hatte ihm Peter ein unschlagbares Angebot zu machen. Es ging um jene Besitzungen, die Schweden im Laufe des 17. Jahrhundert im ganzen Ostseeraum zusammengerafft hatte. Die Gelegenheit schien günstig, sich die Kriegsbeute zurückzuholen, saß doch seit einem Jahr in Schweden mit Karl XII. ein König auf dem Thron, der gerade 16 Jahre zählte und über dessen Benehmen man sich wunderliche Dinge zu erzählen wusste. Er reite johlend durch die Straßen Stockholms und schlage den Bürgern die Fensterscheiben ein, hieß es beispielsweise, übe Pistolenschießen am liebsten in den Prunkräumen des Schlosses und hetze Hasen in wilder Jagd durch den Thronsaal. Das Urteil schien klar: Diesem jungen Mann mangelte es an Verstand, und wenn man entschlossen handelte, würden die Tage der nordischen Großmacht Schweden wohl ein für alle Mal gezählt sein.

Bis es tatsächlich zum Krieg kam, dauerte es freilich noch anderthalb Jahre, und dass August sich mit Haut und Haaren in dieses Unternehmen stürzte, hatte mit einer jener Hintergrundfiguren zu tun, für deren Einflüsterungen er stets ein offenes Ohr hatte. Anfang 1699 machte Flemming seinen Herrn mit dem livländischen Adligen Johann Reinhold von Patkul bekannt, der als Exponent des Kampfes der Ritterschaft Livlands gegen

227

die schwedische Fremdherrschaft all seine Besitztümer verloren hatte und in Abwesenheit zum Tode verurteilt worden war. Patkul machte August nun in Denkschriften und Gesprächen eine militärische Intervention in seiner Heimat schmackhaft. Livland, das weite Teile der heutigen Staaten Estland und Lettland umfasste, hatte bis Mitte des 17. Jahrhunderts unter polnischer Oberhoheit gestanden. Der König konnte der Aussicht auf schnellen Ruhm durch eine weitere für sein Kronland zurückeroberte Provinz nicht widerstehen und ließ einen Waffengang vorbereiten.

Der Nordische Krieg

Im Februar 1700 fielen Augusts Truppen ohne vorherige Kriegserklärung in Livland ein. Doch statt Jubel erhob sich in Warschau ein Sturm der Entrüstung: Wie konnte der König es wagen, das Land in einen Krieg zu verwickeln, ohne vorher den Sejm zu befragen? Als sich August nachträglich um die Zustimmung bemühte, musste er einen weiteren Tiefschlag einstecken: Die Abgeordneten erklärten, dass sich nicht Polen, sondern allein Sachsen mit Schweden im Kriegszustand befände. Polnische Truppen würden den im Felde stehenden sächsischen Regimentern keinesfalls zu Hilfe eilen. Da der Vormarsch bald stockte, kam es nun darauf an, wie Augusts Verbündete reagieren würden. Immerhin erklärte Dänemark, das sich dem sächsisch-russischen Bündnis angeschlossen hatte, Schweden ebenfalls den Krieg. Doch Karl XII. hatte die Dänen rasch niedergerungen. Und auch die Russen erlitten im November 1700 bei Narwa eine vernichtende Niederlage, so dass August die Hauptlast des Krieges nunmehr allein zu tragen hatte.

Erschrocken versuchte er zurückzurudern und Friedensfühler in Richtung seines Cousins Karl auszustrecken. Er schickte sogar seine ehemalige Mätresse Aurora von Königsmarck ins schwedische Lager, um Karl zum Einlenken zu bewegen, doch vergeblich: Der Schwedenkönig, der, wie man munkelte, ohnehin eher dem eigenen als dem weiblichen Geschlecht zugeneigt war, hörte die schöne Gräfin mit keinem Wort an und erklärte, dass er nicht ruhen werde, ehe er August für dessen ruchlosen Überfall bestraft habe.

1701 vertrieben die Schweden die Sachsen zunächst wieder aus Livland und marschierten dann im folgenden Jahr in Polen ein. Auch ein vereintes sächsisch-polnisches Heer konnte sie nicht stoppen: Karls Truppen besetzten Warschau sowie Krakau und bemühten sich, August in der Folge den entscheidenden Schlag zu versetzen. Der Sieg der Schweden freilich ließ auf sich warten. Zwar waren in der Rzeczpospolita sofort die alten Konflikte wieder aufgebrochen, doch ein großer Teil des polnischen Adels blieb aufseiten des Königs – vor allem, weil die Schweden in den von ihnen besetzten Gebieten eine regelrechte Schreckensherrschaft errichteten. Fortan gelang es den mit einer Art Guerillataktik operierenden Konföderierten immer wieder, den Schweden schmerzhafte Nadelstiche zu versetzen. Doch auch die Gegner Augusts verspürten Aufwind: Mit dem Segen von Karl XII. wählten sie am 12. Juli 1704 Stanislaus Leszczyński, den Woiewoden von Posen, zum neuen König.

August selbst schwankte in diesen bitteren Monaten zwischen Zuversicht und Mutlosigkeit. Mal arbeitete er wie ein Besessener und schrieb, wie Patkul berichtet, ganze Nächte durch. Dann wieder hieß es von ihm, er

1727 ▶ 6.11. Friedrich II. erhält nach Fluchtversuch Festungshaft und muss bei der Hinrichtung seines Freundes Katte zusehen

1733 ▶ 1.2. Der Tod von August dem Starken führt zum Polnischen Erbfolgekrieg

1734 ▶ 17.1. Der Sohn Augusts des Starken wird als August III. zum polnischen König gekrönt

Der Sieg Karls XII. zu Beginn des Nordischen Kriegs in der Schlacht von Narwa im November 1700 festigte die schwedische Vorherrschaft im Ostseeraum.

habe »die feste Resolution gefasset, lieber die Cron zu verlassen als noch immer so defensive zu ein Spectacul der ganzen Welt aus einem Winkel in den andern sich herum jagen zu lassen«. Vor allem musste er befürchten, sein Kurfürstentum gleich mit in den Ruin zu treiben. Denn so teuer die polnische Krone schon in Friedenszeiten erkauft war – im Krieg stiegen die laufenden Kosten geradezu ins Unermessliche. Und alles Geld musste sich August wieder und wieder aus seinem Stammland holen. Kein Wunder, dass sich dort starker Unmut regte, sogar Staatsstreichpläne kursierten.

In dieser Lage bewies August jedoch, dass er durchaus in der Lage war, entschlossen zu handeln. Er ließ den Großkanzler Graf von

1735 ▶ 22.9. Sir Robert Walpole bezieht als erster britischer Premier den Amtssitz Downing Street 10

1736 ▶ 12.2. Maria Theresia von Österreich heiratet Franz Stephan von Lothringen

1738 ▶ 4.2. Joseph Süß Oppenheimer wird in Stuttgart hingerichtet

akzise einführen ließ: eine Verbrauchssteuer, die alle am Warenumsatz Beteiligten entrichten mussten – auch der bislang weitgehend steuerfrei wirtschaftende Adel. Während sich durch die Akzise der Staatssäckel tatsächlich langsam, aber stetig zu füllen begann, sollte der Chef der Generalakzise-Inspektion, Adolph Magnus Freiherr von Hoym, seinem Herrn nicht nur in Finanzdingen gute Dienste erweisen.

Die Gräfin Cosel

Am Abend des 7. Dezember 1704 wütete in der Dresdner Kreuzgasse ein verheerender Brand. Auch August, erst wenige Tage zuvor aus Polen zurückgekehrt, eilte – durch die große Feuerglocke der Stadt alarmiert – an den Tatort. Dort fesselte eine schöne Frau in eleganten Kleidern seine Aufmerksamkeit, die den Dienern mit fester Stimme Befehle zur Bekämpfung des Brandes und zur Rettung wertvoller Gegenstände erteilte. Es war Anna Constantia Freifrau von Hoym, die junge Frau seines Finanzexperten. Die Tochter eines holsteinischen Landjunkers hatte als Gesellschaftsdame am Hof der Herzöge von Schleswig-Holstein und Braunschweig-Wolfenbüttel gelebt, ehe man sie wegen einer unerwünschten Schwangerschaft wieder zu ihren Eltern abgeschoben hatte. Dies galt damals nicht nur in Adelskreisen als Schande, und so war die Ehe mit Hoym für die außergewöhnlich gebildete und belesene junge Frau die Chance, den Makel ihrer unehrenhaften Entlassung wieder zu tilgen. Als sie 1703 in Dresden eintraf, kam es freilich rasch zu anhaltenden Streitigkeiten zwischen den Eheleuten. Hoym lehnte es ab, seine in seinem Hause lebende langjährige Geliebte zugunsten seiner Ehefrau aufzugeben. Die

Adolph Magnus Freiherr von Hoym führte im Auftrag des Kurfürsten die sogenannte Generalkonsumtionsakzise in Sachsen ein.

Beichlingen verhaften und nahm eine Regierungsumbildung vor, die schließlich zur Etablierung eines Geheimen Kabinetts führte. Dessen Mitglieder waren allein vom Willen des Kurfürsten abhängig und wurden nicht länger von den Ständen kontrolliert. Auch das leidige Finanzproblem löste August auf elegante Weise, indem er 1703 anstelle der direkten Steuern an den Ständen vorbei die Generalkonsumtions-

1738 ▶ 18.11. Friede von Wien beendet den Polnischen Erbfolgekrieg

1740 ▶ 31.5. Friedrich II. (»Friedrich der Große«) wird König in Preußen

1740 ▶ 3.6. Friedrich der Große verbietet die Folter außer bei Schwerverbrechen

energische Constantia wiederum verweigerte ihm daraufhin die eheliche »Beywohnung« und betrieb die Scheidung – was nichts weniger als ihren endgültigen gesellschaftlichen Bankrott bedeuten musste.

Der Abend des Brandes veränderte jedoch alles. Der König verliebte sich auf der Stelle und machte ihr in den folgenden Wochen den Hof. Die Eroberung der Schönen gestaltete sich freilich schwierig. Zum einen war die lutherische Geistlichkeit nicht bereit, Constantias Ehe mit Hoym einfach so zu scheiden – und die Scheidung seinem Oberkonsistorium zu befehlen hütete sich der wegen seines Konfessionswechsels weiter in der Kritik stehende König. Zum anderen zierte sich Constantia nach Kräften, die Mätresse Augusts zu werden – das gehörte freilich zum Ritual der höfischen Liebeswerbung. Neu war jedoch, dass sie geradezu unverschämte Forderungen stellte: Trennung des Königs von der Fürstin Teschen, ein Jahressalär von 100 000 Talern sowie ein schriftliches Eheversprechen. Der König, den die offensichtliche Widerspenstigkeit eher reizte als abstieß, erklärte, »es dependire Leib und Leben von dieser Creatur Besitz« – und versprach ihr alles.

Noch bevor sie rechtskräftig von ihrem Mann geschieden wurde, nahm sie den Platz der *maîtresse en titre* an der Seite Augusts ein. Sie bekam ihre Apanage und neben zahllosen wertvollen Geschenken ein Stadtpalais in Dresden mit Doppelwache vor dem Tor und ein Schlösschen samt Rittergut in Pillnitz. Der Kaiser verlieh ihr auf Augusts Bitten zudem den Reichsgrafentitel – als Gräfin Cosel sollte sie fortan in die Geschichte eingehen. Kurz vor Weihnachten 1705 hielt sie auch den geheimen Ehevertrag in Händen, in dem ihr August weitreichende Zugeständnisse machte.

Sie kostete so viel, als eine Armee zu unterhalten. Unsägliche Summen gingen darauf, um die Hochachtung zu zeigen, welche der König für dieses Weib hatte.

JOHANN MICHAEL VON LOEN
ÜBER DIE GRÄFIN COSEL

Anna Constantia Gräfin Cosel war die bis heute bekannteste Mätresse des Königs. Porträt von 1710.

1740 ▶ 20.10. Tod von Karl VI. löst den Österreichischen Erbfolgekrieg aus

1740 ▶ 16.12. Friedrich der Große besetzt im Zuge des Österreichischen Erbfolgekrieges das zu Österreich gehörende Schlesien

1741 ▶ 10.4. Preußen besiegt Österreich in der Schlacht bei Mollwitz

Das Eheversprechen Augusts für die Cosel, 12. Dezember 1705

Wir Friedrich August, von Gottes Gnaden König von Polen, Kurfürst von Sachsen ec. urkunden hiermit. Demnach vor Unserem chursächsischen Oberconsistorio zu Dresden Frau Constantia Gräfin von Cosel geb. von Brockdorff von ihrem vormaligen Ehemann, Unsern wirklichen Geheimen Rat und lieben getreuen Herrn Adolf Magnus Freiherrn von Hoym vermöge Reichs und Land üblicher Gesetze und Rechte der Ehe halber gänzlich geschieden worden, Wir aus genugsam erheblichen und sonderbaren Ursachen Uns dieselbe nach Art der Könige in Frankreich und Dänemark, auch anderen Souverainen in Europa als Unsere legitime épouse beylegen lassen, derogstalt, daß Wir kraft eines ehelichen Eydes versprechen und halten wollen, dieselbe herzlich zu lieben und beständig treu zu verbleiben, dahero wollen Wir solches hiermit vor Unserem Geheimen Rate declarieren und die mit Unserer geliebten Gräfin von Cosel künftig erzeugenden Kinder mann- und weiblichen Geschlechts vor Unsere rechte, natürliche Kinder kraft dieses erkennen, leben auch der gewissen Hoffnung, daß auf den Fall, der in Gottes des Allmächtigen Handen stehet und Uns nach seinem allerheiligsten Rath und Willen begegnen kann, da Wir dieses Zeitliche mit dem Ewigen verwechselten Unseres Churprinzns Liebden und übrige Nachfolger in der Chur, diese Unsere geliebte Gräfin von Cosel und die von Uns mit derselben erzeugten Kinder hiervor erkennen, selbige bey dem gräflichen Stande und demjenigen, was sie von Uns oder sonst an Lehn und Erbe, beweg- und unbeweglichen Gut erhalten, geruhig lassen, die Succession unsern natürlichen Kindern in solchen gestatten, in mehrer Betrachtung, daß dieses alles im Röm. Reich nicht ungewöhnlich ...

Während der Kurfürst seine Gemahlin längst in die sächsische Provinz abgeschoben hatte, stand die attraktive Gräfin fortan im Mittelpunkt des höfischen Lebens. Sie richtete prächtige Bälle aus und gab glänzende Empfänge, begleitete den König häufig auf Reisen und war in Dresden fast täglich mit ihm zusammen. Bis zum Jahr 1712 gebar sie ihm drei Kinder, zwei Töchter und einen Sohn. August schätzte ihre Gesellschaft – so sehr, dass Diplomaten hinter vorgehaltener Hand bald von der Amazone sprachen, »die ihm den Pantoffel gegeben habe«. Bis heute scheiden sich an ihr die Geister – sehen die einen in der Cosel eine vom Ehrgeiz getriebene Intrigantin, ist sie für andere eine frühe Vorkämpferin der weiblichen Emanzipation. Denn sie gab sich nicht damit zufrieden, dem König nur sorglose Stunden mit harmlosem Liebesgeplauder zu bereiten – sie mischte sich in politische Entscheidungen ein. Die Zahl ihrer Widersacher und Neider war deshalb stets mindestens ebenso groß wie die ihrer Bewunderer und Speichellecker.

Die ehrliche Zuneigung Augusts zu seiner Mätresse hielt den König freilich nicht davon ab, weiterhin mit anderen Frauen intime Bezie-

1741 ▶ 24.11. Elisabeth Petrowna gelangt durch Staatsstreich auf den russischen Zarenthron

1742 ▶ 24.1. Die Kaiserwahl fällt auf einen Wittelsbacher: Karl VII.

1742 ▶ 28.7. Der Friede von Berlin beendet den 1. Schlesischen Krieg

Zu den langjährigen Liebschaften Augusts gehörte auch das türkische Mädchen Fatime, dessen genaue Herkunft unklar ist.

hungen einzugehen. So schenkten dem König in den Jahren, in denen die Gräfin Cosel die Position der *maîtresse en titre* innehatte, noch zwei andere Frauen Kinder: 1706 gebar ihm seine türkischstämmige Geliebte Fatime eine Tochter und ein Jahr darauf die aus einer französischen Familie stammende Warschauer Weinhändlertochter Henriette Renard eine weitere.

Die Schweden kommen

Politisch waren die Jahre an der Seite der Gräfin Cosel für August die bittersten seiner Regent-

schaft. Noch war Polen zwar nicht verloren, doch unablässig trieben die Schweden Augusts Armeen von einem Winkel des Landes zum anderen, so dass deren Widerstandskraft schließlich fast gänzlich erlahmte. Immer deutlicher kristallisierte sich heraus, dass auf lange Sicht allein die erstarkten Russen Karl XII. Paroli bieten konnten. Bevor es freilich zum entscheidenden Waffengang kam, wollte der Schwedenkönig den Rücken frei haben – und wenn sich Polen schon nicht militärisch besiegen ließ, dann musste zumindest Sachsen als Machtfaktor und Geldquelle ausgeschaltet werden.

Ende August 1706 überschritten schwedische Truppen die sächsische Grenze. Im Kurfürstentum brach Panik aus, waren doch die Erinnerungen an die Schwedengräuel des Dreißigjährigen Krieges noch lange nicht verblasst. Karl XII. jedoch erklärte, dass die friedlichen Einwohner des Landes unter seinem Schutz stünden, und hielt seine Truppen zu strengster Disziplin an. Weniger glimpflich dagegen kam Karls Vetter August davon. Im Angesicht der schwedischen Bajonette zwang ihn sein Cousin, einen demütigenden Friedensvertrag zu unterschreiben, der ihn verpflichtete, für alle Zeiten der polnischen Krone zu entsagen, das Bündnis mit dem Zaren zu kündigen, für den Unterhalt des schwedischen Heeres aufzukommen und obendrein noch beträchtliche Kontributionen zu zahlen.

Als der Inhalt dieses Papiers an den europäischen Höfen bekannt wurde, kannten Spott und Häme keine Grenzen. »Er muß voll undt doll gewesen sein, wie er die articlen eingangen ist«, schrieb Liselotte von der Pfalz, die als Schwägerin von Ludwig XIV. in Frankreich lebte. »Vor so ehrvergessen hette ich ihn mein leben nicht gehalten. Ich schäme mich vor unser nation.« Doch damit nicht genug: August musste damit leben, dass Karl XII. Quartier im Schloss Altranstädt bei Leipzig nahm und sich so aufführte, als wäre er der Herr im Land. Immer wieder zitierte Karl seinen Vetter zu sich, um August unverhohlen zu brüskieren. Im April 1707 zwang er ihn sogar, Stanislaus Leszczyński einen Brief zu schreiben, in dem er diesem zur polnischen Krone gratulierte und für seine Regierungstätigkeit viel Glück wünschte.

Was Augustus! In Polen ist König Stanislaus, und Kurfürst zu Sachsen bin ich dermalen!

KARL XII., DEZEMBER 1706

Elbflorenz

Die sächsische Residenz Dresden immerhin war von schwedischen Truppen unbesetzt geblieben. Hier konnte August weiterhin nach Belieben schalten und walten. Während er politisch angezählt war und der endgültige Knock-out nur noch eine Frage der Zeit zu sein schien, besann er sich zur erneuten Legitimierung seiner Macht auf die kulturellen und künstlerischen Traditionen seiner Vorfahren. Zunächst einmal waren es wieder zahlreiche prächtige Hoffeste, die seinen Untertanen und den ausländischen Mächten Normalität vorspiegeln sollten und um deren Ausgestaltung er sich großteils sogar persönlich kümmerte.

Der Wagen der Gräfin Cosel beim Damenringrennen während des Besuchs des dänischen Königs Friedrich IV. im Frühjahr 1709 in Dresden.

Als etwa 1709 der dänische König Friedrich IV. mehrere Wochen lang in Dresden weilte, bestand das umfangreiche Festprogramm aus zahllosen Jagden, Schießen und sogenannten Bauernwirtschaften – einer Art riesigem Picknick – sowie Höhepunkten wie einem »Damenringrennen« mit 24 Triumphwagen oder dem größten Feuerwerk, das bis zu diesem Zeitpunkt in Dresden abgebrannt worden war. Eine Besonderheit der Dresdner Festkultur – im Gegensatz etwa zum höfischen Einerlei in Versailles – bestand darin, dass das gemeine Volk bei vielen Festen mitfeiern durfte. Vor allem in der Karnevalszeit stürzte sich der Kurfürst – wie er es in Venedig kennengelernt hatte – sogar selbst ins Getümmel der Maskeraden.

Wenn Ew. Majestät einen Dukaten einnehmen, so legen Sie ihn zu Ihrem Schatz, ich aber gebe ihn aus, so kehrt er dreimal zu mir zurück.

AUGUST ZU FRIEDRICH WILHELM I. VON PREUSSEN, 1730

Besondere Leidenschaft entwickelte der Kurfürst für alle Fragen der Architektur und des Städtebaus. Es war August, der das Provinznest Dresden zur Perle des Barock machte. Schloss und Stadt öffneten sich zum Fluss hin und bildeten jenes Stadtpanorama, das in der Welt seinesgleichen suchte. Noch konnten wegen des Nordischen Krieges nur wenige Bauprojekte

Alle Tage Feste: Ein Karussellrennen im Hof des Dresdner Zwinger während der Karnevalslustbarkeiten 1722. Rechts im Bild hat der Maler unausgeführt gebliebene Bauten mit dargestellt.

235

Unter Augusts Herrschaft wurde Dresden zu einer Perle des Barocks. Der berühmte Canaletto-Blick über die Elbe mit Augustusbrücke, Frauenkirche, Brühl'scher Terrasse und der im Bau befindlichen katholischen Hofkirche, 1748.

in Angriff genommen werden, doch waren es diese scheinbar fruchtlosen Jahre, in denen die Pläne für die gewaltigen Umwälzungen im Stadtbild vorbereitet wurden. In den Jahren nach 1711 wurden das Stadtschloss nach barocken Maßstäben umgestaltet, die Schlossanlagen von Pillnitz, Großsedlitz und Moritzburg erweitert. Es entstanden Zwinger, Taschenberg-Palais und Frauenkirche.

Es gehörte zu den günstigen Fügungen der Kulturgeschichte, dass August, der bei der Auswahl seiner politischen Berater nicht selten Schiffbruch erlitt, auf diesem Feld ein ausgesprochen glückliches Händchen bewies: Baumeister wie Matthäus Daniel Pöppelmann, Kunsthandwerker wie der Bildhauer Balthasar Permoser oder Gartenarchitekten wie Johann Friedrich Karcher gehörten zu den Meistern ihres Faches. Ebenso wie der Goldschmied Johann Melchior Dinglinger, von dem zahlreiche Preziosen in der sächsischen Schatzkammer, dem Grünen Gewölbe, stammen. Wie keiner anderen seiner Sammlungen drückte der König besonders dieser seinen persönlichen

Stempel auf. Raumanordnung sowie Auswahl und Präsentation der Kunstwerke folgten seinen Entwürfen und führten seinen Anspruch, eine europäische Großmacht zu repräsentieren, deutlich vor Augen. Ebenso verhielt es sich mit zahlreichen weiteren Kunstsammlungen, die August ihre Existenz oder Inventarisierung verdankten – wie die Gemäldegalerie, der Mathematisch-Physikalische Salon, das Naturalienkabinett. Kennzeichnend für Augusts geradezu aufgeklärtes Denken war es, dass alle Sammlungen gegen ein »Tranckgeld« für die Aufseher öffentlich zugänglich waren.

Auch die Schätze des Grünen Gewölbes machen Dresden bis heute zur Touristenattraktion. Das Bild zeigt den Zustand vor der Zerstörung 1945.

Man muss gestehen, dass die Regierung des großen August der eigentliche glückliche Zeitpunkt ist, in welchem die Künste, als eine fremde Kolonie, in Sachsen eingeführt worden.

JOHANN JOACHIM WINCKELMANN, KUNSTWISSENSCHAFTLER UND ARCHÄOLOGE

Ein ganz besonderes Steckenpferd des Königs war die Porzellansammlung. August war hier von Sammelleidenschaft geradezu besessen. Für außerordentlich wertvolle Stücke verschacherte er schon einmal Landeskinder: 1717 tauschte er 600 sächsische Dragoner gegen einige chinesische Vasen aus den Beständen des preußischen Königs. Sein Faible für kostbare Keramik ließ auch rasch den Zorn darüber verrauchen, dass Johann Friedrich Böttger, der von sich behauptete, Gold herstellen zu können, dann doch nicht die Formel zur Erschaffung des Edelmetalls gefunden hatte, sondern »nur« das Rezept zur Herstellung feinen, weißen Porzellans.

Die zweite Chance

Den Traum, eines Tages als König nach Polen zurückkehren zu können, hatte August nicht aufgegeben. Die Erfüllung rückte näher, als die schwedischen Truppen 1707 das Kurfürstentum verlassen hatten und zum entscheidenden Kampf mit Russland aufgebrochen waren. Im Juli 1709 wurde die schwedische Armee bei Poltawa in der heutigen Ukraine dann fast vollständig vernichtet. Russland stieg damit endgültig zur Großmacht auf – und es war klar, dass zukünftig auch der polnische König ein Herrscher von des Zaren Gnaden sein würde. Peter I.,

Weißes Gold

Dass man mithilfe eines geheimnisvollen Elixiers Gold herstellen könnte – dieser Glaube war Anfang des 18. Jahrhunderts weit verbreitet. Als der Berliner Apothekergehilfe Johann Friedrich Böttger damit prahlte, diese Kunst zu beherrschen, versuchten gleich mehrere finanzbedürftige Monarchen, seiner habhaft zu werden. August ließ ihn 1701 kidnappen und unter strenger Bewachung seine Experimente durchführen. Ab 1705 beschäftigte sich Böttger mit der Herstellung von Porzellan, das damals nur aus China zu beziehen war und in Europa zu horrenden Preisen gehandelt wurde. 1709 präsentierte er dem König zunächst eine rötliche Keramik, das sogenannte Böttger-Steinzeug, später auch weißes Porzellan. 1710 erfolgte die Gründung der Porzellanmanufaktur Meißen, die ihre Produkte unter dem Markenzeichen der gekreuzten blauen Schwerter bald in alle Welt exportierte.

Eine Statuette Augusts des Starken von 1710 aus dem sogenannten »Böttger-Steinzeug«.

der nach dem Vertrag von Altranstädt über den Abfall seines einstigen Bundesgenossen August aufs Äußerste verbittert war, hatte die polnische Krone bereits in den Jahren zuvor in ganz Europa feilgeboten. Doch Prinz Eugen von Savoyen, der ungarische Fürst Ferenc II. Rákóczi und selbst die Brüder Sobieski verspürten wenig Lust, auf dem Warschauer Schleudersitz Platz zu nehmen. Wohl auch deshalb zögerte August jetzt mit seiner Rückkehr nach Polen. Sein einstiger Zechkumpan Peter musste ihn mehr oder minder im Befehlston auffordern, sofort in Polen einzumarschieren oder für immer auf den Thron zu verzichten.

Nach mehr als zweieinhalb Jahren betrat der König am 24. August 1709 wieder polni-

Augusts Umbaupläne für Warschau blieben Stückwerk. Das Gemälde von Canaletto aus dem Jahr 1773/74 zeigt die polnische Hauptstadt vom Weichselufer aus.

schen Boden. Diesmal wurde der Marsch an der Spitze seiner Truppen nicht zum Triumphzug, denn die Reise ging durch ein von Krieg zerstörtes Land. Die Rzeczpospolita hatte durch Plünderungen und Brandschatzungen der jahrelang umherstreifenden Heere furchtbar gelitten. Nun gab eine sich rasch ausbreitende Pestepidemie dem geschundenen Land den Rest.

Dass Gegenkönig Leszczyński bei Augusts Ankunft außer Landes floh, brachte dem Sachsen wenige Vorteile, denn selbst seine verbliebenen Verbündeten wollten nicht einfach so weitermachen wie vorher. Insbesondere waren sie ungehalten darüber, dass August sich bei der Rückeroberung Polens wieder auf seine sächsischen Beamten und Soldaten stützte. Anlässlich seiner offiziellen Wiedereinsetzung als König versprach er, künftig die Verfassung der Rzeczpospolita zu achten und seine Truppen so bald wie möglich nach Hause zu schicken. Tatsächlich jedoch schmiedete er gemeinsam mit Flemming Pläne, das *liberum veto* abzuschaffen und Polen in eine absolutistisch regierte Erbmonarchie zu verwandeln. Als diese Gedankenspiele ruchbar wurden, kam es zum offenen Aufstand, der breite Bevölkerungskreise von der einfachen Bauernschaft bis zu den höchsten Magnaten erfasste. Der durch Vermittlung des Zaren zustande gekommene Friedensvertrag von Warschau beraubte August im November 1716 dann endgültig sämtlicher politischen Gestaltungsmöglichkeiten in Polen. Er musste seine militärische Präsenz einschränken und fast alle sächsischen Beamten nach Hause schicken. Der Traum von der sächsisch-polnischen Großmacht war endgültig ausgeträumt. Als 1721 der Nordische Krieg zu Ende ging, erhielt August noch nicht einmal das als Kriegsbeute versprochene Livland – Peter gliederte es seinem Reich ein.

Je mehr der politische Einfluss des Königs zurückgedrängt wurde, desto mehr versuchte er, auch in Polen auf kulturellem Gebiet zu wirken. Doch die umfangreichen Umbaupläne für die Hauptstadt Warschau blieben Stückwerk: Lediglich einige Bauwerke der sogenannten Sächsischen Achse konnten fertiggestellt werden. Das wichtigste Gebäude, das Sächsische Palais, wurde 1944 von Einheiten der Wehrmacht zerstört.

Das Ende der Cosel

Von den Sachsen wurde das erneute Engagement ihres Kurfürsten in Polen mit gemischten Gefühlen aufgenommen. Zu den Kritikern Augusts gesellte sich nun jedoch ausgerechnet die Frau, die dem König in diesen Jahren am nächsten stand – die Gräfin Cosel. Augusts Mätresse hatte an der Seite des Herrschers

zunehmend eigenen politischen Ehrgeiz entwickelt. Offenbar handelte sie vor allem deshalb, weil sie glaubte, den König vor falschen Einflüsterungen seiner Minister schützen zu müssen. Immer wieder versuchte sie jetzt, Entscheidungen des Monarchen in ihrem Sinne zu beeinflussen. Insbesondere sprach sie sich dagegen aus, dass August den Konfessionswechsel des protestantisch erzogenen Kurprinzen betrieb, um ihn als Nachfolger auf dem polnischen Thron zu installieren. Der

Marianna Bielinska, auch bekannt als Gräfin Dönhoff, war die letzte langjährige Mätresse des Königs. Portrait aus dem Jahr 1713.

König habe nichts von Polen und solle davon Abstand nehmen, dass sein Sohn ihm nach seiner eigenen »unglücklichen Regierung« nachfolge, erklärte die Gräfin. Die Polen müssten einen Einheimischen zum König haben.

Während August selbst solche Reden nur belächelte, witterten die höchsten Regierungsbeamten im Geheimen Kabinett ihre Chance. Ihr wohlgesonnene Männer hatte die selbstbewusste Gräfin in diesem Gremium keine mehr, und so drängten Flemming und seine Ministerkollegen den König, die »hochverräterische« Mätresse fallen zu lassen. Noch wollte August davon nichts wissen, erteilte ihr im Sommer 1712 sogar ein offenes Dekret zur Sicherung ihres Besitzes, in dem es hieß, dass sie »nicht die allergeringste Ursach hätte, in die Continuation Unserer Gnade den geringsten Zweifel zu setzen«. Tatsächlich jedoch wurde die Lage für die Gräfin immer brenzliger. Ende des Jahres zog sich der Monarch lange Monate ohne sie nach Warschau zurück. In der polnischen Hauptstadt sorgte Flemming derweil dafür, dass sich der König in den Armen von Marianna Bielinska wiederfand. Die etwas mehr als 20 Jahre alte Schönheit, die mit einem Grafen Dönhoff verheiratet war, konnte vor allem mit ihren körperlichen Reizen punkten und war keinesfalls für ihre Geistesgaben bekannt. Zwar sträubte sich August zunächst, sich ins derart gemachte Bett zu legen, doch letztendlich ließ er sich überzeugen: Konnte doch eine polnische Mätresse angesichts der explosiven Lage in der Rzeczpospolita helfen, die Stimmung im Land zugunsten Augusts zu beeinflussen und den Polen die Wertschätzung ihrer Nation durch den fremden Monarchen zu beweisen.

Als die Gerüchte in Dresden die Runde machten, der König habe in der polnischen

Die Gräfin Cosel während ihrer Haftzeit auf der Festung Stolpen. Darstellung aus der Mitte des 19. Jahrhunderts.

Hauptstadt eine neue Favoritin, gab sich die Cosel kämpferisch: »Wenn ich bei ihm bin, werde ich in zweimal 24 Stunden alles zerstören, was diese Miserablen in einem Jahr gegen mich aufbauen« – und brach auf nach Warschau. Doch das Gerücht, dass sie auf dem Weg zum König war, verbreitete sich rascher, als sie fahren konnte: Flemming ließ ihr eine bewaffnete Abteilung entgegenschicken, die sie in der Nähe von Łódź zur schmählichen Umkehr zwang.

Die anderen waren seine Mätressen. Ich bin die Frau des Königs.

ANNA CONSTANTIA
GRÄFIN COSEL, 1713

Damit waren ihre Tage als Mätresse gezählt. Während Marianna ihren Platz auch in Dresden einnahm, musste die Cosel die sächsische Residenz verlassen und zog sich Ende 1713 auf ihr Gut Pillnitz zurück. Noch gab sie freilich den Kampf nicht verloren, glaubte sie doch einen entscheidenden Trumpf im Ärmel zu haben: das geheime Eheversprechen Augusts. Der König freilich gab deutlich zu verstehen, dass eine gütliche Einigung nur mit der Auslieferung des brisanten Papiers zu erreichen war. Nach zähen Verhandlungen war sie offenbar auch dazu bereit. Doch als sie zur Besorgung des im Familienarchiv in Holstein verwahrten Dokuments außer Landes reiste, wurde ihr das als Flucht ausgelegt – und sie daraufhin zum Staatsfeind erklärt. Sie wurde von Preußen an Sachsen ausgeliefert, wo sich am Weihnachtstag des Jahres 1716 die Tore der Festung Stolpen hinter ihr schlossen. Fast 49 Jahre lang blieb sie in Gefangenschaft – ohne Prozess, ohne Urteil. Bis zu ihrem Tod im März 1765 sollte sie die Freiheit nicht wiedererlangen.

Kampf um die Nachfolge

Das Zerwürfnis zwischen dem König und seiner Mätresse hatte sich an den Plänen Augusts für den Kurprinzen entzündet. Der junge Friedrich August war am Hof seiner Großmutter Anna Sophie auf Schloss Lichtenburg in der Nähe von Torgau aufgewachsen. Während seine Ausbildung dort in den Händen sächsischer Adliger lag, die den politischen Kurs des Königs

ablehnten, wachten Mutter und Großmutter mit Argusaugen auf die religiöse Erziehung des Kurprinzen zu einem gottesfürchtigen Protestanten. Beides lag nicht im Interesse seines Vaters, der seinen Sohn als Nachfolger nicht allein als Kurfürst, sondern auch als König in Polen und durch ein frühes Eheversprechen mit dem Hause Habsburg möglicherweise sogar als zukünftigen Kaiser aufbauen wollte. Als diese Pläne 1710 ruchbar wurden, handelten Anna Sophie und

Kurprinz Friedrich August trat wie sein Vater vom protestantischen zum katholischen Glauben über, um König von Polen werden zu können.

Eberhardine umgehend: Sie ließen den jungen Mann an seinem 14. Geburtstag konfirmieren und nahmen ihm das Versprechen ab, für immer ein treuer Protestant zu bleiben.

Zum Glaubenshelden war der junge Friedrich August freilich wie schon sein Vater nicht geschaffen. Als ihn dieser im Mai 1711 dem Einfluss von Mutter und Ehefrau entzog – was im Ablauf durchaus einer Entführung glich – und ihn die folgenden acht Jahre von Dresden fernhielt, dauerte es nicht lange, bis der Widerstand des Prinzen gegen eine Konversion erlahmte. Im November 1712 trat er wie sein Vater zunächst im Geheimen zum katholischen Glauben über. Fünf Jahre später machte er den Schritt öffentlich und heiratete im August 1719 die habsburgische Kaisertochter Maria Josepha. In den 20er-Jahren des 18. Jahrhunderts bezog der König dann den jungen Friedrich August immer stärker in die Regierungsgeschäfte ein. Augusts Ziel war es, für seinen Sohn die Thronfolge in Polen zu sichern.

Der König selbst fühlte in diesen Jahren seine Kräfte schwinden. Er klagte immer wieder über heftige Leibschmerzen, zudem bildeten sich am ganzen Körper Geschwüre und brachen immer wieder alte Wunden auf. Die Ärzte setzten den Zweizentnermann auf strenge Diät, doch er dachte gar nicht daran, seine ausschweifende Lebensweise zu ändern: Wie das Hofjournal von 1729 berichtet, stellten drei Stunden pro Mahlzeit weiterhin keine Seltenheit dar; die Tische waren wie seit jeher überladen mit Köstlichkeiten. Dazu trank August zwei bis drei Flaschen Wein, wenn gefeiert wurde, auch sechs oder sieben. Niemand ahnte, was die wahre Ursache seines Leidens war: die durch Insulinmangel bewirkte Stoffwechselstörung Diabetes, über die man damals jedoch noch nichts wusste.

Auf dem politischen Parkett bemühte sich der König, mithilfe wechselnder Allianzen seinem Sohn den Weg nach Warschau zu ebnen. Er verbündete sich mit Österreich und England, um die Habsburger wenig später mit allzu offensichtlich vorgetragenen Ansprüchen auf deren Erbe zu brüskieren. 1728 beendete er einen langjährigen Zollkrieg mit Preußen und schloss ein Bündnis mit dem nördlichen Nachbarn. Doch schon bald verärgerte er den Soldatenkönig Friedrich Wilhelm I. mit einer Modernisie-

Der »Goldene Reiter« auf dem Neustädter Markt in Dresden zeugt bis heute vom Glanz der Herrschaft Augusts des Starken.

243

rung und Verstärkung der sächsischen Armee nach preußischem Muster. Zuletzt freilich war er selbst sich nicht mehr sicher, ob sich all die Mühen gelohnt hatten. Auf dem Sterbebett erklärte er, für ihn sei die Königskrone eine Dornenkrone gewesen. Er wolle es deshalb seinem Sohn freistellen, ob er dies alles ebenfalls auf sich nehmen wolle.

Sein wichtigstes Ziel hatte August nicht erreicht: Von einem absolutistisch regierten Doppelreich, von einer wirklichen Großmacht Sachsen-Polen, war er so weit entfernt wie bei seinem Amtsantritt. Achtundachtzig Millionen Taler, eine damals schier unvorstellbare Summe, hatte ihn das polnische Abenteuer gekostet. Er müsse sich zumindest nächtens gelegentlich gesagt haben, »dass er mit den Millionen, die er in den sarmatischen Schlund geworfen hatte, aus seinem braven und fleißigen Heimatland das Paradies auf Erden hätte machen können«, so August-Biograf Hermann Schreiber. Sachsen freilich lag zum Ende seiner Regentschaft keineswegs am Boden. Handel und Gewerbe blühten, was auch auf eine kluge Politik des Kurfürsten zurückzuführen war. Augusts bleibendes Vermächtnis jedoch sind die von ihm geschaffenen Bauwerke und Kunstsammlungen, die Dresden und das Elbtal zu einem Glanzstück des Weltkulturerbes gemacht haben – allen Auseinandersetzungen um diesen von der UNESCO verliehenen Titel zum Trotz.

Unter seinen schwachen Nachfolgern zerfiel das von ihm geschaffene Reich. Zwar konnte sich sein Sohn noch auf dem polnischen Thron behaupten, doch nach dessen Tod sanken die Wettiner wieder in die Masse der deutschen Landesfürsten hinab. Im Reich war Sachsen im Nachbarland Preußen ein übermächtiger Konkurrent erwachsen, der das Land in den folgenden Jahren mit Krieg überzog und sich schließlich große Teile seines Territoriums einverleibte. Damit wurde aus Sachsen endgültig wieder das, was es schon vor August gewesen war: deutsche Provinz – ein kleines Land, das ein paar Jahre über seine Verhältnisse gelebt hatte, sich ein wenig Glanz aus jener Zeit freilich bis heute bewahrt hat.

Der König starb nicht in Dresden, sondern in Warschau, wo er Anfang 1733 noch einmal am polnischen Reichstag teilnehmen wollte. Nach dem Zeugnis seiner Ärzte drückte sich August der Starke in der Todesstunde selbst die Augen zu. Sein Körper wurde einbalsamiert und in der Wawelkathedrale in Krakau beigesetzt. Sein Herz jedoch wurde seinem letzten Willen gemäß nach Dresden gesandt und in der Hofkirche verwahrt. Die Legende besagt, dass es jedes Mal wieder zu schlagen beginnt, wenn eine hübsche Frau vorübergeht.

Er war geneigt, die schönen Seiten der Geschichte für die wahre Geschichte zu halten, und dies hatte zur Folge, dass es in seinem Tun viel Romanhaftes gab.

JACOB HEINRICH
VON FLEMMING

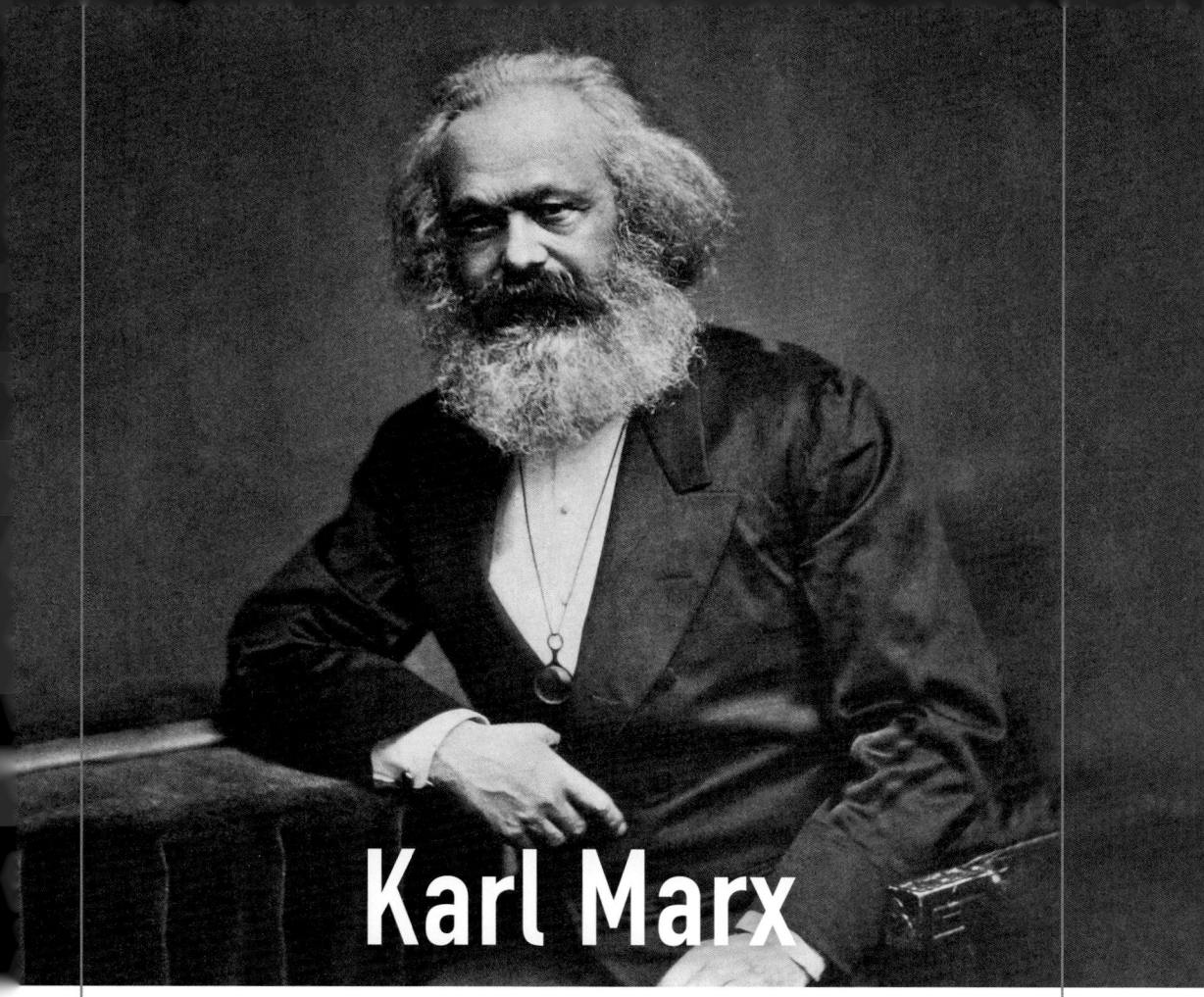

Karl Marx

und der Kommunismus

Er ist einer der meistgelesenen Autoren aller Zeiten. Auf seinen Schriften gründete eine Ersatzreligion, die das 20. Jahrhundert entscheidend prägte. Die Idole und Schreckgestalten des totalitären Zeitalters beriefen sich auf ihn. Kaum ein Deutscher hat den Verlauf der Geschichte nachhaltiger beeinflusst als der ebenso widerspruchsfreudige wie widersprüchliche Theoretiker Karl Marx. Ein Universalgelehrter, der auf politischem Feld zur Dogmatik tendierte, ein hingebungsvoller Familienvater, der auch der Haushälterin einen Sohn bescherte, ein Lebenskünstler, der nicht mit Geld umgehen konnte und der, bis heute gültig, das Wesen des Kapitalismus mit bestechendem Scharfsinn ergründet hat.

Je früher der Morgen ... Die unangemeldeten Besucher, die gegen Viertel nach ein Uhr morgens das Treppenhaus eines Brüsseler Reihenhauses hinaufstürmen, scheinen keinen großen Wert auf Etikette und gastlichen Empfang zu legen. Kaum öffnet sich zaghaft die Wohnungstür in der ersten Etage, drängen die zehn bewaffneten Polizeibeamten mit Gewalt in den Flur, in dem sich Koffer und Kisten stapeln. Ungefragt beginnen sie das Wohnungsinventar zu durchsuchen, während der Anführer des Überfallkommandos die Tür zum Arbeitszimmer aufreißt. Wie um diese Zeit üblich, ist dort der Herr des Hauses über seine Schreibarbeit gebeugt.

»Karl Marx?« Der Angesprochene wirkt nicht sonderlich überrascht von der nächtlichen Ruhestörung, jedoch auch nicht überaus angetan. Aus einer Schublade seines Sekretärs kramt er seinen gültigen Ausweis, eine Aufenthaltsgenehmigung und ein Schreiben des belgischen Justizministers. Doch den Kommissar der Brüsseler Stadtpolizei kümmern diese Legitimationen wenig. Mit Nachdruck fordert er den Emigranten, der nach Rückgabe seines preußischen Passes seit Kurzem staatenlos ist auf, ihn zur Präfektur zu begleiten.

Karl Marx findet gerade noch Zeit, die dreijährige Jenny, die zweijährige Laura und

Unerwünschter Landesgast: Zu Beginn der Revolution von 1848 wurde Karl Marx, der in Brüssel poltisches Asyl erhalten hatte, aus seinem belgischen Exil verwiesen.

1818 ▶ 5.5. Geburt von Karl Marx in Trier

1818 ▶ 29.9. Aachener Kongress: Europäische Monarchien wollen revolutionär-demokratische Bewegungen bekämpfen

1819 ▶ 23.3. Ermordung des Schriftstellers August von Kotzebue

den gerade ein Jahr alten Edgar zu liebkosen sowie seiner Ehefrau mit dem Abschiedskuss ein paar knappe Anweisungen zu geben: Falls er festgehalten werde, solle sie ortsansässige Bürgerrechtler alarmieren.

Als die Tür hinter ihm ins Schloss fällt, ist dem 29-Jährigen klar, dass mit dem anbrechenden 4. März 1848 auch sein politisches Asyl in Belgien nach drei Jahren zu Ende gehen wird. Er bleibt ein Gehetzter, ein rastlos Gejagter. Als ob ein Fluch über seinem Dasein laste. Es ist ein Leben auf der Flucht. Köln, Paris, Brüssel, und nirgendwo zu Hause.

Aber es ist eben seine Sache nicht, sich anzupassen, sich zu fügen oder zu verbiegen – zeitlebens. »Wer jaget hinterdrein mit wildem Ungestüm?«, hatte ihm Bruno Bauer, ein Kumpan aus Studententagen, schon 1842 spöttisch hinterhergereimt: »Ein schwarzer Kerl aus Trier, ein markhaft Ungetüm. / Er geht, hüpfet nicht, er springet auf den Hacken. / Und raset voller Wut, und gleich, als wollt' er packen / das weite Himmelszelt und zu der Erde zieh'n.« Den Himmel auf die Erde ziehen: Der unbedingte Wille zum Unmöglichen hat ihn seit jeher umgetrieben. »Die Hauptlenkerin aber«, verkündete schon der 17-jährige Gymnasiast in seinem Abituraufsatz, »ist das Wohl der Menschheit, unsere eigene Vollendung.«

Europa im Zeitalter der Revolution

Der Weg zu diesem Ziel ist jedoch fortwährend von Behördenwillkür gepflastert. Die nächtliche Vernehmung im Keller des Brüsseler Rathauses offenbart rasch, dass die Prüfung der Papiere lediglich als Vorwand diente, den ausländischen Asylanten festzunehmen. Ein Verdacht steht im Verhörraum: Einen halben

Monat zuvor waren bei Marx 6000 Francs aus dem Erbe seines Vaters eingegangen. Die belgischen Strafverfolger, von der allgegenwärtigen preußischen Polizei auf die Fährte gesetzt, verdächtigen den Flüchtling nun, mit dem Geld Waffenkäufe für Aufständische ermöglicht zu haben.

Im Zeitalter der Revolutionen galt Frankreich vielen Freiheitsfreunden als Wiege des Fortschritts.

Die Anspannung ist groß in einer hochexplosiven Zeit: In Europa geht die Revolution um. Am 24. Februar 1848 erst hat ein Volksaufstand in Paris den französischen Bürgerkönig Louis Philippe von Orléans zum Rücktritt gezwungen. Die Hoffnung der Monarchiegegner auf den lange ersehnten Völkerfrühling breitet sich im Tempo des Dampfzeitalters über den gesamten Kontinent aus.

Die Revolutionen sind die Lokomotiven der Geschichte.

»DIE KLASSENKÄMPFE IN FRANKREICH 1848 BIS 1850« (1850)

Als Streitschrift mit Sprengwirkung sollte sich das »Kommunistische Manifest« erweisen. Hier das handschriftliche Manuskript aus der Feder von Karl Marx.

»Unsere Zeit, die Zeit der Demokratie, bricht an«, hat auch Marx' engster Mitstreiter Friedrich Engels die französische Revolution in der »Deutsch-Brüsseler (Emigranten-) Zeitung« enthusiastisch begrüßt. »Die Flammen der Tuilerien und des Palais Royal sind die Morgenröte des Proletariats. Die Bourgeoisherrschaft wird jetzt überall zusammenkrachen und zusammengeworfen werden.«

Zeitgleich rotiert in der Londoner Liverpool Street eine Streitschrift durch die Handpresse des dortigen Arbeiterbildungsvereins. »Mögen die herrschenden Klassen vor einer kommunistischen Revolution erzittern«, verkünden die anonymen Verfasser dieses »Manifestes der Kommunistischen Partei« kühn.

Den Polizeibehörden ist es durchaus kein Geheimnis, wer die wirklichen Urheber der gedruckten Kampfansage sind: Karl Marx hat die gemeinsam mit Friedrich Engels entwickelten Ideen Anfang 1848 zu Papier gebracht.

Der zeitliche Zusammenhang scheint den Verdacht nahezulegen: Ist jetzt die historische Stunde gekommen, um den manifestierten »Aufstand der proletarischen Massen« durch Propaganda und Waffenhilfe anzuzetteln? Werden die Künder eines neuen Zeitalters nun im Schulterschluss mit politisierten Arbeitern selbst auf die Barrikaden steigen, um die herrschenden Gewalten zu stürzen? Die Vernehmer der Brüsseler Stadtpolizei sind alarmiert.

Für Karl Marx könnte keine Vorstellung absurder sein. Der Verhörte sieht sich keinesfalls als Rädelsführer, als Vorkämpfer eines der zahlreichen aufstandsbereiten Geheimbünde, wie die Behörden mutmaßen. Er versteht sich im Gegenteil als konsequenter Warner vor dem Vorhaben, mit einem Häuflein bewaffneter Rebellen in eine aussichtslose Revolte zu ziehen.

Karl Marx ist ein Denker, ein Philosoph. Er scheut sich nicht, die Schranken gängiger Anschauungen zu durchbrechen. Mit wissenschaftlichem Anspruch und universellem Vorwissen hat er versucht, den Gang der Weltgeschichte zu ergründen. Er hat Gesetz-

1821 ❯ 24.2. Mexiko wird endgültig unabhängig von Spanien

1821 ❯ 5.5. Tod Napoleons auf St. Helena

1822 ❯ 11.4. Osmanisches Massaker unter Bewohnern der Insel Chios als Antwort auf den griechischen Unabhängigkeitskampf

mäßigkeiten destilliert, die nach seiner Weltsicht das Handeln und Wandeln der Menschen seit ihren Anfängen bestimmen. Doch gerade aus dieser Erkenntnis heraus sieht er sich nicht von dem für ihn lächerlichen Ehrgeiz getrieben, die Zukunft der Menschheit nach Gutdünken, mit Gewalt zu erzwingen. Denn der Fortschritt, davon ist der Philosoph überzeugt, ist eine Kraft, die ohnehin nicht aufzuhalten ist. Wird sie doch nicht durch kühne Ideen bewegt, sondern durch höchst materielle Triebkräfte.

Studienjahre

Wäre es nach seinem Vater gegangen, so hätte der am 5. Mai 1818 geborene Trierer ein sicheres, wenig aufregendes Auskommen als Jurist in seiner preußischen Heimat gefunden. Heinrich Marx war selbst Rechtsanwalt. Als die neuen preußischen Landesherren die zuvor noch unter Napoleon gepflegte Religionstoleranz in der Moselprovinz abschafften, sah er sich gezwungen, für sich (und später auch seine neun Kinder) seine jüdische gegen die protestantische Religion einzutauschen, um seinen Beruf und seine bürgerliche Gleichberechtigung nicht zu gefährden.

Für den Sohn besaß die Aussicht auf einen rechtmäßigen Broterwerb nicht den notwendigen Reiz. Das Interesse des jungen Studenten, der sich 1835 an der Bonner Universität im Fach Jura einschrieb, richtete sich eher auf Lebenslust, Liebeswerben und Lyrik im romantischen Stil seiner Zeit. Aus Verbundenheit zu seiner Heimatstadt, aber auch zu den Idealen politischer Freiheit gesellte er sich zur Landsmannschaft der Trierer Studenten, den »Treviranern«. Wie sie war auch der junge Studiosus dem Leben jenseits der Studierstube durchaus

zugetan. Wegen »nächtlicher Ruhestörung« in Tateinheit mit »Trunkenheit« musste der 17-Jährige einmal einen ganzen Tag im Karzer verbüßen. Auch des »Tragens verbotener Waffen« bezichtigte man ihn. Sein hitziges Temperament brachte dem ehrgeizigen Landsmannschaftler gar ein Duell mit einem der als reaktionär verhassten preußischen Korpsstudenten ein. Mit einer Kopfwunde über dem linken Auge kam der eher unsoldatische Marx indes noch relativ glimpflich davon.

Das Haus in Trier, in dem Karl Marx aufwuchs, beherbergt heute eine viel besuchte Gedenkstätte.

»Ist denn das Duellieren so sehr mit der Philosophie verwebt?«, schrieb der besorgte Vater und riet: »Lasse diese Neigung, und wenn auch nicht Neigung, diese Sucht nicht Wurzel greifen, Du könntest am Ende Dir und Deinen Eltern die schönsten Lebenshoffnungen rauben.«

Ein frommer Wunsch. Die väterliche Hoffnung auf ein biederes Bürgerdasein ging nicht in Erfüllung. Sohn Karl entdeckte seine Leidenschaft für eine wenig ertragreiche Materie. Nach seinem Wechsel an die nachmalige Berliner Humboldt-Universität in Berlin 1836 belegte der Jurastudent vorwiegend Vorlesungen in Philosophie. Wenngleich auch an der wichtigsten Lehrstätte des preußischen Königreichs der reaktionäre Umschwung greifbar war, kursierten dort unter fortschrittlich gesinnten Akademikern geradezu subversive Ideen. Sie beriefen sich dabei auf Methoden und Theorien des legendären, kurz zuvor verstorbenen Staatsphilosophen Georg Wilhelm Friedrich Hegel.

Dessen Vorlesungen waren einst nicht nur gut besucht gewesen, die Zuhörer hatten förmlich an den Lippen des Gipfeldenkers geklebt und sich bemüht, seinen überaus komplexen Gedankengängen zu folgen: den Ausführungen zum Verhältnis von Idee und Wirklichkeit, den Deutungen zu Sinn und Ziel historischen Wandels. In einer Zeit gravierender gesellschaftlicher und politischer Umbrüche herrschte Bedarf nach Orientierung darüber, was die Welt im Innersten zusammenhält und wie sich der permanente Fortschritt begründet.

Ausgangspunkt der Hegel'schen Lehre war ein keineswegs neues Denkprinzip – im Laufe der Geistesgeschichte wurde es immer wieder variiert: die Dialektik. Sie basiert auf der

Auch nach Georg Wilhelm Friedrich Hegels Tod 1831 beeinflusste sein philosophisches Lehrgebäude Studenten wie Karl Marx.

Annahme, dass sich Fortschritt durch die Wirkung gegensätzlicher Ideen und Kräfte erklärt. Auf eine bestehende These folgt die Antithese, daraus bildet sich die Synthese, daraus erneut These, Antithese, Synthese in höherer Qualität. Immer wieder gehen Widersprüche ineinander auf und heben so die Menschheit auf eine höhere Stufe.

Es ist nicht das Bewusstsein der Menschen, das ihr Sein, sondern umgekehrt ihr gesellschaftliches Sein, das ihr Bewusstsein bestimmt.

»KRITIK DER POLITISCHEN ÖKONOMIE« (1859)

Dialektik als Triebkraft der Fortentwicklung: Dieser Ansatz inspirierte auch den jungen Studenten Marx. Später erklärte er die Dia-

1825 ▶ 26.12. Dekabristenaufstand liberaler russischer Offiziere gegen das autokratische Zarentum wird niedergeschlagen

1826 ▶ 31.7. Ein letztes Todesurteil der Inquisition wird in Valencia vollstreckt

1827 ▶ 20.10. Durch den Sieg in der Schlacht von Navarino erlangt Griechenland seine Unabhängigkeit von den Osmanen

lektik zur »Wissenschaft von den allgemeinen Bewegungs- und Entwicklungsgesetzen der Natur, der Menschengesellschaft und des Denkens«. Doch während Hegel und andere philosophische Vertreter des sogenannten »Idealismus« davon ausgingen, dass allein die Kraft der Idee ausschlaggebend sei für den Wandel in der Welt, verfolgte Marx wie andere »Links-Hegelianer« einen materialistischen Denkansatz. Nicht die Idee sei es, die das Geschehen präge. Vielmehr sei sie lediglich Ausdruck bestehender materieller Verhältnisse. Ideen seien keine Hervorbringungen des Geistes, sondern Spiegel der gegebenen sozialen und ökonomischen Ordnung, »das im Menschenkopf umgesetzte und übersetzte Materielle«.

Er fordert den Abschied aus dem Elfenbeinturm. »Die Philosophen haben die Welt nur verschieden interpretiert«, verkündete der radikale Denker. »Es kömmt aber darauf an, sie zu verändern!« Marx wollte nicht in der philosophischen Erkenntnis verharren, sondern war überzeugt, das Gesetz zum Handeln formuliert zu haben: »Ganz im Gegensatz zur deutschen Philosophie, welche vom Himmel auf die Erde herabsteigt, wird hier von der Erde zum Himmel gestiegen. Das heißt, es wird nicht ausgegangen von dem, was die Menschen sagen, sich einbilden, sich vorstellen«, postulierte er. »Es wird von den wirklich tätigen Menschen ausgegangen und aus ihrem wirklichen Lebensprozess auch die Entwicklung der ideologischen Reflexe und Echos dieses Lebensprozesses dargestellt.«

Neu definiert werden somit auch Rolle und Praxis des Denkers. Marx kam – so das Resultat seiner Studien – mehr und mehr zur Erkenntnis, aktiv am politischen Geschehen Anteil nehmen, Partei ergreifen zu müssen im Kampf um eine Gesellschaft, die Konflikte zwischen Herrschern und Beherrschten, Ungleichheit und Unterdrückung überwinden sollte. Damit werde nach seiner Überzeugung Hegels Dialektik vom »Kopf auf die Füße« gestellt.

Du kannst Dich darauf gefasst machen, den größten, vielleicht den einzigen jetzt lebenden eigentlichen Philosophen kennenzulernen, der nächstens öffentlich auftreten wird … Denke Dir Rousseau, Voltaire, Holbach, Lessing, Heine und Hegel in einer Person vereinigt … – so hast Du Dr. Marx.

MOSES HESS, 1841

Mit solchem Gedankengut, das die staatstragende Weltanschauung in Frage stellte, war in Preußen jedoch kein Staat zu machen. Nach erfolgter Promotion im April 1841 blieb dem Doktor der Philosophie die akademische Berufslaufbahn verwehrt. Nach dem Tod des Vaters versiegte überdies der elterliche Geldfluss allmählich.

Und dabei ging es nicht mehr allein um seine Zukunft. Schon seit sechs Jahren war Karl verlobt mit dem, wie er schwärmte, »schönsten Mädchen von Trier und der Ballkönigin«, die seine Gefühle heftig erwiderte: »Mein Herzchen ist so überströmend voll«, gestand sie ihrem Verlobten, den sie wegen Haarpracht und Temperament liebevoll »Schwarzwildchen« nannte, »von Liebe und Sehnsucht und heißem Verlangen nach Dir.« Neben ihrer Schönheit verfügte die Geliebte auch über einen klangvollen Namen: Jenny von Westphalen entstammte einer angesehenen Adelsfamilie, der ihrerseits ganz im Geiste der Zeit an einer standesgemäßen Partie und ausreichendem Auskommen für ihre Tochter gelegen war.

So fügte es sich günstig, dass Karl Marx 1842 das Angebot liberal gesinnter Geldgeber erhielt, in Köln eine neue Zeitung verantwortlich mitzugestalten. Die wirtschaftlich aufstrebende Rheinstadt, wie Trier einst unter französischer Verwaltung mit modernen Ideen infiziert, war damals Preußens fortschrittlichste Metropole. Mit der neu gegründeten »Rheinischen Zeitung« wollte das selbstbewusste rheinische Bürgertum auch seine Distanz zum preußischen Militär- und Beamtenstaat zum Ausdruck bringen. Nach kurzer Redakteurszeit übernahm Marx die Federführung und formte das Blatt zu einem Sprachrohr der demokratisch gesinnten Opposition gegen die vorherrschende politische Erstarrung in den zersplitterten deut-

Trotz adliger Herkunft trug Jenny von Westphalen die aktive Gesellschaftskritik ihres Ehemanns ein Leben lang mit.

Unter Chefredakteur Marx ging die »Rheinische Zeitung« in Köln auf Distanz zum preußischen Militär- und Beamtenstaat.

Ach lieb, lieb Liebchen, nun mengelierst Du Dich noch gar in die Politik. Das ist ja das Halsbrechendste. Karlchen, bedenk nur immer, dass Du daheim ein Liebchen hast, das da hofft und jammert und ganz abhängig von Deinem Schicksal ist.

JENNY VON WESTPHALEN, 1841

schen Ländern. Der Chefredakteur etablierte einen Journalismus, der nüchterne Tatsachen an die Stelle der gängigen Hofberichterstattung setzte. Die Leser dankten es ihm, die Auflage der »Rheinischen Zeitung« kletterte unter seiner Leitung auf 3500 Exemplare, was für damalige Verhältnisse stattlich war.

Vor dem Andruck nahm indes die staatliche Bürokratie jede Zeitungsausgabe erst einmal unter ihre Lupe. »Unser fertiges Blatt muss der Polizeinase zum Riechen präsentiert werden«, schilderte Marx einem Freund das verordnete Ritual, »und wenn sie etwas Unchristliches, Unpreußisches riecht, darf die Zeitung nicht erscheinen.« Auf Dauer war das von Marx überaus geschickt ausgetragene Versteckspiel mit dem Zensor nicht zu gewinnen. Der Unmut des russischen Zaren über einen Artikel der »Rheinischen Zeitung« lieferte der preußischen Regierung den Vorwand, das lästige Oppositionsblatt im März 1843 gänzlich aus dem Verkehr zu ziehen.

Jahre in Paris

Marx war arbeitslos – aber auch erleichtert: »Es ist schlimm, Knechtsdienste selbst für die Freiheit zu verrichten«, klagte er. »Ich bin der Heuchelei, der Dummheit, der rohen Autorität und unseres Schmiegens, Biegens, Rückendrehens und Wortklauberei müde geworden«, und fügte spöttisch hinzu: »Also die Regierung hat mich wieder in Freiheit gesetzt.« Es war die einzige Freiheit, die dem geschassten Journalisten noch blieb: der Unfreiheit den Rücken zu kehren. Nach der Hochzeit verließ er mit seiner frisch Angetrauten im Oktober 1843 die Heimat in Richtung Paris – der Beginn einer lang währenden Odyssee.

Paris war Zufluchtsort für politisch verfolgte Deutsche wie Heinrich Heine, hier (links) im Gespräch mit dem Ehepaar Marx.

Und das war damals kein Einzelfall. Die französische Hauptstadt galt zu jener Zeit als Hort der Freiheit für Flüchtlinge aus ganz Europa. Allein über 80 000 Deutsche hatten an der Seine eine Bleibe gefunden. Beileibe nicht alle waren vor politischer Verfolgung geflohen wie die kritischen Schriftsteller Ludwig Börne, Heinrich Heine oder Georg Herwegh. Die meisten Emigranten suchten als Wanderarbeiter

1831 ▶ 8.9. Niederschlagung des polnischen Aufstandes in Warschau durch russische Invasionstruppen

1831 ▶ 14.11. Tod Georg Wilhelm Friedrich Hegels

1832 ▶ 22.3. Tod Johann Wolfgang von Goethes

im Westen ihren Horizont zu erweitern. In den Salons, Hinterzimmern und Kaffeehäusern der »alten Hochschule der Philosophie und der neuen Hauptstadt der neuen Welt«, wie Marx schwärmte, gediehen die damals fortschrittlichsten Ideen des Kontinents.

Freiheit, Gleichheit, Brüderlichkeit, der historische Dreiklang der Französischen Revolution von 1789, hatte nicht nur viele Denker nachhaltig inspiriert, sondern auch politisch unbeteiligte und unterdrückte Bevölkerungsgruppen wachgerufen. Bislang hatte vor allem der dritte Stand, das Bürgertum, das Sagen, nicht aber die Arbeiterschaft, die sich selbst als eigene Bevölkerungsschicht erst noch begreifen musste. Von einem Klassenbewusstsein konnte in den 1840er-Jahren noch keine Rede sein. So waren die unterprivilegierten Schichten auf intellektuelle Fürsprecher angewiesen, die sich – von außen sozusagen – zur Avantgarde einer »proletarischen Selbstbefreiung« aufschwangen.

Gemeinsamer Nenner der frühen sozialistischen Denker war der optimistische Glaube, man könne durch revolutionäre Veränderungen eine ideale und gerechte Gesellschaftsform schaffen, die keine Unterdrückung und Ausbeutung mehr kenne. Der Mensch sei von Natur aus gut, jedoch durch die ungerechte Verteilung von Macht und Gütern diesem idealen Urzustand entfremdet worden.

Diese oft von christlichen Idealen geleiteten »Frühsozialisten« in England, Deutschland, vor allem aber in Frankreich, blieben zunächst einsame Rufer. Kaum einer von ihnen gehörte der gerade erst entstehenden Arbeiterschicht an. Sie leiteten ihre Theorien zur Selbstbefreiung aus gesellschaftlichen Utopien ab. Gegen 1830 kam erstmals der Begriff »Sozialismus« auf, seit 1840 war immer häufiger auch von »Communisme«

die Rede. Die Schnittmenge dieser Palette von Denkrichtungen war die Vision einer menschlichen Gesellschaft der Gleichen.

Wie man dorthin gelangt, daran schieden sich indes die Geister. Denker im Sinne eines »utopischen Kommunismus« entwarfen ferne Zukunftsmodelle, mit dem Ziel, Produktionsmittel und Verbrauchsgüter zum Gemeineigentum zu erklären. Offen blieb, ob diese Veränderung friedlich oder gewaltsam vor sich gehen würde. Gracchus Babeuf proklamierte eine »Verschwörung der Gleichen«. Sein Anhänger Auguste Blanqui favorisierte den revolutionären Weg, prägte 1837 den Begriff der »Diktatur des Proletariats«.

Die »Anarchisten« sahen in der bestehenden gesellschaftlichen Ordnung das Haupthindernis für eine bessere Welt, ihre Fassaden gelte es daher einzureißen. Ziel sei es, den Staat als Instrument politischer Herrschaft und den Privatbesitz als Mittel wirtschaftlicher Unterdrückung abzuschaffen – notfalls mit revolutionärer Gewalt. Einer der ersten Anarchisten war der 1809 geborene Pierre Joseph Proudhon, dessen kämpferische Parole lautete: »Eigentum ist Diebstahl.«

Weniger rigoros waren Sozialreformer wie Claude Henri de Saint-Simon oder Charles Fourier; ihnen war es darum zu tun, die Besitzstände umzuverteilen, die Gesetzgebung zu beeinflussen sowie die Rechte und Organisationsmöglichkeiten der Ärmeren zu stärken. Gedanken, die auch im liberalen Bürgertum Widerhall fanden.

Ganz besonders empfänglich für die radikalen Vorstellungen der frühen Sozialisten zeigten sich Handwerksgesellen, die auf ihrer Wanderschaft auch viele neuzeitliche Ideen im Gepäck mit sich führten. Manche schlos-

1832 ▶ 27.5. Hambacher Fest: Frühliberale Manifestation für nationale Einheit, Freiheit und Demokratie in Deutschland und Europa

1832 ▶ 5.7. Einschränkung der Presse- und Versammlungsfreiheit in Folge des Hambacher Festes

1833 ▶ 3.4. Frankfurter Wachensturm als gescheiterter Versuch, eine gesamtdeutsche Revolution auszulösen

LES MOINES DE MÉNILMONTANT
ou
LES CAPACITÉS SAINT-SIMONIENNES.

Die Forderungen utopischer Sozialisten in Paris wie Claude Henri de Saint-Simons nach radikaler Gleichheit wurde auch zur Zielscheibe spöttischer Kritik durch die spitze Feder der Karikatur.

sen sich in der Tradition der von Babeuf initiierten Geheimgesellschaften heimlichen Bruderschaften wie dem »Bund der Geächteten« an, aus dem später der »Bund der Gerechten« hervorging. Um sich der obrigkeitsstaatlichen Überwachung zu entziehen, hielten die Verschwörer ihre Treffen in der Tarnung von Bildungs- oder Gesangsvereinen ab, gaben neuen Mitgliedern Einblick nur in die engsten Zirkel, nie in die gesamte Hierarchie, und raunten sich zur Erkennung konspirative Formeln zu: »Losungswort: Bürgertugend.« »Hast du sie gesehen?« »Ich hoffe sie zu sehen.« »Die Zukunft ist für uns.«

Von Beginn an mischten in diesen sektiererischen Urformationen der späteren Arbeiterbewegung auch Intellektuelle aus dem Bürgertum mit, was die stets wachsame politische Polizei mit beinahe fürsorglichem Pathos registrierte. »Es ist ein wirklich bejammernswerter Zustand«, meldete ein Spitzel aus Paris seinen preußischen Vorgesetzten, »wenn man hier sieht, auf welche Weise einige Intriganten die armen deutschen Handwerker irreführen, nicht bloß Arbeiter, sondern auch junge Kaufleute, Commis usw. in den Kommunismus zu ziehen suchen.« Ein weiterer Informant fügte warnend hinzu: »In Paris beginnt sich eine neue Klasse von deutschen Schriftstellern, Künstlern und Handwerkern zu erheben, welche den Umsturz auf dem Wege sozialer Reformen herbeizuführen entschlossen ist. An der Spitze dieser Partei stehen die Vertreter der Hegel'schen Lehre, Ruge, Marx, etc.«

Mit dem Kleinverleger und Publizisten Arnold Ruge, Junghegelianer wie er, aber kommunistischen Ideen gänzlich abhold, verknüpfte Marx seine neue berufliche Hoffnung. Gemeinsam mit ihm und dem Dichter Georg Herwegh, zugleich Wohngenossen des Ehepaars Marx, rief er die »Deutsch-Französischen Jahrbücher« ins Leben. Sie sollten fortschrittlichen Stimmen aus beiden Ländern ein Organ geben. Geistesgrößen wie Ludwig Feuerbach, aber auch sämtliche angefragten französischen Autoren ließen sich indes nicht zur Mitarbeit bewegen. Das erste Heft fand zudem zu wenige Abnehmer. Heines Spottgedicht auf den Bayernkönig Ludwig II. bewirkte zwar publizistischen Erfolg, aber auch die

Georg Herwegh, zeitweise Mitbewohner des Ehepaars Marx in Paris, rüstete 1848 zum Export der Revolution in seine deutsche Heimat.

Beschlagnahme einer größeren Stückzahl an der deutschen Grenze, damit den endgültigen wirtschaftlichen Fehlschlag und den Bruch zwischen Ruge und Marx.

»Liebherzchen, ich hab oft gar zu große Sorgen wegen unserer Zukunft«, gestand Jenny ihrem erneut gescheiterten Gemahl. Letzter Zufluchtsort für kritische deutschsprachige Emigranten blieb die demokratische Wochenschrift »Vorwärts«, der Karl Marx durch seine Mitarbeit einen deutlich sozialistischen Stempel aufdrückte.

Die Pariser Jahre wurden prägend für sein philosophisches Gedankengebäude, das später die Welt bewegen sollte. Auf diesem Forum neuzeitlicher Ideen konnte er an eine Reihe von Vordenkern anknüpfen. Selbst die kommunistische Gesellschaft hatten schon andere vor ihm entworfen. Marx aber verstand es zusammen mit Gleichgesinnten, Elemente und Begriffe bestehender Denkrichtungen miteinander zu verknüpfen. Sein Hauptanliegen und sein wesentliches Unterscheidungsmerkmal war die konkrete Verankerung der Theorie in der Realität. Revolution war aus seiner Sicht keine spontane Aktion, sondern ein geradezu unabwendbares Ereignis in einem historisch-dialektischen Prozess. Diese Entwicklung wollte er im Sinne eines sich als »wissenschaftlich« verstehenden Sozialismus analysieren, darstellen und Letzterem Geltung verschaffen.

Freundschaft mit Engels

In Paris lernte der Theoretiker nicht nur zum ersten Mal in seinem Leben leibhaftige Exemplare der Handwerker- und Arbeiterschicht kennen, er erschloss für sich intensiver als zuvor die Bedeutung wirtschaftlicher Zusammenhänge.

Die Begegnung mit dem Fabrikantensohn Friedrich Engels 1844 wurde für Marx zum Auftakt einer lebenslangen Symbiose.

Maßgeblichen Anteil daran hatte die Begegnung mit einem Durchreisenden, der in vieler Hinsicht nicht unterschiedlicher hätte sein können: Der Fabrikantensohn Friedrich Engels, zwei Jahre jünger als Marx, war ein Macher, ein Draufgänger, ein Bonvivant. Seit seinen Lehr- und Studienjahren hatte er sich mit den kritischen Theorien seiner Zeit beschäftigt, gelegentlich auch selbst publiziert, unter anderem auch in Marx' »Rheinischer Zeitung«.

Aber anders als die meisten Künder neuer Lehren kannte er die Wirklichkeit des heraufdämmernden Industriezeitalters aus eigener Anschauung. In den väterlichen Textilfabriken in Barmen und Manchester konnte er miterleben, wie Arbeiter auf ihren Nutzwert redu-

ziert wurden, wie schon kleine Kinder statt in der Schulbank an den Webmaschinen sitzen mussten, um ihren Familien das Überleben zu sichern, und welches materielle Elend die Lohnabhängigkeit mit sich brachte.

Die Technik war die eigentliche Revolution des Jahrhunderts. Maschinen ersetzten Handarbeit, Dampfkraft wälzte althergebrachte Lebensformen um, hob bestehende Bindungen auf. Wenngleich Ende der ersten Jahrhunderthälfte immer noch zwei Drittel der rund 37 Millionen Deutschen auf dem Land lebten, trieb der rasante Geburtenanstieg Dorfbewohner systematisch von ihrer Scholle oder gar auf die Flucht nach Übersee. Aus Bauern wurden Bergleute, aus Handwerkern Manufakturarbeiter.

Der Siegeszug der mechanischen Fertigung brachte eine ganze Generation von Handwerkern in Existenznot. Maschinell gefertigte

Engels öffnete Marx die Augen für die soziale Not der Heimarbeiter in den von Hungerkrisen gezeichneten 1840er-Jahren.

Textilwaren aus England verdrängten binnen weniger Jahre die rückständige Konkurrenz auf den Märkten des Kontinents. Städtische Tagelöhner und Heimarbeiter auf dem Lande waren gezwungen, sich in ihren Lohnforderungen zu unterbieten. In vielen Regionen hatte die Bauernbefreiung dazu geführt, dass die Befreiten bei den Grundbesitzern als Knechte ein kümmerliches Dasein fristen mussten. In den Städten wuchs in ersten Ansätzen ein Proletariat heran.

Diese Randfiguren der Gesellschaft waren politisch ohne Rechte, hatten keine Möglichkeit, sich zu organisieren, geschweige denn zu streiken. Der Staat baute auf die Entwicklung der Märkte, profitierte von der wirtschaftlichen Freiheit seiner Bürger, nahm von der Not der unteren Schichten jedoch kaum Notiz. Die großen Revolutionen, ob in den USA, in Großbritannien und letztlich auch in Frankreich, hatten vor allem die Rechtsgleichheit und wirtschaftliche Freiheit im Visier, nicht aber die wirtschaftliche und gesellschaftliche Gleichstellung, die allenfalls von den französischen Radikalen eingefordert worden war.

Die stets von Erwerbslosigkeit bedrohten Tagelöhner mussten gnadenlose Arbeitsbedingungen akzeptieren. 14- bis 16-Stunden-Tage waren die Regel, Kinder mussten zum Lebensunterhalt der Familien beitragen. Weder eine Alters- oder Invaliditäts- noch eine Gesundheitsvorsorge gewährte den Menschen Schutz. Jedes vierte Neugeborene in Deutsch-

In England, wo Friedrich Engels in der väterlichen Baumwollspinnerei als Prokurist tätig war, lernte er das Elend der Frühindustrialisierung aus eigener Anschauung kennen.

1837 ▶ 20.6. Nach dem Tod ihres Onkels König Wilhelms IV. wird Viktoria britische Queen

1837 ▶ 4.9. Samuel Morse führt seinen Schreibtelegraphen erstmals öffentlich vor

1837 ▶ 12.12. König Ernst August I. von Hannover entlässt wegen eines Verfassungskonflikts die »Göttinger Sieben« (u.a. Brüder Grimm)

land überlebte die Kindheit nicht. Mancherorts wurde beinahe ein Drittel der Säuglinge nicht älter als ein Jahr. In einigen größeren Städten stand in den 1840er-Jahren lediglich ein Drittel der Arbeiter in Lohn und Brot, zwei Drittel waren ohne Beschäftigung, viele hungerten.

Bot die Heimarbeit ursprünglich manchen der Verarmten, gerade auf dem Land, einen Ausweg aus der grassierenden Not, so gerieten Heimarbeiter zunehmend in Abhängigkeit von Aufkäufern ihrer Waren, den sogenannten Verlegern, die reichen Profit ernteten und ihn oft in eigene Fabrikhallen investierten. Einer von ihnen war Engels' Vater.

Die Begegnung mit dem Sohn des pietistischen Unternehmers war für Karl Marx der Beginn einer lebenslangen Symbiose. Auf der Rückreise von Manchester, wo sein Vater Mitinhaber einer Baumwollspinnerei war, hatte Engels im August 1844 einen Zwischenhalt in Paris eingelegt und Marx dabei als Gleichgesinnten kennen- und schätzen gelernt. An langen zigarrenqualmgeschwängerten Abenden entstand aus der dialektischen Logik des Philosophen und der politischen Radikalität des Praktikers das Grundgerüst jenes Theoriengebäudes, das zum Synonym der kommunistischen Weltanschauung werden sollte.

Dessen Grundlage war das gemeinsam entwickelte Konstrukt des historischen Materialismus. Marx und Engels sahen den Fortgang in der Geschichte als eine Abfolge von Konflikten,

Die Ausbeutung der Weber, die als Heimwerker den Willkürpreisen ihrer Abnehmer ausgeliefert waren, entzündete 1844 in Schlesien Aufstände der Betroffenen.

1838 ▶ 16.12. Die Buren besiegen die Zulu in der Schlacht am Blood River

1839 ▶ 24.3. Erster Opiumkrieg zwischen England und China durch den Verbot des Opiumhandels

1840 ▶ 10.2. Königin Viktoria heiratet Prinz Albert von Sachsen-Coburg und Gotha

In diesem Reihenhaus in Brüssel fand der zuvor aus Frankreich ausgewiesene Marx 1845 mit seiner Familie Unterschlupf.

»Produktionsmittel« verfügt, auf welchem technischen Stand sich die »Produktivkräfte« befinden und wie die »Produktionsverhältnisse« beschaffen sind. Diejenige Klasse, die über die besten Produktionsmittel verfüge und daher die wirtschaftlich Schwächeren ausbeute, sitze auch an den Schalthebeln der Macht.

Die politische Gewalt im eigentlichen Sinne ist die organisierte Gewalt einer Klasse zur Unterdrückung einer anderen.

»MANIFEST DER KOMMUNISTISCHEN PARTEI« (1848)

Die Klassengegensätze und unterschiedlichen Interessen seien miteinander unvereinbar und prallten daher jeweils unweigerlich zusammen. In der Geschichte der Menschheit führe diese Entwicklung von der Urgesellschaft über die verschiedenen dialektischen Stufen, die Sklavenhaltergesellschaft, den Feudalismus, den Kapitalismus, schließlich in den Sozialismus und auf höchster Entwicklungsstufe in den Kommunismus: die klassenlose Gesellschaft, in der sich sämtliche Gegensätze aufheben.

die – getreu dem dialektischen Prinzip: These, Antithese, Synthese – aufeinander aufbauen. »Die Geschichte aller bisherigen Gesellschaft ist die Geschichte von Klassenkämpfen«, behaupteten die Begründer der Theorie. »Freier und Sklave, Patrizier und Plebejer, Baron und Leibeigner, Zunftbürger und Gesell, kurz, Unterdrücker und Unterdrückte, standen im steten Gegensatz zueinander, führten einen ununterbrochenen Kampf, der jedes Mal mit einer revolutionären Umgestaltung der ganzen Gesellschaft endete.« Jedes Stadium der »Klassenkämpfe« sei dadurch charakterisiert, wer jeweils über die

Revolution 1848

Doch selbst im liberalen Frankreich vermochte der kompromisslose Visionär seinen Frieden nicht zu finden. Pikiert durch sarkastische Auslassungen, sorgte Preußens König dafür, dass dem unbotmäßigen Landessohn im Februar 1845 Existenzgrundlage und Aufenthaltsgenehmigung entzogen wurden. Verbittert gab Marx seine preußische Staatsbürgerschaft auf und zog mit seiner Frau und der Erstgeborenen, die sie nach der Mutter Jenny nannten, weiter nach

Erst nach dem Tod des Autors wurde das »Manifest der Kommunistischen Partei«, hier die Erstausgabe, ein Bestseller.

Überzeugung von seiner Mission aus, die Geister zu beherrschen, ihnen seinen Willen aufzuzwingen und sie mitzureißen. Vor mir stand die Verkörperung des demokratischen Diktators.«

Marx und Engels pflegten ihre Sichtweise mit dem unbedingten Anspruch zu verfechten, das »Gesetz der Geschichte« erkannt zu haben. Andersdenkende gerieten aus dieser Warte rasch in den Verdacht, sich der reinen Vernunft und Wissenschaft entgegenzustellen. Unter dem bezwingenden Einfluss der beiden Politstrategen wandelte sich der »Bund der Gerechten« in den offen agierenden »Bund der Kommunisten«. Statt des harmoniebetonenden Leitmotivs »Alle Menschen werden Brüder« lautete die Devise nunmehr: »Proletarier aller Länder, vereinigt euch!«

Jeden, der ihm widersprach, behandelte er mit kaum verhüllter Verachtung. Jedes ihm missliebige Argument beantwortete er entweder mit beißendem Spott über die bemitleidenswerte Unwissenheit oder mit ehrenrühriger Verdächtigung der Motive dessen, der es vorgebracht.

CARL SCHULZ, 1880 (ÜBER MARX IM JAHR 1848)

Brüssel. Von der strengen Abstinenzverpflichtung gegenüber der belgischen Regierung ließ er sich freilich keineswegs in seinem politischen Bewegungsdrang einschränken.

Zusammen mit dem Freund Friedrich Engels, mit dem er ein kommunistisches Korrespondenzkomitee gründete, infiltrierte er das Netzwerk der bestehenden Arbeiterzirkel. »Er sprach nicht anders als in keinen Widerspruch duldenden Urteilen«, beschrieb ein russischer Teilnehmer den Veranstalter abendlicher Zusammenkünfte. »Diese Note drückte die feste

Mit der Abfassung eines Grundsatzprogramms für die europaweit agierende Politsekte ließen sich die beiden Vordenker praktischerweise gleich selbst betrauen – und reichlich Zeit. So bedurfte es erst eines deutlichen Ultimatums der Londoner Zentrale, bis Marx im Januar 1848 die gemeinsamen Leitsätze für ein »Manifest der Kommunistischen Partei« zusammentrug. Nach dem Tod des Verfassers sollte es sich zur meistgelesenen und wirkungsmächtigsten Streitschrift der Geschichte entwickeln.

Sie beginnt mit jener ebenso legendären wie sarkastischen Drohung: »Ein Gespenst geht um in Europa – das Gespenst des Kommunismus.« Insgesamt sind es um die 30 Seiten, die aber ein vollkommen neues Gesellschaftsverständnis manifestieren. Im ersten von vier Kapiteln wird das Verhältnis von Bourgeois und Proletarier durchdekliniert – als durchaus ambivalent. Dem bürgerlichen Stand billigen die Autoren in der dialektischen Abfolge von Klassenkämpfen zunächst eine fortschrittliche Rolle zu. Der Zusammenhalt der Bourgeoisie sei – unfreiwillig – die Voraussetzung für den Zusammenschluss der Arbeiter, erst dadurch komme es zur vorhersehbaren Kollision beider Klassen. Schon im Frühstadium des Kapitalismus konzentriere sich das Eigentum in wenigen Händen.

Durch diese einseitige Anhäufung des Vermögens würde der Mittelstand ins Proletariat herabgedrückt, die Arbeitermassen seien ihrer Ausbeutung ausgeliefert. Doch damit produziere die Bourgeoisie ihre »eigenen Totengräber«. Die Proletarier würden sich organisieren, in politischen Parteien als revolutionäre Kraft formieren. Der Klassenkampf gerate zum Schlagabtausch, der sich weiter radikalisiere. » Die ganze Gesellschaft spaltet sich mehr und mehr in zwei große feindliche Lager.« Das Proletariat könne sich »nicht aufrichten«, prophezeien die Autoren drastisch, »ohne dass der ganze Überbau der Schichten, die die offizielle Gesellschaft bilden, in die Luft gesprengt wird«.

Zum Motor des Fortschritts werden somit die Ausgebeuteten und Entrechteten der Gegenwart erkoren, deren Interessen die größte Schnittmenge mit dem Gemeinwohl hätten. »Die herrschenden Ideen einer Zeit waren stets nur die Ideen der herrschenden Klasse.« Erst die kommunistische Revolution breche

mit den überlieferten Weltbildern. Die Erhebung des Proletariats zur herrschenden Klasse bedeute einen Zuwachs an Demokratie. Die Produktionsmittel würden in den Händen »des als herrschende Klasse organisierten Proletariats zentralisiert«. Das setze allerdings Eingriffe in die bürgerlichen Besitz- und Produktionsverhältnisse voraus, weitere Schritte seien unter anderem die Enteignung des Grundeigentums, Abschaffung des Erbrechts, Verstaatlichung, Vermehrung staatlicher Produktionsinstrumente und Ländereien nach gemeinschaftlicher Vorgabe, Beseitigung der Unterschiede zwischen Stadt und Land. »An die Stelle der alten bürgerlichen Gesellschaft mit ihren Klassen und Klassengegensätzen tritt eine Assoziation, worin die freie Entwicklung eines jeden die Bedingung für die freie Entwicklung aller ist.«

... während in der kommunistischen Gesellschaft ... die Gesellschaft die allgemeine Produktion regelt und mir eben dadurch möglich macht, heute dies, morgen jenes zu tun, morgens zu jagen, nachmittags zu fischen, abends Viehzucht zu treiben, nach dem Essen zu kritisieren, wie ich gerade Lust habe, ohne je Jäger, Fischer, Hirt oder Kritiker zu werden.

»MANIFEST DER KOMMUNISTISCHEN PARTEI«
(1848)

Im unmittelbaren Interesse der Arbeiterklasse seien die Kommunisten dafür prädestiniert, im internationalen Kampf »die Zukunft der Bewegung« zu bestimmen. Das Manifest gipfelt denn auch in der kämpferischen Vorhersage einer »kommunistischen Revolution«: »Die Proleta-

Die Februarrevolution in Paris 1848 wurde zum Zündfunken für einen Flächenbrand auf dem ganzen Kontinent.

mit Macht an den Ort, an dem in jenen Tagen Geschichte geschrieben wurde. Für die neue provisorische Regierung lud Kabinettsmitglied Ferdinand Flocon den einst Ausgewiesenen zur Rückkehr ein: »Tyrannenmacht hat Sie verbannt, das freie Frankreich öffnet Ihnen seine Tore wieder.« Insofern konnte Marx es verschmerzen, dass die belgische Regierung ihn nach seiner Festnahme innerhalb von 24 Stunden des Landes verwies. Seine Frau Jenny, die die Nacht ebenfalls unfreiwillig in Polizeigewahrsam verbracht hatte, konnte gerade noch ein paar Habseligkeiten versetzen, um die Reise zu finanzieren. Auch sie war voller Zuversicht: »Paris stand uns so wieder offen«, erinnerte sie sich im Rückblick, »und wo hätten wir uns damals wohler gefühlt als unter der eben aufglühenden Sonne der neuen Revolution. Dorthin hieß es, dorthin!«

Karl Marx sah getreu seinem Weltbild im Sturz der französischen Monarchie einen entscheidenden Etappensieg über die bestehende Feudalherrschaft – mit Signalwirkung nach außen und in sein Herkunftsland. »Wenn alle innern Bedingungen erfüllt sind«, hatte er einmal prophezeit, »wird der deutsche Auferstehungstag verkündet werden durch das Schmettern des gallischen Hahns«. Wie so oft in dieser Epoche galt Frankreich den Freunden des Fortschritts als Modelland schlechthin.

Und dennoch war Marx schon bald überzeugt, dass der Weckruf noch nicht der im Manifest proklamierten »proletarischen Revolution« gelten konnte. Einen Trupp deutscher Emigranten, die sich unter Anleitung des Dichters Georg Herwegh auf dem Pariser Marsfeld dafür rüsteten, die Volksherrschaft mit Waffengewalt in ihre Heimat zu exportieren, warnte er ausdrücklich vor diesem Abenteuer, das er zum Scheitern verurteilt sah.

rier haben nichts in ihr zu verlieren als ihre Ketten. Sie haben eine Welt zu gewinnen.« Das war noch reine Zukunftsmusik. Denn die Programmatiker setzten auf eine Gesellschaftskraft, die zu dieser Zeit noch kaum existierte: eine kampfbereite Arbeiterschicht, das Proletariat.

Der Zufall wollte es, dass die Drucklegung des Parteiprogramms im Februar 1848 just mit der Februarrevolution in Frankreich zusammenfiel. Dieser Umsturz entfesselte die Hoffnung der vielen Unzufriedenen. Auch Marx zog es nun

Denn immer der Reihe nach: Bevor das Proletariat zum entscheidenden Schlag gegen die Bourgeoisie ausholen konnte – davon war Marx überzeugt –, musste mit vereinten Kräften erst einmal die Macht der Monarchie gebrochen werden. Gerade in seiner politisch rückständigen Heimat, wo noch feudale Herrschaft dominierte, müsse der Kampf gegen diese zusammen mit den progressiven Kräften des Bürgertums ausgefochten werden – so lange, bis die Herrschaft der Fürsten überwunden sei.

Seine Waffe in diesem Kampf war das Wort. Deshalb zog der radikale Publizist mit seiner Familie, zu der inzwischen neben den Töchtern Jenny und Laura auch der kleine Edgar gehörte, und in Begleitung des treuen Mitstreiters Friedrich Engels zurück nach Köln, um mit dem Rest des väterlichen Erbes unter dem Titel »Neue Rheinische Zeitung« sein publizistisches Forum wiederzubeleben – diesmal frei von Repression und Zensur.

Denn im März 1848 hatte auch in den deutschen Landen der Volksaufstand in teils erbitterten Straßenkämpfen die Oberhand gewonnen. Fortschrittliche »März«-Minister lösten die Herrschaft der Monarchien ab und garantierten den Untertanen Bürgerrechte. In der Frankfurter Paulskirche bereiteten liberale Abgeordnete freie Wahlen, eine unabhängige Volksvertretung und die deutsche Einheit vor.

Chefredakteur Marx konnte sich angesichts des umständlichen, wenig ergiebigen Parlamentsbetriebs eine gewisse Häme nicht verkneifen. »Während die Professoren die Theorie der Geschichte machen«, lästerte er in seinem Blatt über die Mandatsträger, »geht die Geschichte ihren stürmischen Lauf und kümmert sich wenig um die Geschichte der Herren Professoren.«

> *In seinem Sessel behaglich dumm, sitzt schweigend das deutsche Publikum.*
>
> »GEDICHTE, MEINEM TEUREN VATER ZUM GEBURTSTAGE« (1837)

Gleichzeitig war dem politischen Strategen bewusst, dass es in dieser Phase keine Alternative zum Verfassungsstaat bürgerlicher Prägung geben konnte. Die Bewegung gegen die alten monarchischen Mächte dürfe sich nicht auseinanderdividieren lassen. »Leidet lieber in der modernen bürgerlichen Gesellschaft«, empfahl der Zeitungsmann den Arbeitern mit sachter Ironie, »als dass ihr zu einer Gesellschaftsform zurückkehrt, die … die ganze Nation in mittelalterliche Barbarei zurückstürzt.«

Selbst als im September 1848 die Gegenrevolution auf dem Vormarsch war, die preußische Regierung über das widerspenstige Köln eine Belagerung verhängte und die Polizei die meisten Redakteure der »Neuen Rheinischen Zeitung« per Haftbefehl verfolgte, wiegelte Marx ab. In einer leidenschaftlichen Ansprache trug er dazu bei, dass die Arbeiter nicht gegen die gewählten bürgerlichen Autoritäten auf die Barrikaden gingen.

Doch zu retten war das erste demokratische Experiment der deutschen Geschichte nicht mehr. In den meisten deutschen Ländern eroberten die alten Mächte wieder ihre Vorrangstellung zurück. Demokraten wurden bekämpft, die frei gewählten Parlamente waren zur Machtlosigkeit verdammt. Auch die »Neue Rheinische Zeitung«, die bis zuletzt entschieden für die demokratische Erneuerung focht, erlag der staatlichen Repression. Die letzte Ausgabe vom 19. Mai 1849 ließ Zei-

Die Paulskirche

Eine Sternstunde der deutschen Geschichte: Zum ersten Mal versammelten sich am 18. Mai 1848 in der Frankfurter Paulskirche mehr als 600 frei gewählte Volksvertreter aus ganz Deutschland, um eine einheitliche Verfassung mit Grundrechten auszuarbeiten. Dieses erste demokratische Parlament war den herrschenden Monarchien auf den Barrikaden der Märzrevolution von 1848 abgerungen worden.

Doch das (männliche) Wahlvolk hatte weithin bedächtig gewählt. Die Mehrheit in der Nationalversammlung suchte lieber das Auskommen mit den fürstlichen Gewalten, als eine radikale Umwälzung der Gesellschaftsordnung zu riskieren. Die weitaus meisten Abgeordneten verfügten über einen Hochschulabschluss und dienten in irgendeiner Form dem Staat. Gerade vier Mandatsträger waren Handwerker oder Bauern, kein einziger war Arbeiter. Die soziale Frage stand im Plenum nicht zur Debatte. Radikale Verfechter des Gleichheitsgedankens wie Karl Marx fanden keine Vertretung in der Paulskir-

che. Doch als das Parlament im Juni 1849 der wieder erstarkten Fürstenmacht weichen musste, hatte es ein bleibendes Vermächtnis hinterlassen: das zeitlose Vorbild für Demokratie, Freiheitsrechte und die Einheit der Nation.

---

tungschef Marx in blutroter Farbe drucken. »Und so lieg ich nun da in meiner Kraft. Eine stolze Rebellenleiche«, zitierte er wie zum Nachruf aus einem Gedicht von Ferdinand Freiligrath, »noch im Sterben rufend: Die Rebellion. So bin ich mit Ehren erlegen.«

Wieder einmal musste das Familiensilber ins Leihhaus wandern, um die noch verbliebenen Rechnungen aus dem Zeitungsbe-

trieb zu bezahlen. Doch mit dem politischen Rückschlag mochte Karl Marx sich noch nicht abfinden. Zusammen mit seinem Mitstreiter Friedrich Engels beschwor er in Frankfurt die verbliebenen demokratischen Abgeordneten, den Schutz revolutionstreuer Truppen aus Baden und der Pfalz zu suchen. Und als sie damit nicht durchdrangen, reisten sie weiter nach Südwesten, um dort wiederum die Auf-

---

1845 ▶ Karl Marx wird aus Frankreich ausgewiesen, geht nach Brüssel und gibt die preußische Staatsbürgerschaft auf

1845 ▶ 25.8. Geburt des späteren Königs von Bayern Ludwig II.

1846 ▶ Marx und Engels gründen das Kommunistische Korrespondenz-Komitee

In erbitterten Straßenkämpfen in Berlin errangen die Aufständischen 1848 einige Freiheitsrechte.

ständischen zu bewegen, dem Restparlament in der Frankfurter Paulskirche militärisch zu Hilfe zu kommen. Doch die Streiter hatten ausreichend damit zu tun, sich der vorrückenden Bundestruppen zu erwehren. Friedrich Engels, immerhin grundausgebildeter Soldat und gerne zu verwegenen Abenteuern bereit, erklomm ein Pferd, um sich an ihrem Abwehrkampf zu beteiligen. Trotz tapferem Einsatz konnten sie, militärisch hoffnungslos unterlegen, ihrer Niederlage nicht entgehen. Engels blieb nur die Flucht in die Schweiz.

Exil in London

Auch seinem Weggefährten war erneut das Los der Emigration beschieden, zunächst in Paris. Doch in Frankreich hatte sich der Wind in der Zwischenzeit gedreht. Schon nach gerade zwei Monaten musste Marx mit seiner Familie seine zweite Heimat verlassen, auch Belgien und die Schweiz boten kein Asyl mehr. So blieb als beinahe letzte Zufluchtsstätte in Europa das britische Königreich. In London, der reichsten und größten Metropole ihrer Zeit, hatte sich eine Tradition freier Meinungsäußerung etabliert.

Doch dies allein garantierte noch keinen Lebensunterhalt. Erste Anlaufstation der Familie Marx war daher lediglich ein schäbiges Flüchtlingsquartier im Londoner Armenviertel Soho, wo sich die sechsköpfige Familie, zu der sich in Köln noch der kleine Heinrich Guido gesellt hatte, in zwei Zimmern zusammendrängen musste. Nachdem sämtliche neuen Zeitungs- und Zeitschriftenprojekte gescheitert waren, blieben Karl Marx als Einnahmequellen nur die Honorare einer Korrespondententätigkeit für die »Neue Oder-Zeitung« und den »New York Herald Tribune«, damals die auflagenstärkste Zeitung der Welt, der fortwährende Gang ins Pfandleihhaus – und Friedrich Engels.

Der treue Freund zweigte von seinem Prokuristengehalt in der väterlichen Textilfabrik in Manchester ab, was er entbehren konnte, und sandte die Pfundnoten halbiert mit getrennter Post, um Diebstahl vorzubeugen. Für den Mäzen war Marx ein Genie, dessen Unterstützung demnach nur folgerichtig. Für den Beschenkten waren Erträge aus dem Manchester-Kapitalismus über Jahrzehnte die Überlebensgrundlage. Ein erträgliches Auskommen vermochten sie bis in die 1860er-Jahre dennoch nicht zu sichern, zumal Marx notorisch nicht mit Geld umgehen konnte, sich etwa einen Privatsekretär leisten zu müssen glaubte und auch nicht mit Spenden an andere Bedürftige geizte.

Selbst der Spitzel der preußischen Polizei in London schien beim Besuch in der Emigrantenbude schier vom Mitleid gepackt: »In der ganzen Wohnung nicht ein reines und gutes Stück Möbel zu finden, alles ist zerbro-

1846 Kartoffel-Missernte stürzt Irland in eine Hungerkatastrophe

1846 18.2. Aufstand in der Republik Krakau für Autonomie, von österreichischen Truppen niedergeschlagen

1846 16.6. Mit der Wahl von Papst Pius XI. beginnt das längste Pontifikat der römisch-katholischen Kirche (bis 1878)

chen, zerfetzt, zerlumpt; überall klebt finger-
dicker Staub, überall die größte Unordnung;
… Mit dem Niedersitzen ist es eine wahrhaft
gefährliche Sache. Da steht ein Stuhl nur auf
drei Füßen, dort spielen die Kinder … setzen
Sie sich, so riskieren Sie ein Paar Beinkleider.«

Auch wenn das aus Jennys Heimat impor-
tierte Hausmädchen Helene Demuth eine Meisterschaft darin entwickelte, aus kargen Vor-
räten noch Mahlzeiten zu zaubern, wurde der
Hunger zum gelegentlichen Hausgast – und
auch fortwährende Krankheiten, die besonders
in den Elendsvierteln grassierten. Zu Ostern
1855 fing sich der kleine Edgar, den Marx liebevoll »Mouche« (Fliege) getauft hatte, eine
schwere Lungenentzündung ein, die er unter
den prekären Bedingungen nicht überlebte.
»Er entschlief (im wörtlichen Sinn) in meinen
Armen, heute zwischen 5 und 6 Uhr«, schrieb
Marx fassungslos an Engels. »Ich habe schon
allerlei Pech durchgemacht, aber erst jetzt weiß
ich, was ein wirkliches Unglück ist. Ich fühle
mich broken down.«

Nach der gescheiterten Revolution musste die Familie
Marx mit einer Zweizimmerwohnung in der Londoner
Dean Street vorlieb nehmen.

*Der Tod ist kein Unglück für den, der stirbt,
sondern für den, der überlebt.*

MARX,
ZITIERT VON FRIEDRICH ENGELS (1883)

Den Tod des heiß geliebten Sohnes empfand
der Vater wie eine bittere Niederlage, die ihn
für einen Moment am Sinn seines gesamten
Daseins zweifeln ließ: »Ich möchte lieber hundert Klafter unter der Erde liegen als so fort-
zuvegetieren«, klagte er in diesen Tagen.

Zuvor hatte die Familie bereits Heinrich Guido und die 1851 geborene Franziska
im Kleinkindalter verloren. Besonders Jenny,

deren eigene Gesundheit in der Not und nach
insgesamt sechs Geburten (1855 brachte sie
Eleonore auf die Welt) fortwährend angeschlagen war, litt unter den Verlusten. »Meine Frau
sagt mir jeden Tag, sie wünschte, sie läge mit
den Kindern im Grab«, gestand Marx seinem
Freund Engels, »und ich kann es ihr wahrlich
nicht verdenken.«

Was sicher nicht dazu betrug, die Stimmung der Gattin aufzuhellen, war die Schwangerschaft der treuen Haushälterin Helene
Demuth 1851. Offiziell bekannte Hausfreund
Engels sich großherzig zur Vaterschaft, und
es dauerte über 100 Jahre, bis ein Schriftstück
den wahren Vater ans Tageslicht brachte: Karl
Marx hatte die Haushaltshilfe in Jennys Abwe-

Helene Demuth, treue Seele im Haushalt der Familie Marx, wurde 1851 Mutter eines unehelichen Sohnes von Marx.

Handelskrise einzuleiten schienen, schwang Engels sich schon mal auf sein Pferd, um für den erwarteten Aufstand zu üben, und Marx bereitete sich darauf vor, die Massen in den Gesetzen der Ökonomie zu unterweisen. Allein: Das Proletariat machte keine Anstalten, den Gesetzen der Dialektik zu folgen; die Krise verstrich ungenutzt, der Klassenkampf fiel aus.

Was Karl Marx indes in seiner Überzeugung nicht zu erschüttern schien. Von Beginn seines Londoner Exils an hatte er sich ins politische Geschehen gestürzt, hatte geholfen, die Zentrale des »Bundes der Kommunisten« neu aufzubauen, Spenden für andere politische Emigranten gesammelt, im Arbeiterverein aufklärende Vorträge gehalten. Viel Zeit und Energie investierte er zeitlebens allerdings auch in spitzfindige Polemikschlachten mit Widersachern wie dem Schweizer Nationalliberalen Karl Vogt oder gar mit einstigen Gesinnungsfreunden wie den »Linkshegelianern« Bruno Bauer und Max Stirner.

Ein neues, in der Tat auch innovatives Forum schuf die 1864 in London gegründete »Internationale Arbeiterassoziation«, ein Netzwerk von politischen Gruppierungen und Gewerkschaften aus 14 Ländern (inklusive der USA), das die Vertretung von Arbeiterinteressen für sich reklamierten. Dank seines strategischen Geschicks, seiner Verbindungen und seiner zwingenden Überzeugungskraft etablierte Karl Marx sich schon nach kurzer Zeit als maßgeblicher Strippenzieher der »Ersten Internationalen«, wie der Dachverband im Rückblick genannt wurde. Die Vernetzung verschaffte ihm Ansehen und organisatorische Schlagkraft und legte die Fundamente für die sich verbreiternde Arbeiterbewegung, wenngleich der Einfluss der Assoziation auf

senheit geschwängert. Ein Umstand, der der Gemahlin selbst nicht verborgen geblieben sein dürfte, die beinahe symbiotische Lebensbeziehung der beiden Eheleute jedoch nicht entscheidend zu erschüttern vermochte.

Für beide, besonders aber für Karl Marx, gab es einen festen Glauben, der die misslichen Lebensumstände unwichtig erscheinen ließ: Wie ein roter Faden zieht sich durch Briefwechsel und Schrifttum des radikalen Theoretikers seit den 1840er-Jahren die feste Überzeugung, dass eine umwälzende Revolution unmittelbar bevorstand, die alles Bestehende ohnehin infrage stellen würde.

Als 1857, von New York ausgehend, Betriebspleiten und Kursstürze die prophezeite

Hoffnung auf den großen Crash. Mit jeder neuen Krise an den Finanzbörsen sah Karl Marx den Augenblick für eine alles umwälzende Revolution gekommen.

die Tagespolitik gering blieb. Zugleich legten die Konferenzteilnehmer eine gewisse Neigung an den Tag, sich in ideologischen Richtungskämpfen zu verzetteln, wozu der dogmatische Furor des Generalratsmitglieds Karl Marx maßgeblich beitrug. Sein erbitterter Grabenkrieg gegen den russischen Anarchisten Michail Bakunin sollte 1872 auch zur Spaltung und später zur Auflösung der Internationalen führen.

… unpraktisch in kleinen, aber praktisch in großen Dingen: viel zu unbeholfen, einen kleinen Haushalt zu ordnen, aber unvergleichlich in der Fähigkeit, ein Heer zu werben und zu führen, das eine Welt umwälzen soll.

FRANZ MEHRING, 1896
(ÜBER DIE 1870ER-JAHRE)

Mit dem russischen Anarchisten Michail Bakunin wetteiferte Marx um die Führung der »Internationalen Arbeiterassoziation«.

1848 ▶ 5.3. »Heidelberger Versammlung« beschließt »Siebenerausschuss« als Vorläufer der Frankfurter Nationalversammlung

1848 ▶ 19.3. Barrikadenbau und Straßenschlachten in Berlin mit Hunderten Toten

1848 ▶ 20.3. Unruhen in München: Abdankung Ludwigs I., ihm folgt Maximilian II.

Es gab ohnehin einen Ort, an dem sich der Denker wesentlich wohler fühlte. Beinahe jeden Tag verbrachte Karl Marx im Lesesaal des Britischen Museums, der damals weltgrößten Bibliothek. Dort vertiefte sich der Schriftgelehrte keineswegs nur in ökonomische Fachliteratur, er erarbeitete sich aus der Lektüre von Statistiken, amtlichen Verlautbarungen und Untersuchungsberichten eine ziemlich präzise Vorstellung von der frühindustriellen Welt. Zugleich eignete sich der Philosoph eine beeindruckende Detailkenntnis in ganz unterschiedlichen Sparten der Wissenschaften an und gegebenenfalls auch eine neue Fremdsprache, um einzelne Werke etwa im russischen Original lesen zu können.

Im kuppelüberspannten Lesesaal der British Library in London verbrachte Marx mehr als zwei Jahrzehnte mit seinen Studien.

»Das Kapital«

Die Frucht von 15 quälerischen Schaffensjahren erschien 1867 auch nur auf massiven Druck von Verleger und Freunden hin. Es handelte sich lediglich um den ersten Band einer auf mindestens sieben Bände angelegten Abhandlung zur Wirtschaftslehre, der sich zunächst mit dem Geldwesen auseinandersetzte und daher den Titel »Das Kapital« trug. Nur ein Band erschien zu Lebzeiten von Karl Marx, zwei weitere Bände wurden von Engels bearbeitet und erst posthum veröffentlicht. Zudem platzierte der treue Mitstreiter eigens unter Pseudonym Verrisse in deutschen Zeitungen, um Augenmerk auf das Buch des Freundes zu lenken. Dennoch fanden die ersten 1000 Exemplare zunächst wenig Beachtung und kaum Leser.

Dabei war dem Autor mit dem »Kapital« ein bisweilen schwer lesbares, aber über weite Passagen geradezu visionäres Meisterwerk gelungen. Bei seiner Analyse geht Marx vom notwendigen Niedergang des Kapitalismus aus. Den aus der Ausbeutung menschlicher Arbeitskraft geschaffenen Mehrwert eignet sich der Kapitalist einseitig an, der Mehrwert für Marx der Kern des Kapitalismus – ermöglicht dem Unternehmen immer höhere Profite. Die Aussicht auf Profit führt zur ständigen Erhöhung der Warenproduktion. Wer am meisten profitiert, hat die Handhabe, den Wettbewerb für sich zu entscheiden. Dadurch kommt es zur Konzentration und zur Zentralisierung des Kapitals in wenigen Händen. Infolge dessen polarisiert sich die Gesellschaft. Immer mehr kleinere und mittlere Unternehmen gehen bankrott oder in den Besitz größerer Konzerne über.

1848 ❭ 21.3. König Friedrich Wilhelm IV. bekundet unter Druck seinen Willen zur deutschen Einigung

1848 ❭ 22.3. Aufbahrung der »März-Gefallenen« auf den Stufen des Berliner Doms

1848 ❭ 30.3. Einzug des Vorparlaments in Frankfurter Paulskirche

Der Mehrwert

Der Wert der Ware ist nach Marx bestimmt durch die in ihr enthaltene menschliche Arbeitskraft. Der Arbeiter erhält jedoch nur einen Lohn, nach dem Gesetz von Angebot und Nachfrage. Da der Kapitalist die Ware für mehr Geld verkauft, als er für den Lohn entrichten musste, streicht er den sogenannten »Mehrwert« ein. Zudem trug der technische Fortschritt dazu bei, dass der Ertrag menschlicher Arbeit weit über das Existenzminimum hinaus stieg: um das sogenannte »Mehrprodukt«. Den Ertrag aus »Mehrwert« und »Mehrprodukt« setzt der Kapitalist wiederum in Form von Investitionen ein und erhöht damit wiederum den eigenen Profit.

Während die Reichen immer reicher werden, verelendet das Proletariat, was auch aus der technischen Modernisierung und der Aufteilung der Produktion resultiert. »Je mehr sich die Teilung der Arbeit und die Anwendung der Maschinerie ausdehnt, umso mehr dehnt sich die Konkurrenz unter den Arbeitern aus, je mehr zieht sich ihr Lohn zusammen. So wird der Wald der in die Höhe gestreckten und nach Arbeit verlangenden Arme immer dichter und die Arme selbst werden immer magerer.«

Das hat die Proletarisierung der mittleren Schichten und die Verelendung der Arbeiterklasse zur Folge – mit gravierenden ökonomischen und politischen Auswirkungen: Denn irgendwann kommt der Moment, da Unternehmen ihre Waren nicht mehr verkaufen können, weil zahlungsfähige Käufer fehlen. So führt die innere Logik dieser Wirtschaftsweise irgendwann zu fundamentalen Absatzkrisen. Hinzu kommt die immer unerträglichere Misere der Ausgebeuteten: »Mit der beständig abnehmenden Zahl der Kapitalmagnaten«, konstatiert Marx, »wächst die Masse des Elends, des Drucks, der Knechtschaft, der Entartung, der Ausbeutung, aber auch die Empörung der … Arbeiterklasse. Das Kapitalmonopol wird zur Fessel der Produktionsweise, die mit und unter ihm aufgeblüht ist. Die Zentralisation der Pro-

Dank Erbschaften und Spenden seines Mäzens Engels konnte Marx sich 1856 einen Umzug und einen bürgerlichen Lebensstil leisten.

duktionsmittel und die Vergesellschaftung der Arbeit erreichen einen Punkt, wo sie unverträglich werden mit ihrer kapitalistischen Hülle. Sie wird gesprengt.«

Wie seine Utopie der postkapitalistischen Gesellschaft aussehen soll, lässt der Autor des »Kapitals« in seinen Schriften fatalerweise offen. Die sozialen Unterschiede sind aufgehoben, die Produktionsmittel befinden sich nicht mehr in Privatbesitz. Von staatlicher Planwirtschaft nach späterem Sowjetmuster ist in dem Buch allerdings nirgendwo die Rede. Anders als vielfach kolportiert, verlangte es Marx keinesfalls nach despotischer Macht. Seine Sympathien galten durchaus den Regierungssystemen im England und Amerika seiner Zeit und deren Garantien für die bürgerlichen Freiheitsrechte.

Offenbar dachte Marx im Hinblick auf die Zukunft an eine Art von Kollektivwirtschaft, an eine »genossenschaftliche, auf Gemeingut an den Produktionsmitteln gegründete Gesellschaft«. Daran geknüpft ist die Erwartung eines Idealzustands, in dem die Entfremdung des Menschen von der Verwertung seiner Arbeitsleistung aufgehoben ist – entsprechend der Losung »Jeder nach seinen Fähigkeiten, jedem nach seinen Bedürfnissen«.

Doch davon waren die tatsächlichen Verhältnisse in Europa noch weit entfernt. Stand doch erst einmal im Vordergrund, eine neue bürgerliche Ordnung an die Stelle der überholten Adelsgesellschaft zu setzen. Gerade auf deutschem Boden herrschte gegenüber den demokratisch orientierten Ländern wie den USA, England oder Frankreich noch einiger Nachholbedarf. So war die Theorie den realen Verhältnissen ihrer Entstehungszeit in mancher Hinsicht deutlich voraus und trug vielerlei utopische Züge.

Das hinderte den Autor des »Kapitals« nicht daran, ökonomische Erkenntnisse praktisch zum eigenen Nutzen einzusetzen – selbst im Tempel des Kapitalismus. Einmal gewann Marx über 400 Pfund aus der Spekulation mit

Entfremdung

Nach Marx erfolgt sich die Selbstverwirklichung des Menschen ursprünglich durch die menschliche Arbeit. Nach dieser Idealvorstellung verfügt der Mensch über die eigene Arbeitskraft und setzt die von ihm geschaffenen Güter für seinen Lebensunterhalt ein – gleichsam wie die anderen in einer Art »werktätigem Gattungsleben«. Mit der modernen Industriegesellschaft kam es zum Prozess der Entfremdung. Da die Unternehmer über das Eigentum an den Produktionsmitteln verfügen, müssen die Industriearbeiter ihre Arbeitskraft an sie verkaufen; sie produzieren Waren, die ihnen nicht gehören.

Aus der Entfremdung vom Produkt resultiert auchdie Entfremdung von der Arbeit, die nunmehr selbst zur Ware wird. Anstatt Erfüllung zu finden, muss der Mensch nun arbeiten, um Bedürfnisse, die außerhalb der Arbeit liegen, zu befriedigen. Der arbeitende Mensch fühle sich daher »erst außerhalb der Arbeit bei sich und in der Arbeit außer sich«.

Das auf dem Grab von Marx auf dem Londoner Friedhof Highgate errichtete Monument ist Pilgerstätte für Bewunderer aus aller Welt.

amerikanischen und britischen Wertpapieren und belehrte stolz seinen Freund: »Man kann schon etwas riskieren, um seinen Feinden das Geld abzunehmen.«

Allerdings erlaubten weniger Börsengewinne als Erbschaften und vor allem eine regelmäßige Leibrente, die Mäzen Engels aus dem Verkauf seiner Firmenanteile finanzierte, der Familie Marx, mittels einer geräumigen Reihenhauswohnung, Reit- und Tanzstunden für Töchter und großzügiger Einladungen endlich

einen gediegen bürgerlichen Lebensstandard zu pflegen.

Der Hausherr verbrachte sein Dasein weiterhin in dichtem Tabaksqualm am Schreibtisch. Unermüdlich las er, verfasste kleinere Schriften und kommentierte das politische Geschehen, wie etwa den Aufstand der Pariser Kommune 1871 (ein Aufsatz, der ihn sofort weithin berühmt bzw. berüchtigt machte) oder die Entstehung der Sozialdemokratie in Deutschland, die sich mitunter auch auf seine Schriften berief. Das Urteil des Vordenkers fand Gehör, aber sein Einfluss auf die politische Entwicklung war gering. Von Krankheiten als der Folge

Pariser Kommune 1871

Wohl kaum ein Ereignis in der zweiten Hälfte des 19. Jahrhunderts hat die europäische Öffentlichkeit so aufgewühlt, gleichermaßen Schreckensszenarien und utopische Hoffnungen wachgerufen wie die Kommune von Paris im Frühjahr 1871. Während deutsche Truppen die französische Hauptstadt nach siegreichem Feldzug im Deutsch-Französischen Krieg belagerten, übernahm ein revolutionärer, direkt gewählter Stadtrat an der Seine das Stadtregiment. Erstmals fanden auch Interessen des sogenannten »Vierten Standes«, des einfachen Volkes, Gehör. Politisch nach dem Räteprinzip organisiert, bewirkten Sozialreformer Erleichterungen für Arbeiter und kleine Handwerker, die sie gegen die drohende Niederschlagung zu bewaffnen begannen. Progressive Forderungen wie die Trennung von Kirche und Staat oder die Vergesellschaftung verlassener Fabrikbetriebe wurden für kurze Zeit Wirklichkeit. Gleichzeitig nahm die provisorische Stadtregierung unter dem äußeren Druck diktatorische Züge an.

Zu den vielen Bewunderern, die das sozialistische Experiment zunächst als Modell einer neuen Gesellschaftsordnung betrachteten, gehörte auch Karl Marx, der von London aus das Geschehen kommentierte. Nachdem die Kommune jedoch im Mai 1871 unter Waffengewalt der konservativen Regierung, die allein 30 000 Verteidiger exekutieren ließ, in einem Blutbad versunken war, erkannte der Beobachter, dass die Zeit für eine kommunistische Gesellschaft noch nicht reif gewesen sei. Gleichwohl erreichte Marx mit seiner Broschüre »Der Bürgerkrieg in Frankreich«, was ihm in Jahrzehnten publizistischen Wirkens nicht so weitgehend gelungen war: Sein Name wurde in ganz Europa zum Begriff – von Anhängern bewundert, von Gegnern verleumdet, die ihn – nachweislich falsch – zu einem Drahtzieher des Aufstands von Paris stilisierten.

1849 ▶ 3.4. Friedrich Wilhelm IV. lehnt seine Wahl zum deutschen Kaiser durch die Frankfurter Nationalversammlung ab

1849 ▶ 3.5. Beginn des Dresdner Maiaufstandes unter Teilnahme von Bakunin, Gottfried Semper und Richard Wagner

1849 ▶ 6.5. Adolph Kolping gründet seinen Gesellenverein in Köln, wo zeitgleich Karl Marx das »Kommunistische Manifest« verkündet

seines aufreibenden Lebenswandels gepeinigt, starb Karl Marx am 14. März 1883 auf dem Sessel in seiner Studierstube, nachdem ihm zu seinem Schmerz bereits Frau und Tochter Jenny in den Tod vorausgegangen waren. In einem seiner letzten Interviews hatte er einem Reporter aus New York sein Lebensmotiv verraten: »Kampf«.

Zur Beerdigung auf dem Londoner Highgate-Friedhof erschienen gerade einmal elf Trauergäste. »Sein Name wird durch die Jahrhunderte fortleben«, rief Engels ihm in seiner kurzen Ansprache unverdrossen nach, »und so auch sein Werk!« Damit sollte er recht behalten, in einem niemals zu erwartenden Ausmaß.

Die Menschheit ist um einen Kopf kürzer gemacht, und zwar um den bedeutendsten Kopf, den sie heutzutage hatte.

FRIEDRICH ENGELS, 1883

Nachwirkung

Vielleicht erklärt sich die vitale Nachwirkung damit, dass der bis heute auch laut Umfragen hoch geschätzte Denker und Deutsche ein so umfassendes Angebot zur Deutung von Vergangenheit, Gegenwart und Zukunft unterbreitete und zu den politischen, gesellschaftlichen und ökonomischen Verhältnissen als Gesamtheit Stellung nahm. Manche Inkonsequenz oder Lücke seiner Lehre ließ dabei offenbar genügend Raum für vielfältige, zum Teil gegensätzliche Interpretationen. Im weiteren Verlauf der Wirkungsgeschichte beriefen sich humanistisch motivierte Sozialreformer ebenso auf ihn wie menschenverachtende Tyrannen. Sozialdemokraten, die für eine freiheitliche Republik stritten, ebenso wie gewaltbereite Revolutionäre, die eine kommunistische Diktatur verfochten.

Ein Zweck, der unheiliger Mittel bedarf, ist kein heiliger Zweck.

»RHEINISCHE ZEITUNG« (1842)

Immerhin baute Marx vor, schrieb an Engels geradezu präventiv vorausschauend: »Es ist möglich, dass ich mich blamiere. Indes ist dann immer mit einiger Dialektik wieder zu helfen. Ich habe natürlich meine Aufstellungen so gehalten, dass ich im umgekehrten Fall auch noch recht habe.« Gegensätzliche Bewertungen waren offenbar einkalkuliert. Marx und Engels hinterließen eben keine exakte Beschreibung des Weges zur sozialistischen Ordnung und kein genaues Bild einer klassenlosen Gesellschaft. Vieles blieb nur vage beschrieben. Doch herrschte für den Urvater jeder marxistischen Theorie wohl genügend Klarheit, um für sich selbst festzustellen: »Ich weiß nur dies: dass ich kein ›Marxist‹ bin.« Das scherte jene, die sich fortan auf ihn beriefen, anscheinend wenig. Hätte Marx in die Zukunft blicken können, hätte er die Konturen seines Gedankengebäudes womöglich genauer umrissen oder manches daran umgebaut.

Zu Lebzeiten wartete er jedenfalls vergeblich auf die Erfüllung einiger seiner grundsätzlichen Annahmen. Und auch danach folgte der Gang der Geschichte keineswegs der behaupteten zwingenden Logik seines Historischen Materialismus. Und dennoch ist seine Wirkungsgeschichte nahezu beispiellos.

275

1849 ▶ 11.5. Zweite Phase der Badischen Revolution beginnt mit meuternden Soldaten in der Festung Rastatt

1849 ▶ 16.5. Karl Marx wird aus Deutschland ausgewiesen

1849 ▶ 30.5. Auflösung der Frankfurter Nationalversammlung. Rumpfparlament zieht nach Stuttgart

Die Ideen von Marx und Engels trugen zur Selbstfindung, zum Selbstverständnis wie zum Selbstwertgefühl der Arbeiter als eigener gesellschaftlicher »Klasse« bei und beeinflussten entscheidend die Entstehung der sozialistischen Arbeiterbewegung, die jedoch durchaus unterschiedliche Richtungen einschlug. Während die überwiegende Mehrheit der Sozialdemokratie in Europa den Kurs der Reform wählte, soziale Gerechtigkeit einforderte, allgemeines Wahlrecht und eine solidarische Gesellschaft, spalteten sich nach dem Ersten Weltkrieg eher revolutionär ausgerichtete Flügel – unter dezidierter Berufung auf Marx – davon ab. In den meisten Ländern konstituierten sich kommunistische Parteien. Aus der Oktoberrevolution in Russland (1917) erwuchs das erste kommunistische System auf staatlicher Ebene.

Auch in Deutschland grenzte sich schon während der Revolutionsjahre 1848/49 und danach der radikaler an Marx orientierte »Bund der Kommunisten« von der gemäßigteren »Allgemeinen Deutschen Arbeiterverbrüderung« Ferdinand Lassalles ab, die indes ebenfalls von Marx beeinflusst war.

Ferdinand Lassalle und Karl Marx haben, jeder auf seine Weise, den Werdegang der deutschen Arbeiterbewegung entscheidend beeinflusst.

1849 ▶ 18.6. Gewaltsame Auflösung des Rumpfparlaments der Frankfurter Nationalversammlung

1849 ▶ 24.8. Karl Marx kommt nach London, wo er fortan seinen Wohnsitz behält

1850 ▶ 31.1. Revidierte preußische Verfassung tritt in Kraft: konstitutionelle Monarchie mit Dreiklassenwahlrecht

1875, einige Jahre nach der Gründung des Deutschen Reiches, erfolgte eine Vereinigung beider Grundrichtungen – Sozialdemokratische Arbeiterpartei (SDAP) einerseits und Allgemeiner Deutscher Arbeiterverein (ADAV) andererseits – in der Sozialistischen Arbeiterpartei (SAP). Das Parteiprogramm stellte einen Kompromiss dar zwischen den stärker von Marx und Engels beeinflussten Standpunkten August Bebels und Wilhelm Liebknechts sowie dem Vermächtnis Ferdinand Lassalles. Das Bismarck'sche Sozialistengesetz der Jahre 1878 bis 1890 verbot die Organisationen der Arbeiterbewegung, auch die Gewerkschaften. Sozialdemokratische Abgeordnete konnten jedoch weiter für den Reichstag kandidieren.

Gleichzeitig versuchte Bismarck, mit Arbeiterschutz-, Unfall- und Krankenversicherungsgesetzen deren Klientel zu gewinnen. Diese Rechnung ging nicht auf. Zwischen 1884 und 1890 konnte die Partei ihre Stimmen im Reichstag mehr als verdoppeln. Aus der Not der Bedrängung heraus gewann der revolutionäre Flügel der Partei an Bedeutung, die politische Unterdrückung stärkte die klassenkämpferischen Tendenzen. Als sich die SAP nach der Aufhebung des

Auch der Anführer der Bolschewiki Wladimir Iljitsch Lenin berief sich in der russischen Oktoberrevolution 1917 auf das Erbe von Karl Marx.

Stalinismus

Der Begriff bezeichnet Auslegung und Anwendung des Marxismus-Leninismus durch Josef Stalin (Bild: ganz rechts) sowie die Ausformungen des kommunistischen Herrschaftssystems während seiner Ära. Am Anfang stand die Behauptung, dass sich der Klassenkampf auf dem Weg zum Sozialismus verschärfe, innerhalb und außerhalb der Sowjetunion. In der Folge wurden die Kommunistische Partei und die Kommunistische Internationale dem Sowjetstaat unterworfen. Der Marxismus wurde dogmatisiert, seine Dialektik auf bloße Gegensätze reduziert. Die UdSSR galt als »Vaterland aller Werktätigen«, das von den kapitalistischen Mächten bedroht und eingekreist wird. Eine Konzentration der Macht, umfassende Planwirtschaft und rapide Industrialisierung sowie die straffe Führung des Weltkommu-

nismus (Komintern) sollten den Bestand des Systems garantieren.

Die Folge war die Ausschaltung jeglicher politischen Opposition. Der Terror brach sich in sogenannten »Säuberungsaktionen« Bahn. Der rücksichtslose Ausbau der Schwerindustrie auf Kosten der Agrarwirtschaft führte zu Versorgungskrisen und kostete Millionen Menschen das Leben. Der »Gulag«, ein System von Lagern, verstreut über die gesamte Sowjetunion, unterdrückte auf brutale Weise jeden Widerspruch. Nach Stalins Tod (1953) begann unter Nikita Chruschtschow in der sowjetisch orientierten Welt die sogenannte Entstalinisierung, jedoch nur, soweit sie den absoluten Herrschaftsansprüchen der jeweiligen Kommunistischen Parteien und ihrer Wortführer nicht zuwiderlief.

Sozialistengesetzes in Erfurt (1891) ein neues Programm gab und in Sozialdemokratische Partei Deutschlands (SPD) umbenannte, zeigte sich in den Grundsätzen eine klare Berufung auf Marx. Vom verstärkten Klassenkampf war

die Rede, vom wachsenden Proletariat, von der Konzentration des Kapitals und Verschärfung der Krisen.

Doch neben den radikalen Grundsätzen umfasste das Programm auch einen reformerischen Teil, der unter anderem auf ein allgemeines, gleiches, geheimes Wahlrecht für ganz Deutschland zielte, auf Koalitions- und Meinungsfreiheit, auf die Gleichstellung der Frauen, den Achtstundentag, das Verbot der Kinderarbeit. Deren Umsetzung rückte dank des ungebrochenen Aufschwungs der nun wieder legalen SPD und der Gewerkschaften in greifbare Nähe.

Aber lief nicht all das dem Szenario zuwider, das Marx prognostiziert hatte? Hätte es in Nordamerika, Großbritannien, schließlich in Frankreich und Deutschland nicht zur Revolution kommen müssen? Trotz des rapiden Fortschritts der Industrialisierung blieb der Kollaps des Kapitalismus aus. Und dann brach sich die Revolution – vor dem Hintergrund des Ersten Weltkriegs – dort Bahn, wo sie nach der theoretischen Vorgabe gar nicht hinzugehören schien: in Russland. Dort fehlten weithin die Voraussetzungen, die Karl Marx als Bedingung genannt hatte: eine in Krisen verstrickte bürgerlich-kapitalistische Gesellschaft. Das brachte die bolschewistischen Revolutionäre und ihren führenden Kopf Lenin in dem agrarisch geprägten Riesenreich in Erklärungsnöte. So nahm Lenin eine von unbedingtem Herrschaftswillen geprägte Anpassung, Ergänzung, Instrumentalisierung der Marx'schen Ideen vor.

Demnach sollte die Stoßrichtung der Revolution fortan global erfolgen. Dabei werde gerade von den schwächsten Gliedern, wie Russland, der Umsturz ausgehen. Zur Durchsetzung der Revolution seien somit auch nicht mehr die traditionellen Arbeiterparteien erforderlich, sondern eine Partei neuen Typs: streng hierarchisch organisiert und linientreu, getragen von einer Avantgarde aus Berufsrevolutionären – eine Theorie, welche die »führende Rolle« der Kommunistischen Partei festschrieb und ihr die ausschließ-

liche Entscheidungsgewalt zuwies. Damit war die Unterdrückung konkurrierender Kräfte legitimierbar wie auch der alleinige Herrschaftsanspruch im Sinne einer totalitären Diktatur.

Doch was davon war in den Werken von Marx und Engels bereits angelegt? Sicher mag der Anspruch der Urheber auf ausschließliche Deutungshoheit über die gesellschaftlichen Verhältnisse dogmatische Lesarten begünstigt haben. Unklar bleibt in den überlieferten Werken auch die Rolle des Staates. Ziel sei zwar gerade dessen Überwindung im Kommunismus, aber im Übergangsstadium, dem Sozialismus, komme ihm dennoch eine zentrale Rolle zu. In diesem Kontext sei es, wie Engels ausdrücklich betont, »purer Unsinn, vom freien Volksstaat zu sprechen: solange das Proletariat

Marx als Popikone und Kultfigur mit wallendem Haar, hier auf einem DDR-Plakat.

Christliche Arbeiterbewegung

Neben der sozialistischen Arbeiterbewegung gab es auch die von christlicher, vor allem katholischer Seite getragenen Strömungen. Der Priester Adolf Kolping etwa gründete noch in den 1840er-Jahren Gesellenvereine, zunächst für Handwerker, später auch für Lohnarbeiter. Auf protestantischer Seite taten sich Sozialreformer wie Johann H. Wichern, Theodor Fliedner und Friedrich von Bodelschwingh hervor, auch ihnen ging es um Jugend-, Alters- und Krankenhilfe und die Unterstützung von Obdachlosen.

Ein Name ragt besonders heraus: Wilhelm Emmanuel von Ketteler (Bild) setzte sich schon als junger katholischer Pastor für die Linderung sozialen Elends ein, wurde Abgeordneter der Paulskirchenversammlung 1848/49, erwarb in der Bismarckzeit seinen Ruf als »Arbeiterbischof«, war Mitbegründer der katholischen Zentrumspartei und Reichstagsabgeordneter. Die katholische Soziallehre, die er wesentlich beeinflusste, erwartete vom Staat und von gesellschaftlichen Organisationen Hilfe für notleidende Menschen. Ketteler forderte angemessene Löhne, setzte sich für die gewerkschaftliche Arbeiterbewegung, staatliche Sozialgesetze und Arbeitsschutz ein, war treibende Kraft auch bei der Bismarck'schen Gesetzgebung.

Neben der am Sozialismus orientierten Gewerkschaftsbewegung entstand auch eine christliche. Beide Richtungen verfochten mitunter gemeinsame Zielsetzungen. Ideologisch aber gab es grundlegende Differenzen. Im Gegensatz zu Marx wollte Ketteler das Eigentum nicht abschaffen. Er war kein Revolutionär, der den Umsturz des Systems propagierte. Sein Standpunkt lautete: Eigentum verpflichtet. Er wollte einen dritten Weg zwischen Kommunismus und Kapitalismus gehen. Die Märkte sollten dem Wohle des Menschen dienen. Somit war er ein Vordenker der sozialen Marktwirtschaft.

1859 ▶ 16.9. Gründung des »Deutschen Nationalvereins«

1861 ▶ 2.1. Wilhelm I. wird König von Preußen

1861 ▶ 17.3. Viktor Emanuel II. proklamiert das Königreich Italien

den Staat noch gebraucht, gebraucht es ihn nicht im Interesse der Freiheit, sondern der Niederhaltung seiner Gegner ...« Unterdrückungsmechanismen werden demnach zumindest vorübergehend in Kauf genommen.

Auch das Freiheitsverständnis von Marx und Engels bietet Angriffspunkte für totalitären Missbrauch. Individuelle Freiheitsrechte und die Gleichheit vor dem Gesetz wurden hinterfragt, mit dem Argument, dass nur die Besitzenden diese Freiheit für sich nutzen könnten, nicht aber die arbeitende Klasse.

Während in den westlichen Demokratien der einzelne Mensch Maßstab der Dinge ist, formuliert der Marxismus eine kollektivistische Utopie. Der individuelle Wille müsse mit dem Willen der Gesamtheit in Einklang gebracht werden. Der Mensch sei erst dann frei, wenn die kommunistische Gemeinschaft alle Gegensätze auflöst. Das kann im Umkehrschluss dazu führen, dass ein vermeintlicher kollektiver Wille mehr zählt als der Wille des Einzelnen oder gar einer Mehrheit von Individuen. Auch dies ist ein Ansatz für Machtkonzentration, -missbrauch und Unterdrückung. Dagegen haben sich etwa die Menschen im früheren Ostblock, insbesondere in der ehemaligen DDR, aufgelehnt. Mit der Parole »Wir sind das Volk« wurde der Herrschaftsanspruch der SED als Verkörperung der »Arbeiterklasse« angefochten. In der nächsten Stufe – »Wir sind ein Volk« – und dem Verlangen nach Wiedervereinigung scheiterte der Versuch, die DDR als selbstständigen Staat zu erhalten. Das Bedürfnis nach Freiheit und Wohlstand war stärker als die Aussicht, einen wie auch immer reformierten Sozialismus noch zu retten.

Doch wird man dem Marxismus wohl kaum gerecht, wenn man den Blickwinkel auf seine extremistischen Potenziale verengt. Nie zuvor wurden soziale Konflikte in ihrem historischen Prozess so umfassend analysiert, wurde der Kapitalismus in seiner Schwäche so treffend entlarvt, seine Krisenanfälligkeit, die Gefahr der Verelendung ganzer Schichten oder Weltregionen.

Geradezu visionär erscheint manche Marx'sche Analyse auch im Hinblick auf die Globalisierung oder die internationale Finanz- und Wirtschaftskrise unserer Tage. Schien der historische Sieg des kapitalistischen Westens über den kommunistischen Osten spätestens nach der Wende von 1989 zunächst sicher, so erweist es sich mittlerweile offenbar doch als zu früh, Karl Marx für überholt zu erklären.

Inzwischen muten manche seiner theoretischen Annahmen nahezu prophetisch an. Von der »Verschlingung aller Völker in das Netz des Weltmarkts« schrieb er: »Die uralten nationalen Industrien sind vernichtet worden und werden noch täglich vernichtet. ... An die Stelle der alten, durch Landeserzeugnisse befriedigten Bedürfnisse treten neue, welche die Produkte der entferntesten Länder ... zu ihrer Befriedigung erheischen.« Auch global gelte: »Das Kapital schwillt hier in einer Hand zu großen Massen.« Marx hat den Begriff »Global Player« nicht gekannt, doch er hat die Gefahren globaler Märkte, die Ausbeutung von Ressourcen, die Ohnmacht einzelner Volkswirtschaften vorhergesehen und die Folgen eines zügellosen Kapitalismus national wie international antizipiert.

Der katholische Bischof Reinhard Marx richtet in seiner Publikation »Das Kapital« in bewusster Anspielung einen »Brief« an seinen Namensvetter des 19. Jahrhunderts, geht auf Distanz zu allen totalitären Verlockungen der Marx'schen Ideen, bekundet aber Respekt für

1861 ▸ 12.4. Mit dem Angriff auf Ford Sumter durch Unionstruppen beginnt der Amerikanische Bürgerkrieg

1862 ▸ 22.9. Otto von Bismarck wird preußischer Ministerpräsident

1862 ▸ 13.10. Verfassungsstreit in Preußen mit Parlamentsauflösung wegen eines Konflikts über Bismarcks Heeresreform

manche zeitlos gültige Analyse: »Betrachtet man die heutige weltwirtschaftliche Entwicklung, scheinen Sie mit Ihrer Auffassung recht gehabt zu haben, dass das Kapital stetig nach seiner Vermehrung strebt, dass es in diesem Streben im wahrsten Sinne des Wortes grenzenlos ist«, so der Bischof an den Philosophen.

Weiter konstatiert der Kirchenmann: »Sie scheinen ferner mit der Prognose recht gehabt zu haben, dass von dieser Entwicklung vor allem der Kapitalist profitiert, in dessen Händen sich immer mehr Kapital anhäuft«, und hält fest: »Das Gefälle zwischen Reich und Arm steigt in armen wie in reichen Ländern.« Reinhard Marx unterlässt es jedoch keineswegs, fundamentale Meinungsunterschiede hervorzuheben und seinem Stand gemäß an einen historischen wie aktuellen Gegenentwurf zum Karl Marx'schen Gedankengut zu erinnern: die christliche Soziallehre. Dass die Kirche im 19. Jahrhundert ebenso die soziale Frage entdeckte wie manche revolutionären Denker und Bewegungen, dass sie sich ihrerseits zum Fürsprecher der Armen und Ausgebeuteten aufschwang und karitativ wie politisch wirkte, war den Verfassern des »Kommunistischen Manifests« ein Dorn im Auge.

Karl Marx sah die Religion als »Opium des Volks«, als »Trost- und Rechtfertigungsgrund« der bürgerlich-kapitalistischen Gesellschaft. Dies erscheint insofern nachvollziehbar, als die Kirchen eine Befreiung der Menschen aus Elend und Unterdrückung im Rahmen bestehender Verhältnisse erstrebten, als sie Staat und Markt moralisch und politisch in die Pflicht nahmen, nicht aber abschaffen wollten. Während Karl Marx vor mehr als 150 Jahren die Selbstbefreiung des Proletariats durch die Überwindung des Kapitalismus

propagierte, fordert der Bischof des 21. Jahrhunderts nach wie vor, den Kapitalismus menschlicher zu gestalten – und trifft damit auf einen weitverbreiteten Konsens. Sein Resümee lautet: »Ein Kapitalismus ohne Menschlichkeit, Solidarität und Gerechtigkeit hat keine Moral und auch keine Zukunft.«

Und der Marxismus? Der Kirchenmann ist überzeugt, dass sich der materialistische und atheistische Ansatz seines Namensvetters selbst ad absurdum führte, und konstatiert nach dem Erfolg des Umsturzes in Polen und der ebenso von den Kirchen mitgetragenen »friedlichen Revolution« in der DDR, dass der Fortschritt eben nicht den Gesetzen eines dialektischen Materialismus folgt, sondern dem freien – auch ethisch und religiös begründeten – Willen des Menschen.

»Nach dem Zusammenbruch staatssozialistisch-totalitärer Herrschaftsssysteme«, so der Soziologe Karl-Heinz Hillmann, »hängen die Zukunftschancen des Marxismus davon ab, inwieweit er in einer undogmatisch-kritischen Ausprägung im Rahmen einer freiheitlich-demokratischen Gesellschaft zur Herstellung und Aufrechterhaltung gerechter und solidarischer Lebensverhältnisse beitragen kann.«

Ludwig II.

und die Bayern

Zeitgenossen nannten ihn den letzten wahren König: Ludwig II. von Bayern. Das klingt nur wie romantisierende Schwärmerei – denn der Wittelsbacher wollte tatsächlich zurück zu einem absolutistischen Königtum ohne Minister und Parlament. Voraussetzung für die Abkehr von einer konstitutionellen Monarchie war der Erhalt der Souveränität Bayerns. Die aber war angesichts der tiefgreifenden Umwälzungen, welche die Entwicklung Deutschlands im letzten Drittel des 19. Jahrhunderts prägten, in höchster Gefahr. Preußen wollte mit militärischer Stärke seine nationale Vision von einem zentralistisch regierten deutschen Bundesstaat durchsetzen. Ludwig II. stand mit an der Spitze einer Bewegung, die das zu verhindern suchte.

Rätsel Ludwig

»Ein ewiges Rätsel bleiben will ich mir – und anderen!« Es sollte ihm gelingen: Ludwig II., König von Bayern, Opernliebhaber und »Märchenkönig«, der mit Schloss Neuschwanstein das berühmteste Postkartenmotiv Deutschlands schuf, ist ein Rätsel geblieben. Das gilt für seine letzten Lebensjahre, es gilt vor allem für die Umstände seines Todes.

Pfingstsonntag, 13. Juni 1886: Kurz vor Mitternacht werden die Leichen des Königs und seines Arztes Bernhard von Gudden im knietiefen Uferbereich des Starnberger Sees gefunden. Stunden zuvor war der auf Schloss Berg unter Arrest gesetzte König gemeinsam mit dem Nervenarzt trotz schlechten Wetters zu einem Spaziergang aufgebrochen. Die Ereignisse konnten nie vollständig aufgeklärt werden. Mutmaßungen und Verschwörungstheorien ranken sich um die Geschehnisse am Starnberger See: Hat der gestürzte Wittelsbacher seinen Begleiter ermordet? Starb der 40-jährige König anschließend bei einem Fluchtversuch? Oder wählte der bayerische Monarch den Freitod?

Das Rätsel um sein Ende prägt bis heute das Bild des tragischen Herrschers. In den Hintergrund gedrängt werden dadurch die politischen Unternehmungen des bayerischen Königs. Immerhin hat Ludwig II. die Geschicke seines Landes 22 Jahre lang gelenkt. Seine Herrschaftszeit fiel in eine Epoche voller tiefgreifender Umbrüche, in der auch die Weichen für die weitere Entwicklung Deutschlands gestellt werden sollten. Ludwig II. hatte zu diesem Deutschland eigene Vorstellungen. Deren Scheitern ist vor allem mit dem überragenden politischen Genie des Mannes zu erklären, der zum großen Gegenspieler des wittelsbachischen Monarchen werden sollte: Otto von Bismarck.

Am 16. und 17. August 1863 kam es im Schloss Nymphenburg in München zur ersten persönlichen Begegnung zwischen Bismarck und Ludwig. In seinen Memoiren beschreibt der damals 48-jährige preußische Ministerpräsident den 17-jährigen Kronprinzen: »Der Eindruck, den er mir machte, war ein sympathischer, obschon ich mir mit einiger Verdrießlichkeit sagen musste, dass mein Bestreben, ihn als Tischnachbar angenehm zu unterhalten, unfruchtbar blieb.« Dem Vertreter Preußens begegnete der bayerische Thronfolger mit erkennbarem Desinteresse. Die Abneigung gegenüber der »Hohenzollern-Bagage«, wie sie Ludwig abschätzig nannte, konnte nicht einmal der Umstand mildern, dass Ludwigs Mutter Marie selber eine gebürtige Hohenzollern war.

Die Begegnung im Hochsommer 1863 sollte die einzige zwischen dem späteren Reichskanzler und dem Wittelsbacher bleiben. Allerdings entwickelte sich nach der Thronbesteigung Ludwigs im März des folgenden Jahres eine regelmäßige Korrespondenz mit Bismarck, die, wie es auch Letzterer erwähnt, bis zum Tod des bayerischen Königs nicht mehr abreißen sollte. Ludwig erblickte in dem preußischen Politiker einen väterlichen Ratgeber und bekennenden Befürworter der Monarchie. Im Detail waren sich die Tischnachbarn von Nymphenburg aber keineswegs einig. Denn im Gegensatz zu Ludwig sah der spätere Reichskanzler im Parlamentarismus kein prinzipielles Übel, sondern ein notwendiges Korrektiv gegenüber absolutistischen Allmachtsansprüchen.

Bismarck begegnet Kronprinz Ludwig

»Auf dem Weg von Gastein nach Baden-Baden berührten wir München. ...

Bei den Mahlzeiten, die wir während des Aufenthalts in Nymphenburg einnahmen, war der Kronprinz, später König Ludwig II., der seiner Mutter gegenübersaß, mein Nachbar. Ich hatte den Eindruck, daß er mit seinen Gedanken nicht bei der Tafel war und sich nur ab und zu seiner Absicht erinnerte, mit mir eine Unterhaltung zu führen, die aus dem Gebiete der üblichen Hofgespräche nicht herausging. Gleichwohl glaubte ich in dem, was er sagte, eine begabte Lebhaftigkeit und einen von seiner Zukunft erfüllten Sinn zu erkennen. In den Pausen des Gesprächs blickte er über seine Frau Mutter hinweg an die Decke und leerte ab und zu hastig sein Champagnerglas, dessen Füllung, wie ich annahm, auf mütterlichen Befehl verlangsamt wurde, so daß der Prinz mehrmals sein leeres Glas rückwärts über seine Schulter hielt, wo es zögernd wieder gefüllt wurde.

Er hat weder damals noch später die Mäßigkeit im Trinken überschritten, ich hatte jedoch das Gefühl, daß die Umgebung ihn langweilte und er den von ihr unabhängigen Richtungen seiner Phantasie durch den Champagner zu Hilfe kam. ...

Es war dies das einzige Mal, daß ich den König Ludwig von Angesicht gesehn habe, ich bin aber mit ihm, seit er bald nachher (10. März 1864) den Thron bestiegen hatte, bis an sein Lebensende in günstigen Beziehungen und in verhältnismäßig regem brieflichen Verkehre geblieben und habe dabei jederzeit den Eindruck eines geschäftlich klaren Regenten von nationaldeutscher Gesinnung gehabt, wenn auch mit vorwiegender Sorge für die Erhaltung des föderativen Prinzips der Reichsverfassung und der verfassungsmäßigen Privilegien seines Landes.«

Bismarck als Minister
Nach einer Lithographie von G. Engelbach.

Mir hat immer als Ideal eine monarchische Gewalt vorgeschwebt, welche durch eine unabhängige, nach meiner Meinung ständische oder berufsgenossenschaftliche Landesvertretung so weit kontrolliert wäre, dass Monarch oder Parlament den bestehenden Rechtszustand nicht einseitig, sondern nur communi consensu ändern können.

OTTO VON BISMARCK,
»GEDANKEN UND ERINNERUNGEN«

Die Eindrücke, die Bismarck von dem eher gelangweilt wirkenden Kronprinzen gewann, dürften ihn in dieser Haltung bestärkt haben. Was dem bayerischen Thronfolger sein Leben lang verborgen blieb, war die Einsicht, dass er bei den politischen Plänen Bismarcks keineswegs als gleichwertiger Partner gesehen wurde. Für den Drahtzieher der Reichseinigung unter Preußen blieb der bayerische Herrscher nicht viel mehr als ein nützliches Werkzeug. Ludwig II. mochte dies instinktiv gespürt haben, belegbar ausgedrückt hat er dies nie. Und doch hätte die Haltung des Bayern in der nationalen Frage eine ernsthafte Gefährdung für Bismarcks Strategie werden können.

Das Dritte Deutschland

Nach dem plötzlichen Tod seines Vaters wurde Ludwig im Alter von 18 Jahren König von Bayern – eine Aufgabe, für die er nur unzurei-

Der 14-jährige Kronprinz Ludwig (links im Bild) im Kreis der bayerischen Königsfamilie. Hoffotograf Joseph Albert inszenierte das Gruppenbild in volksnahem bürgerlichen Stil.

1865 6.4. Gründung der Badischen Anilin- und Soda-Fabrik (BASF) in Mannheim

1865 14.4. Abraham Lincoln fällt im Theater einem Attentat zum Opfer

1865 10.12. Richard Wagner verlässt Bayern, nachdem Ludwig II. ihn auf großen öffentlichen Druck hin dazu aufgefordert hat

chend vorbereitet war. Auf die Fehler und Versäumnisse der Herrschaft ihres Sohnes angesprochen, sollte Ludwigs Mutter Marie immer wieder auf diesen Umstand verweisen: »Sein Vater starb zu früh.« Sowohl Maximilian II. als auch Ludwigs Großvater, Ludwig I., hatten als Kronprinzen zwei bzw. anderthalb Jahrzehnte Zeit gehabt, um sich auf ihre Aufgaben als König vorzubereiten. Ludwig II. hatte dies nicht. Umso erstaunlicher war der Elan, mit dem der junge Regent seine Amtspflichten aufzunehmen versuchte. Zumal ihn die Minister der von ihm eingesetzten Regierung sehr schnell die Grenzen seiner Macht spüren ließen.

Er war der schönste Jüngling, den ich je gesehen habe. Seine hohe, schlanke Gestalt war vollkommen symmetrisch. Kein Mensch, alt oder jung, reich oder arm, konnte von dem Zauber unberührt bleiben, der von seinem Wesen ausging.

DER ÖSTERREICHISCHE GESANDTE ÜBER DIE ERSCHEINUNG DES JUNGEN MONARCHEN, 1864

Ludwig II. setzte die politischen Initiativen seines Vaters fort. In der nationalen Frage hatte Maximilian II. auf einen Bund der von den beiden Großmächten Preußen und Österreich unabhängigen deutschen Klein- und Mittelstaaten gedrängt. Kern des Dritten Deutschland sollten die Königreiche Hannover, Württemberg, Sachsen und Bayern sein.

Neben dem sächsischen Ministerpräsidenten Friedrich Ferdinand von Beust war es vor allem der Vorsitzende des bayerischen Ministerrats, Ludwig von der Pfordten, der ernsthaft die Etablierung einer dritten Kraft im Deutschen Bund betrieb.

Porträtgemälde von Ludwig II. in blauer Offiziersuniform. Zeitgenossen schwärmten von der natürlichen Anmut des 18-jährigen Königs.

Die »Trias-Politik« strebte einen Ausgleich zwischen den Großmächten Preußen und Österreich an. Konkrete Ziele waren ein Wirtschafts- und ein Verteidigungsbündnis, das den beteiligten Fürsten weitgehende Souveränität sichern sollte. Das Dritte Deutschland ähnelte dem Modell des Vielvölkerstaats Österreich. Von Wien aus wurde die Idee des Dritten Deutschland dementsprechend mit Wohlwollen bedacht. Begrüßt wurde diese Entwicklung auch von Frankreich, das ein zentral von Preußen gelenktes Deutschland auf jeden Fall verhindern wollte. Bismarck war ein erklärter Gegner der Idee des Dritten Deutschland. Ihm ging es darum, die Mittelstaaten in eine kleindeutsche Lösung ohne Österreich einzubinden.

1865 ▶ 18.12. Der 13. Verfassungszusatz beendet die Sklaverei in den USA

1866 ▶ 8.4. Geheimbündnis zwischen Preußen und Italien gegen Österreich

1866 ▶ 9.6. Nach preußischem Einmarsch in Holstein beantragt Österreich beim Deutschen Bund die Bundesexekution gegen Preußen

Als sächsischer Ministerpräsident war Friedrich Ferdinand Freiherr von Beust eine der treibenden Kräfte hinter der Politik des »Dritten Deutschland«.

Mit der Niederlage Bayerns im Deutschen Krieg 1866 endete die politische Karriere des Vorsitzenden des bayerischen Ministerrats Ludwig von der Pfordten.

Schuld am Scheitern des Dritten Deutschlands war aber nicht allein die Politik des preußischen Ministerpräsidenten, sondern Missgunst und Misstrauen unter den Mittelstaaten selbst. Verursacht wurde das Zerwürfnis in erster Linie durch die bayerischen Könige, die sich als dominante Kraft im Bund der Mittelstaaten verstanden. Es war die Angst vor einer Vormachtstellung Bayerns, die die Entwicklung des Dritten Deutschland verhinderte. Die Wittelsbacher konnten den Argwohn ihrer potenziellen Verbündeten nie ganz zerstreuen. Die bayerischen Herrscher übten auf der Ebene der Mittelstaaten in etwa das aus, was sie den Preußen auf Bundesebene vorwarfen. Ebenso wie diejenige der Hohenzollern zielte ihre Politik auf eine geografische Anbindung der bayerischen »Westprovinzen«. Damit war aus Sicht der Wittelsbacher die bayerische Pfalz gemeint, die immerhin Städte wie Landau, Speyer, Ludwigshafen, Kaiserslautern sowie Homburg umfasste. Bayern hatte ähnlich wie Preußen mit einer territorialen Spaltung seiner Gebiete zu kämpfen. Eine Landbrücke, die das bayerische Kernland mit der Pfalz verbindet, war eines der großen Ziele der Politik Münchens im 19. Jahrhundert. Der Versuch der bayerischen Könige, das Dritte Deutschland auch als Hebel zu einer engeren Anbindung der pfälzischen Gebiete zu nutzen, ist durchaus nachzuvollziehen. Einer Einigung der Mittelstaaten stand dieser Wunsch aber im Wege. Folgerichtig hinterließ das Dritte Deutschland nur wenige konkrete Spuren in der deutschen Geschichte.

Den Süddeutschen Zollverein von Bayern und Württemberg, 1828 nach langwierigen Verhandlungen gegründet, könnte man als das bedeutendste Zeugnis der Trias-Politik bezeichnen. Er bestand aber nur sechs Jahre und ging 1834 zusammen mit der hessisch-preußischen Zollunion im Deutschen Zollverein auf. Auf dem Gebiet der Zollpolitik zeichneten sich die Konturen der späteren nationalen Entwicklung ab.

Zwei Jahre nach der Thronbesteigung Ludwigs II. mündete der schwelende Konflikt zwischen Österreich und Preußen in einen Krieg. Auch bei diesem Kräftemessen, das über das weitere Schicksal Deutschlands entscheiden sollte, versagte das Dritte Deutschland. Die Mittelstaaten konnten sich nicht auf eine gemeinsame Strategie einigen. Nominell an der Seite Österreichs, ging es ihnen in erster Linie um die Absicherung der eigenen Landesgrenzen – ein Vorgehen, das der Großmacht Preußen in die Hände spielen sollte.

Der Deutsche Krieg

Mit dem Ausstieg Preußens aus dem Deutschen Bund am 14. Juni 1866 bahnte sich der entscheidende Schlagabtausch an. In Berlin hielt man einen Konflikt schon seit einigen Monaten für unausweichlich. Mit einem bereits im April 1866 geschlossenen geheimen Angriffsbündnis mit dem Königreich Italien legte es Preußen darauf an, Österreich in einen Zweifrontenkrieg zu zwingen. Mit diplomatischen Vorkeh-

Beim Aufmarsch gegen den Deutschen Bund 1866 nutzte auch die preußische Kavallerie das Eisenbahnnetz. Der Holzstich zeigt die Ankunft einer Abteilung des Gardekürassierregiments in Breslau. Die Kürassiere nahmen auch an der entscheidenden Schlacht bei Königgrätz teil.

1866 ▶ 10.7. Preußische Truppen siegen über bayerische Verbände

1866 ▶ 26.7. Vorfriede von Nikolsburg zwischen Preußen und Österreich

1866 ▶ 20.8. Offizielles Ende des Amerikanischen Bürgerkrieges

rungen sorgte Bismarck dafür, dass Frankreich und Russland nicht in den deutschen Konflikt eingriffen. Auf französischer Seite war man sich indes auch sicher, dass ein Eingreifen angesichts der vermeintlichen militärischen Überlegenheit Österreichs unnötig sei.

Aufseiten der preußischen Truppen hatte General Helmuth von Moltke den Oberbefehl. Der 65-jährige Feldherr bereitete das Vorgehen minutiös vor. Einen wichtige Rolle bei dem – für damalige Verhältnisse – blitzartigen Aufmarsch kam dem inzwischen flächendeckenden Bahnnetz in Deutschland zu. Moltke ließ die Verbände auf unterschiedlichen Strecken zum geplanten Kriegsschauplatz in Böhmen bringen. Dem preußischen Generalstab standen fünf Bahnlinien zur Ver-

fügung, während Österreich nur auf eine Verbindung zurückgreifen konnte. Im Vorfeld wies von Moltke mit einem Memorandum an König Wilhelm I. auf die Gefahren hin, die insbesondere die bayerische Bahnlinie Regensburg – Pilsen – Prag für die preußischen Kriegspläne bedeutete.

In seiner Denkschrift vom 2. April 1866 ließ sich der preußische General auch über den Zustand der bayerischen Armee aus: »Das für den Krieg so wenig vorbereitete Bayern ist mit Rüstung, Mobilmachung und Konzentration seiner 40 000 Mann aller Wahrscheinlichkeit nach noch nicht fertig, wenn schon die erste Schlacht zwischen Oesterreich und Preußen geschlagen wird.« Der weitsichtige General sollte recht behalten.

Ein seltenes Bild: Dem König, der sich am Fenster seiner Amtsräume im dritten Stock der Residenz in München zeigt, wird vom Volk gehuldigt. Die Montage aus zwei Stichen entstand im Zusammenhang mit der Mobilmachung 1866.

1866 ▶ 23.8. Friede von Prag beendet den Deutschen Krieg

1866 ▶ 24.8. Auflösung des Deutschen Bundes in Augsburg: Österreich scheidet aus und anerkennt die Neugestaltung Deutschlands

1866 ▶ 3.9. Verfassungskonflikt um Heeresreform durch Annahme des Indemnitätsgesetzes im Preußischen Landtag beigelegt

Der König und sein Komponist

Zu den ersten Amtshandlungen des jungen Königs gehörte die Berufung Richard Wagners nach München: »Ich will Alles thun, um Sie für vergangene Leiden zu entschädigen. Die niedern Sorgen des Alltagslebens will ich von Ihrem Haupte auf immer verscheuchen!« Der bankrotte Komponist folgte dem Angebot nur allzu gerne und zog im Mai 1864 in ein vom König bereitgestelltes Anwesen am Starnberger See ein.

Ludwig II. wollte mit dem Musiktheater Wagners seine kunstpolitisch-pädagogischen Visionen umsetzen. Was seine beiden Vorgänger auf dem Königsthron in Architektur (Ludwig I.) und Wissenschaft (Maximilian II.) begonnen hatten, sollten die vertonten Dramen um »Tannhäuser«, »Lohengrin« und den »Ring des Nibelungen« fortsetzen: Bühnenstücke als Bildungsmaßnahme. Ludwig II. bestellte bei dem Architekten Gottfried Semper den Entwurf für ein neues Opernhaus, das in München am Hochufer der Isar als »Weihetempel« einzig der Musik Wagners gewidmet werden sollte. Die Pläne scheiterten

am öffentlichen Widerstand und wurden später in Bayreuth verwirklicht. Man warf Wagner vor, die Jugend des Königs auszunutzen. Immer deutlicher wurden die Parallelen zum Skandal um Lola Montez, der zwanzig Jahre zuvor Ludwig I. zu Fall gebracht hatte. Im Dezember 1865 wurde Wagner – gegen den Willen des Königs – des Landes verwiesen.

Bayern war in keiner Weise auf eine militärische Auseinandersetzung vorbereitet. Das lag auch am politischen Kurs seines Monarchen. Ludwig II. wollte eigentlich neutral bleiben und Bayern aus dem direkten Kriegsgeschehen heraushalten. Aber Österreich pochte auf die Einhaltung der im Deutschen Bund vereinbarten Bündnispflichten. Bayern und sein König lavierten zwischen Neutralitätswunsch und Bündnispflicht. Für die Zukunft Bayerns

sollte sich diese Strategie sogar als vorteilhaft erweisen. In Armee und Öffentlichkeit wurde das Verhalten des Königs aber als Zaudern und – schlimmer noch – als Desinteresse verstanden.

Der inzwischen 21-jährige König hatte die Euphorie, die seine jugendlich schöne Gestalt nach der Thronbesteigung auslöste, bereits fast gänzlich verspielt. In den Augen der Öffentlichkeit waren vor allem die Begünstigungen, mit denen er den Komponisten Richard Wag-

1866 ▶ 22.8. »Schutz- und Trutzbündnisse« der süddeutschen Staaten mit Preußen

1866 ▶ 3.10. Friede von Wien zwischen Österreich und Italien

1867 ▶ 22.1. Ludwig II. verlobt sich mit Sophie von Bayern, löst diese Verlobung jedoch noch im selben Jahr

Am 3. Juli 1866 findet bei Königgrätz die entscheidende Schlacht des Deutschen Krieges statt: Die preußische Armee siegt über das österreichische Nordheer. In der Folge scheidet Österreich aus dem Deutschen Bund aus.

ner überschüttet hatte, auf Unverständnis und Ablehnung gestoßen. Ludwigs Verhalten im sich anbahnenden Deutschen Krieg verstärkte die Entfremdung zwischen Teilen des Volkes und dem König. Wiederholt war von ihm der Ausspruch zu hören: »Ich will keinen Krieg!« Alle relevanten Entscheidungen überließ er seinen Ministern. Nach großen Widerständen konnte er schließlich doch noch dazu bewegt werden, den für Ende Mai 1866 einberufenen Landtag mit einer Thronrede persönlich zu eröffnen. In dem kurzen Auftritt bekräftigte Ludwig seinen Friedenswillen, betonte aber auch die Bündnistreue Bayerns. Dieser kam er mit seinem Befehl zur Mobilmachung auch nach.

Die bayerische Armee befand sich zu Kriegsbeginn 1866 in einem desolaten Zustand. Ausrüstung und Organisation waren seit Jahrzehnten vernachlässigt worden. Bereits auf das Jahr 1849 datierte der letzte Einsatz bayerischer Truppen, als es um die Niederschlagung der badischen und der pfälzischen Revolutionsbewegungen ging.

So wie es von Moltke prognostiziert hatte, benötigte die bayerische Armeeführung bis Ende Juni, um ihre Truppen gefechtsbereit an Bayerns Nordgrenze zu postieren. Zu diesem Zeitpunkt hatten die preußischen Verbände das Königreich Sachsen bereits überrannt. Das Königreich Hannover stand kurz vor der Kapitulation. Die süddeutschen Staaten blieben zunächst bei ihrer Strategie und beschränkten sich darauf, das jeweils eigene Territorium zu beschützen. Erst als die militärische Lage nahezu aussichtslos war, beschlossen die antipreußischen Verbände eine Zusammenführung ihrer Truppen an der Mainlinie. Dazu sollte es aber nicht mehr kommen.

Das Königreich Hannover hatte bereits kapitulieren müssen, als es am 3. Juli bei Königgrätz in Böhmen zum Entscheidungskampf zwischen Preußen und Österreich kam. Als einziger Vertreter des Dritten Deutschland warf das Königreich Sachsen ein 20 000 Mann starkes Kontingent in die Schlacht. Aber auch die konnten die schwere Niederlage Österreichs nicht verhindern. Während sich die Reste der österreichischen Nordarmee zur Verteidigung Wiens von Böhmen aus nach Süden zurückzogen, begannen preußische Truppenteile mit ihrem Vorstoß auf die Mainlinie. Die Kämpfe, bei denen auch die Kurstadt Bad Kissingen in Mitleidenschaft gezogen wurde, dauerten knapp vier Wochen. Nach dem Beschuss der Feste Marienberg bei Würzburg am 26. Juli kapitulierte die bayerische Armee unter dem Kommando von Prinz Karl von Bayern.

Sein zögerliches Verhalten im Deutschen Krieg kam Bayern nun zugute. Im Gegensatz zu dem Königreich Hannover, das von

Der Saaleübergang bei Bad Kissingen war bei den Gefechten am 10. Juli 1866 zwischen bayerischen und preußischen Verbänden heftig umkämpft.

der politischen Landkarte Deutschlands verschwand und zu einer preußischen Provinz gemacht wurde, musste Bayern offiziell nur geringfügige Gebietsverluste an Preußen hinnehmen und 30 Millionen Gulden an Kriegsentschädigung leisten. Ein vergleichsweise geringer Betrag, wenn man berücksichtigt, dass etwa die Bürger der Freien Stadt Frankfurt am Main eine ähnlich hohe Summe aufbringen mussten wie das Königreich Bayern. Bismarck schonte Ludwig II., weil er ahnte, dass er den Wittelsbacher für die Verwirklichung seiner nationalstaatlichen Pläne noch brauchen würde. Der preußische Ministerpräsident wollte außerdem den Eindruck vermeiden, dass es seinem Land 1866, jedenfalls südlich der Mainlinie, um territoriale Eroberungen ging.

In Bayern machte man für die Niederlage vor allem die Minister und die militärische Füh-

Der preußenfreundliche Chlodwig Fürst zu Hohenlohe-Schillingsfürst (1819–1901) wurde Ende 1866 Vorsitzender des Ministerrats in Bayern.

rung verantwortlich. Bereits im August ernannte Ludwig mit Siegmund von Pranckh einen neuen Kriegsminister, der mit der Reorganisation der bayerischen Armee beauftragt wurde. Im Dezember trat mit Ludwig von der Pfordten auch der Vorsitzende des Ministerrats zurück. Das höchste Regierungsamt besetzte der bayerische König daraufhin mit dem parteilosen, aber nationalliberal und propreußisch gesinnten Chlodwig Fürst zu Hohenlohe-Schillingsfürst. Eine Berufung, die dem König in der antipreußisch aufgeladenen Stimmung vor allem in Altbayern alles andere als Beifall einbrachte.

Franken hatte im Sommer 1866 die Hauptlast des Mainkriegs zu tragen. König Ludwig II. entschloss sich Ende des Jahres zu einer Reise in die kriegszerstörten Gebiete. Eine wichtige Geste für jenen Landesteil, in dem es noch immer an Zugehörigkeitsgefühl zum neuen Bayern mangelte.

Paradoxe Personalpolitik

Ludwig II. setzte die Personalpolitik seiner Vorgänger fort. Den bayerischen Königen, deren Handlungsspielraum in der konstitutionellen Monarchie eingeschränkt war, ging es darum, die politischen Kräfte im Land zu neutralisieren und den Einfluss der Volksvertretung möglichst gering zu halten. Die Ministerien wurden grundsätzlich gegen die Mehrheit im Landtag besetzt.

Als in der Folge des Krieges von 1866 die katholisch-konservative, antipreußische Patriotenpartei die absolute Mehrheit in der Kammer der Abgeordneten errang, berief König Ludwig II. nationalliberale und preußenfreundliche Minister. Mit seiner Personalpolitik konterkarierte der König sogar die eigene Haltung, die derjenigen der bayerischen Patrioten wesentlich näher stand. Wichtiger als die meinungskonforme Besetzung seiner Regierung war dem Wittelsbacher die Demonstration seiner königlichen Souveränität, die sich mitnichten von der Mehrheit im Parlament beeinflussen lassen wollte.

1867 ▶ 18.10. Zar Alexander II. verkauft Alaska für 7,2 Millionen Dollar an die USA

1868 ▶ 1.1. Regelung für Deutsches Zollparlament als Vereinigung von Norddeutschem Bund mit süddeutschen Staaten tritt in Kraft

1868 ▶ 28.1. Tod Adalbert Stifters

Die bayerische Nation

1806 war das Königreich Bayern entstanden. Sein Pate war niemand anderer als der französische Kaiser Napoleon I. Bereits beim Friedensschluss von 1803 hatte der siegreiche Franzose dafür gesorgt, dass sich das alte Kurfürstentum Bayern große Teile Frankens und Schwabens einverleiben konnte. Vor allem im protestantisch geprägten Franken blieb der Widerstand gegen die Herrschaft aus München lebendig. Die militärischen Ereignisse von 1866 führten dazu, dass sich die Spaltungstendenzen erneut deutlich Gehör verschafften.

Ludwig II. wollte mit seiner Reise in die fränkischen Kriegsgebiete die Wogen glätten. Wenn er auch nicht direkt um die Einheit der bayerischen Nation fürchten musste, so konnte er durch die Fahrt ein erneutes Aufflammen separatistischer Entwicklungen verhindern. Der König wusste aber auch, dass ihm die Reise über die fränkischen Gebiete hinaus verloren gegangene Sympathien zurückbringen konnte. In einem Brief an Richard Wagner beschrieb Ludwig seine Motive: »Ich will mit einem Male den Dunstkreis der Gehässigkeit, die Wolken der Bosheit und falschen Kunden, welche die Leute geschäftig um meine Person zu verbreiten suchten, auseinanderjagen, will, dass mein Volk endlich erfährt, wie ich bin!«

Vom 10. November bis zum 10. Dezember dauerte die Reise des Königs, bei der er nicht nur Bayreuth, Bamberg, Würzburg und Nürnberg aufsuchte, sondern auch die Schauplätze des Mainkriegs. Der Biograf Hans Steinberger begleitete den König bei der Frankreise: »Trotz heftigen Schneegestöbers unternahm der König in Bad Kissingen eine ihn tief erschütternde Fahrt über das Schlachtfeld, auf

Die Karikatur aus England zeigt Napoleon I. als Bäcker, der auf der Backschaufel die »Lebkuchen«-Könige von Bayern, Württemberg und Baden hält.

welchem am 10. Juli seine Truppen in verzweifeltem Kampf so heldenmütig gerungen hatten.« In Üttingen, wo es zu den letzten schweren Gefechten zwischen Preußen und Bayern gekommen war, besuchte der König den Friedhof, auf dem Kämpfer beider Seiten ihre letzte Ruhestätte gefunden hatten.

Die Frankenreise wurde für Ludwig II. zu einem Triumphzug. Durch seine charismatische Erscheinung und sein sensibles Auftreten vermochte es der König, die fränkischen Neubayern nachhaltig zu versöhnen. Es blieb aber für seine gesamte Herrschaft die einzige Reise, bei der der scheue Wittelsbacher die Nähe zu seinem Volk suchte – ein Umstand, der das persönliche Dilemma Ludwigs deutlich macht. In den Zeiten der konstitutionellen Monarchie ist die Gestalt des Königs selbst das wichtigste Machtmittel. Wenn Ludwig II. bereit gewesen wäre, sich mit seiner ganzen Person hinter seine politischen Ideen zu stellen, hätte er, jedenfalls in Bayern, wesentlich größere Wirkung entfalten können. Neben der Frankenreise gab es indessen zu Lebzeiten Ludwigs noch ein weiteres Ereignis, das das öffentlichkeitswirksame Potenzial des Königs belegt.

Eines der offiziellen Fotos, die die Verlobung des 21-jährigen Königs mit der 19-jährigen Prinzessin Sophie von Bayern anzeigten.

Verlobung mit Sophie Charlotte

Am 22. Januar 1867, drei Wochen nach der Rückkehr aus Franken, hielt Ludwig überraschend um die Hand seiner Cousine Sophie Charlotte an, der jüngsten Schwester von Kaiserin Elisabeth. Sophie und Ludwig kannten sich seit den gemeinsamen Kindertagen am Starnberger See, sie teilten Vorlieben für Literatur und Musik. Sollte das für eine Ehe reichen?

Die Gründe für Ludwigs unerwarteten Vorstoß lassen sich nur erahnen. Wollte der Monarch nach den in Franken erlebten Huldigungen weiteres politisches Terrain zurückgewinnen? Die Verlobung mit Sophie war jedenfalls geeignet, dem König wenigstens eine Zeit lang positive Schlagzeilen zu garantieren. Er selbst empfand die Verbindung eher als notwendiges Übel denn als Weg zum Glück: »Sollte es überhaupt möglich sein, dass eine Frau mich glücklich macht, so wäre Sophie die einzige!«

Die prädestinierte Braut fühlte sich anfänglich durch die Aufmerksamkeiten ihres Cousins geschmeichelt. Aber sein zögerliches Verhalten ließ sie bald resignieren: »Er liebt mich nicht, er spielt nur mit mir.« Ludwig konnte sich nicht entscheiden. Wieder einmal verhielt er sich geradezu geschäftsschädigend. So jedenfalls sahen es die königlichen Hoflieferanten, die das gesellschaftliche Großereignis gerne auch kommerziell verwertet hätten. In großer Zahl wurden Postkarten und viele weitere Hochzeitsmemorabilia vorproduziert. Vergebens, wie sich herausstellen sollte. Nachdem bereits Monate seit der öffentlichen Bekanntgabe der Verlobung verstrichen waren, ließ sich Ludwig erst durch das Drängen des Brautva-

1869 ▶ 7.8. Gründungskongress der Sozialdemokratischen Arbeiterpartei in Eisenach, aus der später die SPD hervorgeht

1869 ▶ 17.11. Eröffnung des Suezkanals nach zehnjähriger Bauzeit

1870 ▶ 9.4. Heinrich Schliemann beginnt mit seinen Grabungsarbeiten im antiken Troja

ters zu einer festen Terminzusage drängen. Die Hochzeit vor Augen, löste er die Verbindung mit Sophie am 7. Oktober 1867 mit einem Brief endgültig auf.

Den meisten seiner Zeitgenossen gab das Verhalten des Königs Rätsel auf. Aus heutiger Sicht ist die Diagnose eindeutig: Ludwig II. war homosexuell. Es gibt Hinweise darauf, dass der Monarch sich im Verlobungsjahr auf eine Affäre mit seinem Stallmeister und langjährigen Freund Richard Hornig einließ. In späteren Jahren trat die Veranlagung Ludwigs noch viel deutlicher zum Vorschein. Seinem großen Vorbild, dem durch seine Ausschweifungen berühmt-berüchtigten Bourbonenkönig Ludwig XIV., hätten homo- oder zumindest bisexuelle Neigungen keine Gewissensbisse bereitet. Ludwig II. hingegen, streng katholisch erzogen und von einem ritterlichen Reinheitsideal beseelt, quälte sich ein Leben lang mit seiner Sexualität. In sein »geheimes Tagebuch« notierte er immer wieder vieldeutige Sätze: »Hände kein einziges Mal mehr hinab, bei schwerer Strafe!«

Dem jungen König ist zugute zu halten, dass er weder sich noch seine Braut in ein lebenslanges privates Unglück stürzen wollte. Die Öffentlichkeit brachte Ludwig mit seinem Rückzug aber gegen sich auf. Wenn hinter der Verbindung mit Sophie Charlotte der Versuch gestanden haben sollte, seine bayerischen Untertanen enger an das Königshaus zu binden, so war er gründlich gescheitert. Ludwig, eigentlich der Verursacher der romantischen Tragödie, reagierte empfindlich auf die öffentliche Kritik und zog sich allmählich aus dem höfischen Leben Münchens zurück – ein Prozess, der sich bis auf wenige Unterbrechungen bis zu seinem einsamen Ende fortsetzen sollte.

Regierungstätigkeit

Für sein Volk wurde der König zusehends zu einem Phantomwesen. Kaum jemand außerhalb des engsten Zirkels konnte von sich behaupten, den König leibhaftig gesehen zu haben. Ein Umstand, der auch dazu führte, dass man bis heute Ludwig II. ein generelles Desinteresse und sogar eine Abneigung gegenüber seinen politischen Pflichten nachsagt. Wie sollte ein abwesender König auch regieren? Jüngste Recherchen haben nun belegt, dass es sich dabei um eine Fehldeutung handelt. Ludwig II. hat seine Amtsgeschäfte fast bis zum Schluss vergleichsweise gewissenhaft ausgeübt. Vor allem in den frühen Jahren legte der König Wert darauf, täglich mit seiner Regierung in München in Kontakt zu stehen. Verantwortlich für die schnelle Kommunikation zwischen Ministern und dem Monarchen war

Der Gasthof »Post« in Elbigen/Tirol war über viele Jahre die Sommerfrische von Königinmutter Marie. Das Foto mit ihren Söhnen Ludwig und Otto entstand 1867.

Das Königshaus auf der Schachen-Alpe in 1866 Metern Höhe ließ Ludwig II. 1869 bis 1872 errichten. Das Obergeschoss weist einen Prunksaal im maurischen Stil auf.

Zünfte unterstützte der König seine Minister bei der Durchsetzung einer Gewerbeordnung nach preußischem Vorbild, die für die meisten Berufe ein freies Niederlassungsrecht brachte.

Den Maurischen Kiosk entdeckte Ludwig II. auf der Weltausstellung von 1867 in Paris. Seit 1877 steht das Gebäude im Park von Schloss Linderhof.

der Kabinettssekretär, der die Vorlagen zum Aufenthaltsort des Königs brachte. Nach Starnberg gab es eine Bahnverbindung, und selbst in seinem Sommerrefugium, dem Königshaus auf der Schachen-Alpe bei Garmisch-Partenkirchen, wickelte Ludwig die meisten Amtsgeschäfte innerhalb kürzester Zeit ab. Alle wichtigen Anfragen und Dokumente versah er mit eigenhändig verfassten Signaten, die Anmerkungen oder Empfehlungen für die Minister enthielten.

Der Wittelsbacher ging neben den Regierungsgeschäften auch seinen anderen herrscherlichen Pflichten nach. Ludwig II. schaltete sich bei der Ernennung katholischer Bischöfe ein und scheute dabei auch nicht die Auseinandersetzung mit dem Papst. Er bearbeitete die Gnadengesuche von zum Tode Verurteilten mit großer Sorgfalt und Verantwortungsbewusstsein. Gegen den Widerstand der alteingesessenen

Mit der neuen Gewerbeordnung gelang auch in Bayern ein wirtschaftlicher Aufbruch, der als »Gründerzeit« zu einer eigenen Epoche werden sollte.

Ludwigs ewiger Kampf gegen die demokratischen Ansätze seiner Zeit – Konstitution und Parlamentarismus – bleibt anachronistisch und rückwärtsgewandt. In anderer Hinsicht kann man in ihm aber durchaus einen modernen Herrscher erkennen. 1868 gründete der Wittelsbacher mit der Polytechnischen Schule die erste Technische Universität Bayerns und bestimmte München als deren Standort. Schon im Jahr zuvor hatte der König zur Befriedigung seiner technischen Neugier – und in Begleitung seines Großvaters Ludwig I. – die Weltausstellung in Paris besucht. Ludwig war bereits zu diesem Zeitpunkt auf der Suche nach Inspirationen für seine zukünftigen Bauvorhaben. Konkrete Pläne gab es seit 1867 für einen großflächigen Ausbau des Wintergartens auf dem Dach der Residenz in München. Aber die Weltausstellung hatte noch mehr zu bieten als neue Werkstoffe und Technologien. Ausgerechnet der preußische Pavillon, ein im maurischen Stil bunt verglaster Kiosk mit einer Zentralkuppel, tat es dem bayerischen Monarchen an. Über Umwege gelang es dem bayerischen König, das filigrane Gebäude schließlich zu kaufen. Noch heute ist es in den Parkanlagen von Schloss Linderhof zu besichtigen.

Die Begegnungen in Paris blieben nicht auf das Gebiet der Technik beschränkt. Zweimal traf sich König Ludwig II. während seines Aufenthalts mit dem französischen Kaiser Napoleon III. Die Begegnungen knüpften an die intensiven Beziehungen zwischen Frankreich und Bayern zu Beginn des 19. Jahrhunderts an.

Kaiser Napoleon III. empfing Ludwig II. bei dessen Paris-Besuchen mehrere Male. Beide standen der Politik Preußens skeptisch bis feindlich gegenüber.

1870 ▶ 25.11. Abschluss der Novemberverträge zwischen Bismarck und den süddeutschen Staaten über die deutsche Einigung

1870 ▶ 30.11. Ludwig II. unterzeichnet den von Bismarck entworfenen Kaiserbrief

1871 ▶ 18.1. Kaiserproklamation Wilhelms I. und Gründung des Deutschen Reiches im Spiegelsaal von Versailles

Frankreich und Bayern

Spätestens seit der Erhebung Bayerns zum Königreich im Jahre 1806 konnte man von engen Beziehungen zu Frankreich sprechen. Mit der verheerenden Niederlage Napoleons beim Russlandfeldzug 1812, bei dem auch ein bayerisches Kontingent von etwa 30 000 Soldaten aufseiten Frankreichs gekämpft hatte, kühlte die Verbindung merklich ab. Bei den anschließenden Befreiungskriegen kämpfte Bayern bereits an der Seite Österreichs gegen die französische Dominanz in Europa.

Zu Beginn der Herrschaftszeit Ludwigs II. bestanden wieder gute und freundschaftliche Beziehungen zwischen Frankreich und Bayern.

Ludwig II. wurde wegen seiner Vorliebe für das Musiktheater Richard Wagners oft verspottet. Die Karikatur zeigt ihn als Alter Ego des Gralsritters Lohengrin.

Napoleon III. war wie Ludwig II. erklärter Gegner eines zentralistisch regierten und von Preußen dominierten Deutschen Reiches. Der bayerische König war aber deutscher Patriot genug, um sich nicht von den Franzosen gegen die sich abzeichnenden nationalstaatlichen Einigungsprozesse in den deutschen Gebieten einspannen zu lassen. Ludwig II. schwebte für Deutschland eine Einheit auf kulturellem Gebiet vor. In der Förderung Richard Wagners und seiner Vorliebe für das deutsche Mittelalter drückte sich der Weg aus, den der bayerische Monarch dabei beschreiten wollte. Seine herrschaftliche Souveränität wollte er dabei auf keinen Fall aufgeben. Und Frankreich konnte bei der Bewahrung der Freiheit Bayerns durchaus eine wichtige Rolle spielen.

Von den Treffen zwischen Ludwig II. und Napoleon III. 1867 sind weder geheime Bündnisse noch sonstige politisch relevante Absprachen bekannt. Vielleicht gab es gut gemeinte, mündliche Beistandserklärungen zwischen den ehemaligen Verbündeten. Politisch belastbar waren diese Äußerungen nicht. Letztlich werden sich beide Regenten über ihre jeweilige Sicht der politischen Lage in Europa verständigt haben. Und die sollte sich allzu bald auf dramatische Weise ändern.

Deutsch-Französischer Krieg

Am 15. Juli 1870 erklärte Frankreich Preußen den Krieg. Was einmal als Streit um die Thronfolge im Königreich Spanien begonnen hatte, eskalierte innerhalb weniger Monate zu einem ernsthaften Konflikt zwischen Berlin und Paris. Bismarck sah in der Entwicklung den ersehnten Anlass, um seinen Plan für ein geeintes Deutsches Reich unter preußischer

Führung endlich durchzusetzen. Ein Krieg gegen Frankreich konnte diesem Vorhaben, das Ende der 60er-Jahre ins Stocken geraten war, neue Dynamik verleihen. Der preußische Ministerpräsident setzte auf eine gezielte Provokation, um den französischen Kaiser zu einer Kriegserklärung zu bewegen. Die List gelang und stellte Frankreich in den Augen der deutschen Öffentlichkeit als Aggressor dar. So wurden die Ereignisse auch in Bayern wahrgenommen. Dafür sorgte Bismarck höchstpersönlich. In einem auf den 14. Juli datierten Telegramm beschrieb er die Vorgänge in einer Art und Weise, die Ludwig II. gegen den französischen Kaiser einnehmen sollte: »Seine Majestät

der König von Bayern wird ein Gefühl dafür haben, dass der französische Botschafter den preußischen König auf einer Promenade wider dessen Willen provozierend angeredet hat, um seine Forderungen zu äußern.«

Die Nachricht vom bevorstehenden Krieg verbreitete sich wie ein Lauffeuer. Die antipreußische Stimmung, die seit der Niederlage 1866 in Bayern vorherrschte, wurde von starken antifranzösischen Gefühlen abgelöst. Der gemeinsame äußere Feind entfachte ein deutsches Gemeinschaftsbewusstsein auf der Ebene des Reiches, das auch die unterschiedlichen Völker und Landesteile in Bayern vereinte. Ludwig II. nahm sich nur einen Tag Zeit, um auf die Ent-

Im Juli 1870 bejubelte die kriegsbegeisterte Menge vor der Residenz in München einen neuen Kriegszug. Diesmal ging es unter preußischem Kommando gegen Frankreich. Der Waffengang gegen die westlichen Nachbarn weckte auch in Bayern starke deutschnationale Gefühle.

wicklungen zu reagieren. Am 16. Juli gab er den Befehl zur allgemeinen Mobilmachung in Bayern. Mit seinem schnellen Handeln bewies der König dabei jenen Realitätssinn, der ihm häufig und zu Unrecht abgesprochen wird. Der Wittelsbacher wusste, dass ein Eintritt in den Krieg an der Seite Preußens unvermeidlich war. Und er versprach sich davon als Anerkennung für sein entschlossenes Vorgehen Vorteile bei der Behandlung Bayerns nach dem Krieg. Das Telegramm, das er am 19. Juli an den König von Preußen schickte, offenbarte nicht nur die Haltung des Königs, sondern auch seine politischen Erwartungen: »Mit Begeisterung werden Meine Truppen an der Seite ihrer ruhm-

gekrönten Bundesgenossen für das deutsche Recht und die deutsche Ehre den Kampf aufnehmen. Möchte er zum Wohle Deutschlands und zum Heile Bayerns werden!«

Der König teilte die Kriegsbegeisterung seiner Untertanen keineswegs. Aber er erkannte die Konsequenzen, die eine Verweigerungshaltung nicht nur für seine Person, sondern auch für die Zukunft und den Zusammenhalt Bayerns bedeutet hätte.

Am 27. Juli 1870 fand in München die offizielle Übergabe des bayerischen Heeres an den Oberbefehl des preußischen Kronprinzen Friedrich Wilhelm statt. Dieses Vorgehen war bereits in dem Schutz- und Trutz-

General Helmuth von Moltke mit seinem Stab vor Paris. Mit der Kapitulation der kaiserlichen Armee Anfang September 1870 war der Krieg gegen Frankreich entschieden. Nach der Abdankung Napoleons III. und mehreren Aufständen kam es aber erst am 10. Mai 1871 zum Friedensschluss.

bündnis vereinbart worden, das Bayern nach der Niederlage im Deutschen Krieg mit Preußen hatte eingehen müssen. Über diesen Teil des Friedensvertrags von 1866 hatten beide Seiten Stillschweigen vereinbart. In der Preisgabe des Oberbefehls über die Armee im Bündnisfall hätte sich der Souveränitätsverlust Bayerns allzu deutlich dargestellt.

Ende Juli 1870 waren die Weichen für den Kriegsverlauf längst gestellt. Seit Mitte des Monats waren bayerische und preußische Truppen in der bayerischen Pfalz und den linksrheinischen Gebieten Preußens massiert worden. Anfang August standen auf deutscher Seite bereits mehr als 300 000 Mann an der französischen Grenze. Wie beim Krieg von 1866 spielte auch diesmal der Einsatz des Bahnnetzes für die Geschwindigkeit des deutschen Aufmarschs eine entscheidende Rolle.

Die französische Heeresführung hatte den Krieg ursprünglich auf deutschem Boden austragen wollen. Auf den Karten, die an die Truppen verteilt wurden, war das Areal Frankreichs gar nicht erst abgebildet – eine kapitale Fehleinschätzung, wie sich zeigen würde. Die Präsenz der deutschen Truppen an den Grenzen zwang die Franzosen von Anbeginn an zu einer defensiven Strategie. Die preußische Heeresführung sollte das Heft des Handelns bis zur Kapitulation der französischen Hauptarmee am 2. September 1870 bei Sedan nicht mehr aus der Hand geben.

Entschieden wurde der Deutsch-Französische Krieg letztlich durch die preußische Artillerie, deren Geschütze mit bis zu vier Kilometer Reichweite jeden Schlagabtausch dominierten. Bayerische Truppen zeichneten sich bei den Kämpfen, die sich noch bis in das Frühjahr 1871 hinzogen, an mehreren Schau-

plätzen aus. Bei den Verhandlungen um die Reichseinigung, die im Schloss von Versailles außerhalb von Paris noch während der Kampfhandlungen begannen, versprachen sich die Vertreter Bayerns eine politische Anerkennung ihrer militärischen Erfolge.

Bayerns Beitritt zum Reich

Bismarck hatte darauf gesetzt, dass der gemeinsame Kampf gegen Frankreich den Weg zu einem geeinten Deutschen Reich freimachen würde. Sein Kalkül ging auf. Die bislang zögernden süddeutschen Staaten traten zunächst dem von Preußen geführten Norddeutschen Bund bei. Durch die Erhebung des preußischen Königs zum deutschen Kaiser sollte aus dem Staatenbund ein eigenes Reich werden. Für diesen Schritt benötigte der preußische Ministerpräsident die Hilfe des bayerischen Königs. Bayern stellte nicht nur den größten deutschen Staat neben Preußen dar, die Dynastie der Wittelsbacher ist auch das älteste Fürstenhaus im Reich. Folgerichtig sollte es Ludwig II. sein, der den preußischen König mit einer großen symbolischen Geste zur Annahme der Kaiserwürde bewegte. Bismarck formulierte den berühmt gewordenen Kaiserbrief für den bayerischen Monarchen vor: »Bezüglich der deutschen Kaiserfrage ist es nach meinem ehrfurchtsvollen Ermessen vor allem wichtig, dass deren Anregung von keiner anderen Seite wie von Eurer Majestät ... ausgehe. Die Stellung würde gefälscht werden, wenn sie ihren Ursprung nicht in der freien und wohlerwogenen Initiative des mächtigsten der dem Bunde beitretenden Fürsten verdankte.« Der Angesprochene hielt sich Ende November 1870 in Schloss Hohenschwangau bei Füssen auf. Ludwig II. litt unter schweren Zahnschmerzen. Sein Hausarzt zog ihm mehrere Zähne. Sein Zustand war nicht gut, stellte aber eine willkommene Ausrede für sein Fernbleiben von den Einigungsverhandlungen in Versailles dar. Nicht nur die Distanz zum Geschehen, sondern auch die Leistungen Bayerns im Kriege nutzte der Wittelsbacher, um die Einbußen an Souveränität für sich und sein Königreich möglichst teuer zu verkaufen. Schließlich verfasste Ludwig II. eigenhändig jenen Brief an Wilhelm I., um den Bismarck ihn gebeten hatte: »Allerdurchlauchtigster Großmächtigster Fürst! Freundlicher lieber Bruder und Vetter! ... Ich habe mich an die deutschen Fürsten mit dem Vorschlage gewendet, gemeinschaftlich mit mir bei Eurer Majestät in Anregung zu bringen, dass die Ausübung der Präsidial-

rechte des Bundes durch Euch mit der Führung des Titels eines deutschen Kaisers verbunden werde.«

Ich finde ihn auffallend verändert; seine Schönheit hat sehr abgenommen, er hat die Vorderzähne verloren, sieht bleich aus und hat etwas Nervös-Unruhiges in seiner Art zu sprechen. ... Er scheint mir aber aus vollem Herzen bei der Sache zu sein und mit Hingebung der großen nationalen Erhebung zu folgen.

DER PREUSSISCHE KRONPRINZ FRIEDRICH WILHELM ÜBER DIE ERSCHEINUNG DES KÖNIGS (1870)

Bis heute wird im Zusammenhang mit dem Kaiserbrief über die Motive des bayerischen Monarchen gerätselt. Hat er sich etwa durch die Aussicht auf Geldzahlungen kaufen lassen? Dass in der Folge der Kaisererhebung aus dem von Bismarck verwalteten Welfenfonds jährlich 300 000 Gulden über Mittelsmänner in die privaten Kassen Ludwigs flossen, ist unstrittig. Aber war das Geld ausschlaggebend für Ludwigs Zustimmung, oder hat es der Wittelsbacher lediglich als Anerkennung für seine Dienste verstanden?

In der Kommunikation mit Bismarck war bereits im Zuge der Beitrittsverhandlungen von Geldentschädigungen und Gebietsvergrößerungen für Bayern die Rede. Als es zur Kaisererhebung des preußischen Königs kommen sollte, brachte Ludwig II. eine neue Forderung ins Spiel. Er schlug Bismarck ein alternierendes Kaisertum vor, das turnusgemäß zwischen Preußen und Bayern, Berlin und München wechseln sollte. Bismarck kommentierte das Ansinnen Ludwigs in seinen Memoi-

Mit dem »Kaiserbrief« trug Ludwig II. als Ranghöchster unter den deutschen Fürsten König Wilhelm I. von Preußen die Kaiserwürde an.

»Es lebe seine Majestät, der Kaiser Wilhelm!« Die Kaisererhebung war Teil der Reichsgründung im Schloss von Versailles am 18. Januar 1871. Ein heftiger Streit um die genaue Formulierung war der Proklamation vorausgegangen. Wilhelm I. hatte vergeblich darauf bestanden, »Kaiser von Deutschland« genannt zu werden.

ren: »Als außerhalb des Gebiets politischer Möglichkeiten liegend ist mir sein in den Versailler Verhandlungen auftauchender Gedanke erinnerlich, daß das deutsche Kaisertum resp. Bundespräsidium zwischen dem preußischen und dem bayrischen Hause erblich alternieren solle. Die Zweifel darüber, wie dieser unpraktische Gedanke praktisch zu machen, wurden überholt von den Verhandlungen in Versailles und deren Ergebnissen.« Die Idee eines alter-

nierenden Kaisertums war nicht nur am preußischen König gescheitert, sondern auch am Widerstand der anderen deutschen Fürsten.

Am 18. Januar 1871 wurde Wilhelm I. im Spiegelsaal von Versailles vor den Vertretern der deutschen Fürstenhöfe zum deutschen Kaiser erhoben. Der Kaiserbrief aus der Hand Ludwigs hatte dafür den Weg geebnet. Ab 1873 flossen über zehn Jahre lang insgesamt drei Millionen Gulden aus der »schwarzen Kasse« Bismarcks auf dunklen Kanälen nach München. Aus heutiger Sicht sind die Zahlungen zwar nicht als »Bestechung«, aber als ebenso strafbare »Vorteilsannahme« zu bezeichnen. Der Unterschied liegt dabei in dem Umstand, dass Ludwig II. seine Zustimmung zum Kaiserbrief ohnehin gegeben hätte. Voraussetzung dafür waren schriftliche Zusagen, die der König in einem auf den 2. Dezember 1870 datierten Brief von Bismarck einforderte: »Mein Brief an Ihren König wird morgen in dessen Hände gelangen. ... Ich wünsche von

ganzem Herzen, dass mein Vorschlag beim König, den übrigen Bundesgliedern, und auch bei der Nation vollsten Anklang finde. Ich hoffe aber auch mit Bestimmtheit, dass Bayern seine Stellung fortan erhalten bleibt, da sie mit einer treuen, rückhaltlosen Bundespolitik wohl vereinbarlich ist und verderblicher Zentralisation am sichersten entgegensteuert.«

Bismarcks Antwort ließ auf sich warten, die Ereignisse von Versailles nahmen ihn in Anspruch. Erst am 24. Dezember wandte er sich wieder an den König von Bayern: »Eure

Fotomontage des Hoffotografen Joseph Albert mit den Mitgliedern der Abgeordnetenkammer des bayerischen Landtags aus dem Jahr 1868. Drei Jahre später wird der Sitzungssaal zum Schauplatz der mehrtägigen Debatte um Bayerns Beitritt zum Reich.

Deutsches Kaiserreich 1866 bis 1918

KGR. SCHWEDEN

KGR. DÄNEMARK

OSTSEE

Memel

NORDSEE

Kopenhagen

Bornholm

Tilsit

Königsberg

Insterburg

Helgoland

Schleswig-
Schleswig

Rügen
Stralsund

Danzig

Ostpreußen

Holstein
Lübeck

Ghzm.
Mecklenburg

Westpreußen

Allenstein

KGR.
NIEDER-
LANDE

Wilhelmshaven

Oldenburg

Hamburg

Schwerin

Neu-
Strelitz

Stettin

Pommern

Bremen

Ghzm.
Oldenburg

Prov.
Hannover

Brandenburg

Berlin

Posen

Warschau

Osnabrück

Hannover

Brandenburg

Magdeburg

Posen

Polen

Münster

Fsm.
Lippe

Braunschweig

Hzm. Anhalt

Cottbus

Oder

Dortmund

Westfalen

Fsm.
Waldeck

Kassel

Halle
Leipzig

Kgr. Sachsen
Dresden

Liegnitz

Breslau

Köln

Rheinprovinz

Gießen

Ghzm. Hessen

Erfurt

Thüring. Staaten

Schlesien

Koblenz

Mosel

Frankfurt

✕ Kissingen 1866

Main

✕ Prag

Königgrätz

Kattowitz

1818

✕ Krakau

1846 österr.

Trier

Mainz

Saarbrücken

Bamberg

Kgr. Böhmen

Mgft. Mähren

Änderung der
Grenze des
Dt. Bundes 1818

Kgr. Galizien
und
Lodomerien

Mannheim

Würzburg

Nürnberg

Karlsruhe

Kgr.
Württemberg

Regensburg

ÖSTERREICH-UNGARISCHE
MONARCHIE

Kgr. Ungarn

Elsaß-
Lothringen

Stuttgart

Hohen-
zollern

Kgr. Bayern

Passau

Straßburg

Freiburg

Sigmaringen

Ulm

Augsburg

Linz

Donau

Wien

Ghzm. Baden

München

Berg

Herrenchiemsee

Erzhzm. Österreich

Budapest

Basel

Zürich

Neuschwanstein

Linderhof

SCHWEIZ

Bern

Innsbruck

KGR. ITALIEN

ADRIA

Königreich Bayern
Königreich Preußen 1862
Preußische Annexion bis 1866
Grenze des Dt. Bundes 1815–1866
Norddeutscher Bund 1867
Grenzen des Deutschen Reiches 1871
Schlösser Ludwigs

1874 1.10. Einführung von Standesämtern, Zivilehe und Scheidung in Preußen

1875 3.3. Uraufführung der Oper »Carmen« von Georges Bizet in Paris

1875 27.5. Gründung der Sozialistischen Arbeiterpartei Deutschlands in Gotha

Majestät setzen mit Recht voraus, daß auch ich von der Zentralisation kein Heil erwarte, sondern grade in der Erhaltung der Rechte, welche die Bundesverfassung den einzelnen Gliedern des Bundes sichert, die dem deutschen Geiste entsprechende Form der Entwicklung und zugleich die sicherste Bürgschaft gegen die Gefahren erblicke, welchem Recht und Ordnung in der freien Bewegung des heutigen politischen Lebens ausgesetzt sein können.«

Die Korrespondenz belegt das Beharren Ludwigs auf föderativen Strukturen bei der Errichtung des deutschen Kaiserreichs. Auch wenn es ihm dabei vornehmlich um die Souveränität Bayerns ging, gehörten die Durchsetzung und Stärkung föderativer Elemente im Rahmen der Reichsgründung zu den wesentlichen politischen Verdiensten des bayerischen Königs. Auf seine Anweisungen hin hatte die Delegation aus München – im Gegensatz zu anderen Bundesstaaten – in Versailles sogenannte Reservatrechte für Bayern erstritten: die Verwaltung der Eisenbahnen und der Post, das Heimat- und Niederlassungsrecht, eigene Militärhoheit im Frieden sowie das Recht auf Gesandtschaften. Damit war ein politischer Erfolg erzielt worden, der bei der Bewertung des Königs sicher viel mehr wog als die Entgegennahme der später folgenden geheimen Zahlungen.

Da der Beitritt Bayerns zum Reich eine Verfassungsänderung nötig machte, war die Zustimmung beider Kammern des Landtags mit Zweidrittelmehrheit erforderlich. In der Kammer der Abgeordneten verfügte die Partei der »Patrioten« über eine absolute Mehrheit. Viele ihrer Abgeordneten äußerten bereits im Vorfeld der Landtagsdebatte, die am 11. Januar 1871 begann, ihre grundsätzlichen Beden-

ken gegen den Beitritt Bayerns zum Reich. Es waren nicht die Argumente der Regierung unter dem Vorsitz von Otto Graf von Bray-Steinburg, die einen Teil der patriotischen Abgeordneten umstimmen konnte. Es war die Haltung des bayerischen Königs in dieser Frage. Ludwig II. hatte sich für Verfassungsänderung und Reichsbeitritt entschieden. 32 der insgesamt 70 patriotischen Abgeordneten schlossen sich seiner Meinung an. Am 21. Januar, nach einer langen und mit äußerster Leidenschaft geführten Debatte, wurde auch in der Abgeordnetenkammer eine Zweidrittelmehrheit erreicht.

Was wird Bayern glücklicher machen: die Verträge oder die alte Verfassung? Was wird Bayern lieber sein: bleibt es im Glanze seiner Krone, oder im Glanze der neuen Kaiserkrone? Ich habe geschworen und bleibe meinem Eide treu: Ich will ein freies Bayern und einen freien König haben! Deshalb stimme ich gegen diese Verträge.

...

Wir können und wollen Stellung einnehmen im Reiche für alle Zukunft. Wir stehen am Ende der alten Zeit ... Unser König, der die Initiative ergriff, hat gehandelt im Geiste seines Großvaters, des Deutschesten unter den deutschen Fürsten. ... Bayern ist keine Großmacht, aber es macht durch seinen Anschluß an die übrigen Stämme Deutschland zu einer Weltmacht.

DIE ABGEORDNETEN DR. ANTON RULAND (OBEN) UND DR. NEPOMUK SEPP IN DER LANDTAGSDEBATTE ZUM REICHSBEITRITT BAYERNS, 1871

1875 ▶ 16.8. Das Hermannsdenkmal zur Erinnerung an die Schlacht im Teutoburger Wald wird im Beisein Kaiser Wilhelms I. eröffnet

1876 ▶ 1.1. Die Mark wird als Einheitswährung in allen deutschen Bundesstaaten eingeführt

1876 ▶ 7.3. Alexander Graham Bell erhält ein Patent auf seine Erfindung des Telefons

Der Schattenkönig

Auch die Verhandlungserfolge von Versailles konnten niemanden darüber hinwegtäuschen, dass das Königreich Bayern nach seinem Eintritt in das Reich im deutschen und europäischen Rahmen nur noch eine untergeordnete Rolle spielte. Deutlich wurde der Bedeutungsverlust an der Sitzverteilung im obersten Verfassungsorgan des Deutschen Reiches, dem Bundesrat. Mit 6 der 58 Sitze stellte Bayern zwar die zweitgrößte Delegation. Aber für ein Veto waren 14 Stimmen erforderlich. Preußen allein verfügte über 17 Abgeordnete und konnte die Reichspolitik fast ungehindert dominieren.

Ludwig II. hatte den Macht- und Bedeutungsverlust seines Königreichs durch seine Verhandlungsführung abmildern können. Trotzdem war der Wittelsbacher derjenige, der die Zurücksetzung am empfindlichsten wahrnahm. Im Geheimen lotete er sogar die Chancen für eine Umkehrung der politischen Entwicklungen aus. Mitte 1871 griff er auf eine Idee zurück, die er bereits zwei Jahre zuvor, noch vor der Reichsgründung, bereits einmal auf den Weg gebracht hatte: ein Geheimbund, dessen Aufgabe es sein sollte, einen absolutistischen Umsturz im Königreich vorzubereiten. Die vom König selbst formulierten Ziele der »Coalition« wurden aktenkundig, als der ehemalige Stallmeister und Freund Ludwigs, Richard Hornig, bei den Vernehmungen zum Entmündigungsverfahren 1886 seine Aussage machte: »In Bayern sei das absolute Regierungssystem wiederherzustellen. Die Verfassung soll aufgehoben und die Landesvertretung abgeschafft werden.«

Die Coalition kam auch im zweiten Anlauf nicht über wenige, kleine Zirkel hinaus. Ihre Aktivitäten beschränkten sich auf das Erstellen von Berichten zur Beliebtheit des Königs oder zum Ausmaß der Abneigung gegen das neue Deutsche Reich. Einige Coalitionäre versuchten, Einfluss auf die bayerische Presse zu nehmen. Aber reale politische Wirkung sollte der königliche Geheimbund auch bei den späteren Versuchen Ludwigs, ihn zu etablieren, nicht entfalten.

Neben der Coalition hielt sich der König eine weitere Option für die Rückgewinnung absolutistischer Herrschaftsverhältnisse offen. Er ließ den ihm ergebenen Direktor des Bayerischen Reichsarchivs, Franz von Löher, Inseln

Verfassung für das Königreich der Kanarischen Inseln

In der Präambel des Verfassungsentwurfs treten die absolutistischen Vorstellungen des bayerischen Königs zutage:

I. Das Gesamtterritorium der Kanarischen Inseln, soweit König Ludwig II. von Bayern durch Kauf, Vertrag, Schenkung oder Erbschaft in den Besitz desselben gelangt, bildet einen souveränen, monarchischen Staat.

II. Seiner Beherrschungsform nach bildet dieses Inselreich eine Erbmonarchie.

III. Der König dieses Reiches ist unbeschränkter Alleinherrscher. In ihm als absoluten Monarchen ruht die Macht über Leben und Eigentum seiner Untertanen.

im Mittelmeer und im Atlantik bereisen, um ihre Eignung für die Errichtung eines Königreichs nach Ludwigs Vorstellungen zu prüfen. Im Geheimen Hausarchiv der Wittelsbacher belegt der mehrseitige Entwurf einer »Verfassung für das Königreich der Kanarischen Inseln« Ludwigs Initiative für einen Landerwerb außerhalb Bayerns.

Ludwig II. sollte Bayern nicht mehr verlassen. Im Gegenteil: Der bayerische König zog sich immer weiter aus dem öffentlichen Geschehen zurück. Unter dem Eindruck der drohenden militärischen Niederlage im Deutschen Krieg hatte Ludwig bereits am 18. Juli 1866 an Richard Wagner geschrieben: »Gott gebe, dass Bayerns Selbständigkeit gewahrt werden kann; wenn nicht, wenn die Vertretung nach außen verloren geht, wenn Wir unter Preußens Hegemonie zu stehen kommen, dann fort! Ein Schattenkönig ohne Macht will ich nicht sein.«

Fünf Jahre später, nach dem Reichsbeitritt Bayerns im Frühjahr 1871, führte Ludwig das Dasein eines Schattenkönigs. Er ignorierte seine protokollarischen Pflichten, für sein Volk war er kaum noch existent. Aus der engen Sicht des wittelsbachischen Monarchen war der Rückzug aus der Öffentlichkeit konsequent und nachvollziehbar. Nicht nur Dichter sehen in Ludwig II. den einzig wahren König des 19. Jahrhunderts.

Sein wahres Königtum kam in Ludwigs innerer Einstellung zum Ausdruck, in seiner hohen Auffassung von seinem königlichen Amt und seiner Weigerung, den Bedeutungsverlust der Monarchie repräsentativ zu bemänteln.

CHRISTOF BOTZENHART, HISTORIKER

Die Bautätigkeit Ludwigs II.

Auf dem Gebiet der nationalstaatlichen Politik war der inzwischen 25-jährige König aus Bayern gescheitert. Der lockere Staatenbund, den Ludwig II. favorisiert hatte, musste in weiten Teilen einem zentral regierten Bundesstaat unter preußischer Führung und mit eingeschränkten föderativen Elementen weichen. Von seinen monarchischen Visionen ließ der kunstsinnige Wittelsbacher aber nicht ab. Er wollte sie fortan auf dem Gebiet der Architektur verwirklichen.

Nach dem Beitritt Bayerns zum Deutschen Reich ist Ludwig II. in der Rolle eines Schattenkönigs. Seiner Herrschaft verleihen die Bauvorhaben Glanz.

Den bereits durch seinen Vater Maximilian II. angelegten Wintergarten auf dem Dach der Residenz in München ließ Ludwig II. ab 1869 erweitern. Exotische Pflanzen, ein mit einem Ruderboot befahrbarer Teich, Kulissenmalerei und orientalische Bauten verwandelten den Wintergarten in eine Märchenwelt.

Was 1869 mit dem Ausbau des Wintergartens auf der Münchner Residenz begann, sollte bis zu seinem tragischen Ende in den Mittelpunkt der Aktivitäten des bayerischen Monarchen treten. Zunächst plante er ein Schloss, für das die mittelalterliche Wartburg bei Eisenach Pate stand: Neuschwanstein. Über der Pöllatschlucht bei Füssen sollte sich das romantisierende Bauwerk vor majestätischer Kulisse erheben. Die ambitionierten Raumkonzepte im Innern des Schlosses erforderten die Verwendung neuester Bautechnik. Nur durch den massiven Einsatz von Profileisen beim Tragwerk konnten die lichten Höhen von Sänger- und Thronsaal statisch abgesichert werden. Für die Anreise zum Schloss ließ Ludwig eine wahrhaft königliche Variante konzipieren: Eine dampfgetriebene Seilbahn sollte ihn in einem Pfauenwagen vom Alpsee zu seinem neuen Schloss hinaufbringen. Realisiert wurde diese Idee nie. Seinen Zeitgenossen blieben die Baufantasien des bayerischen Königs ein Rätsel.

311

Schloss Neuschwanstein, ein Hauptwerk des Historismus in Deutschland, wird ab 1869 in exponierter Lage bei Hohenschwangau erbaut.

staltung des Thronsaals von Neuschwanstein im byzantinischen Stil. Mit dem Hinweis auf Byzanz verband Ludwig die Erinnerung an eine kaiserliche Herrschaft, die weltliche und kirchliche Macht in einer Person vereinte. Bei den Bauten in Linderhof und auf der Insel Herrenchiemsee zitierte der bayerische König die Herrschaft der französischen Bourbonen.

Schloss Linderhof war das einzige seiner Bauprojekte, das Ludwig II. zu Lebzeiten vollenden konnte. Neuschwanstein und Herrenchiemsee wurden nur teilweise realisiert. Von weiteren Projekten gab es lediglich Pläne: Im Graswangtal bei Ettal sollte ein byzantinischer Palast entstehen. Mit dem Falkenstein-Projekt wollte Ludwig das Thema der

Der König hat in seinem Gefolge, in seiner übrigen Umgebung nicht eine Seele, die ihn versteht, ihm auf dem Flug zu den Sternen folgt und mit überlegenem Geiste wieder zur Erde zurückführt. Er ist ganz einsam und verzehrt sich in fruchtlosen Spielen überreizter Phantasie.

DER PREUSSISCHE GESANDTE IN MÜNCHEN, GEORG VON WERTHERN, ÜBER LUDWIGS SITUATION

Dabei waren die Motive des bayerischen Königs für seine immense Bautätigkeit offensichtlich. Er schuf sich eine Kulissenwelt, in der er die politischen Entwicklungen seiner Zeit ausblenden konnte. Die Architektur König Ludwigs II. verherrlichte jenen absolutistischen Monarchiegedanken, der in der Realität des ausgehenden 19. Jahrhundert keinen Platz mehr hatte.

Deutlich und präzise formulierte der Wittelsbacher seine Vorstellungen von Gottesgnadentum und absoluter Herrschaft in der Ausge-

Schloss Linderhof zitiert die Architektur der Lustschlösser des 18. Jahrhunderts. Es bleibt das einzige zu seinen Lebzeiten vollendete Bauvorhaben des Königs.

Mit 13 Meter lichter Höhe und einer Grundfläche von 20 mal 12 Metern stellt der Thronsaal im Schloss Neuschwanstein eine statische Herausforderung dar. Profileisen, die sich in den kolorierten Säulen befinden, tragen die Last des Daches.

mittelalterlichen Burg noch einmal aufgreifen. Und ein chinesischer Sommerpalast sollte die Reihe der Zitate absolutistischer Architektur komplettieren.

Die unzeitgemäßen Bauten sollten ihren Teil dazu beitragen, dass Ludwig II. in den Augen der Nachwelt zum Mythos verklärt wurde. Ob der Wittelsbacher diese Entwicklung geahnt oder gar geplant hatte? Absehbar war das keineswegs, zumal die Reaktionen der Zeitgenossen auf seine architektonischen Aktivitäten größtenteils vernichtend ausfielen. Für den bayerischen König war nach 1871 die Bautätigkeit vielleicht die einzige Möglichkeit, seiner eingeschränkten Herrschaft noch Würde und Größe zu verleihen. Aber diese Größe musste sich der fähige Bauherr, der ein schlechter Unternehmer war, mit Schulden erkaufen. Schulden, die zu seinem Fall beitragen sollten.

1880 ▶ 27.7. Schlacht von Maiwand: Britische Truppen unterliegen afghanischen Kriegern im Zweiten Anglo-Afghanischen Krieg

1880 ▶ 15.10. Der Kölner Dom wird vollendet

1881 ▶ 1.2. Beginn der französischen Bauarbeiten am Panamakanal unter Leitung von Ferdinand de Lesseps

Die Satirezeitschrift »Kikeriki« zeigt 1886 Ludwig II. vor leerem Tresor. Der Spielzeugschwan suggeriert Richard Wagner als den Verursacher der Pleite.

Der Schuldenkönig

Die aufwendigen Schlossprojekte waren nicht mehr allein aus der Zivilliste, dem Privatvermögen des Wittelsbachers, zu bestreiten. Ludwig nahm Kredite auf, für die der Staat bürgen sollte. Eine Entschuldungsaktion mit einem Volumen von 8,5 Millionen Mark im Jahre 1884 führte nur dazu, dass sich die Bauaktivitäten des Königs vervielfachten. Binnen weniger Monate stieg die Schuldenlast auf insgesamt 14 Millionen Mark. Als sich die Staatsregierung weigerte, für weitere Bürgschaften zu haften, drohte Ludwig mit ihrer Absetzung. Dem wollte die Regierung durch die Absetzung des Königs zuvorkommen.

Zivilliste

Im Zuge der Errichtung des bayerischen Königreichs überschrieben die Wittelsbacher fast ihr gesamtes Vermögen an das Land. In der bayerischen Verfassung von 1818 wurde die Übertragung geregelt.

Ohne diese finanzielle Grundausstattung wäre die konstitutionelle Monarchie in Bayern wirtschaftlich nicht überlebensfähig gewesen. Im Gegenzug garantierte der bayerische Staat die Zahlung einer jährlichen Zivilliste, mit der die Aufwendungen des herrschaftlichen Haushalts sowie die Abfindungen an die nicht regierenden Mitglieder des Herrscherhauses abgedeckt waren.

Zu Beginn seiner Herrschaft wurden an die Kabinettskasse Ludwigs II. jährlich 3,7 Millionen Mark überwiesen (etwa 2 Millionen Gulden). In den 80er-Jahren des 19. Jahrhunderts stieg der Betrag auf etwa 4,5 Millionen Mark. Anfänglich bestritt der Wittelsbacher seine Bauprojekte allein aus seinem Anteil an der Zivilliste. Bald aber schon musste er zukünftige Zahlungen beleihen. Schließlich benötigte er Bürgschaften und direkte Zuwendungen vom bayerischen Staat, dessen Zuteilungen aber von Regierung und Parlament genehmigt werden mussten.

Ein halbes Jahr lang bereitete die Regierung Lutz den Sturz des Königs vor. Da die bayerische Verfassung keine Absetzung durch die Regierung vorsah und die patriotische Mehrheit in der Abgeordnetenkammer eine dahingehende Verfassungsänderung niemals mitgetragen hätte, setzte die Regierung unter dem Vorsitz von Johann Freiherr von Lutz auf die neue Wissenschaft von den Geisteskrankheiten. Im März 1886 wurde der prominente Münchner Psychiater Bernhard von Gudden mit der Erstellung eines Gutachtens über den Geisteszustand des Königs betraut. Da die Maßnahme vor der Bekanntgabe der Ergebnisse nicht publik werden sollte, wurden die vernommenen Zeugen zur Verschwiegenheit verpflichtet. Einige von ihnen verweigerten jede Aussage. Eine persönliche Untersuchung des Königs unterblieb. An Argumenten, die für die Absetzung des Königs sprachen, wurden neben der finanziellen Verantwortungslosigkeit auch das absonderliche Verhalten des Königs sowie technische Fantastereien wie die Planung eines Luftschiffs angeführt. Darüber hinaus kamen mit den Aktivitäten der Coalition auch Ludwigs Umsturzpläne zur Sprache. Hinweise auf sexuelle Verfehlungen des Königs fanden sich nur in Andeutungen, während familiäre Vorbelastungen – von Gudden hatte Ludwigs jüngeren Bruder Otto bereits 1873 für geisteskrank erklärt – eine wichtige Rolle spielten. Am 8. Juni 1886 legte der Nervenarzt der bayerischen Regierung die Ergebnisse seiner Untersuchung vor.

Seine Ferndiagnose kommentierte der Psychiater mit einem metaphorischen Vergleich, der nahelegt, dass der König auch vor sich selbst zu schützen sei: »Die geistigen Kräfte seiner Majestät sind bereits dermaßen

Johann Freiherr von Lutz, seit 1880 Vorsitzender des Ministerrats, war die treibende Kraft bei der Absetzung Ludwigs.

zerrüttet, dass alle und jede Einsicht fehlt, das Denken mit der Wirklichkeit im vollen Widerspruch sich befindet, das Handeln ein unfreies ist und Allerhöchstdieselben im Wahne absoluter Machtfülle, vereinsamt durch eigene Isolierung, wie ein Blinder ohne Führer am Rande des Abgrundes steht!« Das Gutachten Dr. von Guddens ist, wenn man heutige Maßstäbe anlegt, ein wissenschaftliches Fehlurteil. Im Jahre 1886 war es bereits mit dem Makel behaftet, ein bestelltes Mittel zur widerrechtlichen Absetzung des Königs zu sein. In der öffentlichen Diskussion war es dann auch nicht der

Gutachten über den Geisteszustand Ludwigs II.

Neben Dr. von Gudden unterzeichneten drei weitere Ärzte, unter ihnen Guddens Schwiegersohn, das Dokument, das mit einer zusammenfassenden Diagnose endet:

1. Seine Majestät sind in sehr weit vorgeschrittenem Grade seelengestört, und zwar leiden Allerhöchstdieselben an jener Form von Geisteskrankheit, die mit dem Namen Paranoia (Verrücktheit) bezeichnet wird.

2. Bei dieser Form der Krankheit, ihrer allmählichen und fortschreitenden Entwicklung und Dauer ist Seine Majestät für unheilbar zu erklären und ein noch weiterer Verfall der geistigen Kräfte mit Sicherheit in Aussicht.

3. Durch die Krankheit ist die freie Willensbestimmung Seiner Majestät vollständig ausgeschlossen, sind Allerhöchstdieselben als verhindert an der Ausübung der Regierung zu betrachten und wird diese Verhinderung nicht nur länger als ein Jahr, sondern für die ganze Lebenszeit andauern.

Geisteszustand, sondern die aus Sicht der Zeitgenossen exorbitante Verschuldung des Königs, die seine Entmachtung zwingend erforderlich erscheinen ließen. Waren die aufgehäuften Schulden tatsächlich staatsgefährdend, wie immer behauptet wurde?

Vergleicht man das Soll in der Kabinettskasse Ludwigs etwa mit den geleisteten Entschädigungszahlungen an Preußen (bei einem Wechselkurs von 1,7 Mark für einen Gulden), so dürfte es sich auch bei der Summe von 14 Millionen Mark um eine immer noch regelbare Größe gehandelt haben. Dazu passte die Nachricht, dass die Führung der patriotischen Landtagsmehrheit Anfang 1886 dem König anbot, im Falle eines Regierungswechsels die Tilgung der aufgelaufenen Schulden zu übernehmen. Auch die Patrioten werden sich ihrer Verantwortung gegenüber dem bayerischen Staatshaushalt bewusst gewesen sein. Vielleicht lag in dem Angebot der oppositionellen Landtagsmehrheit ja auch einer der tieferen Gründe für die Absetzung Ludwigs II. Die nationalliberalen Minister fürchteten einen Rückzug Bayerns aus dem noch jungen Reichsgefüge, sollten die Patrioten an die Macht kommen. Vielleicht trieb die Regierung auch die Sorge um, dass das neue Bayern nach einem Machtwechsel in seine Einzelteile zerfallen könnte. Mag es den Männern um Freiherr von Lutz vordergründig auch um die Zukunft Bayerns gegangen sein, ihr Hauptmotiv für den Staatsstreich gegen den König war die Sicherung der eigenen Position.

Das 1885 entstandene Porträtfoto ist die letzte Aufnahme, die vom »Märchenkönig« existiert. Die einstige Anmut ist beim 40-Jährigen entschwunden.

Prinzregent Luitpold willigte in die Pläne zur Absetzung des Königs ein. Deshalb wurde er verschiedentlich als Verräter und Königsmörder angefeindet.

Tod im See

Bereits am 9. Juni 1886, einen Tag nach der Bekanntgabe des Gutachtens, setzte sich unter der Leitung Dr. von Guddens eine Fangkommission in Bewegung, die den auf Schloss Neuschwanstein befindlichen König in Gewahrsam nehmen und in einem vergitterten Zimmer auf Schloss Berg am Starnberger See festsetzen sollte. Als die Fangkommission am 10. Juni um vier Uhr morgens vor Neuschwanstein stand, traf sie auf unerwarteten Widerstand. Nicht nur zwei Dutzend Männer und Frauen aus der näheren Umgebung waren

auf die Geheimaktion aufmerksam geworden, der König selbst hatte noch in der Nacht von der Sache Wind bekommen. Ludwig II. hatte einen Zug der Füssener Gendarmerie nach Neuschwanstein beordert. Die mit Gewehren bewaffneten Männer ließen sich von der Fangkommission ebenso wenig beeindrucken wie die anwesende Landbevölkerung. Während in München bereits die Absetzung Ludwigs und die Regentschaft seines Onkels, des Prinzen Luitpold, proklamiert wurden, drohte das ganze Komplott an einer Handvoll königstreuer Bauern und Gendarmen kläglich zu scheitern.

317

1883 ▶ 5.6. Der erste Orient-Express startet vom Pariser Gare de l'Est

1883 ▶ 19.5. Erste Wildwest-Show von »Buffalo Bill« Cody wird in Omaha aufgeführt, die dann weltweit Tourneeerfolge feiert

1883 ▶ 24.5. Die Brooklyn Bridge in New York wird eröffnet

Ludwig versuchte, die gewonnene Zeit zu nutzen. Er forderte das in Kempten stationierte Jägerbataillon auf, sich zu seinem Schutz nach Neuschwanstein zu begeben. Die Jäger fragten in München nach. Der Kriegsminister verbot jeden Eingriff des Militärs. Die Telegrafenstation Hohenschwangau wurde von der Regierung angewiesen, keine Telegramme des Königs mehr abzusetzen. Über die österreichischen Grenzorte Reutte und Vils in Tirol aber gelang es dem herbeigeeilten Grafen Dürckheim und dem treuen Diener Weber, mehrere Telegramme zu versenden. Die Hilferufe waren unter anderen an Georg Freiherr von Franckenstein gerichtet, der den Vorsitz der neuen Regierung in München übernehmen sollte. Und an Otto von Bismarck in Berlin, der nach Reutte antwortete: »Seine Majestät soll sofort nach München fahren, sich seinem Volke zeigen und selbst sein Interesse vor dem versammelten Landtag vertreten.« Weitere Telegramme gingen an die in Feldafing am Starnberger See weilende Kaiserin Elisabeth sowie an deren Mann, den Kaiser von Österreich, Franz Joseph.

Im Laufe des 11. Juni 1886, eines Freitags, ließ Prinz Luitpold auf Weisung der Minister Schloss Neuschwanstein umstellen. Jede weitere Kommunikation mit der Außenwelt wurde unterbunden. Die Gendarmen aus Füssen wurden abgezogen. Um Mitternacht traf die Fangkommission unter Führung des Nervenartzes Dr. von Gudden zum zweiten Mal in Neuschwanstein ein. Diesmal gab es keinen Widerstand mehr. Um 4.45 Uhr setzten sich vier Gespanne von Neuschwanstein aus in Richtung Berg in Bewegung. Um 12.30 Uhr am Samstagmittag erreichte die Fangkommission mit dem abgesetzten König ihr Ziel.

Bernhard von Gudden war einer der renommiertesten Psychiater seiner Zeit. Im Gegensatz zu Ludwig II. wurde sein Leichnam niemals obduziert.

Wenn man mir die Krone aberkannt hätte, das würde ich ertragen haben. Aber dass man mir den Verstand aberkennt, mir die Freiheit nimmt und mich wie meinen Bruder behandelt, nein, das ertrage ich nicht. Ich will diesem Schicksal entgehen, man treibt mich in den Tod.

AUS DEN AUFZEICHNUNGEN
DES DIENERS ALFONS WEBER

1883 ▶ 15.6. Auf Betreiben Bismarcks wird in Deutschland die Krankenversicherung Pflicht

1883 ▶ 28.9. Das Niederwalddenkmal bei Rüdesheim wird eingeweiht

1884 ▶ 24.4. Deutsch-Südwestafrika wird deutsche Kolonie

Ludwig wirkte trotz der dramatischen Ereignisse gefasst und verwickelte seine Wächter, allen voran Nervenarzt Dr. von Gudden, immer wieder in Gespräche über die Legitimität ihres Verhaltens, ohne dabei aggressiv zu werden. Der Samstag verlief ohne Zwischenfälle. Am Sonntagmorgen ließ Kaiserin Elisabeth anfragen, ob sie ihren Cousin besuchen könne. Man riet ihr zu diesem Zeitpunkt davon ab. Um 11 Uhr unternahmen von Gudden und Ludwig bei leichtem Regen einen ersten Spaziergang. Gendarmen waren an allen Ausgängen des Schlossparks postiert. In einem Abstand von 400 Schritt folgte ein Gendarm den beiden. Anschließend berichtete von Gudden von drei Ruderbooten, deren Insassen in einiger Entfernung zum Ufer auf und ab gefahren seien.

Um 16.30 Uhr nahm Ludwig ein Abendessen zu sich. Gegen 18.45 Uhr war der König mit seinem Arzt zu einem zweiten Spaziergang verabredet. Die für Mitte Juni typische »Schafskälte« sorgte für frische Temperaturen und andauernden leichten Regen. Das Wasser des Starnberger Sees soll trotz des Frühsommers noch zwölf Grad kalt gewesen sein. Von Gudden und Ludwig trugen lange Mäntel, Hüte und Regenschirme. Diesmal wies von Gudden den Gendarmen an, gar nicht erst zu folgen. Um 18.50 Uhr hatte man vom Schloss Berg aus zum letzten Mal Sichtkontakt zu den Spaziergängern. Der Uferweg im Park ist etwa 1000 Meter lang. Als Ludwig und von Gudden um 20 Uhr noch nicht wieder zurückgekehrt waren, begann man mit der Suche nach ihnen. Erst gegen Mitternacht fand man die leblosen Körper der beiden im knietiefen Wasser des Sees, etwa 15 Meter vom Ufer entfernt. Die Ereignisse, die zum Tod von König Ludwig II.

und Dr. von Gudden geführt hatten, geben bis heute Rätsel auf.

Die Theorien, die sich um den Tod des Königs ranken, lassen sich auf drei wesentliche Varianten reduzieren: Entweder der König wollte angesichts seiner Lage Selbstmord begehen. Oder er kam bei einem Fluchtversuch um. Darüber hinaus hält sich hartnäckig das Gerücht, dass Ludwig Opfer eines Mordkomplotts geworden sei.

Die Ansicht, dass es sich bei den tragischen Ereignissen um einen Selbstmord des Königs handelte, dem ein Totschlag an von Gudden vorausgegangen war, ist auch die offiziell verbreitete. Es erscheint durchaus im Bereich des Möglichen, dass der 40-jährige, 1,91 Meter große und etwa 120 Kilogramm schwere König den 62-jährigen und wesentlich kleiner gewachsenen Arzt im Wasser überwältigen konnte. Es bleibt aber die Frage, ob der König die Willenskraft besessen hat, sich selbst zu ertränken. Ludwig war ein guter Schwimmer, der als junger Mann den Starnberger See mehrere Male durchquert hatte. Er hätte sich im flachen Uferbereich zwingen müssen, Wasser einzuatmen. Es ist zu bezweifeln, dass Ludwig II. dazu fähig gewesen wäre. Zumal da sich ihm am Tag vor der Festnahme in Neuschwanstein weit einfachere Optionen für einen Freitod geboten hatten.

Auch die Annahme, dass es sich beim Tod des Königs um einen gescheiterten Fluchtversuch gehandelt hat, geht von einem vorausgehenden Handgemenge zwischen Ludwig und von Gudden aus, bei dem der Arzt unterlegen war. Der König hätte dann versucht, die Parkmauern weiträumig zu umschwimmen (bzw. im Wasser zu umgehen). Im zwölf Grad kalten Wasser, in der Erregung und nach der kurz

Das Gedenkkreuz im Uferbereich des Starnberger Sees unweit von Schloss Berg markiert die Stelle, an der der Leichnam des Königs am Pfingstsonntag 1886 kurz vor Mitternacht gefunden worden war.

1884 ▶ 15.11. Beginn der Berliner Kongokonferenz zur Aufteilung der Kolonialgebiete

1885 ▶ 26.1. Die Mahdisten erobern Khartum, Gouverneur Gordon Pascha wird getötet

1885 ▶ 29.8. Gottfried Daimler erhält das Patent auf seinen Prototyp eines Motorrads

zuvor eingenommenen Mahlzeit könnte er einen Kreislaufkollaps oder einen Herzschlag erlitten haben. Warum aber fand man die Leichen nur wenige Meter voneinander entfernt auf? War der König sofort nach dem Kampf mit von Gudden ohnmächtig geworden?

Die Vorstellung, dass ein gemeines Mordkomplott das Ende Ludwigs II. herbeiführte, hält sich ebenfalls hartnäckig. Schüsse sollen gefallen sein, von zwei Einschusslöchern in der Jacke und dem Mantel des Königs ist die Rede. Nahrung erhält die Mordtheorie vor allem aus dem Umstand, dass die Wittelsbacher bis heute eine nochmalige Leichenschau Ludwigs II. unterbinden. Die offizielle Obduktion der Leiche des Königs, die am 15. Juni im »Marterzimmer« der Münchner Residenz durchgeführt wurde, zielte in erster Linie auf den anatomischen Nachweis ab, dass der König geisteskrank gewesen sei. Der Schädel wurde geöffnet und das Gehirngewicht als zu gering bezeichnet. Als Todesursache wurde von den zwölf Teilnehmern der Leichenschau Ertrinken angegeben.

Das Ende des 40-jährigen Königs von Bayern bleibt ein Rätsel. Genau kennt man nur den Zeitpunkt des Todes. Ludwigs Uhr blieb am Pfingstsonntag 1886 um 18.54 Uhr stehen. Die tragischen Umstände seines Todes lösten eine Welle der Anteilnahme im In- und Ausland aus. In Bayern blieb es in den Tagen nach den Ereignissen wider Erwarten ruhig. Es gab weder einen parlamentarischen Untersuchungsausschuss zu den Vorgängen noch öffentliche Proteste größeren Ausmaßes. Es war ein deutliches Zeichen für die Entfremdung, die der König zu Lebzeiten zwischen sich und seinem Volk verursacht hatte. Erst durch seinen Tod fand Ludwig II. zurück in die Herzen seiner Untertanen.

In der Hofkapelle der Residenz in München wurde der Leichnam des Königs aufgebahrt. Zehntausende nahmen die Gelegenheit wahr, von Ludwig II. Abschied zu nehmen.

1885 ▶ 23.9. Tod des Malers Carl Spitzweg

1886 ▶ 29.1. Carl Benz meldet das Patent auf seinen dreirädrigen Motorwagen an

1886 ▶ 8.5. Coca-Cola wird bei seiner Markteinführung als Medizin verkauft

Der Märchenkönig

Begünstigt durch das geheimnisvolle Ende, wurde die Gestalt Ludwigs II. für die Nachwelt bald zum Objekt der Verklärung. Geheime Sehnsüchte nach der geordneten und glänzenden Welt eines Königtums bündelten sich darin ebenso wie bayerische Autonomiebestrebungen.

Tatsächlich steht der tragische König für den vergeblichen Versuch, das Rad der Geschichte noch einmal zurückzudrehen. Eine Rückkehr zu absolutistischen Herrschaftsverhältnissen war aber bereits zu Ludwigs Lebzeiten ein völlig anachronistisches Unternehmen.

Die Hartnäckigkeit, mit welcher der junge König an seinem politischen »Märchen« festhält, nähren jene Zweifel, die seine Regierungstauglichkeit grundsätzlich infrage stellen. Erreicht hat Ludwig II. mit seiner rückwärtsgewandten Haltung aber eine Abfederung der zentralistischen und eine Stärkung der föderalen Tendenzen bei der nationalen Entwicklung Deutschlands. Wer heute auf eine Sonderstellung Bayerns im föderalen Gefüge der Bundesrepublik pocht, der kann nicht zuletzt auf Ludwig II. verweisen.

Geblieben und mit seiner Person verknüpft ist auch ein Gegenentwurf zur Reichsgründung auf der Basis militärischer Erfolge. Ludwig II. wollte die bayerische Nation und den deutschen Staatenbund durch Kunst und Kultur einen – und nicht durch Krieg.

Seine Schlösser, deren Baukosten als Vorwand für seine Absetzung dienten, zählen heute zu den bedeutendsten Attraktionen Bayerns. Sie gelten als monumentale Belege für die Kunstepoche des Historismus. Ihre Faszination beziehen die visionären Bauten aber davon, dass sie Denkmäler einer persönlichen Tragödie sind. Das »ewige Rätsel« Ludwig: In Neuschwanstein, Linderhof und Herrenchiemsee hat es für immer Gestalt angenommen.

1886 ▸ 23.5. Tod des Historikers Leopold von Ranke

1886 ▸ 10.6. Entmündigung von Ludwig II.

1886 ▸ 13.6. Ludwig II. ertrinkt unter ungeklärten Umständen im Starnberger See

Rosa Luxemburg

und die Freiheit

Sie war eine mitreißende politische Rednerin, eine scharfsinnige Schriftstellerin, eine warmherzige Freundin, eine leidenschaftliche Geliebte: Rosa Luxemburg. Über drei Jahre ihres Lebens verbrachte sie hinter Gittern – verurteilt für ihre Reden, für ihre politische Überzeugung. Bis zuletzt kämpfte sie als einer der führenden Köpfe der SPD im Kaiserreich für Freiheit und soziale Gerechtigkeit. Ihr Ziel war eine sozialistische Gesellschaftsordnung. Als in Deutschland im November 1918 die Revolution ausbrach, konnte sie ihre Ideale nicht durchsetzen. Rosa Luxemburg hatte sich immer gegen Terror und Blutvergießen ausgesprochen. Am Ende wurde sie von der Gewalt eingeholt.

Frankfurt, im September 1913: Im Vorort Bockenheim hat sich eine beachtliche Menschenmenge eingefunden, um Rosa Luxemburg sprechen zu hören. Die SPD-Politikerin legt großen Wert auf direkten Kontakt zu den Menschen und versucht ihnen auf Agitationstouren durch Deutschland sozialistische Positionen nahezubringen. In diesem Herbst zieht sie gegen Militarismus und Krieg zu Felde. Obwohl sie in Frankfurt zwei Stunden lang spricht, hängen die Hörer der leidenschaftlichen und geistreichen Rednerin gebannt an den Lippen. »Wollen wir uns einen Krieg ungestraft gefallen lassen?«, ruft sie in die Menge. »Niemals«, erschallt die Antwort. Rosa Luxemburg bekräftigt: »Wenn uns zugemutet wird, die Mordwaffen gegen unsere französischen oder anderen Brüder zu erheben, dann rufen wir: das tun wir nicht!«

Bereuen sollte Rosa Luxemburg diese Worte nicht – aber dafür büßen. Die Justiz sah darin eine Aufforderung an Soldaten zum Ungehorsam und klagte sie wegen Widerstands gegen die Staatsgewalt an. Am 20. Februar 1914 fand der Prozess vor dem Landgericht in Frankfurt statt. Es war eine bemerkenswerte Verhandlung – sowohl wegen der massiven Anschuldigungen, die gegen Rosa Luxemburg vorgebracht wurden, als auch aufgrund ihrer Reaktion. Der Staatsanwalt bezeichnete sie als Staatsfeindin Nr. 1: »Ihre ganze Persönlichkeit ist nicht geeignet, eine milde Auffassung hervorzurufen. Sie gehört der extremsten Gruppe des radikalsten Flügels der Sozialdemokratie an. Sie ist bekannt durch ihre außerordentlich scharfen Reden. Sie trägt den Beinamen ›die rote Rosa‹ nicht zu Unrecht. Die Frankfurter Reden zeigen, was sie in ihrem Kopf denkt, was sie in ihrer Brust fühlt. Sie spielt mit dem Mas-

senstreik, sie animiert zum Mord, sie fordert zur Meuterei auf. Das lässt erkennen, von welcher Todfeindschaft die Angeklagte gegen die bestehende Staatsordnung erfüllt ist. ... Was die Angeklagte getan hat, ist ein Attentat auf den Lebensnerv unseres Staates.« Die Bedeutung, die der Staatsanwalt ihr zumaß, schmeichelte Rosa Luxemburg sicherlich, aber sie reagierte gelassen. Ihre brillante Verteidigungsrede ist noch heute eine ihrer berühmtesten. »Was wir Sozialdemokraten stets in Wort und Schrift tun, das ist: Aufklärung verbreiten, den arbeitenden Massen ihre Klasseninteressen und ihre geschichtlichen Aufgaben zum Bewusstsein bringen. ... Wenn, sage ich, die Mehrheit des Volkes zu der Überzeugung gelangt, dass Kriege eine barbarische, tief unsittliche, reaktionäre und volksfeindliche Erscheinung sind, dann sind die Kriege unmöglich geworden – und mag zunächst der Soldat noch den Befehlen der Obrigkeit Gehorsam leisten!«

Rosa Luxemburg wurde zu einer Gefängnisstrafe von 14 Monaten verurteilt. »Das ungewöhnliche Strafmaß für einen Bekenntnissatz zum Frieden richtete sich de facto nicht nur gegen die antimilitaristische ›Hetze‹ oder zu befürchtende gewaltsame Taten gegen die Obrigkeit und militärische Befehlsgewalt von aufgeputschten Soldaten«, resümiert die Luxemburg-Biografin Annelies Laschitza. »Man wollte Rosa Luxemburg der Öffentlichkeit im In- und Ausland entziehen.« Wie aber kam es, dass Dr. Rosa Luxemburg in weiten Kreisen der wilhelminischen Gesellschaft als Bürgerschreck, ja sogar als Gefahr galt? Eine Frau, nur einen Meter fünfzig groß, deren Munition aus Worten bestand und die als schwerstes Geschütz ihren scharfen Verstand auffuhr? Wahrscheinlich waren es die mitreißende Kraft und die Kompromisslosigkeit, mit der sie diese Waffen einsetzte. Rosa Luxemburg gilt bis heute als eine der faszinierenden Persönlichkeiten des 20. Jahrhunderts. Sie war als Rednerin, Theoretikerin und Publizistin in der deutschen und internationalen Sozialdemokratie führend tätig. Ihre Analysen und Kommentare zu Marxismus, Sozialismus und politischen Fragen ihrer Zeit werden bis heute studiert. Sie war eine Revolutionärin und eine bemerkenswerte Frau. Sie zählt zu den großen Deutschen.

Anfänge einer Rebellin

Zamość, am 5. März 1871, dem Jahr der deutschen Reichsgründung: In der kleinen Provinzstadt bei Lublin in Polen, das damals zu großen Teilen vom zaristischen Russland besetzt war, wurde Rosa Luxemburg als jüngstes von fünf Kindern geboren. Der Vater war Holzhändler, die Luxemburgs gehören der gebildeten jüdischen Mittelschicht an. Ein paar Jahre nach ihrer Geburt zog die Familie nach Warschau um. Rosa war erst fünf Jahre alt, als sie an einem Hüftleiden erkrankte. Bis heute ist nicht klar, ob es sich um eine Knochentuberkulose, eine Hüftgelenksverrenkung oder um eine angeborene Krankheit handelte. Wahrscheinlich aber wurde sie nicht richtig behandelt. Das Mädchen wurde in Gips gelegt und musste ein Jahr lang das Bett hüten. Das Bein blieb verkürzt, sie behielt zeitlebens ein Hinken zurück. Sie beklagte sich nie über ihre Behinderung oder ihre geringe Körpergröße, wird aber darunter gelitten haben. »Ihre von der Natur so stiefmütterlich bedachte Gestalt hat sie zeitlebens als eine unverdiente Kränkung empfunden«, glaubt ihre spätere

»Rosa ist klüger als wir alle zusammen«: Schon mit fünf Jahren beeindruckte Rosa Luxemburg durch ihre außergewöhnliche Intelligenz.

Freundin Luise Kautsky. »Und wenn sie auch zu stolz und zu verschlossen war, darüber zu klagen, so entrang sich ihr doch hie und da eine bittere Äußerung, in der sie sich selbst verspottete.«

325

Wer sich unter Rosa also ein Mannweib vorstellt, geht vollständig fehl, sie war eine echte Frau, deren Geist allerdings an Kraft dem eines hervorragenden Mannes nicht nachstand.

LUISE KAUTSKY

Die Mutter sagte über ihre Jüngste: »Rosa ist klüger als wir alle zusammen«. Schon mit fünf Jahren lernte sie lesen und schreiben und soll umgehend versucht haben, auch das Hausmädchen zu belehren, das, wie im damaligen Polen üblich, Analphabetin war. Sie deklamierte das polnische Nationalepos »Pan Tadeusz«, las Goethe und Schiller und zeigte sich allseits aufgeweckt. »Ich erinnerte mich gestern«, schrieb Rosa Luxemburg als Erwachsene, »dass ich einmal zu Hause als Kind partout sehen wollte, wie eine Rosenknospe sich entfaltet, und stand einen ganzen Tag am Blumentopf, unverwandt die Knospe betrachtend. Natürlich rührte sie sich nicht, und ich musste verdrossen schlafen gehen. Am anderen Morgen fand ich sie schon entfaltet.« Ihr politisches Interesse wurde auf dem Mädchengymnasium in Warschau geweckt. Die Schülerin gehörte einem Zirkel an, der die Broschüren der marxistisch orientierten Partei »Proletariat« las und für die Arbeiterbewegung schwärmte. Wahrscheinlich hat die junge Rosa Luxemburg sowohl die Verfolgung und Hinrichtung von »Proletariat«-Mitgliedern als auch Judenpogrome in Warschau bewusst miterlebt. »Mein Ideal ist eine solche Gesellschaftsordnung, in der es mir vergönnt sein wird, alle zu lieben«, schrieb sie. »Im Streben danach und im Namen dieses Ideals werde ich vielleicht einmal imstande sein zu hassen.«

Nach der Schule wurde Rosa in der sozialistischen Bewegung in Warschau aktiv, doch das politische Pflaster wurde ihr im repressiven Zarenreich bald zu heiß. Im Frühjahr 1889 floh sie illegal über die Grenze und reiste zum Studium in die Schweiz, wo Universitäten auch Frauen zuließen. Sie schrieb sich in Zürich an der philosophischen und der juristischen Fakultät ein und studierte unter anderem Botanik, Mathematik, Nationalökonomie und Öffentliches Recht. Zürich war damals Sammelpunkt für politische Emigranten und Intellektuelle aus Osteuropa, aber auch aus dem deutschen Kaiserreich. Sie debattierten über »Philosophie, über Darwinismus, über Frauenemanzipation, über Marx, über Tolstoi, … über Bakunin und Blanqui und die Methoden

Weil in der Schweiz auch Frauen studieren durften, ging Rosa Luxemburg 1889 nach Zürich. Das Foto zeigt die Studentin um 1893

Leo Jogiches (1867–1919) wurde zum Mentor und Geliebten der jungen Sozialistin.

dert wurden diese Eigenschaften von einem Mann, der ihr Geliebter und Mentor werden sollte: Leo Jogiches. Er trat 1890 in das Leben der 19-Jährigen.

Jogiches war ein politischer Emigrant aus Wilna. Er entstammte einer wohlhabenden jüdischen Familie und hatte in seiner Heimat gegen den Zarismus agitiert. In Zürich war er unter den polnischen und russischen Sozialisten aktiv. Jogiches war ein ernsthafter junger Mann, vier Jahr älter als Rosa, der sich gerne konspirativ gab und sich ganz der Sache des Sozialismus verschrieben hatte. Die Beziehung zwischen ihm und Rosa Luxemburg gilt als eine der großen Liebesgeschichten der sozialistischen Bewegung. Das ist sicherlich der Tatsache zu verdanken, dass über tausend Briefe, die Rosa über 15 Jahre hinweg ihrem Liebsten schrieb, heute noch erhalten sind. Diese Briefe verraten nicht nur sehr viel über die politischen Aktivitäten und persönlichen Gefühle der Revolutionärin – sie sind auch von hohem literarischem Wert.

Rosa beugte sich in diesen ersten Jahren ihrer Beziehung der geistigen Autorität von Jogiches und stürzte sich in die politische Arbeit. Jogiches, der von Haus aus über Geld verfügte und auch die mittellose Rosa finanziell unterstützte, gründete in Zürich eine »Sozialdemokratische Bibliothek«, in der klassische Schriften des Marxismus herausgebracht wurden. Um das Paar bildete sich eine Gruppe polnischer Sozialisten, die eine Erhebung der gesamten Arbeiterschaft in ganz Russland forderten, um die gesellschaftlichen Verhältnisse zu ändern. Sie standen damit im Gegensatz zur »Polnischen Sozialistischen Partei« (PPS), die auf einer nationalen Selbstständigkeit Polens beharrte. Die Gruppe, die den internationalen

des revolutionären Kampfes, über die Demoralisierung der westlichen Bourgeoisie, über Bismarcks Sturz und den siegreichen Kampf der deutschen Sozialdemokratie«, berichtet Paul Frölich, einer ihrer politischen Weggefährten. Rosa Luxemburg, inzwischen eine überzeugte, aber auch kritische Marxistin, kam in Verbindung mit führenden russischen Marxisten, wie Pawel Axelrod und Georgi Plechanow, sowie Führern der polnischen Arbeiterbewegung. Entscheidend für ihre weitere Politisierung waren ihre Aufgeschlossenheit gegenüber neuen Ideen, ihr scharfer Verstand und ihre Bereitschaft, sich zu engagieren. Geför-

1890 ▸ 1.7. Helgoland-Sansibar-Vertrag: Deutschland erhält Helgoland, im Gegenzug wird Englands Anspruch auf Sansibar anerkannt

1890 ▸ 12.10. Umbenennung der SAPD in SPD auf dem Parteitag in Halle

1892 ▸ 17.8. Militärkonvention zwischen Russland und Frankreich zum Schutz vor einem deutschen Angriff

Um die deutsche Staatsbürgerschaft zu erhalten, heiratete Rosa Luxemburg 1898 in Basel Gustav Lübeck.

Rosa Luxemburg zu den führenden Köpfen. Nebenher verfolgte sie ihre Studien und promovierte 1897 über »Die industrielle Entwicklung Polens« mit summa cum laude.

Rosa Luxemburg hatte sich als Rednerin und Theoretikerin bereits über die polnischen Kreise hinaus einen Namen gemacht und verspürte den Drang, sich einen größeren, internationaleren Wirkungskreis zu erschließen. Sie beschloss, nach Deutschland zu gehen, um sich dort bei der SPD zu engagieren, einer der angesehensten und fortschrittlichsten Gruppierungen in der internationalen Arbeiterbewegung. Rosa hatte ihr Deutsch inzwischen perfektioniert. Um im Kaiserreich aber politisch aktiv sein zu können, musste sie deutsche Staatsangehörige sein. Dafür heiratete sie kurzerhand den Sohn deutscher Emigranten, Gustav Lübeck. Die Wege des frisch vermählten Paares trennten sich an der Ausgangstür des Standesamts. Im Mai 1898 traf die frisch gebackene Preußin Rosa Luxemburg in Berlin ein, um ihre Karriere im deutschen Sozialismus anzutreten.

Ich bin und will Idealist bleiben genauso in der deutschen wie in der polnischen Bewegung. … Ich will und werde eine möglichst einflussreiche Position in der Bewegung anstreben.

ROSA LUXEMBURG

Charakter aller Arbeiterbewegungen betonte, brachte die Zeitung »Sprawa Robotnicza« (Sache der Arbeiter) heraus; Rosa übernahm die Redaktion. Als die Gruppe schließlich eine neue Partei gründete, die »Sozialdemokratie des Königreichs Polen« (SDKP), gehörte

Sozialdemokratie im Kaiserreich

Erst 1871 war unter Bismarck ein einheitlicher deutscher Staat gebildet und das Deutsche Reich gegründet worden. Die junge Nation stellte eine Großmacht im Herzen Europas dar und gehörte zu den fortgeschrittensten Industrienationen. Die stark anwachsende Arbeiterschaft hatte in der Gewerkschaftsbewegung und der SPD eine politische Vertretung gefunden. Unter Bismarck hatten die deutschen Sozialisten unter Verfolgung und Verboten zu leiden gehabt, was den Aufstieg der Sozialdemokratie aber nicht verhinderte. Bei der Reichstagswahl von 1890 erhielt sie mit 20 Prozent die meisten der abgegebenen Stimmen, auch wenn das Mehrheitswahlrecht ihr nur wenige Mandate bescherte. 1912 sollte die SPD bei der Reichstagswahl ein Drittel der Stimmen erringen und stärkste Fraktion im Parlament werden. Nach der Aufhebung des Sozialistengesetzes 1890 strömten ihr die Mitglieder in Scharen zu, ihre Macht wuchs und mit ihr auch die Angst der Konservativen im Kaiserreich. Massenstreiks wie 1889 im Ruhrkohlebergbau und in Schlesien, die mit Schießereien und Blutvergießen einhergingen, hatte die etablierten Kräfte das Fürchten gelehrt. Zentrum und Liberale mussten erkennen, dass die politische Arbeiterbewegung nicht mehr zu unterdrücken war.

Der SPD ging es zum einen um die Besserstellung des Industriearbeiters, um Löhne, Arbeiterschutz, Sonntagsruhe, die Einführung des Achtstundentags und Mitspracherechte der Arbeiter. Darüber hinaus sah sich

Während des Streiks von rund 100 000 Bergarbeitern im rheinisch-westfälischen Industriegebiet 1889 musste zur Aufrechterhaltung der Ordnung auch Militär eingesetzt werden.

1894 ▸ 1.11. Nikolaus II. wird Zar in Russland

1894 ▸ 5.12. Eröffnung des Reichstagsgebäudes durch Wilhelm II.

1894 ▸ 22.12. Dreyfus-Affäre: Der jüdische Hauptmann wird aufgrund gefälschter Dokumente degradiert und auf die Teufelsinsel verbannt

Ziel der deutschen Sozialdemokratie war es, die Lage der Arbeiterschaft zu verbessern – eine Stickerei mit dem Porträt des Parteivorsitzenden August Bebel.

Marx und Engels an und forderte tiefgreifende Reformen in Wirtschaft, Politik und Gesellschaft – darunter den Klassenkampf des internationalen Proletariats als Mittel zur Überwindung des Kapitalismus. Das Programm hielt an der Errichtung einer sozialistischen Gesellschaft als Endziel fest, vermied jedoch die Forderung nach einer proletarischen Revolution. Dafür wurden sozialpolitische Ziele formuliert, die man innerhalb des bestehenden Staates zu erreichen gedachte. Damit deutete sich bereits die Kontroverse zwischen sozialistischer Theorie und realpolitischer Praxis an, die die Partei schließlich spalten sollte.

Rosa Luxemburg machte sich mit ihrem Temperament, ihrer scharfen Zunge und ihren Ideen in der SPD-Führung schnell einen Namen. In den ersten Monaten nach ihrer Ankunft trommelte sie in Oberschlesien, einem vorwiegend polnischsprachigen Gebiet des Deutschen Reiches, für die SPD – mit erstaunlichem Erfolg. Bei der Wahl 1898 wurden in den von Luxemburg besuchten Kreisen doppelt so viele Stimmen abgegeben wie zuvor. Luxemburg verkehrte bald im Umfeld der einflussreichsten SPD-Leute wie August Bebel – der legendäre Parteivorsitzende der SPD –, Paul Singer und Franz Mehring. Mit Karl Kautsky, dem »Papst des Marxismus«, und vor allem seiner Frau, Luise Kautsky, verband sie eine enge Freundschaft. Auch Clara Zetkin, die sich innerhalb der SPD um Frauenpolitik kümmerte und »Die Gleichheit. Zeitschrift für Interessen der Arbeiterinnen« herausgab, wurde eine enge Freundin. Allerdings interessierte sich Rosa Luxemburg weniger für die Rechte der Frauen als für aktuelle sozialistische Positionen. Sie war keine Feministin und wollte auch keine sein.

die Partei anfangs auch in klarer Opposition zur bestehenden Gesellschaftsordnung und hatte sich revolutionäre Ziele gesetzt, die sie außerparlamentarisch zu erreichen gedachte. Dazu zählte die selbstständige »Befreiung der Arbeiter« durch die Abschaffung des »Privateigentums an Produktionsmitteln« sowie die Überführung derselben in »gesellschaftliches Eigentum«. Mit dem Erfolg der Partei und der deutlichen Verbesserung der Lebensverhältnisse der Industriearbeiter ab der Jahrhundertwende aber wuchs der Pragmatismus innerhalb der SPD.

Das »Erfurter Programm« von 1891 lehnte sich zwar noch an die Gesellschaftsanalyse von

Mit dem marxistischen Theoretiker Karl Kautsky und seiner Ehefrau Luise verband Rosa Luxemburg eine langjährige Freundschaft.

Die Frauenrechtlerin Clara Zetkin gehörte wie Rosa Luxemburg vor dem Ersten Weltkrieg zum linken Flügel der Sozialdemokratie.

Die Rosarei ist nicht so schlimm, wie Du denkst. Trotz aller Giftmischerei möchte ich das Frauenzimmer in der Partei nicht missen.

AUGUST BEBEL

Rosa Luxemburg äußerte sich regelmäßig in Zeitungsartikeln zu Fragen der Zeit: So geißelte sie die bürgerliche Gesellschaft, erboste sich über die »infame« Gesellschaftsordnung, griff Themen wie Kolonialismus, Zollpolitik und Weltpolitik auf, warnte vor dem Imperialismus und trat für den Erhalt des Friedens ein. Ihre Meinung wurde in der Parteiführung gehört, ihr Einfluss wuchs. Sie wurde 1903 Mitglied des Internationalen Sozialistischen Bureaus und trat regelmäßig als Rednerin und Agitatorin bei Parteitagen der SPD, Kongressen der Sozialistischen Internationalen und Wahlversammlungen im ganzen Reich auf. Ihre Ausstrahlungskraft war legendär. »Rosa Luxemburg war eine hinreißende Rednerin«, fand Paul Frölich. »Sparsam in großen Worten und Gesten, wirkte sie allein durch den Inhalt ihrer Reden, und nur die silberhelle, volltönende, melodische Stimme, die ohne Anstrengung einen großen Saal füllte, kam ihr zu Hilfe. Sie sprach stets frei. Am liebsten ging sie bei Reden lässig auf der Tribüne auf und ab. .... Nach wenigen Sätzen hatte sie

Eine hinreißende Rednerin: Wenn Rosa Luxemburg, wie hier auf dem Sozialistenkongress in Stuttgart, öffentlich sprach, gelang es ihr, die Massen zu begeistern.

Eduard Bernstein galt als wichtigster Vertreter des Revisionismus in der SPD und lehnte die gewaltsame Revolution zur Erreichung des Sozialismus ab.

mit den Menschen Kontakt und nahm sie ganz in ihren Bann. … Nicht durch Stimmungsmomente suchte sie zu gewinnen; selten appellierte sie an das Gefühl. Ihr Ziel war, die Hörer zur Erkenntnis zu führen und durch Erkenntnis zum Handeln.«

Sozialreform oder Revolution?

Rosa Luxemburg nahm kein Blatt vor den Mund und äußerte sich entschieden zu einer der brennendsten Grundsatzfragen innerhalb der SPD, dem sogenannten »Revisionismusstreit«. Eduard Bernstein, einer der wichtigsten Theoretiker der Partei, hatte in einer Artikelserie »der Sozialdemokratie den Rat gegeben, sich von den, wie er findet, überholten marxistischen Klassenkampf- und Revolutionsvokabeln zu trennen und sich zu dem zu bekennen, was sie in Wirklichkeit sei: eine demokra-

tische Reformpartei«, fasst der Luxemburg-Biograf Frederik Hetmann zusammen. »Ich habe für das, was man gemeinhin unter Endziel des Sozialismus versteht, außerordentlich wenig Sinn und Interesse«, so Bernstein. Während Karl Marx noch von einem notwendigen Zusammenbruch des kapitalistischen Systems ausging, worauf seiner Theorie nach die Revolution, der Sieg des Proletariats und die klassenlose Gesellschaft folgen würden, glaubte Bernstein nicht mehr an das Kollabieren des Kapitalismus. Er war der Meinung, dass für die Sozialdemokratie nicht mehr der revolutionäre Kampf um die politische Macht im Staat und für die Diktatur des Proletariats im Vordergrund zu stehen habe, sondern sie sich darauf konzentrieren sollte, durch eine Beteiligung am System der parlamentarischen Demokratie eine konkrete Verbesserung der Lebensumstände der Arbeiterschaft zu erreichen.

Während einige Parteimitglieder diese »reformistische« Linie durchaus befürworteten, bezog Rosa Luxemburg von Anfang an eine eindeutig revolutionäre Position, wobei sie sich mit Parteiführer August Bebel und Karl Kautsky in der Sache einig war. »Vielleicht findet sich eine Anzahl von Genossen, die so denkt: eine Spekulation über das Endziel sei eigentlich eine Doktorfrage. Ich behaupte demgegenüber, dass für uns als revolutionäre, als proletarische Partei keine praktischere Frage existiert als die vom Endziel«, sagte sie auf dem Parteitag der SPD 1898. »Für uns darf nie ein Zweifel sein, dass wir nach der Eroberung der politischen Macht streben müssen.« Gegenangriffe von Genossen, die ihr Unerfahrenheit und Frechheit vorwar-

fen, wies sie spöttisch zurück. »Dass ich noch meine Epauletten in der deutschen Bewegung erst holen muss, weiß ich, ich will es aber auf dem linken Flügel tun, wo man mit dem Feinde kämpfen, und nicht auf dem rechten, wo man mit dem Feinde kompromisseln will.« Mit glänzender Rhetorik und oft verletzender Polemik bombardierte sie in den kommenden Monaten in Artikeln ihre geistigen Gegner. Besondere Beachtung fand ihre Schrift »Sozialreform oder Revolution?«, die als Replik auf Bernstein veröffentlicht wurde.

Rosa Luxemburg galt aufgrund ihrer scharfen Attacken auch unter Parteigenossen als streitbar, wenn nicht sogar als zänkisch. So manch einer beschwerte sich hinter vorgehaltener Hand über die »Giftnudel« und ihr »menschenfresserisches Gerede«. Als sich ihre Angriffslust auf den Monarchen richtete, musste sie jedoch die Konsequenzen tragen. Im Reichstagswahlkampf 1903 rief sie ihrem Publikum zu: »Der Mann, der von der guten und gesicherten Existenz der deutschen Arbei-

Rosa Luxemburgs Lust an polemischen Auseinandersetzungen rief zahlreiche parteiinterne Kritiker auf den Plan. SPD-Chef August Bebel droht ihr auf diesem Foto aus dem Jahr 1904 gleichwohl nur symbolisch mit dem Finger.

Wilhelm II. inszenierte sich immer wieder als »Arbeiterkaiser«. Tatsächlich jedoch blieb die Lage der Arbeiter in Deutschland prekär.

ter spricht, hat keine Ahnung von den Tatsachen.« Die Rede war von Kaiser Wilhelm II. Dieser hatte sich zu Beginn seiner Regentschaft 1888 zwar als »Arbeiterkaiser« präsentiert, Erlasse zum Arbeiterschutz verfügt und das Sozialistengesetz abgeschafft. Im Gegenzug erwartete er Gehorsam von seinen Untertanen. Als die aber weiterhin den ihm verhassten Sozialdemokraten in die Arme liefen, schwenkte er wieder auf die repressive Linie um. Damit verpasste er die Gelegenheit, die Arbeiterklasse verfassungsrechtlich in Staat und Gesellschaft zu integrieren. Wilhelm II. war vom Gottesgnadentum seiner Monarchie überzeugt und wies alle Bestrebungen nach Einführung einer parlamentarischen Demokratie, die seine Rechte beschnitten hätte, entschieden zurück. Stattdessen liebäugelte er sogar mit dem Gedanken eines Staatsstreichs und der Übertragung des preußischen Dreiklassenwahlrechts auf das Reich. Diese kaiserliche Hoffnung erfüllte sich

allerdings nicht. Das System der allgemeinen, gleichen, direkten und geheimen Wahl war in der Verfassung des Deutschen Reiches fest etabliert. Die SPD griff ihrerseits die sich abzeichnende Weltpolitik sowie das »persönliche Regiment« des Kaisers scharf an und forderte eine demokratischere Verfassung. Öffentliche verbale Attaken auf den Monarchen waren jedoch strafbar. Rosa Luxemburgs Bemerkung brachte ihr wegen Majestätsbeleidigung eine Gefängnisstrafe von drei Monaten ein, von der sie aber nur sechs Wochen absitzen musste. Es war ihr erster, nicht aber ihr letzter Gefängnisaufenthalt.

Sie wissen, ich werde doch mal auf meinem Posten sterben: in einer Straßenschlacht oder im Zuchthaus.

ROSA LUXEMBURG

Blaue Flecken an der Seele

Obwohl die »rote Rosa« unermüdlich für die sozialistische Sache kämpfte, hegte sie doch auch ganz bürgerliche Träume. Ihre Wohnung war gediegen mit Samtvorhängen, Polsterstühlen und Nippsachen eingerichtet. Sie liebte Reisen, klassische Musik und gute Bücher. Ihre Interessen waren vielseitig – sei es Geologie, Ethnologie, Malerei oder Botanik. Immer widmete sie sich ihrer jeweiligen Leidenschaft mit Feuereifer. »Vor zwei Jahren ... packte mich die Leidenschaft für Pflanzen; ich fing an zu sammeln, zu pressen und zu botanisieren. Vier Monate lang machte ich buchstäblich nichts anderes als im Feld schlendern oder zu Hause zu ordnen und zu bestimmen, was ich von den Streifzügen mitbrachte«, schrieb sie im Sep-

Der »Büffel-Brief«

»Vor einigen Tagen kam also ein Wagen mit Säcken hereingefahren, die Last war so hoch aufgetürmt, dass die Büffel nicht über die Schwelle bei der Toreinfahrt konnten. Der begleitende Soldat, ein brutaler Kerl, fing an, derart auf die Tiere mit dem dicken Ende des Peitschenstieles loszuschlagen, dass die Aufseherin ihn empört zur Rede stellte, ob er denn kein Mitleid mit den Tieren hätte! ›Mit uns Menschen hat auch niemand Mitleid‹, antwortete er mit bösem Lächeln und hieb noch kräftiger ein. ... Die Tiere zogen schließlich an und kamen über den Berg, aber eins blutete. ... Sonitschka, die Büffelhaut ist sprichwörtlich an Dicke und Zähigkeit, und die war zerrissen. Die Tiere standen dann beim Abladen ganz still

und erschöpft, und eins, das, welches blutete, schaute dabei vor sich hin mit einem Ausdruck in dem schwarzen Gesicht und den sanften schwarzen Augen wie ein verweintes Kind. Es war direkt der Ausdruck eines Kindes, das hart bestraft worden ist und nicht weiß, wofür, weshalb, nicht weiß, wie es der Qual und der rohen Gewalt entgehen soll ... ich stand davor, und das Tier blickte mich an, mir rannen die Tränen herunter – es waren seine Tränen, man kann um den liebsten Bruder nicht schmerzlicher zucken, als ich in meiner Ohnmacht um dieses stille Leid zuckte. ... Oh, mein armer Büffel, mein armer, geliebter Bruder, wir stehen hier beide so ohnmächtig und stumpf und sind nur eins in Schmerz, in Ohnmacht, in Sehnsucht.«

tember 1915 aus dem Gefängnis in der Barnimstraße an Luise Kautsky. »Jetzt besitze ich zwölf vollbepackte Pflanzenhefte.« Ihr großes Herz für andere Kreaturen, seien es Büffel, Katzen, Kohlmeisen oder Käfer, fand in ihren Briefen sprachgewandten, poetischen Ausdruck.

Unter ihrer rauen Schale erwies sie sich als empfindsame Frau. Ihr Geliebter Leo Jogiches war in Zürich zurückgeblieben, die Beziehung beschränkte sich über Monate hinweg nur auf den schriftlichen Austausch. Schon vor ihrer Abreise haderte Rosa mit dem verschlossenen Jogiches, für den die politische Arbeit an erster Stelle stand. Wiederholt beklagte sie sich bei ihm über Gefühlskälte und mangelnde Zärtlichkeit: »Zurückblickend auf das letzte halbe Jahr ... empfand ich so ein einziges verwirrendes Gefühl der Disharmonie, ich bekam

Stiche in den Schläfen, und da eigentlich hatte ich genau das physische Empfinden von blauen Flecken an der Seele.« Doch dann wieder wurde sie von romantischen und zugleich gutbürgerlichen Gefühlen und Träumen hinweggefegt und schrieb im März 1899 an »Dziodziu«, ihren »Goldenen«: »Kein Paar auf der Welt hat derart alle Voraussetzungen, um glücklich zu sein, wie wir. ... Eine eigene kleine Wohnung, ein paar eigene Möbel, eine eigene Bibliothek; ruhige und regelmäßige Arbeit, gemeinsame Spaziergänge, ab und zu die Oper, ein kleiner, ein sehr kleiner Kreis von Bekannten, die man gelegentlich zum Abendbrot einlädt, jedes Jahr im Sommer eine Reise für einen Monat aufs Land, das aber ganz ohne Arbeit! ... Und vielleicht auch noch so ein kleines, ganz kleines Baby? Wird es niemals erlaubt sein? Niemals?«

Petersburger Blutsonntag – die russische Revolution von 1905

Schon lange gärte es in der zaristischen Autokratie Russland. Am 22. Januar 1905 zogen mehr als 100 000 Arbeiter unbewaffnet zum Winterpalast in Sankt Petersburg, um die Einhaltung der Menschenrechte, ein Wahlrecht, ein gesetzgebendes Parlament und wirtschaftliche Erleichterungen zu fordern. Zar Nikolaus II. ließ auf die Menge schießen. Der sogenannte »Petersburger Blutsonntag« forderte mindestens 130 Todesopfer und fast 300 Verletzte. Das ganze Land geriet in Aufruhr. Es kam zu einem Generalstreik, der etwa zwei Millionen Arbeiter erfasste, gefolgt von bäuerlichen Unruhen. Auch an den Rändern des Reiches, in Polen, den baltischen Provinzen, der Kaukasus- und der Schwarzmeerregion, brachen Aufstände und Massenstreiks aus, wobei dort neben sozialen und politischen Forderungen auch die nationale Frage eine Rolle spielte. Im Oktober 1905 formierten sich in den großen Städten Arbeiterräte (Sowjets). Diese neue Form der überparteilichen Organisation der Arbeiter hatte zwar nicht lange Bestand, 1917 aber sollten die Arbeiter auf dieses Selbstverwaltungsorgan zurückgreifen.

1901 22.1. Königin Victoria stirbt, ihr folgt Eduard VII. auf den britischen Thron

1903 27.7. Beginn des Baus der Bagdadbahn unter maßgeblicher Beteiligung deutscher Firmen

1903 17.11. Russlands Arbeiterpartei spaltet sich in Bolschewiken und Menschewiken

Die Antwort war: nein. Jogiches zog zwar nach einigem Drängen Rosas 1900 zu ihr nach Berlin. Ein bürgerliches Leben kam für den Berufsrevolutionär aber nicht in Frage. Rosas Familienidyll blieb ein Traum. Ihre Katze Mimi, die sie heiß und innig liebte, musste als Kindersatz reichen.

»Wann lernt ihr endlich aus der russischen Revolution?«

Die Chance, sich aktiv an einer Revolution zu beteiligen, bot sich dem Paar nach Ausbruch der ersten russischen Revolution in Sankt Petersburg im Januar 1905. Jogiches reiste als Vertreter der polnischen Sozialdemokraten nach Warschau. Luxemburg folgte ihm im Dezember, und zusammen redigierten sie in einer konspirativen Wohnung das »Rote Banner«, die Zeitung der illegalen Partei. Ziel war es, im russisch annektierten Polen eine Revolution zu organisieren. Trotz der Gefahr genoss es Rosa, im Zentrum der Auseinandersetzungen zu stehen. »Hier ist es sehr schön. Jeden Tag werden 2–3 Personen in der Stadt von Soldaten erstochen, Verhaftungen kommen täglich vor, sonst ist es aber sehr lustig. Trotz Kriegszustand geben wir unseren Czerwony Sztandar [Rotes Banner] täglich heraus und er wird auf der Straße verkauft. ... Jetzt muss man den Druck ... täglich mit Revolvern in der Hand in den bürgerlichen Druckereien erzwingen«, schrieb sie Anfang Januar 1906 an die Kautskys.

Wir sehen die russische Revolution, und wir wären Esel, wenn wir daraus nichts lernten.

ROSA LUXEMBURG AUF DEM SPD-PARTEITAG IN JENA, SEPTEMBER 1905

Doch sie kämpften auf verlorenem Posten. Nach anfänglichen Zugeständnissen war es der Regierung des Zaren Ende 1905 gelungen, die Revolution weitgehend niederzuschlagen, 1906 nahm die Zahl der Streikenden drastisch ab. Im März, kurz vor Rosa Luxemburgs 35. Geburtstag, wurden Jogiches und sie von der zaristischen Polizei verhaftet. Sie wurde in die Warschauer Zitadelle gesperrt, ihr drohten Kriegsgericht und die Deportation nach Sibirien. An einem Tag, so berichtet Paul Frölich, wurden im Festungshof Galgen errichtet. Anschließend wurde Rosa wie zur Hinrichtung mit verbundenen Augen aus der Zelle geführt. Ein Akt der Grausamkeit, wie sich heraus-

Im März 1906 wurde Rosa Luxemburg mit Leo Jogiches in Polen verhaftet. Erkennungsdienstliches Foto aus dem Warschauer Gefängnis.

1903 ▶ 10.12. Marie und Pierre Curie werden mit dem Nobelpreis für Physik ausgezeichnet

1904 ▶ 12.1. Beginn des Hereroaufstandes, der in der Folge von General von Trotha grausam niedergeschlagen wird

1904 ▶ 8.4. »Entente Cordiale«: Abkommen zwischen Frankreich und Großbritannien, um Interessenkonflikte in Afrika zu lösen

stellte. Man wollte sie nur verhören. Sie kam schließlich, mit Hilfe von Bestechungsgeldern der SPD, Ende Juni frei. Leo Jogiches wurde zu acht Jahren Zuchthaus verurteilt, ihm gelang jedoch Anfang 1907 die Flucht. Er kehrte nach Berlin zurück, die Beziehung zwischen ihm und Rosa Luxemburg aber war zu Ende. Anlass für den Bruch war unter anderem der neue Geliebte Rosas, Kostja Zetkin. Die Beziehung mit dem damals 22-jährigen Sohn von Clara Zetkin hielt etwa fünf Jahre. Mit Jogiches verband Rosa jedoch zeit ihres Lebens eine tiefe Freundschaft, auch wenn der sonst so kühle Exgeliebte sie kurz nach der Trennung mit Eifersuchtsszenen und Morddrohungen fast in den Wahnsinn trieb.

Der fast 15 Jahre jüngere Kostja Zetkin war mehrere Jahre lang der Lebensgefährte von Rosa Luxemburg und Adressat inniger Briefe.

»Bei Gott, die Revolution ist groß und stark«, war Rosa Luxemburgs enthusiastisches Fazit nach den Abenteuern in Polen, »wenn die Sozialdemokratie sie nicht kaputtmachen wird.« Die erste Revolution im Europa des 20. Jahrhunderts machte die Kluft zwischen Rosa Luxemburg und den deutschen Sozialdemokraten, zwischen den Theoretikern und der Revolutionärin, spürbar. Für Luxemburg war die Revolution die Bestätigung ihrer These, dass eine gesellschaftliche Veränderung und eine wirksame Politik nur mit der Unterstützung der Masse des Volkes zu erreichen waren. Sie fand, dass der Massenstreik »alle Phasen des politischen und ökonomischen Kampfes, alle Stadien und Momente der Revolution in sich spiegelt«, und sah ihn als »lebendigen Pulsschlag der Revolution und zugleich ihr mächtigstes Triebrad«. Entscheidend war, wie Frederik Hetmann schreibt, die Beobachtung: »Die Massen agieren spontan, lernen, indem sie handeln. Sie verhalten sich nicht nach vorformulierten Sätzen der Theorie, sondern die Theoretiker und Anführer formulieren deren Erfahrungen im revolutionären Prozess. Damit werden die Massen zur treibenden Kraft der Revolutionen.« Ein Streik konnte ihrer Meinung nach daher nicht von oben dekretiert werden. Vielmehr bestehe die Aufgabe der Partei darin, die »politische Leitung auch mitten in der Revolutionsperiode zu übernehmen«. Damit stand sie im Gegensatz zu Lenin, dem zufolge Revolutionen von einer revolutionären Elite gemacht wurden. »Sie distanzierte sich zugleich von der in westeuropäischen Parteien, besonders in der der deutschen Sozialdemokratie, bevorzugten Orientierung auf Parlamentswahlen, parlamentarische Tätigkeit und politische Aufklärung«, meint Annelies Laschitza.

Die Aufgabe der Sozialdemokratie und ihrer Führer ist nicht, von den Ereignissen geschleift zu werden, sondern ihnen bewusst vorauszugehen.

ROSA LUXEMBURG AM 5. SEPTEMBER 1913
IN EINER POLEMIK GEGEN KAUTSKY

Mit ihren radikal linken Positionen stand sie innerhalb der SPD zunehmend allein da. Mit Karl Kautsky kam es sogar zum Bruch, als er einen ihrer Artikel, in dem sie den Sturz der Monarchie und die Einführung einer republikanischen Staatsform forderte, nicht drucken wollte. Trotz dieser Differenzen bot die Partei Rosa Luxemburg 1907 eine Dozentenstelle für Nationalökonomie und Wirtschaftsgeschichte in der zentralen Parteischule der SPD in Berlin an. Dieser Tätigkeit, die Luxemburg mit Engagement bis Kriegsausbruch ausübte, hat die Nachwelt brillante Schriften wie die »Einführung in die Nationalökonomie« und ihr Hauptwerk, »Die Akkumulation des Kapitals«, zu verdanken. In Letzterem entwickelte sie ihre Imperialismustheorie und setzte sich kritisch mit den Marx'schen Schemata der erweiterten Reproduktion des Kapitals auseinander. Einer ihrer Schüler war übrigens Wilhelm Pieck, der einmal Präsident der DDR werden sollte.

Die Teilnehmer des zweiten Kurses für Parteisekretäre an der Parteischule der SPD und ihre Lehrer. Zweiter von rechts an der Wandseite: Franz Mehring, in der Mitte Rosa Luxemburg, rechts neben ihr August Bebel.

1905 23.7. Zusammenkunft der Cousins Wilhelm II. und Zar Nikolaus II. in Björkö führt nicht zu einer Revision der Bündnisse

1905 27.9. Albert Einstein stellt die Formel $E=mc^2$ auf

1905 30.10. Oktobermanifest von Zar Nikolaus II. läutet konstitutionelle Monarchie in Russland ein

Die Unmöglichkeit der Akkumulation bedeutet kapitalistisch die Unmöglichkeit der weiteren Entfaltung der Produktivkräfte und damit die objektive geschichtliche Notwendigkeit des Untergangs des Kapitalismus. Daraus ergibt sich die widerspruchsvolle Bewegung der letzten, imperialistischen Phase als der Schlussperiode in der geschichtlichen Laufbahn des Kapitals.

ROSA LUXEMBURG,
»DIE AKKUMULATION DES KAPITALS«

Krieg dem Krieg

Wie ein Damoklesschwert hing die drohende Kriegsgefahr über den Köpfen der politisch organisierten Arbeiter Europas. Der Imperialismus bestimmte die Politik der europäischen Großmächte. Sicherheitsinteressen, Prestige- und Expansionsgelüste prallten aufeinander.

Gruppenfoto der Delegierten der Konferenz der II. Sozialistischen Internationale in Stuttgart 1907. Sitzend in der Mitte: Rosa Luxemburg.

In den Machtzentralen von London, Paris, Wien und Sankt Petersburg schien niemand bereit, im Interesse des Friedens größere Zugeständnisse zu machen. Der unverhohlene Machtanspruch des Deutschen Reiches unter Kaiser Wilhelm II. verschärfte die Lage. Die sozialistische Arbeiterbewegung aber hatte geschworen, sich gegen Völkerhass und Brudermord zu stemmen. Sie verstand sich als internationale und antimilitaristische Bewegung und hatte sich Freiheit, Gleichheit und Brüderlichkeit auf die Fahnen geschrieben. Auf dem Internationalen Sozialistenkongress in Stuttgart, auf dem 886 Delegierte Millionen europäischer Arbeiter aus 25 Nationen vertraten, wurde 1907 eine Resolution verabschiedet, in der sich die Arbeiter verpflichteten, einen drohenden Krieg zu verhindern oder ihn gegebenenfalls so schnell wie möglich zu beenden.

Besonders Rosa Luxemburg tat sich als zähe Antiimperialistin hervor und war von der Bedeutung der internationalen Solidarität überzeugt. Unermüdlich agitierte sie auf Versammlungen in ganz Europa gegen den Militarismus; ihre Meinung war längst auch in internationalen sozialistischen Kreisen von Gewicht. Egal ob sie mit dem Führer der russischen Bolschewiki, Wladimir Iljitsch Lenin, diskutierte oder mit dem französischen Sozialistenführer Jean Jaurès. Doch die deutsche Friedenskämpferin aus Polen unterschätzte den Patriotismus ihrer Mitstreiter. Obwohl die Repräsentanten der Arbeiter nationale Interessen hintangestellt hatten, hielten sie das Recht auf nationale Selbstverteidigung für selbstverständlich. Sogar SPD-Gründer August Bebel hatte 1904 im Reichstag erklärt: »Aber wenn der Krieg ein Angriffskrieg werden sollte, ein Krieg, in dem es sich dann um die Existenz

»Ich kenne keine Parteien mehr, ich kenne nur noch Deutsche«: Der patriotische Appell von Kaiser Wilhelm II. vor dem Reichstag am 4. August 1914 fand auch in weiten Teilen der deutschen Sozialdemokratie Gehör.

Deutschlands handelte, dann – ich gebe ihnen mein Wort – sind wir bis zum letzten Mann und selbst die Ältesten unter uns bereit, die Flinte auf die Schulter zu nehmen und unseren deutschen Boden zu verteidigen.«

Im Sommer 1913 brachte die deutsche Reichsregierung eine Militärvorlage ein, die die größte Heeresverstärkung seit Bestehen des Deutschen Reiches vorsah. Deren Finanzierung wurde auch von der sozialdemokratischen Fraktion gebilligt. Rosa Luxemburg war empört. Der Militarismus sei und bleibe »der mächtigste Pfeiler der politischen Knechtung des Proletariats«, betonte sie, die neue Militärvorlage verschärfe die internationalen Gegensätze und steigere das allgemeine Rüstungsfieber.

Nach dem Attentat auf den österreichischen Thronfolger Franz Ferdinand am 28. Juni 1914 in Sarajevo und dem darauf folgenden Ultimatum Österreichs an Serbien rief die SPD zu Massendemonstrationen gegen den Krieg auf. In der letzten Juliwoche folgten eine halbe Million Menschen diesem Aufruf. Am 28. Juli, dem Tag der österreichischen Kriegserklärung an Serbien, traf sich die Zweite Internationale in Brüssel und beschwor die Parole »Guerre à la guerre« (Krieg dem Krieg). Vergebens. Am 1. August 1914 erklärte das Deutsche Reich Russland, zwei Tage später Frankreich den Krieg. Wilhelm II. appellierte an den Patriotismus seiner Untertanen und verkündete: »Ich kenne keine Parteien mehr, ich kenne nur noch Deutsche.«

341

Am 4. August 1914 stimmte die SPD-Fraktion geschlossen für die Kriegskredite zur Landesverteidigung.

Nach langen, hitzigen Diskussionen tat die SPD-Fraktion schließlich das Unerhörte: Sie stimmte am 4. August einstimmig für die Bewilligung der Kriegskredite. »Wir lassen in der Stunde der Gefahr das eigene Vaterland nicht im Stich«, beschwor der Fraktionsvorsitzende Hugo Haase die Entscheidung. Die neue Parteiführung um Friedrich Ebert, der nach Bebels Tod 1913 zu einem der Vorsitzenden der SPD gewählt wurde, wollte die Sozialisten von dem Vorwurf reinwaschen, »vaterlandslose Gesellen« zu sein. Sie war zu der Überzeugung gelangt, dass ein Angriff des zaristischen Russlands, des repressivsten Imperiums Europas, bevorstand. Darüber hinaus sicherte sie der Regierung für die Dauer des Krieges einen Burgfrieden zu. Die größte sozialistische Partei Europas, das leuchtende Vorbild der Internationale, stellte Vaterlandsverteidigung vor die internationale Solidarität! Lenin glaubte an eine Propagandalüge, als er davon hörte. Rosa Luxemburg trug sich mit Selbstmordgedanken.

Der 4. August sollte noch weitreichende Folgen haben: Er stürzte die Partei in eine tiefe Krise und führte letztlich zur Spaltung der Arbeiterbewegung.

Als der erste Schock vorüber war, traf sich noch am selben Abend ein kleiner Kreis von linken Abweichlern in Rosa Luxemburgs Wohnung. Mit dabei war auch der SPD-Abgeordnete Karl Liebknecht, der sich schweren Herzens dem Fraktionszwang gebeugt hatte. Bis zu diesem Zeitpunkt hatten die beiden nach Auskunft Liebknechts noch »keine nähere Fühlung gehabt«. Ein Parteiaustritt wurde zunächst verworfen, doch der Versuch, weitere Genossen auf ihre Seite zu ziehen, scheiterte. Am 2. Dezember 1914 stimmte Karl Liebknecht, als es wieder um die Kriegskredite ging, als Einziger mit »Nein«. Viel Zeit blieb den beiden Oppositionellen allerdings nicht, den Widerstand gegen die offizielle Parteilinie zu organisieren. Liebknecht wurde im Februar 1915 zum Landsturm einberufen, Rosa Luxemburg trat im selben Monat ihre 14-monatige Gefängnisstrafe an, zu der sie im Jahr zuvor in Frankfurt verurteilt worden war.

Freiheit der Andersdenkenden

Rosa Luxemburg sollte, mit kurzer Unterbrechung, fast die gesamte Dauer des Krieges hindurch in »Schutzhaft« bleiben. Die Briefe, die sie aus den verschiedenen Gefängnissen, in die sie eingesperrt wurde, an Freunde und Mitstreiter schickte, zeugen von einer außerordentlichen literarischen Begabung und von einer starken Persönlichkeit. Trotz ihrer Haft und ihres schlechten Gesundheitszustands – sie litt von jeher unter Magenbeschwerden – beschrieb sie eindringlich und meist mit

Karl Liebknecht

Der Sohn des Mitbegründers der Sozialdemokratie, Wilhelm Liebknecht, wurde am 13. August 1871 in Leipzig geboren. Nach einem Jurastudium eröffnete er in Berlin eine Kanzlei und machte sich bald als politischer Anwalt einen Namen: In aufsehenerregenden Strafprozessen prangerte er die je nach Klassenzugehörigkeit unterschiedliche rechtliche Behandlung von Angeklagten und den brutalen Drill von Rekruten beim Militär an. Wegen seiner Schrift »Militarismus und Antimilitarismus«, in der er sich kritisch mit dem Militarismus im Kaiserreich auseinandersetzte, wurde er des Hochverrats angeklagt und 1907 zu anderthalb Jahren Festungshaft verurteilt. 1908 gehörte er zu den ersten acht Sozialdemokraten überhaupt, die in den preußischen Landtag gewählt wurden, seit 1912 war er einer der jüngsten SPD-Abgeordneten im Reichstag. Seine Kritik an der Partei führte 1916 allerdings zu seinem Ausschluss aus der Fraktion. In seinem konse-

quenten Eintreten gegen den Krieg traf er in Rosa Luxemburg eine Gesinnungsgenossin. Der »revolutionäre Rausch«, in den er sich während der Novemberrevolution hineinsteigerte, fand jedoch nicht ihre ungeteilte Zustimmung. Am Ende sollte Liebknecht für seine Ideale sterben.

Humor ihre Gedanken und Erinnerungen. Oft war es die Gefangene, die den Freunden Trost spendete. Doch sie blieb auch politisch aktiv. Im Gefängnis entstand ihre Schrift zur »Krise der Sozialdemokratie«, in der sie auf hundert Druckseiten mit der SPD abrechnete. Derweil gründeten die Parteilinken, zu denen auch Wilhelm Pieck und Clara Zetkin, Julian Marchlewski und Franz Mehring gehörten, in Berlin Anfang 1916 die »Spartakusgruppe«, deren »Spartakusbriefe« Rosa Luxemburg zusammen mit Karl Liebknecht herausgab. Als dieser Ende Juni 1916 zu zweieinhalb Jahren Festungshaft

verurteilt wurde, weil er zu einer Maifeier aufgerufen und dort ein Ende des Krieges und der Regierung gefordert hatte, füllte Leo Jogiches die Organisationslücke.

Die allerschlimmsten Befürchtungen der Kriegsgegner wurden bestätigt. Bis heute wird der Erste Weltkrieg als die Urkatastrophe des 20. Jahrhunderts bezeichnet. Er war der erste totale Krieg in der Geschichte der Menschheit. Weltweit kämpften mehr als 60 Millionen Soldaten aus fünf Kontinenten. Die Industrialisierung des Krieges brachte eine mörderische Maschinerie zum Einsatz. Millionen fielen in

343

1908 ▸ 5.10. Österreich annektiert Bosnien und Herzegowina und löst europäische Krise aus

1908 ▸ 28.10. »Daily-Telegraph-Affäre«: Wilhelm II. belastet mit taktlosen Äußerungen das deutsch-britische Verhältnis

1909 ▸ 14.7. Theobald von Bethmann-Hollweg neuer Reichskanzler

den Schlachten von Langemarck bis Verdun. In Deutschland wich die anfängliche Kriegsbegeisterung, die ohnehin nie das ganze Land erfasst hatte, bald der Ernüchterung. Je länger der Krieg dauerte, desto brüchiger wurde auch der Burgfriede, auf den sich die SPD eingelassen hatte. Die Auseinandersetzungen über die Frage, ob man den Krieg weiter unterstützen sollte oder nicht, führten schließlich zur Spaltung der Partei. Die Kriegsgegner gründeten die »Unabhängige Sozialdemokratische Partei Deutschlands« (USPD), der kriegsbejahende Flügel wurde zur »Mehrheitssozialdemokratischen Partei« (MSPD).

Vorbei der patriotische Lärm in den Straßen … ganze Stadtbevölkerungen in Pöbel verwandelt, bereit, zu denunzieren, Frauen zu misshandeln, Hurra zu schreien und sich selbst durch wilde Gerüchte ins Delirium zu steigern; eine Ritualmordatmosphäre …

JUNIUS-BROSCHÜRE,
FRÜHJAHR 1916,
ÜBER DIE KRIEGSBEGEISTERUNG 1914

Das Jahr 1917 bedeutete in vielerlei Hinsicht eine Wende. Die russische Februarrevolution führte zur Abdankung des Zaren und zur Bildung einer bürgerlichen Übergangsregierung.

Spaltung der SPD – Ende des Burgfriedens

Seit dem 4. August 1914 mehrte sich die Zahl der SPD-Abgeordneten, die sich gegen den Krieg aussprachen. Im Dezember hatte Karl Liebknecht noch als Einziger im Reichstag gegen die Kriegskredite gestimmt. Als im Dezember 1915 19 weitere Abgeordnete einer erneuten Verlängerung die Zustimmung verweigerten, entschied die SPD-Führung um Friedrich Ebert und Philipp Scheidemann ihren Ausschluss aus Fraktion und Partei. Daraufhin gründeten im April 1917 die Kriegsgegner in der SPD unter Führung von Hugo Haase eine eigene Partei, die »Unabhängige Sozialdemokratische Partei Deutschlands« (USPD). Ihre Mitglieder waren so unterschiedliche Politiker wie Karl Kautsky und der reformorientierte Eduard Bernstein. Trotz politischer Differenzen schloss sich die Spartakusgruppe als äußerster linker Flügel der neuen Partei an. Zur Unterscheidung nannte sich der Flügel um Friedrich Ebert und Philipp Scheidemann – seit 1913 Fraktionsvorsitzender – jetzt »Mehrheitssozialdemokratische Partei Deutschlands« (MSPD). Im Sommer 1917 kam es zum ersten Mal zu einem Schulterschluss zwischen Sozialdemokraten und bürgerlichen Parteien. Im Juli 1917 verabschiedete die Mitte-Links-Mehrheit im Reichstag (MSPD, Zentrum, Fortschrittliche Volkspartei) eine Resolution, in der ein Verständigungsfrieden ohne erzwungene Gebietsabtretungen und sonstige Abgaben gefordert wurde. Es war das erste Mal, dass der Reichstag aktiv in das politische Geschehen im Krieg einzugreifen versuchte. Doch die Chance eines Verständigungsfriedens blieb ungenutzt. De facto bestimmte inzwischen die Oberste Heeresleitung in einer Art »Miliärdiktatur« die deutsche Politik.

1910 ▸ 6.5. Georg V. wird König von England

1911 ▸ 1.7. »Panthersprung nach Agadir« löst zweite Marokkokrise aus

1911 ▸ 21.8. Leonardos »Mona Lisa« wird aus dem Louvre entwendet und taucht zwei Jahre später in Florenz wieder auf

Nachdem die deutschen Behörden Lenin die Rückkehr aus seinem Exil in der Schweiz in die Heimat ermöglicht hatten, ergriffen die Bolschewiki im Oktober 1917 die Macht in Sankt Petersburg. Sie riefen die Sozialistische Sowjetrepublik aus, installierten eine Räteregierung, propagierten »die Diktatur des Proletariats sowie die Weltrevolution«. Der Separatfrieden mit Russland beendete den Krieg im Osten: Auf Drängen Lenins, der die Revolution retten wollte, wurde am 3. März 1918 in Brest-Litowsk der Friedensvertrag unterzeichnet – ein Abkommen, das Russland in der Folge um riesige Gebiete brachte. Anschließend festigte Lenin gewaltsam seine Macht. Er ließ das erste frei gewählte Parlament Russlands auseinanderjagen, führte Todesstrafe und Pressezensur wieder ein, verbot regimekritische Demonstrationen und ließ Fabriken, Grund und Boden verstaatlichen. Die politische Führung blieb der Kommunistischen Partei Russlands vorbehalten und nicht, wie angekündigt, den Räten. Um das Land in den Griff zu bekommen, regierten Lenin und seine Mannen mit Terror. Mutmaßliche politische Feinde wurden mit Hilfe der Geheimpolizei, der Tscheka, ausfindig gemacht, »Säuberungen«, das heißt Verhaftungen und Erschießungen, waren an der Tagesordnung. In Lenins Regierungszeit, die bis 1922 andauerte, wurden bis zu einer Viertelmillion Menschen exekutiert oder Opfer von Strafmaßnahmen. Der durch die Oktoberrevolution verursachte Bürgerkrieg kostete Russland drei Millionen Menschenleben. Zar Nikolaus II. und seine Familie wurden im Juli 1918 von den Bolschewiki ermordet. Diese blutigen Folgen der russischen Revolution versetzten nicht nur bürgerliche Kreise in Deutschland in Angst und Schrecken.

Nach dem Sieg der Bolschewiki wurden auf Geheiß Lenins Tausende als ›Konterrevolutionäre‹ erschossen.

Rosa Luxemburg war über die »herrlichen Dinge«, die sie aus Russland hörte, zunächst begeistert. »Das muss, das wird auf die ganze Welt erlösend wirken«, schrieb sie, »ich bin felsenfest davon überzeugt, dass eine neue Epoche jetzt beginnt.« Doch bald kamen Zweifel auf. In ihrer Schrift »Zur russischen Revolution« setzte sie sich kritisch mit den Ereignissen auseinander. Vor allem bemängelte sie die Auflösung der verfassunggebenden Versammlung und die Einschränkung der demokratischen Rechte. »Gewiss, jede demokratische Institution hat ihre Schranken und Mängel, was sie wohl mit sämtlichen menschlichen Institutionen teilt. Nur ist das Heilmittel, das Trotzki und Lenin gefunden: die Beseitigung der Demokratie überhaupt, noch schlimmer als das Übel, das es steuern soll.« Ihrer Meinung nach demoralisiere eine Schreckensherrschaft durch Dekrete, diktatorische Gewalt und drakonische Strafen die Bewegung und führe in den Abgrund. »Ohne allgemeine Wahlen, ungehemmte Presse- und Versammlungsfreiheit, freien Meinungskampf erstirbt das Leben in jeder öffentlichen Institution. ... eine Diktatur allerdings, aber nicht die Diktatur des Proletariats, sondern die Diktatur einer Handvoll Politiker.«

In einer Randbemerkung formulierte sie den Satz, der bis heute das berühmteste Luxemburg-Zitat ist und als Plädoyer für Meinungsfreiheit gilt: »Freiheit nur für die Anhänger der Regierung, nur für Mitglieder einer Partei – mögen sie noch so zahlreich sein – ist keine Freiheit. Freiheit ist immer Freiheit der Andersdenkenden.« Gemäß ihrer Biografin Laschitza lehnte sich Rosa Luxemburg damit gegen Deformierungstendenzen in der russischen Revolution auf und plädierte für »eine uneingeschränkte Demokratie im Sozialismus«, wobei »Demokratie« nicht bürgerlich zu deuten ist. »Sozialistische Demokratie ist nichts anderes als Diktatur des Proletariats«, schrieb Rosa Luxemburg, »aber diese Diktatur ... muss der Kontrolle der gesamten Öffentlichkeit unterstehen.« Im Nachhinein kann man ihre Warnung vor sozialistischer Terrorherrschaft als prophetischen Kommentar zur realen Entwicklung in der Sowjetunion verstehen.

Rosa Luxemburg verfasste ihre Einschätzungen im Sommer 1918, wurde aber von ihren politischen Freunden daran gehindert, sie zu veröffentlichen. Dies geschah zum einen aus Rücksicht auf die befreundeten Bolschewiki, aber auch, weil man viele von Rosas Kritikpunkten als voreilig ansah. Keine ihrer Schriften wird bis heute in bürgerlichen, vor allem aber in sozialistischen Kreisen so kontrovers diskutiert wie ihre Kritik »zur russischen Revolution«. Dabei geht es unter anderem um die Frage, wie es eigentlich Luxemburg mit

der Gewalt hielt. Sie sah durchaus den Konflikt zwischen der Notwendigkeit von Gewalt, wenn man die Revolution herbeiführen wollte, und ihrem Abscheu gegen den Missbrauch von Gewalt. »Eine Welt muss umgestürzt werden, aber jede Träne, die geflossen ist, obwohl sie abgewischt werden konnte, ist eine Anklage, und ein zu wichtigem Tun eilender Mensch, der aus roher Unachtsamkeit einen armen Wurm zertritt, begeht ein Verbrechen.« Dietmar Dath verweist in seiner kürzlich erschienenen Luxemburg-Biografie darauf, dass ihr Antimilitarismus nicht mit Pazifismus zu verwechseln sei: »Sie tritt gegen das Verheizen von Arbeitern für den Imperialismus ein, nicht gegen Gewaltanwendung an sich, ohne die ja auch eine Revolution und vor allem die unvermeidliche Abwehr einer Konterrevolution nicht zu denken sind.«

Novemberrevolution in Berlin

Die Lebensmittelblockade der Alliierten zeigte Wirkung – in Deutschland herrschte Hunger. Je länger das Schlachten anhielt, desto lauter wurden die Proteste. Die Menschen waren kriegsmüde und sehnten sich nach Frieden. Spätestens der »Gewaltfriede« von Brest-Litowsk machte deutlich, in welchem Ausmaß das Reich seine Hegemonialstellung auf dem Kontinent ausbauen wollte. So entstand im Januar 1918 die größte Protest- und Streikwelle des Ersten Weltkriegs. Sie wurde von der Regierung niedergeschlagen. Doch nach dem Scheitern der Frühjahrsoffensive im Westen kam Ende September 1918 auch die Oberste Heeresleitung zu dem Ergebnis, dass Deutschland den Krieg nicht mehr gewinnen könne. General Ludendorff bat Wilhelm II.,

1912 ▶ 8.2. Vergebliches Bemühen der Haldane-Mission um Annäherung zwischen Deutschland und Großbritannien

1912 ▶ 8.10. Beginn des ersten Balkankrieges des »Balkanvierbundes« (Montenegro, Griechenland, Bulgarien, Serbien) gegen die Türkei

1912 ▶ 15.4. Untergang der Titanic

um sofortigen Waffenstillstand nachzusuchen. Darüber hinaus nötigte er den Kaiser, ein parlamentarisches Regierungssystem einzuführen. Damit wollte die Heeresleitung die Verantwortung für die Niederlage auf die Mehrheitsparteien im Reichstag abschieben, die sich für einen Verständigungsfrieden starkgemacht hatten. »Sie sollen die Suppe essen, die sie uns eingebrockt haben«, erklärte Ludendorff den Offizieren seines Stabes. Das war der Keim der »Dolchstoßlegende«. Die Parteien erklärten sich bereit, in die Bresche zu springen und die Regierung zu übernehmen – auch in der Hoffnung, dass es dann leichter sein würde, die siegreichen westlichen Demokratien für einen milden Frieden zu gewinnen. Eine Entscheidung mit fatalen Konsequenzen. »Nicht aus eigener Legitimation entstand die Republik«, kommentiert Hagen Schulze die Begründung eines parlamentarischen Systems, »sondern als letzter Ausweg eines ratlosen Generalstabs. Und die Weimarer Demokratie entstand im schlechtestmöglichen Moment, in dem der Niederlage, mit der ihr Entstehen und ihre raison d'être für immer verknüpft bleiben sollte.« Am 3. Oktober ernannte der Kaiser den als liberal geltenden Prinz Max von Baden zum neuen Reichskanzler, der die erste demokratisch legitimierte Reichsregierung in Deutschland bildete. Ende Oktober wurde auch die Reichsverfassung auf eine parlamentarische Grundlage gestellt. Die Hoffnung, durch diese »Revolution von oben« eine »Revolution von unten« zu vermeiden, erfüllte sich jedoch nicht.

Als die Seekriegsleitung der deutschen Flotte Ende Oktober 1918 den sinnlosen Befehl erteilte, eine letzte große Schlacht gegen England zu schlagen, meuterten die Matrosen. Der Streik wurde zum Aufstand, spontan bildeten

sich in Kiel und anderen Küstenstädten Arbeiter- und Soldatenräte. Wie ein Flächenbrand breitete sich die Revolution im ganzen Reich aus und erreichte am 9. November Berlin. Matrosen, Soldaten und Arbeiter marschierten mit roten Armbinden und geschulterten Karabinern durch die Straßen. Es bildeten sich riesige Demonstrationszüge, in den Betrieben wurde gestreikt. Vereinzelt kam es zu Kämpfen zwischen Arbeitern und kaisertreuen Soldaten, doch schon gegen Mittag waren mehrere wichtige Gebäude von Aufständischen besetzt. Aus Angst vor einem Bürgerkrieg übertrug Kanzler Max von Baden dem Führer der Mehrheitssozialdemokraten, Friedrich Ebert, die Regierungsgeschäfte. Obwohl Ebert Reichskanzler letztlich nur für einen Tag war, sollte er in der sich unmittelbar anschließenden Revolutionszeit eine zentrale Rolle spielen. Von einem Tag auf den anderen hatte der bisherige Oppositionspolitiker über die großen Fragen der deutschen Politik zu entscheiden. Gleichzeitig verkündete Prinz Max von Baden eigenmächtig die Abdankung des Kaisers. Die Monarchie in Deutschland war zu Ende. Kurz darauf, am 9. November, rief Philipp Scheidemann – ohne Absprache mit Ebert – vom Balkon des Reichstags die Republik aus. Scheidemann, einer der bedeutendsten Redner der Sozialdemokraten, gehörte schon seit 1911 dem Parteivorstand an und war seit 1913 einer der beiden Fraktionsvorsitzenden der SPD. Im Herbst 1918 wurde er kurzzeitig Staatssekretär in der neuen Regierung des Kanzlers Prinz Max von Baden, bis die Revolution dessen Regierung beendete. Die Ausrufung der Republik wurde zu einer der berühmtesten politischen Reden in der deutschen Geschichte. Stunden später folgte Liebknechts Proklamation einer »Freien Sozialis

»Die Monarchie ist zusammengebrochen. Es lebe das Neue!«: Philipp Scheidemann rief am 9. November 1918 vom Balkon des Reichstagsgebäudes die Republik aus.

Rosa Luxemburg wurde am 9. November aus dem Gefängnis in Breslau entlassen und traf tags darauf im revolutionären Berlin ein. Hier trat am 10. November 1918 eine aus je drei Vertretern von MSPD und USPD gebildete provisorische Regierung zusammen, die sich »Rat der Volksbeauftragten« nannte. Die Führung übernahm Friedrich Ebert. Am selben Tag hielten die Arbeiter- und Soldatenräte eine Versammlung im Zirkus Busch ab. Sie wählten einen Vollzugsrat, der sich als der eigentliche, durch die Revolution legitimierte Träger der Macht ansah und die Regierung der Volksbeauftragten kontrollieren sollte. In Wahrheit gelang es ihm nie, seine »diktatorische Gewalt« auszuüben. Für alle Fälle aber war der Vollzugsrat – dafür hatte die MSPD gesorgt – wie die Regierung paritätisch besetzt.

Für die Mehrheitssozialisten um Friedrich Ebert galt es, sich an die Spitze der Bewegung zu setzen, um nicht von ihr überrollt zu werden. Dies fiel umso leichter, als die meisten der Arbeiter- und Soldatenräte, die sich im Reich etablierten, aufseiten der gemäßigten Sozialdemokraten standen. Auch in Berlin gelang es mit viel Geschick, in allen wichtigen Revolutionsgremien die Weichen zugunsten der MSPD zu stellen. Ebert war kein Revolutionär, er hatte das Fanal der russischen Oktoberrevolution deutlich vor Augen. Seine Ziele waren die Errichtung einer neuen demokratisch-parlamentarischen Ordnung und die Vermeidung eines Bürgerkriegs im Innern. Die Herausforderung bestand nach Ansicht des Historikers Reinhard Rürup darin, einerseits »die Folgen des militärischen und politischen Zusammenbruchs zu bewältigen«, andererseits »die Ziele der Revolution zu verwirklichen«, der die Sozialdemokraten ihr Mandat verdankten.

tischen Republik Deutschland« vom Balkon des Berliner Schlosses aus. Über dem ehemaligen Hohenzollernsitz wurde die rote Fahne gehisst. Welche Staatsform Deutschland in Zukunft haben würde, war zu diesem Zeitpunkt noch ungewiss. Die Neuverteilung der Macht in Deutschland war noch nicht entschieden.

Der aus Politikern der MSPD und USPD zusammengesetzte »Rat der Volksbeauftragten« amtierte als Reichs-regierung und wollte die revolutionären Wirren in geordnete Bahnen lenken.

»Nur in einem ständigen Balanceakt zwischen diesen sich nicht gegenseitig ausschließenden, wohl aber wechselseitig gefährdenden Ziel-setzungen lag die Chance einer gründlichen Demokratisierung der Verhältnisse.«

Ebert aber konzentrierte sich von Anfang an vor allem darauf, zum frühestmöglichen Termin eine verfassunggebende Nationalver-sammlung zusammentreten zu lassen. Auf dem Weg dorthin wollte Ebert in erster Linie »Ruhe und Ordnung« aufrechterhalten. Die nächstliegenden Aufgaben waren für ihn: den Krieg beenden, das Heer zurückführen und die Volksernährung sichern. Um das gewähr-leisten zu können, ließ er den bestehenden Ver-waltungsapparat weitgehend unangetastet und

Der spätere Reichspräsident Friedrich Ebert hasste die Revolution nach eigenem Bekunden »wie die Sünde«.

349

1914 ▸ 2.8. Bündnis Osmanisches Reich-Deutschland

1914 ▸ 3.8. Deutscher Einmarsch in Belgien und Kriegser-klärung Deutschlands an Frankreich

1914 ▸ 4.8. Auch die SPD stimmt für Bewilligung der Kriegskredite. England erklärt Deutschland den Krieg

ging eine Art »Bündnis« mit dem Militär ein. In einem Telefongespräch gab General Wilhelm Groener, der Nachfolger Ludendorffs in der Obersten Heeresleitung, am 10. November eine Loyalitätserklärung gegenüber der neuen Regierung ab und sicherte ihr die militärische Unterstützung gegen linksradikale Revolutionäre zu. Als Gegenleistung garantierte Ebert, dass die alleinige Befehlsgewalt über die Truppen weiterhin beim Offizierskorps liegen werde. Für Ebert war diese Übereinkunft ein wichtiger Markstein bei der Konsolidie-

rung seiner Macht. Damit stärkte er zugleich die Position des Militärs, des einstigen »Kernstücks des wilhelminischen Machtstaates«. Nur dass dessen Einsatz statt dem äußeren nun dem inneren Feind galt.

Der Spartakusbund

Den Spartakisten dagegen erschien die Revolution in diesen Tagen zum Greifen nahe. »Es ist der gegebene Augenblick, das ganze kapitalistische Gebäude zu zerstören und eine neue Welt aufzubauen«, folgerte Karl Liebknecht. Doch seinen Bemühungen, die Massen in Richtung Revolution zu lenken, begegneten die Führer von USPD und Revolutionären Obleuten, die die Streiks in den Betrieben organisierten, mit Zögern. Wie sich herausstellen sollte, gelang es den linksrevolutionären Kräften nicht, in den entscheidenden Tagen vor und nach dem 9. November das Heft des Handelns in die Hand zu nehmen.

Forderungen der Spartakusgruppe

Die Spartakusgruppe nannte am 10. November in einem Aufruf an die »Arbeiter und Soldaten von Berlin« folgende Aufgaben zur Sicherung und Weiterführung der Revolution: »Entwaffnung der Polizei und Offiziere; Bewaffnung des Volkes; Übernahme aller Behörden und Kommandostellen durch Vertrauensmänner der Arbeiter- und Soldatenräte; Beseitigung des Reichstags und aller Parlamente sowie der bestehenden Reichsregierung; Abschaffung aller Dynastien und Einzelstaaten; einheitliche sozialistische Republik; Übernahme der Regierung durch den zu wählenden Berliner Arbeiter- und Soldatenrat; Wahl von Arbeiter- und Soldatenräten in ganz Deutschland; Aufnahme der Beziehungen zu den sozialistischen Bruderparteien und Rückberufung der sowjetrussischen Botschaft.«

Keine Revolutionsstimmung, Zerfahrenheit, Ratlosigkeit, Katzenjammer. Jeder fürchtet sich vor dem anderen, jeder arbeitet gegen den anderen. Liebknecht und Luxemburg sind die einzigen agitatorisch Tätigen.

KURT EISNER, MINISTERPRÄSIDENT VON BAYERN, NACH SEINEM BESUCH IN BERLIN AM 24. NOVEMBER 1918

Rosa Luxemburg machte sich nach ihrer Ankunft sofort daran, zusammen mit Karl Liebknecht und Leo Jogiches die »Rote Fahne« herauszubringen. Mit dem Blatt wollten sie die Vorstellungen des »Spartakusbundes«, wie er sich seit dem 11. November nannte, unter die Arbeiter bringen und deren marxistisch-revolutionäres Bewusstsein schärfen. Luxemburg übernahm die Rolle der Chefredakteurin, während Karl Liebknecht hauptsächlich auf den Straßen agitierte. Die Spartakisten wollten nicht eine bürgerliche, sondern eine sozialistische Demokratie, eine rasche Umwälzung von Staat und Gesellschaft, »die Fortsetzung der Revolution als Teil der Weltrevolution gegen Kapitalismus und Krieg, für Sozialismus und Frieden«, fasst Annelies Laschitza zusammen. Ein Zusammengehen mit dem »Rat der Volksbeauftragten« oder auch nur eine Unterstützung kam für sie nicht in Frage. Zwar gehörten sie noch der USPD an. Die Mehrheitssozialdemokraten, allen voran Friedrich Ebert, aber waren für sie ein Teil der Konterrevolution. »Der Spartakusbund lehnt es ab, mit Handlangern der Bourgeoisie, mit den Scheidemann-Ebert, die Regierungsgewalt zu teilen, weil er in einer solchen Zusammenwirkung einen Verrat an den Grundsätzen des Sozialismus … erblickt«, schrieb Luxemburg in ihrem Artikel »Was will der Spartakusbund?«. Ihrer Meinung nach war die Zeit gekommen, den Klassenkampf als Machtkampf auf der Straße auszufechten: »Der Spartakusbund wird nie anders die Regierungsgewalt übernehmen als durch den klaren, unzweideutigen Willen der großen Mehrheit der proletarischen Masse in Deutschland.«

Eine der Hauptforderungen des Spartakusbundes war: »Alle Exekutive, alle Legislative, alle richterliche Gewalt den Arbeiter- und Soldatenräten!« Auch für Rosa Luxemburg war das Rätewesen das Instrument einer »Demokratie von unten«. Die Arbeiter- und Soldatenräte, die sich im revolutionären Deutschland gebildet hatten, waren von diesem »Rätesys-

Die Zeitung »Rote Fahne« wurde rasch zum Sprachrohr des Spartakusbunds.

tem«, das den Linkssozialisten vorschwebte, jedoch relativ weit entfernt. Sie standen in der Tradition der deutschen Arbeiterbewegung, die meisten befürworteten eine parlamentarische Demokratie und die baldige Einberufung der Nationalversammlung. Schon bei ihrer Versammlung im Zirkus Busch erlebte die Spartakusgruppe ein Debakel. Als Liebknecht daranging, vor der Gegenrevolution in Gestalt von Ebert und seinesgleichen zu warnen, wurde er niedergebrüllt. Am Ende wurden Regierungssozialisten in den Vollzugsrat gewählt, nicht aber Karl Liebknecht und Rosa Luxemburg.

»Schlagt ihre Führer tot!«

Die Botschaften der Spartakisten waren in vielen Punkten illusionär. Der Historiker Reinhard Rürup ist sogar der Ansicht, dass Rosa Luxemburg »in diesen Monaten von Anfang an eine Politik vertreten hat, die ohne Aussicht auf Erfolg war und den Bemühungen um eine Demokratisierung der Verhältnisse in Deutschland sehr viel mehr geschadet als genutzt hat«. Seiner Meinung nach bildeten die Kommunisten »nur eine sehr kleine, organisatorisch und ideologisch ungefestigte Gruppe«, sie waren in der Minderheit. Deshalb habe auch der viel beschworene »Bolschewismus« angesichts der eindeutig sozialdemokratischen Einstellung der Arbeitermassen keine reale

In zahlreichen Aufrufen und mit Flugblättern wie diesem forderten rechtsgerichtete Kräfte zur Abrechnung mit dem Spartakusbund auf.

Gefahr während der Revolutionszeit dargestellt. Dennoch war die »Bolschewismusfurcht« unter MSPD-Führern weit verbreitet, und von rechter Seite wurde mit gezielter Hetze gegenüber dem Spartakusbund Panik geschürt und Pogromstimmung entfacht. Anfang Dezember bildete sich die rechtsradikale »Antibolschewistische Liga«, die von Großindustriellen finanziert wurde. Sie ließ Proklamationen an die Bevölkerung drucken, die dazu aufforderten, die »Rädelsführer« ausfindig zu machen und den Militärs zu übergeben. Ein Flugblatt brachte die Hetze auf den Punkt: »Das Vaterland ist dem Untergang nahe. Rettet es! Es wird nicht von außen bedroht, sondern von innen: Von der Spartakusgruppe. Schlagt ihre Führer tot! Tötet Liebknecht!«

Rosa Luxemburg war weit davon entfernt, bolschewistische Methoden in Deutschland anwenden zu wollen.

PETER NETTL,
BIOGRAF

Flucht kam für Rosa Luxemburg aber nicht in Frage. Sie blieb meist bis tief in die Nacht in der Redaktion der »Roten Fahne«, um dann frühmorgens wieder an Konferenzen und Gesprächen teilzunehmen. Liebknecht und sie wechselten ständig die Quartiere, übernachteten zunächst in Hotels, und als sie dort ausgewiesen wurden, unter falschen Namen bei Bekannten. »Alle paar Tage erhielten wir die dringende Warnung von ›amtlichen Stellen‹, dass Karl und mir von Mordbuben aufgelauert wird, so dass wir nicht zu Hause schlafen sollen«, schrieb sie an Clara Zetkin. »Ich lebe wie im Hexenkessel.« Am 6. Dezember kam es zu einem Putschversuch von rechts:

Konterrevolutionäre Truppen besetzten das preußische Abgeordnetenhaus, erklärten den Vollzugsrat für abgesetzt und wollten Ebert als Präsidenten ausrufen. Eine andere Abteilung überfiel die Redaktion der »Roten Fahne« und fahndete nach den Spartakusführern, die zum Glück nicht da waren. In der Chausseestraße kam es zu Schießereien zwischen linksgerichteten Demonstranten und Gardefüsilieren, es gab 14 Tote und zahlreiche Verwundete. Ebert gelang es zwar, die Putschisten zu beschwichtigen, er sah sich aber mit bitteren Vorwürfen konfrontiert. Die radikale Linke warf ihm vor, nicht entschiedener gegen die Gefahr von rechts auf-getreten zu sein. Angesichts der Verschärfung der Situation war Ebert erleichtert, als er am 10. Dezember mehrere von der Westfront zurückgekehrte Divisionen beim feierlichen Einzug in Berlin begrüßen durfte.

Niemand hat die Wirklichkeit der deutschen Revolution und die Gründe ihres Scheiterns … vom ersten Augenblick an so hellsichtig und so rückhaltlos öffentlich analysiert wie Rosa Luxemburg Tag für Tag in der »Roten Fahne«.

SEBASTIAN HAFFNER

Mit den Worten »Kein Feind hat euch überwunden« begrüßt Friedrich Ebert am 10. Dezember 1918 heimkehrende Fronttruppen in der Hauptstadt Berlin.

Rätesystem oder Nationalversammlung?

Rosa Luxemburg hatte nicht vor, einen Sowjetstaat russischer Prägung zu errichten. Aber wie und wann sie die Mehrheit für die proklamierte »sozialistische Demokratie« gewinnen wollte, war ihr wohl selbst nicht ganz klar. Ihre Erwartungen in Bezug auf den »politischen Reifeprozess der Massen« waren zu hoch, ihr Gespür für die Stimmung in der Bevölkerung zu gering ausgeprägt. Die meisten Menschen wussten wahrscheinlich gar nicht genau, was Demokratie, Räterepublik oder Wahl zur Nationalversammlung bedeuteten. Krieg und Not hatten die Menschen müde gemacht. Die Soldaten, die sich an der Revolution beteiligt hatten, wollten keinen Bürgerkrieg. Die Entscheidung fiel auf dem Rätekongress, der am 16. Dezember in Berlin begann. Aus dem ganzen Reich strömten Vertreter der Arbeiter- und Soldatenräte zusammen, um über die künftige Staatsform – demokratische Republik oder Rätesystem – zu entscheiden. Wie die Abstimmung ausfallen würde, war relativ klar. Von 489 Delegierten waren die meisten Anhänger der Regierungssozialisten um Ebert und Scheidemann. Rosa Luxemburg und Karl Liebknecht hatten kein Mandat erhalten und wurden nicht einmal als Gäste zugelassen. Es gelang ihnen immerhin, bis zu 250 000 Demonstranten vor dem Kongressgebäude, dem preußischen Abgeordnetenhaus, zu mobilisieren, doch vergebens. Der Kongress sprach sich mit überwältigender Mehrheit für die Wahl zur Nationalversammlung am 19. Januar 1919 aus. Die Räte spielten fortan praktisch keine Rolle mehr. Rosa Luxemburg und ihre Genossen waren enttäuscht, aufgeben wollten sie aber nicht.

Arbeiter- und Soldatenräte

Hierbei handelt es sich um Organe der Selbstverwaltung, die sich in der Novemberrevolution 1918 spontan in den Städten bildeten. Ihr Vorbild waren die basisdemokratisch organisierten »Sowjets« (Räte), die aus den russischen Revolutionen von 1905 und 1917 hervorgegangen waren. Der erste Arbeiter- und Soldatenrat bildete sich nach Beginn des Matrosenaufstands am 4. November 1918 in Kiel, weitere Städte folgten. Ihr Zustandekommen war allerdings oft durch den Zufall bestimmt und chaotisch. Betriebe und militärische Einheiten wählten willkürlich ihre Vertreter. Die Räte forderten die Abdankung des Kaisers und die sozialistische Republik. Auf dem Reichsrätekongress im Dezember 1918 entschieden sie sich mehrheitlich gegen ein Rätesystem.

Angesichts dieser Niederlage verlagerte sich der Machtkampf in den nächsten Wochen zunehmend auf die Straße, wobei immer undurchsichtiger wurde, wer eigentlich auf wessen Seite stand. Am Morgen des 24. Dezember stürmten Fronttruppen auf Befehl Eberts das Berliner Schloss, in dem sich die revolutionäre Volksmarinedivision einquartiert hatte. Sie war eigentlich zum Schutz der Regierung gedacht, hatte sich im Lauf der Wochen in den Augen Eberts aber als unberechenbar erwiesen. Als er sie bat, das Schloss zu räumen, forderten die Matrosen ausstehende Löhne und verhafteten den Stadtkommandanten von Berlin. Die Regierungstruppen griffen daraufhin mit Artillerie an, mussten aber abbrechen, als Arbeiter den Matrosen zu Hilfe eilten. Aus Protest über die »Blutweihnacht« verließen die Vertreter der USPD am 29. Dezember die Übergangsregierung. Damit war die fragile Einheit der sozialistischen Arbeiterbewegung endgültig zerbrochen. Ebert ersetzte die ausgeschiedenen Vertreter mit seinen Leuten. Volksbeauftragter für Heer und Marine wurde der SPD-Politiker Gustav Noske.

Rosa Luxemburg und Karl Liebknecht beschlossen ihrerseits, sich endgültig von der USPD zu trennen, da sie lediglich ein »Feigenblatt für die Gegenrevolution« sei. Am 29. Dezember 1918 gründeten sie zusammen mit anderen Linksradikalen die »Kommunistische Partei Deutschlands (Spartakusbund)«. Rosa Luxemburg hätte lieber den Begriff »Sozialistische« Partei gewählt, konnte sich aber nicht durchsetzen. Sie hielt auch eine Beteiligung der KPD an der Wahl zur konstituierenden Nationalversammlung inzwischen für sinnvoll, weil sie glaubte, dass die Wähler, die der Revolution ihr Stimmrecht zu verdanken hatten, einen Boykott nicht begreifen würden. Doch auch in diesem

Die Kämpfe zwischen Fronttruppen und der »Volksmarinedivision« richteten zu Weihnachten 1918 schwere Schäden am Berliner Schloss an.

Punkt wurde sie von radikaleren Parteigenossen überstimmt. In den ersten Januartagen nahmen die politischen Spannungen in Berlin zu. Als auf einmal die Nachricht die Runde machte, dass der Polizeipräsident von Berlin, der dem linken Flügel der USPD angehörte, abgesetzt werden sollte, explodierte das Pulverfass.

Spartakusaufstand

Am 5. Januar 1919 folgten Hunderttausende dem Aufruf von KPD, Unabhängigen und Revolutionären Obleuten zu Protestaktionen. Die Situation drohte zu eskalieren, als bewaffnete Demonstranten plötzlich das Zeitungsviertel, darunter das Gebäude der SPD-Zeitung »Vorwärts«, besetzten und Straßensperren errichteten. Von den Ereignissen überrascht, beschlossen die Führer der Linksrevolutionäre, die Gunst der Stunde zu nutzen. Sie bildeten einen Revolutionsausschuss und riefen für den 6. Januar zum Generalstreik auf. Ihr Ziel war nun der Sturz der Regierung. Karl Liebknecht unterstützte diesen Kampf um die Regierungsgewalt. Das war mit der Parteizentrale nicht abgesprochen, und von Rosa

Luxemburg heißt es, sie habe Liebknecht später vorwurfsvoll gefragt: »Karl, ist das unser Programm?« Doch sie fügte sich schnell den Tatsachen. Am 8. Januar forderte sie in der »Roten Fahne« jedenfalls die Vertreibung der Ebert-Scheidemann-Regierung. Doch der Beginn der »sozialistischen Revolution«, den Liebknecht Unter den Linden verkündete, geriet ins Stocken, die Verwirrung wuchs, und während schon über Verhandlungen mit der Regierung nachgedacht wurde, schlug diese bereits mit der Parole zurück: »Gewalt kann nur mit Gewalt bekämpft werden. … Die Stunde der Abrechnung naht.«

Bereits seit Ende Dezember hatten sich in und um Berlin rechts stehende Freikorps gebildet – Freiwilligenverbände, die aus ehemaligen Frontsoldaten und Berufsoffizieren bestanden. Sie wurden mit eilends zusammengestellten republikanischen Einheiten und Verbänden des alten Heeres zusammengelegt. Zum Oberbefehlshaber dieser Truppen wurde Gustav Noske ernannt. Er erhielt von Ebert den Auftrag, dem Aufstand der Linksradikalen

mit militärischer Gewalt zu begegnen. »Einer muss der Bluthund werden, ich scheue die Verantwortung nicht!«, war hierzu Noskes Kommentar. Am Morgen des 11. Januar zogen 3000 Mann in Berlin ein und stürmten die besetzten Gebäude mit Maschinengewehren und Artillerie. Nach wenigen Tagen war der Januaraufstand blutig und brutal niedergeschlagen, die Kämpfe forderten etwa 200 Tote. Am 14. Januar war das Zentrum Berlins in der Hand der Freikorps. Die Kämpfe im Reich endeten allerdings erst mit der Zerschlagung der Münchner Räterepublik im Mai 1919.

»Hoffentlich hängen die Bluthetzer schon an der Laterne«, schrieb am 13. Januar die »Deutsche Tageszeitung« und meinte damit Rosa Luxemburg und Karl Liebknecht. Die beiden waren bei Bekannten in Wilmersdorf unter-

Der SPD-Politiker Gustav Noske war für die blutige Niederschlagung des Spartakusaufstands verantwortlich.

Bewaffnete Anhänger des Spartakusbunds marschieren während des Generalstreiks Anfang Januar 1919 durch die Straßen Berlins.

356

gekrochen. Der Kampf sei unvermeidlich, die Zeit zum Sieg noch nicht reif gewesen, bilanzierten die Revolutionsführer. Dennoch schrieb Rosa Luxemburg in der »Roten Fahne«: »Ordnung herrscht in Berlin! Ihr stumpfen Schergen! Eure Ordnung ist auf Sand gebaut. Die Revolution wird sich morgen schon rasselnd wieder in die Höh richten und zu eurem Schrecken mit Posaunenklang verkünden: ich war, ich bin, ich werde sein.« Es war ihr letzter Artikel. Am 15. Januar 1919 wurden Liebknecht und Luxemburg von einer Bürgerwehr, die offenbar einen Hinweis bekommen hatte, verhaftet.

Wo Freikorpssoldaten die Leiche Rosa Luxemburgs in den Landwehrkanals warfen, erinnert seit 1987 ein Denkmal an die Revolutionärin.

Tod

Beide wurden in das Hotel »Eden« gebracht, in dem die Garde-Kavallerie-Schützen-Division, eine Freikorps-Einheit, ihr Stabsquartier aufgeschlagen hatte. Eine Woge des Hasses schlug ihnen entgegen, als sie die Hotelhalle betraten, in der sich eine Menge Soldaten und Offiziere befanden. »Röschen, da kommt die alte Hure«, höhnten einige. Getrennt wurden Karl Liebknecht und Rosa Luxemburg dem Befehlshaber der Division, Hauptmann Waldemar Pabst, vorgeführt. Obwohl sie mit dem Tod gerechnet haben muss, blieb Rosa Luxemburg gelassen. Während sie auf ihre Vernehmung wartete, nähte sie ihren Rocksaum an, der abgerissen war, und blätterte in Goethes »Faust«. Beschloss Waldemar Pabst eigenmächtig den Tod der Spartakusführer? Der Autor Klaus Gietinger kommt in seiner Untersuchung des Todes Rosa Luxemburgs zu dem Schluss, Pabst habe sich telefonisch Gustav Noskes Zustimmung zum Mord eingeholt. Der Noske-Biograf und Militärhistoriker Wolfram Wette bezeichnet diese These jedoch als reine

Spekulation. Seiner Meinung nach hat Noskes Befehl, Liebknechts Telefon zu überwachen, zwar zur Ergreifung Liebknechts und Luxemburgs geführt. Darüber hinaus habe Noske eine politische Mitverantwortung, mehr sei nicht zu beweisen.

Am Abend des 15. Januar wurde Karl Liebknecht nach schwerer Misshandlung in den Tiergarten gefahren und von hinten erschossen. Rosa Luxemburg wurde aus dem Hotel geschleift, niedergeschlagen und in ein Auto gestoßen. Während der Fahrt jagte ihr einer der Soldaten eine Kugel in den Kopf. Ihre Leiche warfen die Mordschützen in den Landwehrkanal. Bewusst wurden Falschmeldungen gestreut, und am nächsten Morgen titelte die »BZ am Mittag«: »Liebknecht auf der Flucht erschossen – Rosa Luxemburg von der Menge getötet«. Erst Ende Mai wurde im Landwehrkanal eine Leiche entdeckt, die Freunde anhand von Kleidungsresten und eines Medaillons, die man ihnen vorlegte, als Rosa Luxemburg identifizierten. Sie wurde am 13. Juni 1919 neben dem Grab von Karl Liebknecht in Berlin-Friedrichsfelde beigesetzt.

Erst im Juni 1919 konnte Rosa Luxemburg auf dem Friedhof in Berlin-Friedrichsfelde zu Grabe getragen werden.

Am 19. Januar fand die Wahl zur Nationalversammlung statt. Friedrich Ebert hatte sein Ziel erreicht. Die Wahlbeteiligung betrug 83 Prozent, stärkste Partei wurde die SPD. Am 6. Februar 1919 trat in Weimar die Nationalversammlung zusammen, Ebert wurde zum Reichspräsidenten gewählt. Die Weimarer Republik war der erste Versuch in der deutschen Geschichte, auf dem Boden des Deutschen Reiches eine demokratische Staatsform zu errichten. Dass es Ebert nicht gelang, einen »Frieden der Verständigung und der Aussöhnung« mit den Siegermächten auszuhandeln, wurde zur ersten großen außenpolitischen Belastungsprobe der jungen Republik. Innenpolitisch warf man ihm vor, eine notwendige Demokratisierung der Strukturen versäumt zu haben. Er hatte damals nicht erkannt oder erkennen können, dass die größere Gefahr von rechts drohte.

Rosa Luxemburg wurde durch ihren grausamen Tod zur Märtyrerin ihrer Überzeugungen. Ihre Ziele waren in der Revolution 1918/1919 gescheitert, weil sie isoliert blieb. Ein »Rätesystem« war auf der Ebene des Deutschen Reiches nie eine Alternative. Aber viele Einsichten der glänzenden Analytikerin und Stilistin haben die Zeiten überdauert. In der DDR wurden Demonstranten, die 1988 ein Transparent mit dem Satz »Freiheit ist immer die Freiheit der Andersdenkenden« vor sich hertrugen, um gegen das Regime zu protestieren, verhaftet. Die anschließenden Solidaritätskundgebungen läuteten das Ende der DDR ein. Wenn heute über Freiheit, Sozialismus, Krieg oder die Auswüchse des Kapitalismus diskutiert wird, fällt ihr Name. Ihre Gedanken haben bis in die Gegenwart nichts an Aktualität verloren, ihre lyrischen Briefe zu lesen ist ein Genuss. Ihr Leben war kurz – erfüllt mit Inspiration und Triumphen, aber auch durchsetzt von Verfolgung und Martyrium. Sie war eine bedeutende historische Persönlichkeit.

Liebknecht und Rosa Luxemburg verkörperten die deutsche Revolution. Sie waren ihre Symbole, und mit ihnen erschlug man die Revolution.

SEBASTIAN HAFFNER

Gustav Stresemann

und die Republik

Er war nur hundert Tage Reichskanzler und hatte gleichwohl mit Dutzenden Krisenherden zu kämpfen: Gustav Stresemann. Im Herbst 1923 rettete der einstige Monarchist trotz Inflation, Ruhrkampf und Umsturzversuchen von links und rechts die junge Republik. In den darauffolgenden Jahren trieb er als Außenminister die Aussöhnung mit Frankreich voran. Er hatte erkannt, dass Deutschland nicht gegen, sondern nur mit Europa bestehen konnte. Er starb zu früh, um die erste deutsche Demokratie vor dem Untergang zu bewahren. Erst 1990 wurde wahr, was sich Stresemann und die Demokraten der Weimarer Republik erhofften: ein einiges Deutschland in Freiheit, Frieden und im Einklang mit den europäischen Nachbarn.

Tag der Entscheidung

Am Abend vor dem 9. November 1923, gegen 22 Uhr, trafen sich Reichskanzler Gustav Stresemann und der zum »Reichswährungskommissar« erkorene Hjalmar Schacht zu einem Abendessen im Berliner Hotel »Continental«. Bei ihrer Besprechung drehte sich alles um die damals entscheidende Frage: Die katastrophale Finanzkrise im Deutschen Reich, die »Hyperinflation«, sie trieb den Staat in den Ruin – würde es endlich gelingen, sie zu stoppen?

Stresemann war seit knapp drei Monaten Kanzler, er übernahm das Amt in einer Zeit, als die Weimarer Republik am Abgrund stand. Eine Krise folgte auf die andere. Frankreich und Belgien hatten das Ruhrgebiet besetzt unter dem Vorwand, Deutschland genüge seinen Reparationspflichten nicht, die nach dem Versailler Frieden festgelegt worden waren. Die rasende Inflation trieb den Preis für ein Pfund Fleisch auf mehr als drei Billionen Mark, die Arbeitslosigkeit stieg weiter an. Separatisten forderten eine »Rheinische Republik«, konservative und nationalistische Kreise eine autoritäre Diktatur. In Sachsen und Thüringen drohten kommunistische Aufstände. Stresemann, gesundheitlich schwer angeschlagen, stand einer Großen Koalition vor, der man die Lösung der Probleme kaum mehr zutraute, die oftmals zerstritten war und zugleich eingekeilt von der radikalen Rechten und Linken.

Gegen 23.30 Uhr an jenem denkwürdigen Abend wurde das Gespräch zwischen dem Regierungschef und dem späteren Reichsbankpräsidenten jäh unterbrochen. Eine dringende Nachricht aus der bayerischen Hauptstadt schreckte den Kanzler auf: Von Putsch war die Rede, angezettelt vom ehemaligen Weltkriegsgeneral Ludendorff und dem Führer der Nationalsozialisten, Adolf Hitler. Sofort begab sich Stresemann in die Berliner Reichskanzlei, berief sein Kabinett ein. Unter Vorsitz des Reichspräsidenten Friedrich Ebert versammelten sich binnen kurzer Zeit fast alle Minister und der Chef der Heeresleitung, General von Seeckt.

Die Lage in Bayern galt als besonders brisant. Hier wurde die (»bayerische«) Reichswehr der Befehlsgewalt Berlins entzogen. Die Division ließ sich stattdessen von der Regierung unter Generalstaatskommissar Gustav Ritter von Kahr »in die Pflicht nehmen«. Der war ein erklärter Gegner der Republik und plante, von der selbst ernannten »Ordnungszelle« Bayern aus »Ordnung« auch im übrigen Reich zu schaffen, vor allem im verhassten »marxistischen Pfuhl« Berlin. Kahrs Verbündete waren der bayerische Wehrkreisbefehlshaber General von Lossow und nun offenbar auch der prominente Weltkriegsgeneral Ludendorff und Hitler, der in Bayern die zahlreichen völkischen Verbände unter der Führung seiner NSDAP zu einen suchte, aber im übrigen Deutschland ein eher Unbekannter war.

Der scheinbar größenwahnsinnige NS-Agitator wollte sich an die Spitze des Reiches putschen. Mit der Ausrufung einer »nationalen Revolution« erklärte er die Regierungen in Berlin und München für abgesetzt und sich selber zum Machthaber. Die Lage mutete aus Sicht der Hauptstadt düster an. »Bürgerkrieg schien unvermeidlich« – so empfand es Stresemann in jener Nacht. Der Aufruhr würde möglicherweise auf Teile Preußens übergreifen. Auf die Frage: »Wo steht die Reichswehr?«, antwortete der Chef der Heeresleitung unbestimmt: »Die Reichwehr steht hinter mir.« Was der General von Seeckt auch immer damit meinte – würde die Reichswehr im Ernstfall gegen die abtrünnigen Truppen in Bayern vorgehen? Stresemann benötigte das Militär notfalls als Verbündeten im Kampf gegen die Putschisten – und für die Republik: »Wir wissen nicht, was der nächste Tag bringt, aber ich werde nicht zurückweichen«, so viel stand für Stresemann im Reichskanzleramt jedenfalls fest.

Der Kämpfer

Ausgerechnet er, der frühere Monarchist, der Kaisertreue, den manche Demokraten abschätzig als »reaktionär« bezeichneten und deshalb mieden, er sollte nun die Republik retten. Noch vier Jahre zuvor, im ersten Wahlkampf der jungen Demokratie 1919, wurde er als »Kriegstreiber« und »Bluthund« beschimpft und beinahe gelyncht. Dies war bezeichnend für die wechselvolle politische Karriere Stresemanns.

Der begabte Sohn eines Berliner Biergroßhändlers, geboren 1878, stammte aus eher kleinbürgerlichen Verhältnissen, war getrieben von Bildungshunger, wollte als Abiturient zunächst Lehrer oder Journalist werden, studierte dann Nationalökonomie und wurde Geschäftsführer im »Verband Sächsischer Industrieller«. Der wortgewandte Karrierist mauserte sich zu einem eloquenten Vertreter von Konzerninteressen. 1907, mit nur 28 Jahren, war er jüngster Abgeordneter im Reichstag und bald einer der führenden Köpfe der Nationalliberalen Partei, auf die sich einst Fürst Bismarck gestützt hatte. Neben dem Mandat übernahm er einen Sitz im Vorstand des »Bundes der Industriellen«. Auch wenn er schon zu Kaisers Zeiten mehr Verantwortung und Macht für das Parlament eingefordert hatte, blieb er

Gustav Stresemann als Student in Berlin – mit nur 28 Jahren war er dann jüngster Abgeordneter des Reichstags in der Kaiserzeit.

doch stets kaisertreu und sah in einer parlamentarischen Monarchie diejenige Staatsform, die für Deutschland die geeignete war.

Mit der Kriegsniederlage und der erzwungenen Abdankung des Kaisers brach auch für ihn eine Welt zusammen. Zunächst war unklar, wohin die junge deutsche Republik treiben würde. In Berlin wollte die neu gegründete KPD unter der Führung von Karl Liebknecht und Rosa Luxemburg einen sozialistischen Umsturz herbeiführen. Das schürte Angst vor einer Rätediktatur nach sowjetischem Muster, doch dazu kam es nicht. Die provisorische Regierung, der Rat der Volksbeauftragten mit dem Sozialdemokraten Friedrich Ebert an der Spitze, rief die Reichswehr zu Hilfe und ließ den Aufstand niederschlagen. Für Januar 1919 war die Wahl einer verfassunggebenden Nationalversammlung anberaumt, um dem politischen Wandel eine tragfähige innere Ordnung zu geben. Die Demokratie musste sich nun bewähren.

Würde die eigene Vergangenheit seiner Zukunft im Wege stehen? War die politische Karriere Gustav Stresemanns mit der Kriegsniederlage beendet? Er spielte zumindest mit dem Gedanken, der Politik den Rücken zu kehren und sein Glück noch einmal in der Wirtschaft zu versuchen. Doch er gab nicht auf. Mit Gesinnungsgenossen gründete er rechts von der Mitte die Deutsche Volkspartei, wurde deren Vorsitzender und wollte bei der Wahl zur Nationalversammlung kandidieren.

Wir haben an den deutschen Sieg geglaubt und schämen uns dessen nicht. ... Aus dem, was sich entwickelt hat, haben wir den Schluss gezogen, dass das System, das uns hierherführte, sein Recht verwirkt hat.

**GUSTAV STRESEMANN
IN SEINER LETZTEN REDE
IM KAISERLICHEN REICHSTAG,
22. OKTOBER 1918**

Der Wahlkampf führte ihn auch in die Stadt Nordhorn an der niederländischen Grenze, heute Niedersachsen, damals Preußen. Stresemann ließ sich dort für den 15. Januar 1919

ankündigen, sein Auftritt war schon bald Stadtgespräch. Er wagte sich in die Höhle des Löwen. Wie vielerorts im Lande hatten auch hier nach Kriegsende die »Arbeiter- und Soldatenräte« das Sagen, ihr Symbol war die rote Armbinde. Ein Parteifreund sowie ein Sergeant begleiteten den Kandidaten, versuchten ihn vor allzu impulsiven Anfeindungen abzuschirmen. Doch sowohl die Polizei als auch die Saalordner sollten ihre Mühe haben, Stresemann zu schützen.

Die meisten Zuhörer waren noch sichtlich vom Krieg gezeichnet. Vier Jahre hatte der Weltenbrand gedauert, über zwei Millionen Deutsche waren auf den Schlachtfeldern, an Krankheiten oder an Hunger gestorben, am Ende herrschte allenthalben Kriegsmüdigkeit. Und ausgerechnet Stresemann, der Verfechter einer expansiven Kolonialpolitik, der im Krieg für einen Siegfrieden, für Annexionen fremder Territorien und den uneingeschränkten U-Boot-Krieg plädiert hatte, der zudem als Parteigänger der Industrie galt und als Verfechter der Monarchie – er wollte politisch punkten, bahnte sich nun in Nordhorn den Weg durch die erregte Menge zum Podest und würde dort sicher einen schweren Stand haben. So geschah, was zu erwarten war: Stresemann wurde niedergeschrien. »Stühle und Stöcke erhoben sich und sausten auf den Abgeordneten nieder«, war später in einer Zeitung zu lesen. »Bluthund« und »Kriegsverlängerer« blaffte man ihn an, er konnte sich schließlich nur retten, indem er durch ein rückwärtiges Fenster das Weite suchte.

Sein Sohn Wolfgang schrieb einmal über den Vater, man müsse seinen Mut schon bewundern, wie er »in allen seinen Wahlreden ... seine Haltung im Kriege verteidigte und nichts aufgab von dem, was seine Überzeugung war«. Doch dürfe man nicht erstaunt sein, »dass die Demokraten Stresemanns Reden zum Anlass für eine noch schärfere, oftmals ins Gehässige ausartende Kampagne nahmen«. Der prominente DVP-Kandidat aber konnte im national und konservativ gestimmten Lager auf genügend Stimmen zählen, um für den damals in der Fläche riesigen Wahlkreis Weser-Ems in die Nationalversammlung einzuziehen.

In Berlin fanden die politischen Unruhen indessen kein Ende, die Lage blieb instabil, es herrschten noch bürgerkriegsähnliche Zustände. Aus diesem Grund konstituierte sich die Nationalversammlung am 11. Februar 1919 in der Provinz, wo die Sicherheit der Abgeordneten eher zu gewährleisten war. So wurde Weimar zum Verhandlungsort für die künftige Verfassung. Das berühmte Standbild von Goethe und Schiller überragte erhaben wie eh und je den Platz vor dem Deutschen Nationaltheater, wo nun wegweisende politische Entscheidungen anstanden. Abgeordnete aus allen deutschen Landen tummelten sich vor der historischen Kulisse. Stresemann machte sich mit gemischten Gefühlen auf den Weg – würde man ihn auch in der Weimarer Nationalversammlung niederschreien?

Die Weimarer Demokratie

Von der Bühne des Theaters aus wurde der Bruch mit der früheren Ordnung noch einmal leidenschaftlich proklamiert. »Mit den alten Königen und Fürsten von Gottes Gnaden ist es für immer vorbei!«, rief der Sozialdemokrat Friedrich Ebert der Volksvertretung zu. »So wollen wir an die Arbeit gehen, unser großes Ziel fest vor Augen, das Recht des deutschen Volkes zu wahren, in Deutschland eine starke Demokratie zu verankern ...« Ebert wurde wenig später zum ersten Reichspräsidenten der Weimarer Republik gewählt, und er war stolz darauf, von wem er seine Legitimation als Staatsoberhaupt bezog: »Die einzige Quelle seines Rechtes ist der Wille des Volkes, auf ihm allein beruht die Macht und Würde seiner Stellung.«

Der alte Obrigkeitsstaat war gefallen, eine Demokratie westlichen Musters in Deutschland auf den Weg gebracht. Der Wandel war nicht einfach improvisiert, starke politische Kräfte hatten ihn vorbereitet und gewollt. Zum ersten Mal in der deutschen Geschichte durften auch Frauen wählen und gewählt werden. Bei der Wahl zur Nationalversammlung am 19. Januar lag die Beteiligung bei 83 Prozent. Drei demokratische Parteien (Mehrheits-)SPD, Zentrum und Deutsche Demokratische Partei (DDP), die schon während des Krieges im Parlament zusammenwirkten, hatten über drei Viertel der Stimmen erreicht. Die mit Abstand größte Fraktion stellte die SPD mit knapp 38 Prozent. Stärkste bürgerliche Partei war das katholische Zentrum (fast 20 Prozent), dicht gefolgt von der linksliberalen DDP (18,5 Prozent). Diese Parteien bildeten die sogenannte Weimarer Koalition, die den jungen Staat ohne Vorbehalte stützte. Im rechten Spektrum opponierten Stresemanns Deutsche Volkspartei (DVP) – sie hatte lediglich 4,4 Prozent erreicht – und die Deutschnationale Volkspartei (DNVP), die etwas mehr als 10 Prozent der Stimmen erringen konnte.

Stresemann tat sich weiterhin schwer, im neuen System Tritt zu fassen. Aus Weimar schrieb er an seine Frau Käte: »Ich bin mit dem Herzen bei den alten Zeiten, und es tut mir weh zu sehen, wie sich alles geändert hat.« Gegen eine parlamentarische Monarchie hätte er ja nichts einzuwenden gehabt – aber eine Republik?

Auch über die Nationalflagge entbrannte im Parlament ein heftiger Streit. Schwarz-Weiß-Rot stand für das preußisch-deutsche Reich, Schwarz-Rot-Gold für die freiheitliche Tradition des Hambacher Festes von 1832 und der Revolution von 1848. Diese Farben nahm auch die Weimarer Republik an. Die Verfassung der ersten deutschen Demokratie sollte ebenfalls an die Vorbilder des 19. Jahrhunderts anknüpfen, vor allem an den Entwurf der Paulskirchenversammlung. Das wiederum lag auch im Sinne Stresemanns, nur fehlte der neuen Ordnung von Weimar eben der Monarch. Der Adel verlor seine letzten Privilegien. Wie der Verfassungsentwurf von 1849 enthielt das Weimarer Dokument auch einen Grundrechtekatalog, der allerdings bei Weitem nicht die Verbindlichkeit hatte, wie es später im Bonner Grundgesetz der Fall war. Auch Meinungsfreiheit und die Gleichberechtigung der Frauen wurden fest-

Stärken und Schwächen der Weimarer Verfassung

Es war das deutsche Volk, repräsentiert durch die Weimarer Nationalversammlung, das sich die Verfassung der ersten deutschen Demokratie gegeben hat. Das Deutsche Reich war eine Republik. Damit war der Gedanke der konstitutionellen Monarchie endgültig verabschiedet, aber auch das russische Vorbild des Rätesystems zurückgewiesen. Die gesetzgebende Gewalt lag in erster Linie beim Reichstag. Neben dem Wahlrecht gab es die plebiszitären Instrumente wie Volksbegehren und Volksentscheid. Sie konnten allerdings auch Raum für politische Agitation geben. Der vom Volk gewählte Reichstag sollte wichtigstes Organ der Staatsgewalt sein. Die rigorose Durchführung des Verhältniswahlrechts führte später zu einer starken Parteienzersplitterung.

Charakteristisch ist die herausragende Stellung des Reichspräsidenten. Ihm oblag die Ernennung des Reichskanzlers und der Reichsminister, die allerdings auf das Vertrauen des Parlaments angewiesen waren. Zu einer unvorhergesehenen Bedeutung gelangte das für kritische Ausnahmesituationen geplante Notmaß-

nahmenrecht gemäß Artikel 48, Absatz 2; es wurde auch in den Fällen angewendet, in denen die Regierung nicht die erforderliche Mehrheit erhielt oder sie verlor. Solange ein Reichspräsident überzeugter Anhänger der Republik war, mochten die weitreichenden Befugnisse in Krisenzeiten sogar die Republik stützen, etwa unter Friedrich Ebert (1919–1925). Sein Amt konnte aber auch als autoritäre Alternative zum Parlament missbraucht werden.

Die in der Weimarer Reichsverfassung benannten Grundrechte und Grundpflichten hatten noch nicht die Qualität, die das Grundgesetz der Bundesrepublik gewährt. Vor allem war der Gesetzgeber nicht an sie gebunden. Es gab kein Verfassungsgericht, das man bei Verletzung von Grundrechten hätte anrufen können. Auch bestanden weniger Ansatzpunkte, den Staat vor Verfassungsfeinden zu schützen, etwa radikale Parteien zu verbieten. Die Parteien, welche die Verfassung trugen, gerieten bereits bei der ersten Reichstagswahl (1920) in die Minderheit.

1918 ▶ 4.11. Kieler Matrosenaufstand als Auftakt zur Novemberrevolution in Deutschland

1918 ▶ 8.11. Beginn der Waffenstillstandsverhandlungen mit dem Deutschen Reich

1918 ▶ 9.11. Philipp Scheidemann ruft Republik aus, Max von Baden erklärt eigenmächtig die Abdankung Wilhelms II., der nach Holland ins Exil flüchtet

DVP-Chef Gustav Stresemann 1919 als Abgeordneter im Foyer des Weimarer Nationaltheaters, das als Tagungsort für die Nationalversammlung ausgewählt worden war.

geschrieben. Nicht königliche oder fürstliche Hoheiten, sondern das Volk war der Souverän. Ein gewählter Reichspräsident war Staatsoberhaupt. Der Kanzler war dem Präsidenten und dem Parlament gegenüber verantwortlich und nicht mehr dem Kaiser. Die DVP lehnte – wie die weiter rechts von ihr stehende DNVP – die Verfassung ab. Und ihr Vorsitzender würde künftig Stellung beziehen müssen, welche Haltung er zur Republik und ihrer Ordnung einnahm.

Stresemann war nicht nur zwischen Vergangenheit und Gegenwart hin- und hergerissen. An einigen wichtigen Entscheidungen konnte er nicht teilnehmen – die Folgen einer Herzattacke machten ihm zu schaffen. Sein Arzt empfahl ihm strengste Schonung, der Befund war so schwerwiegend, dass der Vollblutpolitiker – ganz entgegen seinem umtriebigen Wesen – im Sommer 1919 eine Kur antreten und das politische Geschehen aus der Ferne beobachten musste. Ihn quälte, dass die Schlussaussprache und Abstimmung über die Verfassung in seiner Abwesenheit stattfanden und dass er sich auch bei der Debatte über die künftige äußere Ordnung der Weimarer Republik nicht einbringen konnte, wie er es sich gewünscht hätte – es ging um den Versailler Vertrag.

1918 ▶ 10.11. Rat der Volksbeauftragten unter Friedrich Ebert (SPD) und Hugo Haase (USPD) übernimmt die Regierungsgeschäfte

1918 ▶ 11.11. Unterzeichnung der Waffenstillstandsbedingungen im Wald von Compiègne

1918 ▶ 13.11. Letztmals in Deutschland wird ein Adelstitel verliehen

Der Versailler Vertrag

»Im Vertrauen auf die Grundsätze des Präsidenten Wilson hat Deutschland die Waffen niedergelegt. Jetzt gebe man uns den Wilson-Frieden, auf den wir Anspruch haben«, forderte Friedrich Ebert unter dem Applaus der Weimarer Versammlung. Tatsächlich hatte der US-Präsident Anfang 1918 im Geiste seiner sogenannten 14 Punkte in Aussicht gestellt, dass grundsätzlich auch den besiegten Völkern das freie Selbstbestimmungsrecht zustehe. Die künftigen Grenzen sollten den historisch gewachsenen Räumen der Nationen möglichst Rechnung tragen.

Auch in der Hoffnung, damit die Sieger gewogener stimmen zu können, hatten sich die Deutschen ihrer Kaiserherrschaft entledigt, hatte die deutsche Regierung die Bedingungen für den Waffenstillstand akzeptiert: »Unsere freie Volksrepublik, das ganze deutsche Volk erstrebt nichts anderes, als gleichberechtigt in den Bund der Völker einzutreten und sich dort durch Fleiß und Tüchtigkeit eine geachtete Stellung zu erwerben«, so Reichspräsident Ebert.

Stresemann war skeptisch und gab sich keinen Illusionen hin: »Wir sehen, wie die Dinge heute noch liegen, einem Gewaltfrieden entgegen, den die Entente diktiert.« Er ging davon aus, dass der Sieger den »Sieg benutzt, um die Macht dauernd zu festigen«, wie es immer gewesen sei. Die Bedenken des früheren Mitglieds des »Alldeutschen Verbandes«, der Eroberungen und Annexionen als Kriegsziele verfochten hatte, waren nicht abwegig. Denn welche Forderungen hätte denn ein siegreiches Deutschland an die Besiegten gestellt? Der später annullierte Sonderfriede von Brest-Litowsk vom März 1918 beispielsweise, den das Reich der neuen kommunistischen Regierung Russlands unter Lenin aufgezwungen hatte, sah die Bildung deutsch kontrollierter Satellitenstaaten vor – von der Ukraine bis zum Baltikum. Dadurch sollte Russland weit nach Osten gedrängt werden und hätte dabei über die Hälfte seiner Industrie und fast ein Drittel seiner Bevölkerung verloren. Mehrere Milliarden Goldmark hätte es an das Reich zahlen müssen. Konnten die Deutschen nun mit Rücksicht rechnen?

Wir stehen vor dem furchtbarsten Gewaltfrieden, dem jemals ein Volk unterworfen ist.

GUSTAV STRESEMANN, DEZEMBER 1918

Das Gemälde stellt die Unterzeichnung des Vertrags von Versailles durch die deutsche Delegation dar – sie fand im Spiegelsaal des Schlosses statt.

1918 ▶ 15.11. Stinnes-Legien-Abkommen zwischen Industrie und Gewerkschaften über Achtstundentag und Betriebsratsvertretung

1918 ▶ 1.12. Das Königreich der Serben, Kroaten und Slowenen wird gegründet

1918 ▶ 15.12. Gründung der DVP, deren Vorsitzender Gustav Stresemann wird

Von Januar 1919 an trafen sich die Sieger-mächte des Ersten Weltkriegs zu der Konfe-renz, die über die Nachkriegsordnung Europas entscheiden sollte, im Schloss von Versailles. 15 Millionen Tote hatte der Erste Weltkrieg auf allen Seiten gefordert. Anderthalb Milli-onen Opfer hatte Frankreich zu beklagen, im Osten seines Territoriums waren ganze Land-striche verwüstet. Bald schon bestätigten sich die düsteren Vorahnungen Stresemanns. Die erhoffte freie Selbstbestimmung, die uneinge-schränkte Souveränität wurden den Besiegten des Weltkriegs keineswegs zugestanden. Aus der Sicht der Franzosen konnten allein die strikte Niederhaltung und Kontrolle Deutsch-lands künftig Schutz vor dem Nachbarn bieten.

Das Ergebnis der Verhandlungen führte zu einem Aufschrei in der deutschen Bevöl-kerung. Das Reich verlor ein Siebtel seines Gebietes: Im Osten musste Deutschland West-preußen und Posen dem neu gegründeten Polen überlassen, ebenso einen Teil Oberschlesiens. Im Westen erhielt Frankreich das im Krieg von 1870/71 verlorene Elsass-Lothringen zurück. Das Saarland wurde zunächst unter internatio-nale Kontrolle gestellt; französische, britische und belgische Truppen sollten auf Jahre das deutsche Rheinland besetzen. Die geschlagene deutsche Armee wurde auf ein Berufsheer von 100 000 Soldaten reduziert, die Rüstung auf ein Minimum beschränkt und internationaler Kon-trolle unterstellt. Zudem verlor das Reich seine

Ein Aufschrei der Empörung ging durch Deutschland, als die Bestimmungen des Versailler Vertrags bekannt wurden. Über alle Parteigrenzen hinweg kam es zu erbitterten Protesten und Demonstrationen wie hier vor dem Berliner Reichstagsgebäude im Mai 1919.

1919 ▶ 1.1. Gründung der KPD durch Rosa Luxemburg und Karl Liebknecht

1919 ▶ 5.1. Beginn des Spartakus-aufstands in Berlin

1919 ▶ 15.1. Ermordung Rosa Luxemburgs und Karl Liebknechts

Philipp Scheidemann, der am 9. November 1918 die Republik ausgerufen hatte, trat als Regierungschef zurück, weil er die Bedingungen des Versailler Vertrags für unannehmbar hielt. Auf der Maifeier 1919 sprach er vor dem Reichstag zu einer protestierenden Menge.

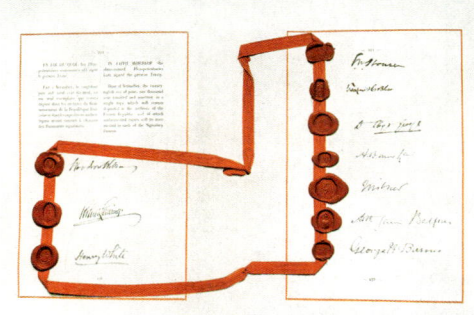

Unterschriften und Siegel der letzten Textseite des Versailler Vertrags vom 28. Juni 1919. Die Deutschen sahen in dem Vertragswerk einen »Diktatfrieden«.

Kolonien, hatte für die Kosten des Krieges aufzukommen, sollte hohe Reparationen zahlen, deren Summe es noch festzulegen galt. Die Auslieferung von Handelsflotte und Industriegütern wurde ebenfalls verfügt.

Die Bekanntmachung der Versailler Bestimmungen im Mai 1919 machte den Deutschen erstmals die Totalität ihrer Kriegsniederlage bewusst. Besondere Empörung aber rief die Zuweisung der alleinigen Kriegsschuld an das Deutsche Reich und seine Verbündeten hervor. »Welche Hand müsste nicht verdorren, die sich und uns in solche Fesseln legt?«, rief Philipp Scheidemann, der erste Reichskanzler (damals

Die Weimarer Republik 1919–1933
- · · · Grenzen des Deutschen Reiches 1914
- — Grenzen des Deutschen Reiches 1920
- · · · Ostgrenze der entmilitarisierten Zone

Legend:
- Gebietsverluste nach dem Ersten Weltkrieg
- Abstimmungsgebiete
- Völkerbundmandate
- Von Alliierten besetzte Gebiete
- Französische Besetzung des Ruhrgebiets 1923–25

noch »Reichsministerpräsident«), in die Nationalversammlung. Der Versailler Vertrag war nach Auffassung der Reichsregierung unannehmbar. Scheidemann, jener SPD-Politiker, der am 9. November 1918 die Republik ausgerufen hatte, trat von seinem Regierungsamt zurück.

Der amerikanische Außenminister Robert Lansing äußerte im Mai 1919 mit Blick auf die Ergebnisse von Versailles: »Hass und Erbitterung, wenn nicht Verzweiflung, müssen die Folgen derartiger Bestimmungen sein. Es mag Jahre dauern, bis diese unterdrückten Völker imstande sind, ihr Joch abzuschütteln, aber so gewiss, wie die Nacht auf den Tag folgt, wird die Zeit kommen, da sie den Versuch wagen. Wir haben einen Friedensvertrag – aber er wird keinen dauernden Frieden bringen, weil er auf dem Treibsand des Eigennutzes gegründet ist.«

Die Einsprüche der USA scheiterten jedoch am unerbittlichen Veto Frankreichs.

1919 ▸ 11.2. Friedrich Ebert wird zum Reichspräsidenten gewählt

1919 ▸ 13.2. Kabinett Scheidemann übernimmt vom Rat der Volksbeauftragten die Regierungsgewalt in Deutschland

1919 ▸ 21.2. Tödliches Attentat auf den bayerischen Ministerpräsidenten Kurt Eisner durch Anton Graf von Arco auf Valley

Deutschland hatte den Vertrag zu unterzeichnen, ansonsten war der Einmarsch ins Reich angedroht – über die schon festgelegten Besatzungszonen hinaus. »Unendlich schwer war für uns alle der Entschluss, der neuen Regierung beizutreten, deren erste und schnellste Aufgabe es sein muss, den unrechten Frieden abzuschließen«, beschrieb der neue Reichskanzler Gustav Bauer (SPD) sein Dilemma. Die Unterzeichnung des Vertrags erfolgte im Spiegelsaal des Versailler Schlosses, wo 1871 das Deutsche Reich ausgerufen und der deutsche Kaiser proklamiert worden war. Fast ein halbes Jahrhundert nach dieser Demütigung durch Deutschland verschaffte sich das diesmal siegreiche Frankreich Genugtuung.

Es hat, wie der Sozialdemokrat Wilhelm Hoegner es ausdrückte, von nun an »zwei neue Ordnungen« gegeben: eine innere, die Verfassung der Weimarer Republik, und »eine äußere, den Vertrag von Versailles«. Daraus ergab sich eine permanente Spannung von hoher politischer Sprengkraft, denn keine Regierung konnte es sich leisten, die als Diktat verschrienen Auflagen der Sieger auf Dauer hinzunehmen.

Als die Mehrheit der Weimarer Versammlung notgedrungen dem Vertrag zustimmte, war Stresemann aus gesundheitlichen Gründen noch immer fernab vom Geschehen, doch lehnten er und seine Partei den »Diktatfrieden« ab: »Wir sind vielleicht verloren, wenn wir den Frieden nicht unterzeichnen, aber wir sind sicher verloren, wenn wir ihn unterzeichnen.« Doch respektierte der DVP-Vorsitzende immerhin die Motive der Demokraten, die sich gezwungen sahen, die Bedingungen zu akzeptieren.

Sosehr sich die Nation damals auch in politische Lager spaltete – der Wille, den als »Diktat« empfundenen Vertrag rückgängig zu machen, galt als gemeinsamer Nenner aller Parteien im Reichstag. Doch die Frage war, auf welchem Weg die angestrebte »Revision« erfolgen sollte – durch Kooperation oder durch Konfrontation gegenüber den Siegermächten. Darüber entbrannte im Parlament und in der Öffentlichkeit ein heftiger Streit, in dem auch Stresemann Stellung beziehen musste.

Plakat der Deutschnationalen zur Reichstagswahl 1924: Demokrat hätten das angeblich siegreiche deutsche Heer von hinten »erdolch die »Dolchstoßlegende«.

Die radikale Rechte setzte auf strikte Verweigerung und brandmarkte jedes Entgegenkommen bei den Verhandlungen als »Erfüllungspolitik«. Ihr nationaler Kampf gegen den »Diktatfrieden« wendete sich zugleich gegen die Republik und ihre Verfechter. Dazu diente eine perfide Formel: die »Dolchstoßlegende«. Waren es doch revolutionäre und demokratische Kräfte gewesen, die sowohl den Waffenstillstand als auch das Versailler Vertragswerk angenommen hatten. Dass dies gezwungenermaßen geschah, wurde im Lager der Nationalisten schlicht geleugnet. Zudem behaupteten führende Weltkriegsgeneräle fälschlich, die Kräfte des Umsturzes hätten das unbesiegte Heer im November 1918 »von hinten erdolcht«. Ohne den Verrat an der Heimatfront, angeblich begangen von Marxisten, Bolschewisten und auch Juden, wäre es gar nicht zur Niederlage gekommen, sekundierte die radikale Rechte, die nach Sündenböcken für die Misere suchte. Dabei hatten die höchsten Militärs seinerzeit selbst die deutsche Niederlage eingestanden und ihrerseits die Parlamentarier aufgefordert, auf einen Waffenstillstand hinzuwirken, auch damit diese »die Suppe auslöffeln« – so General Ludendorffs entlarvende Worte. Doch die Wahrheit zählte nun nicht mehr. Dass Demokraten den Versailler Vertrag unterzeichnen mussten, der die Folge einer katastrophalen Politik der Kaiserzeit war, diskreditierte fatalerweise nicht die alten Mächte, sondern eben die Köpfe der jungen Republik. Sie traf nun der infame Vorwurf feigen Vaterlandsverrats.

Es war eine Stimmung, die der radikalen Rechten in die Hände spielte. Im März 1920 kam es zu einem Putschversuch. Unter der Führung des ostpreußischen Deutschnationalen Wolfgang Kapp und des um seine Befehlsgewalt gebrachten Reichswehrgenerals von Lüttwitz rückten sogenannte Freikorps und Reichswehreinheiten in Berlin ein und zwangen die Reichsregierung, nach Dresden und Stuttgart zu fliehen. In den Freikorps sammelten sich perspektivlos gewordene Offiziere und Soldaten, es waren irreguläre Verbände, die sich gegen die Republik und ihre Köpfe mobilisieren ließen. Am Ende aber scheiterte der Putschversuch. Die Gewerkschaften organisierten in Berlin einen Generalstreik, die Beamten weigerten sich, Anordnungen der selbst ernannten Gegenregierung umzusetzen. Doch dann erschütterten Morde die Republik.

Die extreme Rechte versuchte die Republik gewaltsam zu erschüttern. 1922 fiel der Außenminister Walter Rathenau einem Mordanschlag zum Opfer.

Im August 1921 wurde der Abgeordnete der Zentrumspartei Matthias Erzberger, ein Mitunterzeichner des Waffenstillstands, von radikalen Nationalisten erschossen. 1922 fiel auch der amtierende Außenminister Walter Rathenau einem Attentat zum Opfer. Die fanatische Rechte applaudierte, zumal Rathenau Jude war, doch in weiten Kreisen der Bevölkerung riefen die politischen Morde auch Abscheu hervor. Reichskanzler Joseph Wirth (Deutsche Zentrumspartei), der inzwischen fünfte Regierungschef der Republik, appellierte: »In diesem Sinne müssen alle Hände, muss jeder Mund sich regen, um endlich in Deutschland diese Atmosphäre des Mordes, des Zankes, der Vergiftung zu zerstören! Da steht der Feind und darüber ist kein Zweifel: Dieser Feind steht rechts!«

Vernunftrepublikaner

Doch wo stand Stresemann? Auch er verurteilte selbstverständlich den Terror, die politischen Morde und ihre Urheber. Die Erfahrung des Radikalismus war sicher einer der Gründe, warum er sich mehr und mehr mit der Republik arrangierte. Schon in einem Brief vom 6. Januar 1919 hatte der DVP-Vorsitzende zwar bekannt, dass er Monarchist bleibe, doch wenn die Wiederherstellung der Monarchie »nur durch den Bürgerkrieg möglich sein sollte, wird man im Interesse dessen, dass unser Land nicht noch weiter zerfleischt werden darf, davon absehen müssen, denn erst kommt das Reich und dann die Monarchie«. Auf dem ersten DVP-Parteitag im April 1919 machte er noch einmal unmissverständlich klar: »Höher noch als die Liebe zur Monarchie steht der Gedanke zu Volk und Vaterland.«

Es waren Zeichen des Wandels. Manche seiner demokratischen Gegner misstrauten Stresemann dennoch, sahen in ihm weiterhin den Gestrigen, hatten sich auch empört, als der DVP-Chef Anfang 1919 dem Kaiser im Exil telegrafisch zum 60. Geburtstag gratulierte. Die Kritik an dieser Geste bewog ihn immerhin zu einer Klarstellung: »Es ist kein Zweifel darüber, dass auch die DVP, wie sie wiederholt erklärt hat, sich mit den gegebenen Tatsachen abfinden und auf dem Boden der deutschen Republik mitarbeiten wird.« Niemand aber könne erwarten, »dass diejenigen, die über ein halbes Jahrhundert überzeugte Träger der monarchischen Idee gewesen sind, nun als Republikaner auftreten«.

Am 6. Juni 1920 wurde der erste Reichstag der Republik gewählt, die Nationalversammlung hatte ihr Mandat erfüllt. Die DVP verzeichnete einen spektakulären Wahlerfolg, steigerte ihren Stimmenanteil von 4,4 auf

Plakat der Partei Stresemanns (DVP) zur Reichstagswahl 1920. Drei Jahre später koalierte er als Kanzler mit der SPD.

fast 14 Prozent. Weitaus schwerer jedoch wog, dass die Parteien der Weimarer Koalition aus SPD, Zentrum und DDP ihre absolute Mehrheit im Parlament verloren. Sie verfügten nur noch über 205 von 459 Abgeordneten, büßten mehr als ein Drittel ihrer Mandate ein. Sieger gab es auf der Linken, bei den Unabhängigen Sozialdemokraten (USPD), und auf der Rechten, bei den Deutschnationalen und eben bei Stresemanns Deutscher Volkspartei. Sie geriet nun zu einem ernst zu nehmenden politischen Faktor, rückte damit auch in die Rolle einer potenziellen Mehrheitsbeschafferin – doch für wen und mit wem? Vielleicht erleichterte der Wahlerfolg der Stresemann-Partei ja eine weitere Annäherung an die neue Ordnung. Der DVP-Chef jedenfalls gewann eine Schlüsselrolle in der politischen Debatte. Seine Anhänger konnten sich sogar vorstellen, dass er einmal Kanzler werden würde. Jedenfalls mühte er sich redlich, auch den eigenen Reihen seinen Standpunkt zu vermitteln, dass es zum republikanischen System derzeit keine Alternative gebe. Auch den außenpolitischen Herausforderungen wollte er mit Realitätssinn begegnen. Politik war für ihn ganz im Sinne Bismarcks vor allem eine Frage des Machbaren.

Die meisten Deutschen haben nur ein Gebet: Herr, unsere tägliche Illusion gib uns heute.

GUSTAV STRESEMANN

Der Ruhrkampf

1923 wurde zu einem Schicksalsjahr der ersten Republik. Die Nachbeben von Versailles stürzten den Weimarer Staat in seine bislang

schwerste Krise. Auf die Reparationssumme von 132 Milliarden Goldmark hatte sich das besiegte Land verpflichten müssen. Doch die Frage, in welchen Raten das Deutsche Reich seine »Schulden« begleichen sollte, führte immer wieder zu Spannungen vor allem mit Paris. Aufgrund wiederholter Versuche der Berliner Regierung, bei den Zahlungen alliierte Zugeständnisse zu erwirken, und wegen stockender Sachlieferungen sah sich der französische Regierungschef Poincaré Anfang 1923 veranlasst, mit Gewalt einzufordern, was die

Kolorierte Fotografie aus der Zeit des »Ruhrkampfs«: Ein französischer Soldat steht auf einem beschlagnahmten deutschen Kohlezug.

Deutschen angeblich nicht freiwillig herausgeben wollten. So besetzten im Januar belgische und französische Truppen das Ruhrgebiet, um ihre Ansprüche direkt aus dem Wirtschaftsaufkommen vor Ort zu befriedigen. Die offizielle Sprachregelung lautete, es gelte die dortige Kohle- und Koksproduktion als »produktives Pfand« zu sichern. Ein Sturm der Entrüstung ging durch alle Schichten der deutschen Bevölkerung, mancherorts kam eine Stimmung auf, die an den Kriegsbeginn 1914 erinnerte. Über alle Parteischranken hinweg herrschte Einigkeit, eine Art »Burgfrieden«-Stimmung angesichts der abermaligen Bedrohung von außen. An ein militärisches Vorgehen war allerdings nicht zu denken in dem abgerüsteten Land. So entschied sich die Regierung zu einem »passiven Widerstand« und rief gemeinsam mit Parteien und Gewerkschaften im Ruhrrevier zum Streik gegen die Besatzer auf.

London hatte die Franzosen vor den Folgen der Ruhrbesetzung gewarnt, die wahren Absichten der Pariser Regierung schienen durchschaubar. Sie hatte es immer noch nicht verwunden, dass Frankreich bei den Versailler Verhandlungen die Annexion der linksrheinischen Gebiete verweigert wurde. Die Frage nach der Sicherheit vor Deutschland hatte oberste Priorität, die Ängste vor dem östlichen Nachbarn waren noch immer lebendig. Ministerpräsident Poincaré hatte das alte Ziel offenbar noch nicht aufgegeben, nahm die Loslösung des Rheinlands vom Reich ins Visier und setzte den Hebel an der Ruhr an. Es war nicht irgendeine Region, hier schlug das industrielle Herz Deutschlands, zudem galt sie wegen ihrer Schwerindustrie als »Waffenkammer«. »La Ruhr« – das größte Ballungszentrum Europas war auch für Frankreich mehr als ein Ort, an

dem Kohle abgebaut und Erz verhüttet wurde. Es stellte einen Mythos dar – die Kraftquelle des Nachbarlands, mit dem es immer wieder zu kriegerischen Auseinandersetzungen gekommen war. Wer hier herrschte, bestimmte über die wirtschaftliche Stärke, die Macht in der Mitte Europas.

Stresemann befand sich im Gleichklang mit der allgemeinen Empörung, wollte sich vor Ort selber ein Bild machen, die besetzten Gebiete besuchen und die Menschen in ihrer schwierigen Lage moralisch unterstützen. Die Beamten an der Ruhr waren angewiesen, keine Befehle der Besatzer zu befolgen. Zwei Millionen Deutsche gingen nicht mehr zur Arbeit. Die Reichsregierung sah sich gezwungen, den Lohnausgleich zu übernehmen. Die Versorgung der Streikenden, Steuerausfälle – all das verursachte enorme Kosten. Die finanzielle Belastung überstieg die Leistungsfähigkeit des Reiches bei Weitem. Schon seit Kriegsende herrschte Inflation, die Kriegsschulden, die Versorgung von Kriegsversehrten, Arbeitslosen und Flüchtlingen, die Reparationen – das alles führte dazu, dass die Regierung keinen anderen Ausweg sah, als die Notenpresse im Dauerbetrieb zu halten und mit frisch gedrucktem Geld die Löcher im Staatshaushalt zu stopfen. Der Wert der Reichsmark fiel dadurch ins Bodenlose: Ein Kilo Brot kostete im Dezember 1919 noch 80 Pfennige, im Januar 1923 schon 472 Mark, ein halbes Jahr später fast 3500 Mark.

Ende Februar 1923 begab sich Stresemann auf den Weg nach Dortmund. Da er als sicher unerwünschter Gast im besetzten Gebiet mit seiner Verhaftung rechnen musste, benutzte er einen falschen Pass, der Politiker gab sich als »Friedrich Erlenkamp« aus, als Versicherungsinspektor. Im Ruhrgebiet wurde er

1919 ▶ 11.8. Unterzeichnung der Weimarer Verfassung durch Friedrich Ebert

1919 ▶ 10.9. Mit Annahme des Friedensvertrags von Saint-Germain-en-Laye in der österreichischen Nationalversammlung wird Südtirol italienisch

1919 ▶ 3.12. Tod des Malers Pierre-Auguste Renoir

Mancherorts schlug der »passive Widerstand« an der Ruhr in Gewalt um. Es kam zu Sabotageakten gegen die Besatzer. Bei Zusammenstößen gab es Opfer, auch Todesurteile wurden gefällt. Das Foto zeigt fünf erschossene Deutsche.

Zeuge, wie die Besatzung den passiven Widerstand zu brechen versuchte. Zollstellen ließen nur in begrenztem Umfang Waren passieren, was zu Nahrungsmittelknappheit führte. Die Läden waren jeden Tag nur noch kurz, wenn überhaupt geöffnet. Stundenlang mussten die Menschen um das Notwendigste anstehen, meist Frauen – es waren Szenen, die an die schlimmsten Kriegsmonate erinnerten. Die Besatzer versuchten, sich im Elend als Wohltäter darzustellen, das Militär errichtete Suppenküchen, um die Not zu lindern. Ziel war, die deutsche Bevölkerung umzustimmen; politische Kräfte, die mit einem Anschluss an Frankreich sympathisierten, wurden von Paris unterstützt.

Mancherorts blieb es nicht bei passivem Widerstand, schlug die Wut in Gewalt um, kam es zu Protesten und Sabotage. Um den Abtransport von Kohleladungen nach Frankreich zu verhindern, wurden auch Sprengstoffanschläge auf Bahnlinien verübt. Die französischen und belgischen Soldaten hatten Anweisung, rücksichtslos gegen Saboteure vorzugehen. Insgesamt forderte der Ruhrkampf über 100 Tote auf deutscher Seite, auf französischer Seite ließen rund 80 Menschen ihr Leben.

Während der Inflationszeit mussten die riesigen Geld-
mengen in Waschkörben und Reisetaschen transportiert werden.

Die Hyperinflation des Jahres 1923 wurde zu einem
Trauma der Deutschen. Am 15. November kostete
ein US-Dollar 4,2 Billionen Papiermark.

folgenden Tag mit seinen Ministern dem Plenum präsentierte. In seinem schwarzen Frack-
mantel erhob er sich, setzte seinen Kneifer auf,
als ob er seine Gegner anvisieren wollte. Er
konnte Gefühle des persönlichen Triumphes
wohl nicht ganz verbergen.

Doch von Anfang an türmten sich Herku-
lesaufgaben in der Reichskanzlei. Deutschland
befand sich in einer traumatischen Periode.
Die »Hyperinflation« hatte zur Folge, dass die
Gehaltszahlungen sofort in Waren umgesetzt
wurden, am Ende verlor das Geld stündlich
seinen Wert. Die Arbeitnehmer schleppten ihr
Gehalt in Körben und Koffern durch die Straßen. Auf den Wochenmärkten konnte man mit-
verfolgen, wie auf den Schiefertafeln binnen
kurzer Zeit mehrmals die Preise für Gemüse,
Kartoffeln, Eier, Butter erhöht wurden. Bald

standen absurde Summen auf den Banknoten,
oft nur noch aufgestempelt. Manche ratlose
Zeitgenossen tapezierten damit ihre Wände
oder heizten ihre Öfen an. Der Geldumlauf
brach zusammen. Hersteller von industriellen
oder landwirtschaftlichen Gütern gaben keine
Waren mehr heraus, man kehrte zur urtüm-
lichen Tauschwirtschaft zurück, was sich im
Alltag aller Bevölkerungsschichten spiegelte.
Wollte Stresemann die Inflation beenden, so
musste er den Unsummen verschlingenden
passiven Widerstand im Ruhrgebiet stoppen,
die bislang so populäre, aber sinnlos gewordene Aktion abbrechen. Großer Mut war dazu
erforderlich. Man konnte ihm Kapitulation vor-
werfen, zwangsläufig würde er als »Erfüllungspolitiker« gelten, wenn er den Boykott gegen
die Besatzer beendete.

1920 ▶ Ende der pandemischen
»Spanischen Grippe«,
die seit 1918 über 25 Millionen Tote
forderte

1920 ▶ 22.8. Gründung der
Salzburger Festspiele

1920 ▶ 15.11. Freie Stadt Danzig
wird unabhängiger
Staat unter Aufsicht des Völkerbunds

... fast unerträglich ist der außen- und innenpolitische Druck der Verantwortung, der auf mir lastet. Der Mut zur Verantwortung ist in Deutschland auf ein Mindestmaß gesunken. Der Gedanke, dass der einzelne Opfer auf sich nehmen muss gegenüber dem Staate, ist zurückgetreten gegenüber einem Egoismus, der uns am Volke verzweifeln lässt.

GUSTAV STRESEMANN
IN EINEM BRIEF AN KARDINAL FAULHABER,
13. OKTOBER 1923

Dennoch sah er keine Alternative. In Berlin kostete ein Laib Brot inzwischen mehr als zehn Millionen Mark. Die Reichsregierung brach den passiven Widerstand am 27. September 1923 offiziell ab. Alle großen Parteien außer den Deutschnationalen hatten zugestimmt. Gegner wie der DNVP-Abgeordnete und Medienmogul Alfred Hugenberg wollten den Reichskanzler umstimmen – solle die Demokratie doch an sich selber zugrunde gehen, dann sei der Weg frei für eine nationale Diktatur. Im Reichstag hielt Stresemann unter wüsten Beschimpfungen seiner Gegner eine seiner historischen Reden, begründete seine Entscheidung und machte keinen Hehl daraus, was diese persönlich für ihn bedeutete: »Der Mut hierzu ist vielleicht mehr national als die Phrasen, mit denen dagegen angekämpft wurde. Ich war mir bewusst, dass ich in dem Augenblick, wo ich das tat, als Führer meiner Partei, die nach einer ganz anderen Richtung eingestellt war, damit nicht nur vielleicht die eigentliche politische Stellung in der Partei, ja vielleicht das Leben auf das Spiel setzte. Aber was fehlt uns im Deutschen Volke? Uns fehlt der Mut zur Verantwortlichkeit.«

Um das Leben von Volk und Staat zu erhalten, stehen wir heute vor der bitteren Notwendigkeit, den Kampf abzubrechen.

AUFRUF DER REICHSREGIERUNG
ZUM ABBRUCH DES PASSIVEN WIDERSTANDS
VOM 26. SEPTEMBER 1923

Doch war mit dem Abbruch des passiven Widerstands die Krise keineswegs beendet. Die geplante Währungsreform musste erst einmal umgesetzt werden und funktionieren, die Wirtschaft wieder Tritt fassen. Aber es gab ja nicht nur die ökonomischen Probleme. Das Reich drohte förmlich zu implodieren. Stresemann kämpfte unter dem Einsatz aller Kräfte für den politischen Zusammenhalt der Republik, denn der war in Gefahr.

Deutsche Separatisten forderten mit französischer Unterstützung eine Abtrennung der

Während des Ruhrkampfs forderten von Frankreich unterstützte Separatisten die Abspaltung einer »Rheinischen Republik« vom Deutschen Reich.

Alfred Hugenberg

Der Unternehmer und Medienmogul war wie viele führenden Köpfe der DNVP ein erbitterter Gegner von Gustav Stresemann, da dieser mit den Sozialdemokraten koalierte und Hugenbergs Partei nicht um Regierungsbeteiligung gebeten hatte. Dabei nutzte Hugenberg seine mediale Macht, die er längst gegen den demokratischen Staat in Stellung gebracht hatte. Er verfügte über Verlage, Nachrichtenagenturen, Zeitungen; viele davon hatte er während der Inflationszeit günstig erworben. Einer erheblichen Zahl von Provinzblättern lieferte er vorgefertigte Artikel – direkt als Druckformen, die nicht mehr zu verändern waren. Rund 1600 Zeitungen zählten zu seinen Kunden. Hugenbergs Redakteure betrieben, oft unter Pseudonym, antidemokratische und judenfeindliche Agitation, verleumdeten die Spitzenrepräsentanten der Republik und schufen damit ein Klima des Hasses und der Verunsicherung.

Hugenbergs Konflikt mit Stresemann war symptomatisch für die Spaltung des Bürgertums in zwei politische Lager: Stresemann zum einen war überzeugt davon, dass nur ein Zusammenschluss vieler Parteien, gewissermaßen das Spiegelbild der »Volksgemeinschaft«, den Weg aus der Krise wies – und zwar über das Parlament. Hugenberg hingegen wollte das gesamte parlamentarische System demontieren. Stresemann suchte das Trauma von Versailles durch Verhandlungen zu überwinden, sein Kontrahent plädierte für Verweigerung und Widerstand. Hugenberg verbündete sich schließlich mit Hitler, wollte mit ihm die Massen gegen die Demokratie

und ihre Verfechter mobilisieren, wertete durch die Zusammenarbeit die NSDAP in konservativen und großbürgerlichen Kreisen stark auf und wurde somit zum Steigbügelhalter bei der späteren »Machtergreifung« Hitlers.

380

Rheingebiete. In Aachen wurde am 21. Oktober 1923 eine unabhängige »Rheinische Republik« ausgerufen. Doch das Vorhaben scheiterte am Widerstand der Bevölkerung. Die scheinbar ausweglose Lage am Rhein veranlasste auch prominente Politiker dazu, über einen veränderten Status der besetzten Gebiete nachzudenken. Am 24. Oktober 1923 traf Stresemann in Hagen mit namhaften Bürgermeistern von Rhein und Ruhr zusammen. Konrad Adenauer, der Oberbürgermeister von Köln, plädierte für eine zeitweise Abtrennung des Rheinlands zumindest von Preußen. Zwar wollte er keine autonome rheinische Republik wie die Separatisten, doch er dachte an ein eigenes Bundesland mit einem Sonderstatus im Verhältnis zu Frankreich – das könne die Krise entschärfen. Stresemann, der eine endgültige Abtrennung der Rheingebiete vom Reich befürchtete, hielt strikt dagegen. Aus seiner Sicht bewies der Kölner Verhandlungspartner wenig Verständnis für gesamtnationale Belange, zumal in Mitteldeutschland schon die nächsten Krisenherde eine umgehende Reaktion der Reichsregierung erforderten.

In Sachsen und Thüringen drohte ein Umsturz. Dort beteiligte die SPD Kommunisten an neuen Einheitsfront-Regierungen. Sogenannte »Proletarische Hundertschaften« wurden aufgestellt. Vorübergehend gab es sogar Anläufe zu einem zweiten »roten Oktober« – einer von Moskau mitgesteuerten »Revolution« auf deutschem Boden. Stresemann und Reichspräsident Ebert waren sich einig, die Gefahr von links einzudämmen. Reichswehrtruppen marschierten in beide Länder ein, dabei gab es mehrere Tote. In Dresden wurde die Regierung abgesetzt, in Weimar die Koalition mit den Kommunisten aufgelöst.

Auch wenn Reichspräsident Friedrich Ebert, ein Sozialdemokrat, selbst die »Reichsexekution« gegen beide Länder angeordnet hatte, war doch die Empörung im linken Lager so groß, dass sich die SPD veranlasst sah, aus der Großen Koalition im Reichstag auszuscheiden. Auch deshalb, weil Stresemann andere Unruheherde offenbar nicht mit gleicher Härte einzudämmen gedachte, etwa in Bayern.

Gefahr aus München

Weiterhin war die Republik von rechts außen bedroht. Während Kommunisten eine Revolution nach russischem Vorbild forderten, dachten völkische Nationalisten und extrem Konservative aus Industrie, Politik und Militär an eine autoritäre Diktatur. Die Lage in Süddeutschland war besonders prekär. Bayerns Regierung verhängte den Ausnahmezustand, reagierte damit auf den als »Verrat« erachteten Abbruch des passiven Widerstands, auf die kommunistischen Unruhen in Sachsen und Thüringen und auf vom Reich verhängte Notstandsmaßnahmen, denen man sich nicht unterwerfen wollte. All das mischte sich mit der landesüblichen Angst vor einer »Verpreußung« und dem angestauten Hass auf das sozialistische »Sündenbabel« Berlin. Der frühere Ministerpräsident Gustav von Kahr, ein Monarchist, wurde zum Generalsstaatskommissar ernannt, mit nahezu diktatorischen Vollmachten. Ganz in seinem Sinne verweigerte die bayerische Reichswehrdivision Berlin die Gefolgschaft. Kahr hielt auch Kontakt zu den »Nationalen Verbänden«, einem Bund bewaffneter rechtsextremer Organisationen – zu denen auch Hitlers NSDAP zählte. Der war wohl längst einer der gefährlichsten Dema-

1922 ▶ 16.4. Vertrag von Rapallo zwischen Deutschland und Russland über gegenseitigen Verzicht auf Reparationen

1922 ▶ 24.6. Außenminister Walther Rathenau wird von der rechtsextremen »Organisation Consul« ermordet

1922 ▶ 11.8. Friedrich Ebert erklärt das Deutschlandlied zur deutschen Nationalhymne

Gustav Ritter von Kahr, »Generalstaatskommissar« in Bayern, gab dem Drängen Hitlers, gegen das »rote Berlin« zu marschieren, zunächst nach.

gesinnte. 55 000 Mitglieder zählte seine Partei – sie war damit zu einer starken antidemokratischen Kraft herangewachsen.

Zwar hatte Ebert den Ausnahmezustand über ganz Deutschland verhängt, doch eine Entsendung von Truppen nach Bayern scheute Stresemann aus gutem Grund. Kahr hatte sich mit dem bayerischen Wehrkreisbefehlshaber General von Lossow verbündet. Bei einem Einmarsch drohte demnach ein Kampf Reichswehr gegen Reichswehr. Außerdem würde womöglich das immer noch zerstrittene Lager der nationalistischen Verbände zusammengeschmiedet – einschließlich der NSDAP.

Es war die Zeit, in der das »Gespenst« des Faschismus in Europa umging. Der italienische »Duce« Benito Mussolini hatte vor Augen geführt, wie ein Staatsstreich von rechts zum Erfolg führen konnte. Sein Marsch nach Rom 1922 geriet Hitler zum Vorbild. Mit dem Weltkriegsgeneral Ludendorff als Zugpferd beabsichtigte er nun, die bayerische Regierung zum gemeinsamen Marsch auf Berlin zu bewegen. Unter dem Codenamen »Herbstausbildung« wurden ab Ende Oktober SA-Männer in den Kasernen der Reichswehr und Landespolizei ausgerüstet und gedrillt. In einer Offiziersbesprechung gab Lossow die Devise aus: »Einmarsch nach Berlin und Ausrufung der nationalen Diktatur«.

Parallel dazu gab es auch in der Reichshauptstadt Überlegungen, die Regierungsgewalt zu übernehmen. Im ehemaligen Reichsmarineamt an der Bendlerstraße residierte General von Seeckt. Der oberste Militär der Republik war ein General, der auch politische Ambitionen hatte. Insgeheim schmiedete er Pläne für die Einsetzung eines Direktoriums mit ihm an der Spitze. Hierfür hatte er Ende

gogen der Weimarer Republik, aber aus Berliner Warte eine kaum bedeutende politische Randfigur. Mit antisemitischen und antidemokratischen Parolen hatte er sich in der Szene der fanatischen Rechten einen Namen gemacht und in dem Milieu unverhohlen seinen Führungsanspruch reklamiert. In Bayern, einer reaktionären Hochburg und Bastion von monarchistischen und völkischen Republikgegnern, traf Hitler auf zahlreiche Gleich-

General Otto von Lossow sollte in der Putschregierung unter Hitler Reichswehrminister werden, ging dann aber zum NS-Agitator auf Distanz.

General Hans von Seeckt war ab 1920 Chef der Heeresleitung. Wie weit seine Loyalität zur Republik ging, ließ er während des Hitlerputsches anfangs offen.

Oktober bereits ein Regierungsprogramm entworfen: »In ernster und schwerer Stunde ist ein Soldat an die Spitze der Regierung berufen, und als Soldat im Dienste der Zeit bin ich dem Ruf gefolgt.« Offen forderte Seeckt gegenüber Reichspräsident Ebert den Rücktritt Stresemanns. Anfang November 1923 wurde der Militär deswegen ins Reichskanzleramt gebeten, gemeinsam mit Reichswehrminister Geßler, offiziell Seeckts Vorgesetzter. Das Treffen kam auf Wunsch Eberts zustande, die Aussprache sollte das Verhältnis zwischen Seeckt und Stresemann klären. Doch der General wollte keine Einigung. »Herr Reichskanzler, mit Ihnen ist der Kampf nicht zu führen.

Sie haben das Vertrauen der Truppe nicht«, soll er dem Regierungschef gesagt haben. Reichswehrminister Geßler schritt ein, nahm etwas Spannung aus der Situation, machte klar, dass die Reichswehr immer noch ihm unterstehe.

Stresemann und Seeckt versuchten Zeit zu gewinnen. Der Kanzler hoffte, dass er die Krisenherde nacheinander eindämmen konnte. Seeckt wartete darauf, dass die Spannungen im Reich derart eskalierten, dass er als Retter gerufen wurde. Seine Haltung sollte bei den kommenden Ereignissen eine nicht unbedeutende Rolle spielen.

Ich bin das Hundeleben satt.

GUSTAV STRESEMANN, 5. NOVEMBER 1923

Der Hitlerputsch

Hitler lauerte regelrecht auf eine Gelegenheit zum Umsturz. Doch Kahr hatte die »Nationalen Verbände« beschworen, nicht eigenmächtig vorzugehen, der Marsch nach Berlin dürfe nicht allein von Bayern ausgehen. Der NS-Führer verlor die Geduld. Am Abend des 8. November schien sich eine Gelegenheit zu bieten, die Initiative an sich zu reißen. Kahr hatte Münchner Prominenz, darunter einige Minister und hohe Beamte, zu einer Kundgebung in den Bürgerbräukeller in der Rosenheimer Straße eingeladen, um dort eine programmatische Rede zu halten. Der NS-Agitator, der endlich Fakten schaffen wollte, beschloss, die Versammlung zu »sprengen«, die Anwesenden mitzureißen, für die Putschpläne zu gewinnen. Er begab sich mit einigen Hundertschaften von Gesinnungsgenossen zum Schauplatz. Im Saal bahnte er sich in einem Keil bewaffneter SA-Männer den Weg durch die Menge bis zum Rednerpult. Der NS-Trommler stieg auf einen Stuhl, begann zu sprechen, doch seine Worte gingen zunächst im Lärm des hallenden Gewölbes unter. Mit einem Revolverschuss in die Decke verschaffte er sich Gehör: »Der Saal ist von 600 Schwerbewaffneten besetzt. Niemand kann hinaus.« Dann folgte die eigentliche Botschaft: »Die nationale Revolution ist ausgebrochen. ... Die Regierung in Berlin ist abgesetzt! ... Ich schlage vor: Bis zur Abrechnung mit den Verrätern, die Deutschland heute zugrunde richten, übernehme ich die Leitung der provisorischen Nationalregierung.« Die überaus irritierten Vertreter bayerischer Staatsmacht, Kahr, Lossow und Oberst von Seißer (Chef der bayerischen Landespolizei), die noch immer den eigenen Weg nach Berlin suchten, forderte er mit barschem Befehlston auf, ihm umgehend ins Nebenzimmer zu folgen. Die Münchner Prominenz war sichtlich überrascht. Ein Augenzeuge, Günter Grassmann, erinnerte sich später: »Die Stimmung im Saal war keineswegs begeistert. Sie war eher

Ausgerechnet der gescheiterte Putschversuch vom 9. November 1923 machte den »Sonderling« Hitler im ganzen Reich bekannt. Später wusste er dies zu nutzen.

erschreckt, man hat nicht gewusst, was wollen diese Leute eigentlich? Mir ist das alles furchtbar komisch vorgekommen. Neben mir stand ein Bekannter meines Vaters, ein Ministerialrat, und der sagte immer wieder: ›Kasperltheater, Kasperltheater‹.«

Hinter verschlossenen Türen bedrängte Hitler nun das Triumvirat, gemeinsame Sache mit den NS-Putschisten zu machen. Doch Kahr zeigte sich zunächst wenig beeindruckt von Hitlers Drohungen. Inzwischen war jedoch auch General Ludendorff im Bürgerbräukeller eingetroffen. Das Erscheinen eines führenden Kopfes der Obersten Heeresleitung im Weltkrieg rief Jubel hervor. Er war offenbar bereit, die Galionsfigur für den Aufstand zu spielen, auch wenn er sichtlich überrascht war über das eigenmächtige Vorgehen des NS-Agitators.

Was dann die Honoratioren zu ihrer Zusage bewog, am Putsch mitzuwirken – Ludendorffs Auftritt, Opportunismus oder Erpressung –, ist nicht völlig geklärt. Jedenfalls gaben Kahr, Lossow und Seißer ihr Einverständnis. Eine geradezu skurril anmutende Verschwörergruppe: Monarchisten, Konservative, ein früherer preußischer Feldherr – mit einem ehemaligen Gefreiten und Obdachlosen an ihrer Seite.

Um 22.30 Uhr verließ Hitler vorzeitig den Bürgerbräukeller. Das erwies sich als fataler Fehler, denn Ludendorff schickte die Triumvirn nach Hause. Ihr Ehrenwort hatte dem Weltkriegsgeneral genügt. Noch verhielten sich Landespolizei und Reichswehr neutral. Trotzdem war es den SA-Männern nicht gelungen, strategisch wichtige Punkte zu besetzen. Nur das Wehrkreiskommando in München befand sich in der Hand von einer Gruppe um Ernst Röhm. Die Putschisten verfügten zu diesem Zeitpunkt über 2500 Mann in der Stadt. Schon in jener Nacht gingen die ersten Scheiben zu Bruch. Die Redaktionsräume der sozialdemokratischen »Münchner Post« wurden verwüstet, Sozialdemokraten, Kommunisten und Juden schikaniert oder verschleppt.

Als kurz vor Mitternacht die Nachricht von Hitlers Putsch in Berlin eintraf, berief Stresemann die eingangs beschriebene Kabinettssitzung ein, an der Ebert und Seeckt teilnahmen. »Finis Germaniae« (Das Ende Deutschlands) soll er seinem Sekretär zugerufen haben, »kreidebleich« sei der Kanzler gewesen. Welche Haltung würde die Reichswehr einnehmen, wenn tatsächlich Soldaten aus Bayern nach Berlin marschierten? Seeckt wollte sich offenbar die Optionen offenhalten und abwarten, wie sich die Dinge entwickelten.

Bald folgten weitere Nachrichten aus München – es ging um die Zusammensetzung der selbst ernannten Gegenregierung: Hitler als »Leitung«, Seißer Polizeiminister, General von Lossow Reichswehrminister. Letzteres bewirkte bei Seeckt einen abrupten Sinneswandel: »Herr Reichspräsident, meine Herren, wir müssen handeln.« Gustav Stresemann schilderte später seinem Sohn Wolfgang, dass sich Seeckt jeder Stellungnahme enthielt, bis der Name Lossow im Zusammenhang mit dem Reichswehrministerium fiel. Untergebener seines Kontrahenten habe der Chef der Heeresleitung dann doch nicht werden wollen und rasch die Sprache wiedergefunden. Das Kabinett beschloss, nunmehr Seeckt die vollziehende Gewalt sowie den Oberbefehl der Streitkräfte zu übertragen. Natürlich waren Ebert und Stresemann sich bewusst, dass der Militär damit über nahezu diktatorische Vollmachten verfügte. Doch dies erschien in jenem

Am 9. November 1923 versuchten Propagandaredner der NSDAP, die Münchener für den Putsch zu gewinnen, wie etwa Julius Streicher auf dem Marienplatz vor dem Rathaus.

Moment als das geringere Übel. Und dass Seeckt sich gegen den Präsidenten stellen würde, von dem er die Macht empfing, glaubten beide dann doch nicht. Immerhin hatte er – wenn auch reserviert – seinen Eid auf die Verfassung geleistet.

In der Infanteriekaserne am Oberwiesenfeld in München-Schwabing hatten Kahr und Lossow in der Nacht zum 9. November ein provisorisches Hauptquartier eingerichtet. Sie fühlten sich von Hitler überrumpelt. Geschützt durch loyale Truppen, gingen sie nun auf Distanz zum ungewollten Putsch. Um 2.55 Uhr

morgens setzen beide einen Funkspruch an alle Stationen ab: »Generalstaatskommissar von Kahr, General von Lossow lehnen Hitlerputsch ab. Mit Waffengewalt erpresste Stellungnahme in Bürgerbräukeller ungültig. Vorsicht gegen Missbrauch obiger Namen geboten.«

So herrschte am Morgen des 9. November Verwirrung in München. Plakate kündeten vom angeblichen Machtwechsel. Auf dem Marienplatz versammelten sich Zehntausende, um die neuen Machthaber zu hören. General Ludendorff bestand auf einem Marsch durch das Stadtzentrum, um damit in letzter Minute

1923 ▶ 29.10. Offizieller Start des deutschen Rundfunks

1923 ▶ 9.11. Hitler-Ludendorff-Putsch in München

1923 ▶ 15.11. Ende der Hyperinflation durch Einführung der Rentenmark

Heroisierendes NS-Gemälde, das zeigen soll, wie der Marsch der Putschisten durch München am Odeonsplatz von der bayerischen Landespolizei unter Feuer genommen wurde. Bis heute ist nicht geklärt, wer den ersten Schuss abgegeben hat, doch das erste Opfer war ein Polizist.

das Scheitern des Putsches abzuwenden. Mit den »Massen« im Rücken sollten die »Abtrünnigen« Kahr und Lossow wieder umgestimmt werden. Gegen Mittag traf eine große Zahl von Menschen vor dem Bürgerbräukeller ein. Dann marschierten sie Richtung Feldherrnhalle – Ludendorff und Hitler an der Spitze. Von der Rosenheimer Straße aus ging der Zug von etwa 2000 (zum Teil bewaffneten) Putschisten über die Ludwigsbrücke zum Marienplatz, dann weiter über die Weinstraße, Perusastraße und Residenzstraße. Mit militärischem Widerstand rechnete niemand. Erst am Odeonsplatz

stellte sich ihnen die Landespolizei in den Weg. Wer dann das Feuer eröffnete, ist ungeklärt – jedenfalls folgte eine wilde Schießerei, in deren Verlauf Hitler zu Boden stürzte. Sein Leibwächter Ulrich Graf stellte sich schützend vor ihn und wurde von mehreren Kugeln getroffen. Den »Kampfbund«-Führer Scheubner-Richter streckte ein Herzschuss nieder. Auch SA-Führer Hermann Göring stürzte, von einer Kugel in den Oberschenkel getroffen. Während die meisten Putschisten auseinanderstoben, schritt Ludendorff unbeirrt weiter – ohne Gefolge. Er wurde bald darauf verhaftet.

In der Schicksalsstunde des deutschen Volkes und deutschen Reiches fordern wir alle Freunde des Vaterlandes auf, sich einzusetzen für die Bewahrung der Reichseinheit, deutscher Ordnung und deutscher Freiheit. Alle Maßnahmen für die Niederkämpfung des Putsches und die Wiederherstellung der Ordnung sind getroffen und werden mit rücksichtsloser Energie durchgeführt.

AUFRUF DER REICHSREGIERUNG
ZUM HITLER-LUDENDORFF- PUTSCH
AM 9. NOVEMBER 1923

Vier Polizisten und 16 »Kampfbündler« starben. Hitler entkam leicht verletzt und flüchtete in einem Sanitätsauto zu seinen Gönnern, dem Ehepaar Hanfstaengl, nach Uffing an den Staffelsee. Als die Polizei ihn dort zwei Tage später fand, wollte sich der Gesuchte angeblich der Verhaftung durch Selbstmord entziehen. Der Sohn der Familie, Egon Hanfstaengl, berichtet, Hitler habe Anstalten gemacht, sich zu erschießen, seine Mutter habe ihn jedoch davon abgehalten. Nach seiner Inhaftnahme soll der gescheiterte Verschwörer aus Verzweiflung zwei Wochen lang die Nahrung verweigert haben.

Der Traum vom großen »Führer« schien mit einem Mal zerplatzt. Doch Hitler überstand nicht nur diesen Tiefpunkt. Er wusste ihn schließlich auch zu nutzen. Eine staunende Öffentlichkeit wurde Zeuge, wie der gegen ihn angestrengte Prozess wegen »vollendeten Landesverrats« und die anschließende Haft in Landsberg für ihn eben keineswegs das erwartete und endgültige Aus bedeuteten. Das Gegenteil war der Fall: Er war nun im ganzen Reich bekannt, die Niederlage

geriet zum Triumph, die Hauptverhandlung zum eigentlichen Sprungbrett seiner Karriere. Hitler nutzte den Gerichtssaal als Bühne und machte ihn zum Forum seiner rüden Demagogie. Das Urteil lautete fünf Jahre Festungshaft – Zeit genug, seine Taktik neu zu überdenken. Landsberg wurde gleichsam zu der »Zentrale« der nun offiziell verbotenen Partei umfunktioniert. Manche Vertreter der Staatsmacht ließen sich übertölpeln oder solidarisierten sich sogar mit den Gefangenen, stimmten der nationalistischen Polemik gegen das demokratische System, das sie selbst nicht mochten, zu. Hitler erhielt Blumen aus dem ganzen Land, für seinen Münchner Zirkel geriet das Gefängnis zum Ausflugsziel. Vor allem aber hatte er genügend Zeit, seine aus übelster nationalistischer und antisemitischer Literatur zusammengezimmerte »Weltanschauung« zu Papier zu bringen, ein angeblich schon längst gehegter Wunsch. Im Gefängnis diktierte Hitler seinem Sekretär Rudolf Heß den ersten Teil seines biografischen Pamphlets »Mein Kampf« in die Schreibmaschine. Nach nur neun Monaten wurde der Demagoge vorzeitig entlassen. Ende 1924 amnestiert, kam er wieder auf freien Fuß – für ihn die zweite Chance, den Kampf gegen die Republik fortzusetzen.

Der Kanzlersturz

Doch kam die Weimarer Demokratie nach der Niederschlagung des Hitlerputsches erst einmal zur Ruhe. Wenige Monate später gab General Seeckt seine Vollmachten zurück. Stresemann aber musste seit Anfang November 1923 mit einer Koalition regieren, die wegen des Ausscheidens der SPD nicht mehr über die Mehrheit im Parlament verfügte. Dennoch

Die Rentenmark

Am 15. November 1923 erreichte der Dollar den Rekordkurs von 4,2 Billionen Mark. Es war der Höhepunkt der historisch beispiellosen Inflation in der Weimarer Republik, der sich die Regierung Stresemann zu stellen hatte. An diesem Tag wurde der Talfahrt ein Ende bereitet, als die sogenannte »Rentenmark« auf der Basis eines Ermächtigungsgesetzes als neues Zahlungsmittel ausgegeben wurde. Für eine Billion (Papier-)Mark erhielten die Bürger eine Rentenmark. Dieser radikale Schnitt besiegelte lediglich, was weite Kreise der Bevölkerung seit Monaten erlebt hatten – die völlige Vernichtung jeglichen Geldvermögens, ob Sparguthaben, Rentenversicherungen, Staatsanleihen, sonstige angelegte Guthaben. Die Besitzer von Sachwerten standen auf der Seite der Gewinner.

Die Reform erfolgte ohne ausländische Kapitalhilfe. Genügend Goldvorräte für eine Deckung der neuen Währung besaß das Reich nicht, so wurden (landwirtschaftlicher) Grundbesitz, Handel, Banken und Industrie herangezogen und mit Hypotheken belastet. Gleichzeitig wurden die Staatsausgaben erheblich gedrosselt und die Steuern erhöht. Die Wirtschaft erholte sich, und die neue Währung blieb stabil. Vom »Wunder der Rentenmark« war bald die Rede. Knapp ein Jahr später wurde die endgültige Währung eingeführt, die Reichsmark.

gelang es ihm, die Hyperinflation zu stoppen. Am 15. November wurde die neue Währung ausgegeben, die »Rentenmark«, im Umtauschverhältnis zu einer Billion (Papier-)Mark. Es war ein radikaler Währungsschnitt. Der Staatsbankrott blieb aus, bald kam der Handel überall in Deutschland wieder in Schwung – doch um welchen Preis! Die Sparguthaben von vielen Millionen Deutschen, Rentenpakete und andere finanzielle Rücklagen waren endgültig verloren. Nur wer über Immobilien verfügte und andere Sachwerte, gelangte ohne gravierende Einschnitte durch die Krise.

Und Stresemann selbst? Hatte er als Kanzler nicht die Überlebenskraft der Republik unter Beweis gestellt, vor Augen geführt, dass eine Weimarer Regierung in der Lage war, auch schwerste Herausforderungen zu meistern? Würde ihm nun dafür Anerkennung zuteil werden, nachdem der Bürgerkrieg verhindert, die wirtschaftliche Lage durch eine Währungsreform stabilisiert war?

Keineswegs – denn jetzt brachen im Reichstag die alten Gegensätze wieder auf. Die Deutschnationalen konnten ihm nicht verzeihen, dass er den passiven Widerstand aufgegeben hatte. Die Sozialdemokraten warfen ihm vor, dass er die Reichswehr nach Sachsen und Thüringen geschickt hatte, nicht aber nach Bayern. Von beiden politischen Flügeln (SPD, KPD und DNVP) wurden Misstrauensanträge eingebracht, die so gegensätzlich motiviert waren, dass womöglich keiner zum Kanzlersturz geführt hätte. Doch Stresemann selbst wollte Klarheit, die Regierungsfraktion stellte auf seine Bitte hin selbst die Vertrauensfrage im Reichstag.

Noch einmal holte der Kanzler zu einer fulminanten Rede vor dem Parlament aus. Am

Gustav Stresemann im Garten der Reichskanzlei. Obwohl er als Kanzler die Republik aus der Krise führte, sprach ihm die Mehrheit im Reichstag das Misstrauen aus.

Weißbluten bekämpfen, wird es möglich sein, den verlorenen Krieg, den verlorenen Frieden zu überwinden.«

Ihm war klar, dass das Ende seiner Amtszeit bevorstand. Mit 231 zu 156 Stimmen wurde ihm das Vertrauen im Reichstag abgesprochen, Stresemanns Regierung der »100 Tage« war zu Ende. Auch Abgeordnete des ehemaligen Koalitionspartners SPD hatten gegen ihn votiert, eine Tatsache, die gerade bei jenem Mann Betroffenheit hervorrief, welcher zunächst große Vorbehalte gegen den DVP-Chef hatte: Reichspräsident Friedrich Ebert. Er machte nun seiner Erbitterung in den eigenen Reihen Luft: »Was Euch veranlasst, den Kanzler zu stürzen, ist in sechs Wochen vergessen, aber die Folgen Eurer Dummheit werdet Ihr noch zehn Jahre lang spüren.«

Stresemann hatte nach der kurzen Amtsdauer eine beachtliche Bilanz vorzuweisen, war eine prägende Figur der Weimarer Republik, konnte sich als ihr Retter betrachten. Im Familienkreis dachte er über einen Rückzug aus der Politik nach. Sein Gesundheitszustand war bedenklich. Der inzwischen 45-Jährige litt schon seit Jahren an den Symptomen seiner Basedow'schen Krankheit, einer erheblich gesteigerten Tätigkeit der Schilddrüse, die auch den Kreislauf belastet und den Herzmuskel schädigt. Mehrfach war er während der spannungsreichen Wochen ohnmächtig zusammengebrochen.

22. November 1923 beschwor er zum letzten Mal in seiner Funktion als Regierungschef den Zusammenhalt der Republik: »Was ist denn der Gedanke dieser Volksgemeinschaft? Nur durch Solidarität des deutschen Volkes, das zusammensteht und das nicht in zwei Richtungen auseinanderfällt, die sich bis zum

Der Außenminister

Doch gab es unter den führenden Politikern seinerzeit tonangebende Stimmen, die auf den erfahrenen Macher nicht verzichten wollten, ihn für unentbehrlich hielten. Stresemann, der schon zuvor – in Doppelfunktion – auch sein eigener Außenminister war, sollte dieses Amt weiterführen. Noch bevor er zur Ruhe kommen konnte, erreichte ihn das Angebot des künftigen Kanzlers Wilhelm Marx von der Zentrumspartei. Den Rat seiner Ärzte schlug er in den Wind, auch die Bedenken seiner Frau hielten ihn nicht zurück, und so nahm er die Amtsgeschäfte als Minister wieder auf. Vielleicht sah er nun eine Chance, zu ernten, was er selbst gesät hatte. Würde es ihm nach der Bewältigung des Krisenjahres 1923 gelingen, den deutschen Anliegen auf internationaler Bühne mehr Geltung zu verschaffen?

Im Schützengraben der Verantwortlichkeit hat man mehr Verluste als in der Etappe der Opposition.

GUSTAV STRESEMANN

Die Aufgabe des passiven Widerstands im Ruhrgebiet hatte auch außenpolitisch zur Beruhigung beigetragen. Auf Druck der USA und Großbritanniens war Frankreich zu Verhandlungen in der Reparationsfrage bereit. In Washington und London erblickte man keinen Sinn mehr darin, Deutschland wie einen Feind zu behandeln und am Boden zu halten. Die US-Wirtschaft sah riesige Potenziale auf dem deutschen Markt. Unter dem Vorsitz des amerikanischen Bankiers Charles Dawes entwickelte eine unabhängige Expertenkommission den Plan für eine moderatere Regelung der Reparationszahlungen. Die Sieger erkannten die schwierige wirtschaftliche Lage Deutschlands an und verringerten die Raten die kommenden Jahre – wenn auch nicht die endgültige Summe. Eine »Starthilfe« für bessere Zeiten?

Stresemann wollte die Isolation Deutschlands aufbrechen. Er wusste, der Schlüssel dazu lag in der Verständigung mit Frankreich. Er schreckte nicht zurück, dafür ein besonders heißes Eisen anzufassen. Wieder würde er Gefahr laufen, damit den Hass nationalistischer Kreise auf sich zu ziehen. Im Friedensvertrag von Versailles hatte Deutschland den Franzosen Elsass und Lothringen abtreten müssen. Die Gebiete waren ein steter Zankapfel zwischen beiden Nachbarn, gehörten einst zum Heiligen Römischen Reich Deutscher Nation, wurden dann im 17. Jahrhundert von Frankreich annektiert, nach dem deutschen Sieg 1871 wiederum dem Bismarck-Reich zugeschlagen. Im Februar 1925 übermittelte Stresemann ein Angebot an Paris. Deutschland sei bereit, auf Elsass und Lothringen freiwillig und endgültig zu verzichten und die Westgrenze im Rahmen eines internationalen Sicherheitspakts zu garantieren. Die Forderung nach einer Revision des Versailler Vertrags würde es also in dieser Frage nicht mehr geben. Ein Vorschlag, der auf fruchtbaren Boden fiel.

Die Staatskunst in einem zersplitterten Volke kann überhaupt nichts anderes sein als Kompromisspolitik, als eine Zusammenfassung aller Kräfte, die jeweils in der Lage sind, die Dinge vorwärtszutreiben.

GUSTAV STRESEMANN IN EINER REDE IN DRESDEN AM 22. APRIL 1924

Es war ein historischer Glücksfall, dass Stresemann in seinem französischen Amtskollegen Aristide Briand einen Partner fand, der ebenfalls an die Verständigung beider Völker

Aristide Briand

1862 als Sohn eines Wirts in Nantes geboren, arbeitete Briand (Foto: Mitte) zunächst als Journalist und Anwalt in Paris und wurde 1901 für vier Jahre Generalsekretär der Sozialistischen Partei Frankreichs. Während des Ersten Weltkriegs wirkte er als Minis-terpräsident und Außenminister unter Staatspräsident Poincaré. In der Frage der Kriegsziele forderte Briand die Annexion des Rheinlands und der Saar. Als Ministerpräsident allerdings betrieb er in den Zwanzigerjahren eine gemäßigte Politik gegenüber Deutschland, stieß deshalb in der französischen Bevölkerung auf Kritik.

1925 bis 1929 war er erneut Außenminister der Regierung Poincaré und setzte sich trotz dessen Vorbehalte für eine friedliche Politik – Abrüstung sowie Annäherung an Deutschland – ein. Mit Gustav Stresemann erhielt er den Friedensnobelpreis. Am 22. Oktober 1929 scheiterte Briand am Misstrauen der Rechten gegenüber seiner Politik des Ausgleichs mit Deutschland. Die Schicksale beider Staatsmänner weisen Parallelen auf – in vielerlei Hinsicht waren sie ihrer Zeit voraus.

glaubte. Beide Staatsmänner wussten, dass sie gegen nationale Strömungen in ihrer eigenen Heimat anzukämpfen hatten, für die das deutsch-französische Verhältnis eine »Erbfeindschaft« darstellte. Sie fanden in einer Art Schicksalsgemeinschaft zueinander, in der die Vernunft den Vorrang hatte, nicht die historisch gewachsenen Feindbilder dominierten. Beide entwickelten gegenseitiges Verständnis, beide brauchten sichtbare Erfolge.

Der Vertrag von Locarno

Auf der Konferenz von Locarno am Lago Maggiore wurde der Weg vom Gegeneinander zum Miteinander vor aller Welt beschritten und das beiderseitige Entgegenkommen im Oktober

Die bei der Konferenz von Locarno ausgehandelten Verträge wurden im Großen Saal des britischen Außenministeriums in London unterzeichnet.

Telegrafische Benachrichtigung an Gustav Stresemann über die Aufnahme Deutschlands in den Völkerbund.

Gemeinsam mit seinem französischen Amtskollegen Aristide Briand erhielt Gustav Stresemann den Friedensnobelpreis, hier vor der Verleihung in Oslo.

1925 vertraglich besiegelt. Das Deutsche Reich erkannte die Grenzziehung zu Frankreich und Belgien als unabänderlich an. Im Gegenzug waren die beiden Nachbarstaaten bereit, die Westgrenze Deutschlands als unverletzlich zu achten und die besetzten Gebiete schneller und umfassender zu räumen als bisher festgelegt. Zudem sah der Vertrag von Locarno den Beitritt Deutschlands zum Völkerbund vor. Dieses Forum internationaler Verständigung, praktisch ein Vorläufer der UNO, war 1919 aus der Taufe gehoben worden. Der Friede zwischen den Völkern sollte unter anderem mittels einer Schiedsgerichtsbarkeit gesichert werden. Vom amerikanischen Präsidenten Wilson initiiert, waren die USA dem Bund jedoch ferngeblieben, weil sie die Bedingungen des Versailler Vertrags als ungerecht erachteten.

Nun wurde nachgeholt, was den Besiegten bis dahin versagt geblieben war: Deutschland wurde durch die Vollversammlung in Genf feierlich aufgenommen. Ein Beifallssturm erhob sich,

als Gustav Stresemann am 10. September 1926 den Sitzungssaal betrat. Acht Jahre nach Ende des Ersten Weltkriegs ließ das Deutsche Reich seine Außenseiterrolle hinter sich. Stresemann hielt im Palais Wilson historische Reden, warb für ein Europa der Kooperation, nicht der Konfrontation, sprach von »Freiheit, Friede, Einigkeit«, unterstrich, dass militärische Gewalt kein Mittel der Politik mehr sein könne. Briand rief im Völkerbund aus: »Weg mit den Kanonen! Freie Bahn für Versöhnung!« Beide Außenminister wurden aufgrund ihres herausragenden Wirkens für die internationale Verständigung mit dem Friedensnobelpreis 1926 ausgezeichnet.

393

Stresemann im Völkerbund

Lange hatte sich Deutschland vergeblich um eine Aufnahme in den Völkerbund bemüht. So war der 10. September 1926 ein historischer Tag: Der deutsche Außenminister hielt vor der Versammlung in Genf seine Antrittsrede: »Es kann nicht der Sinn einer göttlichen Weltordnung sein, dass die Menschen ihre nationalen Höchstleistungen gegenei-nander kehren und damit die allgemeine Kultur-entwicklung immer wieder zurückwerfen.« Der Dolmetscher des Auswärtigen Amtes, Paul Schmidt, war Zeuge des mit großem Applaus bedachten Auf-tritts und schrieb später in seinen Memoiren: »Ich sah noch, wie Stresemann sich plötzlich aufrichtete und dann als erster Deutscher im wahrsten Sinne des Wortes über die Schwelle der kleinen Tür hin-weg in den Völkerbund eintrat. Bei seinem Erschei-nen setzte im ganzen Saal ein wahrer Beifallssturm nach der vorher erwartungsvollen Stille ein. ... Von allen Seiten wurde geklatscht und Bravo gerufen.«

Frankreichs Außenminister Aristide Briand war sichtlich bewegt von Stresemanns Worten. In seiner darauf folgenden Rede sagte er: »Es ist ein ergreifendes Schauspiel, dass einige Jahre nach dem grauenvollsten Krieg, der jemals die Welt durchrast hat, während die Schlachtfelder noch feucht sind vom Blut der Völker, die gleichen Völker in dieser fried-lichen Versammlung die Beteuerung ihres gemein-samen Willens austauschen, miteinander am Werk des Weltfriedens zu arbeiten!«

Aus Niederlagen lernt man leicht. Schwieriger ist es, aus Siegen zu lernen.

GUSTAV STRESEMANN

Im Politischen Archiv des Auswärtigen Amts in Berlin lagert der Nachlass Stresemanns. Er reicht von ersten Notizen aus der Schulzeit bis zu den Briefen kurz vor seinem Tod. Hier befindet sich auch ein Schreiben an den deutschen Kron-prinzen Wilhelm vom 7. September 1925, das unmittelbar vor Locarno entstand. Darin sah sich Stresemann offenbar veranlasst, seine Verstän-digungspolitik zu rechtfertigen. »Das Wichtigste ist ... das Freiwerden deutschen Landes von frem-der Besatzung. Wir müssen den Würger erst vom Halse haben. Deshalb wird die deutsche Politik ... zunächst darin bestehen, zu finassieren und den großen Entscheidungen auszuweichen.«

1926 ▶ 6.1. Die Deutsche Luft-hansa wird gegründet

1926 ▶ 18.2. Kemal Atatürk erwirkt in der Türkei das Verbot der islamischen Scharia und die Übernahme des Schweizer Zivilgesetzbuchs

1926 ▶ 24.4. Freundschafts- und Neutralitätsvertrag zwi-schen Deutschland und der Sowjetunion

Ein Brief, der auch in der Forschung immer wieder Fragen aufwarf. War Stresemanns Verständigungspolitik bloße Taktik? Blieb er im Herzen stets der kaisertreue Imperialist des Ersten Weltkriegs? War der Paulus nur ein maskierter Saulus? Stresemann verfolgte mit dem Beitritt zum Völkerbund keineswegs die generelle Aufgabe des deutschen Anspruchs auf eine Revision des Versailler Vertrags. In seinem Brief an den Kronprinzen erläuterte er freimütig, wie er die Mitgliedschaft Deutschlands zu nutzen gedachte. »Zudem sind alle die Fragen, die dem deutschen Volk auf dem Herzen brennen, z. B. Fragen der Kriegsschuld, allgemeine Abrüstung, Danzig, Saargebiet etc. Angelegenheiten des Völkerbunds, die durch einen geschickten Redner im Plenum des Völkerbunds zu ebenso vielen Unannehmlichkeiten für die Entente werden können.« Außerdem sah Stresemann weiterhin als »große Aufgabe« der deutschen Außenpolitik »die Korrektur der Ostgrenzen: die Wiedergewinnung von Danzig, vom polnischen Korridor und eine Korrektur der Grenze in Oberschlesien«. Doch das Wichtigste war ihm die Räumung der besetzten Gebiete. So begann im Juli 1925 der Abzug der Alliierten aus dem Ruhrgebiet.

So ist eines unbestritten: Er blieb bei aller Europarhetorik ein nationaler Akteur. Manche Kritiker erblicken darin eine Doppelzüngigkeit. Aber wird man ihm damit gerecht? Sein Ziel blieb, dass Deutschland wieder in den Rang einer Großmacht gelangte – schon durch seine ökonomische Stärke war es dazu prädestiniert. Doch dieser Weg war nur durch Kooperation, nicht mehr durch Konfrontation zu beschreiten – durch eine Verständigungspolitik mit Frankreich einerseits, durch wirtschaftliche Zusammenarbeit vor allem mit den USA und mit Großbritannien andererseits. Aus der Sicht Berlins galt es international ein Klima zu schaffen, das eine friedliche Regelung strittiger Fragen und die Durchsetzung deutscher Revisionsziele durch ein Geben und Nehmen zuließ Internationale Verständigung und nationalen Revisionismus zu verbinden, das war die Formel der Stresemann'schen Außenpolitik. Man darf ihn sicher nicht zum Friedensengel stilisieren, ihn aber auch nicht auf einen nationalen Machtpolitiker reduzieren. Sein Resümee der Geschichte hieß: Deutschland kann nur mit und nicht mehr gegen Europa wachsen. Seine Politik einer kooperativen Einbindung bot die Chance für einen Neuanfang. Adenauer und de Gaulle konnten nach dem Zweiten Weltkrieg daran anknüpfen.

Goldene Zwanzigerjahre?

Im Zeichen der Verständigungspolitik standen auch die sogenannten Goldenen Zwanzigerjahre. Moderatere Bestimmungen bei der Zahlung von Reparationen und US-Kredite führten zu einer Konjunkturbelebung. Auch wenn es zu einer Verbesserung des Lebensstandards in der breiten Bevölkerung nicht kam, der Währungsschnitt noch lange nachwirkte und der Mittelstand die meisten Lasten zu tragen hatte, reichte die wirtschaftliche Beruhigung aus, um den radikalen Flügelparteien einen Teil ihrer Anhängerschaft zu entziehen. Nach den entbehrungsreichen Nachkriegsjahren veränderte sich das Lebensgefühl. Die intellektuelle und kulturelle Szene blühte auf. Neue Verkehrsmittel wie Auto und Flugzeug machten Furore. Das Radio begann seinen Siegeszug, die deutsche Filmwirtschaft erreichte Weltniveau. Viele deutsche Protagonisten aus

Der Potsdamer Platz in Berlin galt als Symbolort der »Goldenen Zwanzigerjahre«. Doch die Aufbruchstimmung in der Metropole täuschte über die Gegensätze in der Gesellschaft hinweg.

Theater, Architektur, Literatur und Kunst zählten zur internationalen Avantgarde. Berlin war eine Weltmetropole und nach New York und London mit 4,2 Millionen Einwohnern die drittgrößte Stadt der Erde überhaupt. Bei den Stresemanns gingen Diplomaten, illustre Prominenz aus Politik und Wirtschaft ein und aus. Ehefrau Käte gab die First Lady der Republik, wurde in Frauengazetten wegen ihrer Stilsicherheit und Gastfreundschaft gerühmt. Es

war auch ihrem Charme zu danken, dass das Haus des Außenministers zu einem beliebten Anlaufpunkt der feinen Gesellschaft wurde. Nach ihrem Gatten wurde sogar ein Anzug benannt – »der Stresemann«: schwarz-grau gestreifte Hose, schwarzes Jackett (mit Spitzkragen), hellgraue Weste und weißes Hemd mit silbergrauer Krawatte. Eine Mehrzweckbekleidung, gleichermaßen geeignet für Büro und offizielle Anlässe.

1926 ▸ 10.12. Gustav Stresemann erhält den Friedensnobelpreis gemeinsam mit Aristide Briand

1926 ▸ 29.12. Tod Rainer Maria Rilkes

1927 ▸ 10.1. Uraufführung des Films »Metropolis« von Fritz Lang

Käte Stresemann

Käte Kleefeld stammte aus einer angesehenen Berliner Kaufmannsfamilie. Die Eltern waren vom jüdischen zum evangelischen Glauben übergetreten. Gustav Stresemann war 25 Jahre alt, als er die Tochter aus gut situierten Verhältnissen heiratete. Aus der Ehe gingen zwei Söhne hervor. Käte Stresemann war für ihren Gatten nicht nur eine sorgende Ehefrau, sondern auch eine wichtige Gesprächspartnerin. Sie widmete sich der Förderung der Karriere ihres Mannes, war aber selbst nicht politisch aktiv.

Von außergewöhnlich gutem Aussehen und mit Talenten für den gesellschaftlichen Umgang ausgestattet, war sie die geborene Gastgeberin, zuerst bei Empfängen im eigenen Haus, später auch als offizielle Repräsentantin an der Seite des Kanzlers und Außenministers. Sie besaß jene Sicherheit im gesellschaftlichen Umgang, die sich der aus einfacheren Verhältnissen stammende Stresemann erst erarbeiten musste.

Die »Welt der Frau« schrieb damals: »Die Allgemeinheit kennt Käte Stresemann als die nach letzten Moderegeln gekleidete Diplomatengattin, aber sie ist viel mehr. Wenn sie spricht, wenn sie lächelt, wenn sie eine ganz kleine, fast strichhafte Bewegung mit der Hand macht zur Unterstützung des Gesagten, ist sie von vollendeter Grazie und Anmut. Eine Art der Anmut, wie wir sie uns denken können von den Frauen um Goethe.«

Sektlaune in einer Berliner Bar. Viele Zeitgenossen genießen die freizügige Zeit und verdrängen ihre Ängste vor der Zukunft im Rausch der langen Nächte.

Doch der Schein jener angeblich »goldenen« Jahre trog. Die Berliner Schickeria stürzte sich ins rauschhafte Vergnügen, um der grauen Wirklichkeit zu entgehen. Die kulturellen Eliten lebten eher in einer unpolitischen Parallelwelt zur Republik, als dass sie zu ihrer Stütze wurden. Für die Arbeiter und kleinen Angestellten blieb das Leben ohnedies entbehrungsreich. Der Mittelstand hatte durch die Inflation seine Ersparnisse eingebüßt. Die Zahl der Arbeitslosen stieg bald wieder an. Gab es 1927 und im Folgejahr zwischen acht und neun Prozent Arbeitslose bei den erfassten Gewerkschaftsmitgliedern, so wuchs die Zahl 1929 auf mehr als 13 Prozent.

1927 ▶ Martin Heidegger veröffentlicht »Sein und Zeit. Erste Hälfte«, ein zweiter Teil erscheint nie

1927 ▶ 19.3. Schwere Straßenschlachten zwischen Nationalsozialisten und Kommunisten in Berlin

1927 ▶ 21.5. Charles Lindbergh gelingt als Erstem die Alleinüberquerung des Atlantiks ohne Zwischenlandung

Mit letzter Kraft

Und die politische Rechte machte weiter gegen die Republik und ihren Außenminister mobil. Anlass war die endgültige Regelung der Reparationen, der sogenannte Young-Plan, benannt nach dem amerikanischen Vorsitzenden der hierzu einberufenen Expertenkommission. Der Plan legte 1929 erstmals die Summe der Kriegsentschädigungen endgültig fest: 112 Milliarden Reichsmark – und auch die Höhe der Raten: Statt 2,5 Milliarden Reichsmark, wie in der alten Regelung vorgesehen, sollte Deutschland fortan »nur« 2 Milliarden pro Jahr zahlen, ein Entgegenkommen also.

Und dennoch brach bei der fanatischen Rechten ein Sturm der Entrüstung los. Nicht die Erleichterung der Jahresbeiträge zählte, die bloße Endsumme genügte Stresemanns Gegnern, ihre Hetze gegen den angeblichen Erfüllungspolitiker weiter zu forcieren. »Stresemann, verwese man!«, lautete ein verächtliches Wortspiel der Rechtsextremen schon seit Locarno – sie sahen ihn als Landesverräter und »nationalen Schädling«. Die Republikfeinde riefen einen »Reichsausschuss für das deutsche Volksbegehren« ins Leben, um die Annahme des Young-Plans per Plebiszit zu verhindern. Die Propagandamühlen liefen auf Hochtouren.

Kopf dieses selbst ernannten Ausschusses war Alfred Hugenberg, mittlerweile Vorsitzender der Deutschnationalen Volkspartei und Inhaber eines weit verzweigten Medienimperiums. Der Kampf gegen den Young-Plan war für den Parteichef ein Mittel, die zersplitterte Rechte gegen die Republik zu mobilisieren. Mit von der Partie waren auch Franz Seldte, Vorsitzender des sogenannten »Stahlhelms«, einer Organisation ehemaliger Frontsoldaten,

Gustav Stresemann während eines Kuraufenthaltes in Karlsbad 1928. Er litt an der Basedowschen Krankheit und brach mehrmals völlig erschöpft zusammen.

und als Juniorpartner jener gescheiterte Putschist von 1923, der seine Parteiorganisation inzwischen neu belebt und organisiert hatte, mit Verbündeten in der Wirtschaft, beim Militär und im Beamtentum: Adolf Hitler. Zwölf Abgeordnete der nach der Landsberger Haft neu gegründeten NSDAP saßen seit 1928 im Reichstag.

So geriet Stresemann einmal mehr in politische Grabenkämpfe, zwang sich immer wieder aus dem Krankenbett, um die endgültige Lösung der Reparationsfrage voranzutreiben und den früheren Abzug der Besatzer aus dem Rheinland zu erreichen. Er brauchte unbedingt einen vorzeigbaren Erfolg, um seinen Gegnern Paroli bieten zu können. In einer dramatischen Note an Briand flehte er um die Zusage für ein verbindliches Datum des Rückzugs vom Rhein – sein politisches Schicksal hänge davon ab. Briand persönlich wäre ihm gern unverzüglich entgegengekommen, doch

1927 ▶ 15.7. In Wien wird der Justizpalast nach einem Skandalurteil in Brand gesteckt, Polizei erhält Schießbefehl – 89 Tote

1927 ▶ 23.8. Hinrichtung der Anarchisten Sacco und Vanzetti in Charlestown/ Massachusetts

1927 ▶ 14.9. Tod der Tänzerin Isadora Duncan

auch er hatte Rücksicht zu nehmen auf nationalistische Stimmungen in Frankreich. Viele seiner Landsleute fürchteten ein allzu rasches Wiedererstarken Deutschlands, denn selbst unter den Bedingungen des Versailler Vertrags erwies sich längst schon wieder das enorme wirtschaftliche Potenzial des Nachbarn.

Schließlich erreichte Stresemann die erlösende Botschaft Briands. Das Vertrauen hatte sich ausgezahlt: Bis zum 30. Juni 1930 sollte die Räumung des gesamten Rheinlands vollzogen sein, fünf Jahre vor der im Versailler Vertrag festgelegten Frist. Würde das der radikalen Rechten im Reich den Wind aus den Segeln nehmen? Hugenberg ignorierte Stresemanns Erfolg ganz bewusst. Er und sein Günstling Hitler konnten nur profitieren, wenn die Drohkulissen erhalten blieben, wenn die Menschen glaubten, dass die Deutschen zu ewiger Knechtschaft verdammt waren. Stresemann wusste, gegen die rechte Presse war schwer anzukommen. Auch körperlich geschwächt, kämpfte er immer wieder gegen Gefühle von Resignation an, wollte er die Menschen vor den Rattenfängern warnen: »Ich müsste jetzt in jede Schule, in jede Universität gehen, um die jungen Menschen zurückzuhalten vor diesen Verführern, aber ich habe nicht mehr die Kraft.«

Die Hetzkampagnen und zähen Verhandlungen hatten ihre Spuren hinterlassen, immer öfter machten ihm seine Herzprobleme zu schaffen. Anfang September 1929 nahm Stresemann nochmals unter Mobilisierung aller Kräfte an einer Völkerbundversammlung teil. Wie andere nutzte auch er die Zusammenkünfte im Genfer Palais Wilson als Forum für europäische Zukunftsvisionen. Stresemann forderte Schritte zur wirtschaftlichen Einigung: »Wo bleibt in Europa die europäische

Die rechtsradikalen Kräfte leisteten erbitterten Widerstand gegen den von Stresemann ausgehandelten »Young-Plan« zur Regelung der deutschen Reparationszahlungen.

Münze, die europäische Briefmarke?« Briand trug in einer engagierten Rede den Plan zur Schaffung der Vereinigten Staaten von Europa – einer Zoll- und Wirtschaftsunion – vor.

Dass solchen Gedanken Jahrzehnte später einmal Taten folgen würden, sollte Stresemann nicht mehr erleben. Dazu bedurfte es offenbar noch einmal der Erfahrung eines furchtbaren Weltkriegs, musste erst halb Europa in Trümmern liegen. Der Staatsmann hatte unbedingt verhindern wollen, dass es noch einmal zu einer solchen Katastrophe kam, doch dafür schied er zu früh aus dem Leben. In den frühen Morgenstunden des 3. Oktober 1929 starb er an den Folgen eines Schlaganfalls, nur 51 Jahre alt.

Wer sich die Filmaufnahmen von den Trauerfeierlichkeiten vor Augen führt, kann sich des Eindrucks nicht erwehren, dass die Bedeutung Stresemanns von der Mitwelt erst nach seinem Tod wirklich begriffen wurde. Die

1928 ▶ 7.1. Walt Disney erfindet die Comicfigur Mickey Mouse

1928 ▶ 2.4. Der »Eiserne Gustav« Hartmann startet zu seiner Reise von Berlin nach Paris mit einer Pferdedroschke

1928 ▶ 2.7. In Großbritannien erhalten Frauen ab 21 Jahren das Wahlrecht

Berlin am 6. Oktober 1929: Etliche Tausende Menschen erwiesen dem verstorbenen Reichsaußenminister die letzte Ehre. Als »Welttrauerkundgebung von kaum je erhörter Einmütigkeit« bezeichnete Thomas Mann das Begräbnis Gustav Stresemanns.

Beileidsbekundungen aus dem In- und Ausland waren Ausdruck tiefster Bewegung, ja Erschütterung. In aller Welt wurden die Verdienste Stresemanns zum Teil überschwänglich gewürdigt, er war international der am meisten geachtete deutsche Politiker. Die französischen Zeitungen überschlugen sich geradezu in Ehrerbietung für den deutschen und europäischen Staatsmann. Seine Beisetzung war weit mehr als ein angeordneter Staatsakt, sie kam einem Volksbegräbnis gleich. Nur die Hetze der radikalen Rechten verstummte auch in diesen Tagen nicht: »Stresemann, verwese man!«, lautete immer noch die menschenverachtende Parole aus ihren Reihen.

In Berlin versammelten sich führende Politiker Deutschlands und Europas anlässlich seines Begräbnisses. Im Reichstag, am Platz

1928 27.8. Briand-Kellogg-Pakt, der Krieg als Mittel der Politik ablehnt

1928 28.9. Entdeckung des Penicillins durch Alexander Fleming

1928 2.10. In Madrid gründet der Priester Josemaría Escrivá die katholische Vereinigung Opus Dei

des Präsidenten, wurde der Leichnam feierlich aufgebahrt, ein schwarzer Baldachin mit dem Reichsadler überdachte den Sarg. Viele empfanden so, wie ein Journalist, der Stresemann nahestand, es zum Ausdruck brachte: Es sei »mehr als ein Verlust: ein Unglück«. Die Bilder vom Tag des letzten Geleits sind noch immer bewegend: Vor dem Reichstag, auf dem Platz der Republik, hatten sich zigtausende Menschen eingefunden, weitere tausende säumten den Weg zur letzten Ruhestätte auf dem Luisenstädtischen Friedhof. Dort erklang das Lied »Am Brunnen vor dem Tore«, wie es sich Stresemann gewünscht hatte – und ein von ihm selbst gedichteter Vers wurde vorgetragen: »Und wenn ich einstens sterben werde / Ihr lieben Brüder, seid mir hold / Gebt mir in die dunkle Erde / Mein Band, das hehre, schwarz-rotgold«. Unter den Tönen des Deutschlandlieds wurde der Sarg in das Grab hinabgelassen. Es war einer der denkwürdigsten Momente der Weimarer Republik. Mit ihm hatte sie eine ihrer tragenden Gestalten verloren.

Markierte sein Tod den Anfang vom Ende? Nur knapp drei Wochen nach Stresemanns Begräbnis, am 25. Oktober 1929, dem »Schwarzen Freitag«, stürzte der katastrophale Börsencrash in New York die Welt in ihre bis dahin schwerste Wirtschaftskrise. Sie traf Deutschland mit besonderer Härte. Weitere Millionen von Menschen wurden binnen kurzer Zeit arbeitslos. Nur wenige Jahre nach der Inflation musste wieder ein erheblicher Teil der Bevölkerung um seine wirtschaftliche Existenz bangen. Wieder wollte eine Große Koalition die Lage meistern, wieder einmal sollte sie scheitern. Es begann die Zeit steter Notverordnungen und sogenannter Präsidialkabinette und damit die Erosion der Demokratie. Das Parlament, in seiner Zerstrittenheit zwischen den politischen Lagern, manövrierte sich selbst ins Abseits.

Es fehlten Brückenbauer und Krisenmanager wie Gustav Stresemann. Sein Werdegang, sein Lebenslauf, seine Entwicklung geben ein Beispiel, dass die erste Demokratie auf deutschem Boden eine Chance hatte. In Stresemann verbanden sich Vergangenheit und Zukunft, das Heimweh nach der alten Zeit und doch auch die Vernunft, die der neuen poli-

Die Deutsche Volkspartei warb auch nach dem Tod Stresemanns mit dem Konterfei ihres prominentesten Kopfes. Plakat zu den Reichstagswahlen 1930.

tischen Epoche Rechnung trug. Widersprüchliche Gefühle, die vielleicht Millionen mit ihm teilten, brachte er in Einklang miteinander. Er wandelte sich vom Monarchisten zum Vernunftrepublikaner, vom Kriegstreiber zu einem Protagonisten europäischer Verständigung. Er führte vor Augen, dass Vernunft und nicht Verbitterung Deutschlands Stellung in der Welt bestimmen musste, überforderte sich selbst, trieb Raubbau an seinem Körper, bis zur völligen Erschöpfung.

Hätte der erfolgreichste Politiker der Weimarer Republik Hitler verhindern können? Dies zu bejahen, wäre wohl vermessen. Doch hätte er sicher alles in seiner Macht Stehende getan, um die Demokratie nicht kampflos preiszugeben. Es war bezeichnend, dass die DVP bei der Reichstagswahl 1930 sein Konterfei auf ihr Wahlplakat setzte – darüber stand in roten Lettern der Appell: »Wählt meine Partei.« Es war vergebens: Die NSDAP fuhr einen Erdrutscherfolg ein, erreichte 18,3 Prozent der Stimmen, legte um 15,7 Prozent zu, die Partei des verstorbenen Außenministers verlor fast die Hälfte ihres Anteils, ihr blieben 4,8 Prozent. Stresemann, einer der großen deutschen Staatsmänner des 20. Jahrhunderts, starb zu früh, um den Zerfall der Republik aufhalten zu können.

Politische Führer in Deutschland sind nicht gewohnt, dass ihnen die Öffentlichkeit Lorbeeren spendet, und doch haben diejenigen, die das Land durch diese Gefahren hindurchgesteuert haben, mehr Anerkennung verdient, als ihnen zuteil werden wird.

LORD D'ABERNON, BRITISCHER BOTSCHAFTER IN BERLIN, 31. DEZEMBER 1923

Literatur

sowie Autorinnen und Autoren der Kapitel

Karl der Große

Guido Knopp, Stefan Brauburger,
Peter Arens / Sebastian Scherrer

Becher, Matthias: Karl der Große. München 2007.

Collins, Roger: Charlemagne. Basingstoke 2001.

Dreßen, Wolfgang / Minkenberg, Georg / Oellers, Adam C. (Hgg.): Ex Oriente: Isaak und der Weiße Elefant: Bagdad – Jerusalem – Aachen: Eine Reise durch drei Kulturen um 800 und Heute; Bd. 3: Aachen, der Westen. Mainz 2003.

Einhardus / Firchow, Evelyn Scherabon (Hg): Vita Karoli Magni: Lateinisch/deutsch = Das Leben Karls des Grossen. Stuttgart 2006.

Fried, Johannes: Der Weg in die Geschichte. Die Ursprünge Deutschlands bis 1024. Berlin 1998.

Hägermann, Dieter: Karl der Große. Reinbek 2003.

Hartmann, Wilfried: Karl der Große. Stuttgart 2010.

McKitterick, Rosamond: Karl der Große. Darmstadt 2008.

McKitterick, Rosamond (Hg.): The Early Middle Ages. Europe 400–1000. Oxford 2001.

Orlandi, Enzo (Hg.): Karl der Grosse und seine Zeit. Wiesbaden 1968.

Riché, Pierre: Die Karolinger. Eine Familie formt Europa. Düsseldorf 2003.

Schieffer, Rudolf: Die Karolinger. Stuttgart 2006.

Stiegemann, Christoph (Hg.): 799. Kunst und Kultur der Karolingerzeit. Karl der Große und Papst Leo III. in Paderborn. 3 Bände. Mainz 1999.

Weinfurter, Stefan: Das Reich im Mittelalter: Kleine deutsche Geschichte von 500 bis 1500. München 2008.

Wieczorek, Alfried (Hg.): Die Franken: Wegbereiter Europas: 5. bis 8. Jahrhundert. Mainz 1997.

Hildegard von Bingen

Peter Arens / Friederike Haedecke

Beuys, Barbara: Denn ich bin krank vor Liebe: Das Leben der Hildegard von Bingen. Frankfurt/Main, Leipzig 2009.

Breindl, Ellen: Das große Buch der heiligen Hildegard von Bingen. Berlin 2004.

Diers, Michaela: Hildegard von Bingen. München 1998.

Feldmann, Christian: Hildegard von Bingen: Nonne und Genie. Freiburg, Basel, Wien 2008.

Felten, Franz-Josef: Hildegard von Bingen 1198-1998 – oder: Was bringen Jubiläen für die Wissenschaft? In: Deutsches Archiv für Erforschung des Mittelalters 59 (2003), 165–193.

Felten, Franz-Josef: »Noui esse uolunt ... deserentes bene contritam uiam ...«: Hildegard von Bingen und Reformbewegungen im religiösen Leben ihrer Zeit. In: Berndt, Rainer (Hg.): »Im Angesicht Gottes suche der Mensch sich selbst«: Hildegard von Bingen (1098–1179). Berlin 2001, S. 27–86.

Felten, Franz-Josef: Was wissen wir über das Leben Juttas und Hildegards auf dem Disibodenberg und auf dem Rupertsberg? In: Kluge-Pinsker, Antje (Hg.): Als Hildegard noch nicht in Bingen war. Der Disibodenberg: Archäologie und Geschichte. Regensburg, Mainz 2009, S. 111–114.

Felten, Franz-Josef: Zum Problem der sozialen Zusammensetzung von alten Benediktinerklöstern und Konventen der neuen religiösen Bewegung. In:

Haverkamp, Alfred (Hg.): Hildegard von Bingen in ihrem historischen Umfeld. Internationaler Kongreß zum 900jährigen Jubiläum, 13.–19. September 1998, Bingen am Rhein. Mainz 2000, S.189–235.

Führkötter, Adelgundis (Hg.): Das Leben der heiligen Hildegard, berichtet von den Mönchen Gottfried und Theoderich. Salzburg 1980

Führkötter, Adelgundis (Hg.): Hildegard von Bingen: »Nun höre und lerne, damit du errötest...«: Briefwechsel. Freiburg 2008.

Haverkamp, Alfred: Tenxwind von Andernach und Hildegard von Bingen: Zwei Weltanschauungen in der Mitte des 12. Jahrhunderts. In: Fenske, Lutz (Hg.) Institutionen, Kultur und Gesellschaft im Mittelalter: Festschrift für Josef Fleckenstein zu seinem 65. Geburtstag. Sigmaringen 1984, S. 515–548.

Hildegard von Bingen: Heilkunde: Das Buch von dem Grund und Wesen und der Heilung der Krankheiten. Salzburg 1974.

Kastinger Riley, Helene M.: Hildegard von Bingen. Reinbek 1997.

Klaes, Monika (Hg.): Vita sanctae Hildegardis = Leben der heiligen Hildegard von Bingen. Freiburg u.a. 1998.

Kluge-Pinsker, Antje (Hg.): Als Hildegard noch nicht in Bingen war. Der Disibodenberg: Archäologie und Geschichte. Regensburg, Mainz 2009

Kotzur, Hans-Jürgen (Hg.): Hildegard von Bingen: 1098–1179. Mainz 1998.

Newman, Barbara: Hildegard von Bingen: Schwester der Weisheit. Freiburg, Basel, Wien 1995.

Schipperges, Heinrich: Hildegard von Bingen. München 1997.

Schipperges, Heinrich (Hg.): Hildegard von Bingen: Der Mensch in der Verantwortung. Das Buch der

Lebensverdienste = Liber vitae meritorum. Freiburg, Basel, Wien 1994.

Schipperges, Heinrich (Hg.): Welt und Mensch: Hildegard von Bingen: Das Buch »De operatione Die« aus dem Genter Kodex (Liber divinorum operum). Salzburg 1965.

Storch, Walpurga: Hildegard von Bingen: Scivias: Wisse die Wege. Freiburg, Basel, Wien 1996.

Friedrich II.

Peter Arens / Daniel Sich

Andrist, Patrick/ Hucker, Bernd Ulrich (Hgg.): Otto IV. Traum vom Welfischen Kaisertum. Petersberg 2009.

Burkhardt, Stefan u.a. (Hgg.): Staufisches Kaisertum im 12. Jahrhundert: Konzepte, Netzwerke, Politische Praxis. Regensburg 2010.

Eikels, Klaus van / Brüsch, Tania (Hg.): Kaiser Friedrich II. Leben und Persönlichkeit in Quellen des Mittelalters. Düsseldorf und Zürich 2000.

Fansa, Mamoun / Emete, Karen (Hgg.): Kaiser Friedrich II. (1194–1250). Welt und Kultur des Mittelmeerraums. Mainz 2008.

Fansa, Mamoun / Ritzau, Carsten (Hgg.): Von der Kunst mit Vögeln zu jagen: Das Falkenbuch Friedrichs II.: Kulturgeschichte und Ornithologie. Mainz 2008.

Görich, Knut: Die Staufer: Herrscher und Reich. München 2008.

Die Zeit der Staufer. Geschichte, Kunst, Kultur. Ausstellungskatalog [des Württembergischen Landesmuseums] Stuttgart 1977; 5 Bände. Stuttgart 1977.

Houben, Hubert: Kaiser Friedrich II. (1194–1250): Herrscher, Mensch und Mythos. Stuttgart 2008.

Maalouf, Amin: Der Heilige Krieg der Barbaren: Die Kreuzzüge aus der Sicht der Araber. München 2003.

Schneidmüller, Bernd / Weinfurter, Stefan (Hgg.): Die deutschen Herrscher des Mittelalters. Historische Portraits von Heinrich I. bis Maximilian I. (919–1519). München 2003.

Stürner, Wolfgang: Friedrich II.: 1194–1250: Darmstadt 2009.

Tyerman, Christopher: Die Kreuzzüge: Eine kleine Einführung. Stuttgart 2009.

Weinfurter, Stefan: Das Reich im Mittelalter. Kleine deutsche Geschichte von 500 bis 1500. München 2008.

Wollschläger, Hans: Die bewaffneten Wallfahrten gen Jerusalem: Geschichte der Kreuzzüge. Göttingen 2003.

Yaron, Gil: Jerusalem. Ein historisch-politischer Stadtführer. München 2009.

Karl IV.

Peter Arens / Georg Graffe

Bergdolt, Klaus: Der schwarze Tod in Europa. Die große Pest und das Ende des Mittelalters. München 2003.

Dirlmeier, Ulf / Fouquet, Gerhard / Fuhrmann, Bernd u. a.: Europa im Spätmittelalter 1215–1378. München 2009.

Erbstößer, Martin: Sozialreligiöse Strömungen im späten Mittelalter. Geißler, Freigeister und Waldenser im 14. Jahrhundert. Berlin (Ost) 1970.

Fajt, Jiří (Hg.): Karl IV., Kaiser von Gottes Gnaden. Kunst und Repräsentation unter den Luxemburgern 1347–1437. München, Berlin 2006.

Friedell, Egon: Kulturgeschichte der Neuzeit. Die Krisis der Europäischen Seele von der Schwarzen Pest bis zum Ersten Weltkrieg. München 1996.

Haverkamp, Alfred: Zur Geschichte der Juden im Deutschland des späten Mittelalters und der frühen Neuzeit. Stuttgart 1981.

Herlihy, David: Der Schwarze Tod und die Verwandlung Europas. Berlin 1997.

Herzig, Arno: Jüdische Geschichte in Deutschland. Von den Anfängen bis zur Gegenwart. München 1997 u. Bonn 2005.

Hoensch, Jörg K.: Die Luxemburger: Eine spätmittelalterliche Dynastie von gesamteuropäischer Bedeutung: 1308–1437. Stuttgart u.a. 2000.

Huizinga, Johan: Herbst des Mittelalters. Studien über Lebens- und Geistesformen des 14. Jahrhunderts in Frankreich und in den Niederlanden. Stuttgart 2006.

Kintzinger, Martin: Karl IV. In: Schneidmüller, Bernd / Weinfurter, Stefan (Hgg.): Die deutschen Herrscher des Mittelalters, Historische Porträts von Heinrich I. bis Maximilian I. (919–1519). München 2003, S. 408–43 und S. 593f.

Lutz, Dietmar (Hg.): Bulla aurea: Die Goldene Bulle von 1356: Das vornehmste Verfassungsgesetz des Heiligen Römischen Reiches Deutscher Nation. Lübeck 2010.

Patze, Hans (Hg.): Kaiser Karl IV. 1316–1378. Neustadt/Aisch 1978.

Prietzel, Malte: Das Heilige Römische Reich im Spätmittelalter. Darmstadt 2010.

Rosenfeld, Hans-Friedrich und Hellmut: Deutsche Kultur im Spätmittelalter 1250–1500. Wiesbaden 1978.

Seibt, Ferdinand: Karl IV.: Ein Kaiser in Europa. Frankfurt/ Main 2003.

Seibt, Ferdinand (Hg.): Kaiser Karl IV.: Staatsmann und Mäzen. München 1978.

Spěváček, Jiří: Karl IV.: Sein Leben und seine staatsmännische Leistung. Prag u.a. 1978.

Stoob, Heinz: Karl IV. und seine Zeit. Graz u.a. 1990.

Thomas, Heinz: Deutsche Geschichte des Spätmittelalters: 1250-1500. Stuttgart u.a. 1983.

Tuchman, Barbara: Der ferne Spiegel – das dramatische 14. Jahrhundert. Hamburg 2007.

Thomas Müntzer

Stefan Brauburger / Carl Dietmar

Blickle, Peter: Der Bauernkrieg: Die Revolution des Gemeinen Mannes. München 2006.

Blickle, Peter: Die Revolution von 1525. München 2004.

Bloch, Ernst: Thomas Münzer als Theologe der Revolution. Leipzig 1989.

Buszello, Horst (Hg.): Der deutsche Bauernkrieg. Paderborn u.a. 1995.

Cattepoel, Jan: Thomas Müntzer: Ein Mystiker als Terrorist. Frankfurt/Main u.a. 2007.

Ebert, Klaus (Hg.): Thomas Müntzer im Urteil der Geschichte: Von Martin Luther bis Ernst Bloch. Wuppertal 1990.

Elliger, Walter: Thomas Müntzer: Leben und Werk. Göttingen 1976.

Engels, Friedrich: Der deutsche Bauernkrieg. Berlin (Ost) 1987. Auch in: Marx/Engels: Werke, Bd. 7. Berlin (Ost) 1971.

Franz, Günther: Der deutsche Bauernkrieg. Darmstadt 1984.

Franz, Günther: Thomas Müntzer: Schriften und Briefe. Kritische Gesamtausgabe. Gütersloh 1968.

Goertz, Hans Jürgen: Das Bild Thomas Müntzers in Ost und West. Hannover 1988.

Goertz, Hans Jürgen: Thomas Müntzer: Mystiker, Apokalyptiker, Revolutionär. München 1989.

Herrmann, Horst: Thomas Müntzer heute. Versuch über einen Verdrängten. Ulm 1995.

Quilisch, Tobias: Das Widerstandsrecht und die Idee des religiösen Bundes bei Thomas Müntzer. Ein Beitrag zur politischen Theologie. Berlin 1999.

Ullmann, Wolfgang / Ullmann, Jakob (Hgg.): Ordo rerum. Die Thomas-Müntzer-Studien. Berlin 2006.

Vogler, Günther: Thomas Müntzer. Berlin (Ost) 1989.

Waas, Adolf: Die Bauern im Kampf um Gerechtigkeit 1300 bis 1525. München 1976.

Wolgast, Eike: Thomas Müntzer: Ein Verstörer der Ungläubigen. Berlin (Ost) 1988.

Zimmermann, Wilhelm: Der große deutsche Bauernkrieg. Köln 1999.

Zitelmann, Arnulf: »Ich will donnern über sie!«: Die Lebensgeschichte des Thomas Müntzer, Weinheim 1999.

August der Starke

Guido Knopp / Mario Sporn

Czok, Karl: August der Starke und seine Zeit: Kurfürst von Sachsen, König in Polen. München, Zürich 2006.

Delau, Reinhard: August der Starke und seine Mätressen. Dresden 2005.

Doubek, Katja: August der Starke. Reinbek 2007.

Doubek, Katja: Die Gräfin Cosel: Liebe und Intrigen am Hof Augusts des Starken. München, Zürich 2008.

Haake, Paul: August der Starke. Berlin 1927.

Held, Wieland: Der Adel und August der Starke: Konflikt und Konfliktaustrag zwischen 1694 und 1707 in Kursachsen. Köln, Weimar, Wien 1999.

Hoffmann, Gabriele: Constantia von Cosel und August der Starke. Die Geschichte einer Mätresse. Bergisch Gladbach 1995.

Kalisch, Johannes / Gierowski, Józef (Hgg.): Um die polnische Krone: Sachsen und Polen während des Nordischen Krieges 1700–1721. Berlin (Ost) 1962.

Keller, Katrin (Hg.): „Mein Herr befindet sich gottlob gesund und wohl": Sächsische Prinzen auf Reisen. Leipzig 1994.

Klecker, Christine (Hg.): August der Starke und seine Zeit: Beiträge des Kolloquiums vom 16./17. September 1994 auf der Festung Königstein. Dresden 1995.

Kühnel, Klaus: August der Starke und das schwache Geschlecht. Die Liebschaften des Kurfürsten Friedrich August I. von Sachsen. Wittenberg 2005.

Lühr, Hans-Peter (Hg.): Polen und Sachsen: Zwischen Nähe und Distanz. Dresden 1995.

Milewski, Markus: Die polnische Königswahl von 1697. Innsbruck, Wien, Bozen 2008.

Napierała, Piotr: Die polnisch-sächsische Union (1697–1763) – Polens letzte Hoffnung – Sachsens Traum von der Macht. In: Polen und Deutschland. Zusammenleben und -wirken. Pozna 2006.

Piltz, Georg: August der Starke: Träume und Taten eines deutschen Fürsten. Biografie. Berlin 1994.

Pöllnitz, Karl Ludwig von: Das galante Sachsen: Nebst e. Vorrede und Zueignungs-Schrifft an die galante gelehrte Welt. Nachdruck der Ausgabe Amsterdam 1735. Dortmund 1979.

Schreiber, Hermann: August der Starke: Kurfürst von Sachsen – König von Polen. München 1995.

Sharp, Tony: Pleasure and ambition: The life, loves and wars of Augustus the Strong, 1670–1707. London, New York 2001.

Staszewski, Jacek: August II Mocny. Wrocław, Warszawa, Kraków 1998.

Vehse, Eduard: Geschichte der Höfe des Hauses Sachsen. Hamburg 1854.

Karl Marx

Stefan Brauburger / Peter Hartl

Anzenbacher, Arno: Christliche Sozialethik: Einführung und Prinzipien. Paderborn u.a. 1998.

Bleuel, Hans Peter: Friedrich Engels: Bürger und Revolutionär: Die zeitgerechte Biographie eines großen Deutschen. München 1984.

Blumenberg, Werner: Karl Marx: Mit Selbstzeugnissen und Bilddokumenten. Reinbek 2007.

Botzenhart, Manfred: 1848/49: Europa im Umbruch. Paderborn u.a. 1998.

Enzensberger, Hans Magnus (Hg.): Gespräche mit Marx und Engels. Frankfurt/Main 1973.

Fetscher, Iring: Marx. Freiburg u.a. 1999.

Friedenthal, Richard: Karl Marx: Sein Leben und seine Zeit. München 1990.

Hasse, Rolf H.: Lexikon Soziale Marktwirtschaft. Wirtschaftspolitik von A bis Z. Paderborn u.a. 2005.

Hosfeld, Rolf: Die Geister, die er rief: Eine neue Karl-Marx-Biografie. München, Zürich 2009.

Körner, Klaus: Karl Marx. München 2008.

Marx-Engels-Werke (MEW), 43 Bände. Berlin (Ost) 1956-1990.

Marx, Reinhard: Das Kapital: Ein Plädoyer für den Menschen. München 2010.

McLellan, David: Karl Marx: Leben und Werk. München 1974.

Nipperdey, Thomas: Deutsche Geschichte 1800–1866: Bürgerwelt und starker Staat. München 1987.

Peters, Heinz Frederick: Die rote Jenny: Ein Leben mit Karl Marx. München 1984.

Potthoff, Hinrich / Miller, Susanne: Kleine Geschichte der SPD: 1848–2002. Bonn 2002.

Schieder, Wolfgang: Karl Marx als Politiker. München u.a. 1991.

Thurow, Lester C.: Die Zukunft des Kapitalismus. Regensburg 2006.

Wheen, Francis: Karl Marx. München 2001.

Wehler, Hans-Ulrich: Deutsche Gesellschaftsgeschichte, Band 3: Von der »Deutschen Doppelrevolution« bis zum Beginn des Ersten Weltkrieges: 1849–1914. München 2006.

Ludwig II.

Guido Knopp / Friedrich Klütsch

Botzenhart, Christof: Die Regierungstätigkeit König Ludwigs II. von Bayern: »Ein Schattenkönig ohne Macht will ich nicht sein«. München 2004.

Brandt, Harm-Hinrich: Deutsche Geschichte 1850–1870: Entscheidung über die Nation. Stuttgart u.a. 1999.

Hacker, Rupert: Ludwig II. von Bayern in Augenzeugenberichten. München 1972.

Häfner, Heinz: Ein König wird beseitigt. Ludwig II. von Bayern. München, 2008.

Heißerer, Dirk: Ludwig II. Reinbek 2003.

Holzschuh, Robert: Das verlorene Paradies Ludwigs II.: Die persönliche Tragödie des Märchenkönigs. München u.a. 2003.

Körner, Hans-Michael: Geschichte des Königreichs Bayern. München 2006.

Körner, Hans-Michael: Die Wittelsbacher: Vom Mittelalter bis zur Gegenwart. München 2009.

Obermeier, Siegfried: Das Geheime Tagebuch König Ludwigs II. von Bayern. 1869–1886. München 2000.

Schmid, Alois: Die Herrscher Bayerns: 25 historische Portraits von Tassilo III. bis Ludwig III. München 2006.

Schlim, Jean Louis: Ludwig II.: Traum und Technik. München 2010.

Schweiggert, Alfons: Die letzten Tage im Leben von König Ludwig II. St. Ottilien 2003.

Siemann, Wolfram: Vom Staatenbund zum Nationalstaat. Deutschland 1806–1871. München 1995.

Spangenberg, Marcus: Der Thronsaal von Schloss Neuschwanstein: Ludwig II. und sein Verständnis vom Gottesgnadentum. Regensburg 1999.

Rosa Luxemburg

Guido Knopp / Ricarda Schlosshan

Dath, Dietmar: Rosa Luxemburg: Leben, Werk, Wirkung. Berlin 2010.

Ettinger, Elzbieta: Rosa Luxemburg: Ein Leben. Bonn 1990.

Frölich, Paul: Rosa Luxemburg. Gedanke und Tat. Berlin 1990.

Gietinger, Klaus: Der Konterrevolutionär: Waldemar Pabst – eine deutsche Karriere. Hamburg 2009.

Gietinger, Klaus: Eine Leiche im Landwehrkanal: Die Ermordung Rosa Luxemburgs. Hamburg 2009.

Hetmann, Frederik: Eine Kerze, die an beiden Enden brennt: Das Leben der Rosa Luxemburg. Freiburg, Basel, Wien 1998.

Hirsch, Helmut: Rosa Luxemburg in Selbstzeugnissen und Bilddokumenten. Reinbek 2002.

Ich umarme Sie in großer Sehnsucht: Briefe aus dem Gefängnis 1915–1918: Rosa Luxemburg. Berlin (Ost) 1984.

Kautsky, Luise: Rosa Luxemburg: Ein Gedenkbuch. Berlin 1929.

Laschitza, Annelies: Im Lebensrausch, trotz alledem – Rosa Luxemburg: Eine Biographie. Berlin 2002.

Laschitza, Annelies: Die Liebknechts: Karl und Sophie – Politik und Familie. Berlin 2009.

Laschitza, Annelies (Hg.): Rosa Luxemburg: Gesammelte Briefe, Band 6. Berlin 1993.

Luxemburg, Rosa: Briefe an Leon Jogiches. Frankfurt/Main 1971.

Luxemburg, Rosa: Gesammelte Briefe, 5 Bände. Berlin (Ost) 1982–1984.

Luxemburg, Rosa: Gesammelte Werke, 4 Bände. Berlin 2000.

Mühlhausen, Walter: Friedrich Ebert 1871–1925: Reichspräsident der Weimarer Republik. Bonn 2006.

Nettl, Peter: Rosa Luxemburg. Köln/Berlin 1967.

Rürup, Reinhard: Friedrich Ebert und das Problem der Handlungsspielräume in der deutschen Revolution 1918/19. In: König, Rudolf / Soell, Hartmut / Weber, Hermann (Hgg.): Friedrich Ebert und seine Zeit. Bilanz und Perspektiven der Forschung. München 1990, S. 69–87.

Rürup, Reinhard: Die Revolution von 1918/19 in der deutschen Geschichte.Friedrich Ebert Stiftung, Digitale Bibliothek, Juli 1998: http://www.fes.de/fulltext/historiker/00186001.htm#E9E2

Schulze, Hagen: Weimar: Deutschland 1917–1933. Berlin 1994.

von Soden, Kristine : Rosa Luxemburg. Berlin 1995.

Wette, Wolfram: Gustav Noske: Eine politische Biographie. Düsseldorf 1987

Gustav Stresemann

Stefan Brauburger

Berg, Manfred: Gustav Stresemann. Eine politische Karriere zwischen Reich und Republik. Zürich 1992.

Eschenburg, Theodor / Frank-Planitz, Ulrich: Gustav Stresemann. Eine Bildbiographie. Stuttgart 1978.

Erdmann, Karl Dietrich (Hg.): Akten der Reichskanzlei: Weimarer Republik: Die Kabinette Stresemann I und II; 2 Bände. Boppard 1978.

Hirsch, Felix: Stresemann: Ein Lebensbild. Göttingen 1978.

Körber, Andreas: Gustav Stresemann als Europäer, Patriot, Wegbereiter und potentieller Verhinderer Hitlers. Historisch-politische Sinnbildungen in der öffentlichen Erinnerung. Hamburg 1999.

Kolb, Eberhard: Gustav Stresemann. München 2003.

Kolb, Eberhard: Die Weimarer Republik. München 2002.

Koszyk, Kurt: Gustav Stresemann: Der kaisertreue Demokrat: Eine Biographie. Köln 1989.

Niedhart, Gottfried: Die Außenpolitik der Weimarer Republik. München 2006.

Stresemann, Gustav: Deutsches Ringen und deutsches Hoffen. Berlin 1914.

Stresemann, Gustav: Weimar und die Politik. Berlin 1919.

Stresemann, Gustav: Der Weg des neuen Deutschland. Vortrag gehalten am 29. Juni 1927 auf Einladung des Storthing-Nobelkomitees in der Aula der Universität in Oslo. Berlin 1927.

Stresemann, Gustav / Harttung, Arnold (Hgg.): Gustav Stresemann Schriften. Berlin 1976.

Stresemann, Gustav / Zwoch, Gerhard (Hgg.): Reichstagsreden. Bonn 1972.

Stresemann, Gustav / Bernhard, Henry (Hgg.): Vermächtnis. Der Nachlaß in drei Bänden. Berlin 1932/33.

Stresemann, Wolfgang: Mein Vater Gustav Stresemann. Frankfurt/Main u.a. 1992.

Thimme, Annelise: Gustav Stresemann: Eine politische Biographie zur Geschichte der Weimarer Republik. Hannover, Frankfurt/Main 1957.

Wehler, Hans-Ulrich: Deutsche Gesellschaftsgeschichte, Bd. 4: Vom Beginn des Ersten Weltkriegs bis zur Gündung der beiden deutschen Staaten: 1914–1949. München 2008.

Weidenfeld, Werner: Die Englandpolitik Gustav Stresemanns: Theoretische und praktische Aspekte der Außenpolitik. Mainz 1972.

Winkler, Heinrich August: Weimar 1918–1933. Die Geschichte der ersten deutschen Demokratie. München 2005.

Ders.: Der lange Weg nach Westen, Bd. 1: Deutsche Geschichte vom Ende des Alten Reiches bis zum Untergang der Weimarer Republik. München 2010.

Wright, Jonathan R.C.: Gustav Stresemann 1878–1929. Weimars größter Staatsmann. München 2006.

339, 343

cklige 39

der Kurze 19f., 22ff., 26f., 29, 29

Aeneas Silvio Piccolomini), Papst 161

ow, Georgi 327

aré, Henri 373f.

nitz, Karl Ludwig Freiherr von 211, 215f., 217

ppelmann, Matthäus Daniel 2

ranckh, Siegmund von 294

Pierre Joseph 254

Schreiber, Hermann 2

Schulz, Carl 261

Schulze, Hagen 347

Seeckt, Hans von 360, 382f., 383, 385

Seibt, Ferdinand 162

Seißer, Hans von 384f.

Seldte, Franz 398

Semper, Gottfried 291

op, Nepomuk 308

Sergius III., Papst

Sibt Ibn al Gauzi 118

chem, Christoph van 167

184f.

Register

Personen-, Orts- und Sachregister

Kursive Seitenangaben verweisen auf Abbildungen

Orts- und Sachregister

A

B

Abbildungsnachweis

Die Deutschen

Titelei, Vorwort

AKG Images, Berlin: 3 r. (Imagno),
  6 (Erich Lessing), 11 (Bildarchiv Steffens),
  13 (Album/Oronoz), 14 (N.N.)
BPK, Berlin: 1 (Lutz Braun), 3 li. (N.N.)
Benediktinerabtei St. Hildegard Rüdesheim a.
  Rhein: 3 Mi. (N.N.)
Staatliche Kunstsammlung Dresden:
  12 (Hans-Peter Klut)
Ullstein Bild, Berlin: 9 (Heritage)

Karl der Große

AKG Images, Berlin: 17, 18, 19, 22, 23, 24, 26, 27,
  34, 40, 42, 44 li., 47, 51, 52, (N.N.), 20, 28, 31,
  43 u., 46 (Erich Lessing), 33 (Tristan Lafranchis), 37 u., 38, 41, 53 (British Library),
  43 o. (Laurent Lecat), 45 (Bildarchiv Monheim)
Bibliothèque nationale de France, Paris: 21 (N.N.)
BPK, Berlin : 29 (Gérard Blot/RMN),
  37 o. (Ruth Schacht/SBB),
  49 (Gerard Le Gall), 54 (Lutz Braun)
Interfoto, München : 25 (Sammlung Rauch),
  50 (Imagno)
Österreichische Nationalbibliothek, Wien:
  44 r. (Cod. 652, fol. 1v) N.N.

Hildegard von Bingen

AKG Images, Berlin: 58, 60 u., 61, 73, 74, 77,
85 (N.N.), 59, 87 (Michael Teller),
60 o. (British Library), 64 (Alfons Rath),
67, 70, (Erich Lessing), 68 (Nimatallah),
71, 72 (Electa), 81 (Werner Forman)
Benediktinerabtei St. Hildegard, Rüdesheim a
Rhein: 76 (N.N.)
Biblioteca Statale, Lucca/Italy: 83 (su concessione
del Ministero per i Beni e le Attività Culturali)
N.N.
Getty Images, München: 62 (French School/
Bridgeman)
Interfoto, München: 65 (Friedrich)
Kunstverlag der Benediktiner Abtei Ettal:
63 (N.N.)
Staatsbibliothek Bamberg: 79 (Bot.f.21#1,
Titelblatt /Foto: Gerald Raab)

Friedrich II.

AKG Images, Berlin: 89, 91, 101, 107, 109, 113 li.,
113 r., 118, 123, 126 (N.N.), 94, 102, 105, 112 ,
128 (Erich Lessing), 99 (British Library), 100,
127 (Bildarchiv Monheim), 121 (Schadach)
BPK: 92, 104, 110 (N.N.), 96 o. (SBB),
116 (Stiftung Preussische Schösser und Gärten)
Bridgeman, Berlin: 122 (Biblioteca Estense,
Modena, Italy), 124 (Egyptian National Library,
Cairo/Egypt/Giraudon), 125 (Germanisches
Nationalmuseum Nürnberg)
Domschatz, Metz: 106 (N.N.)
Interfoto, München: 95 (Toni Schneiders)
Ullstein Bild, Berlin: 90 (AKG Pressebild),
93, 117 (Roger Viollet), 96 u. (Histopics),
108 (Heritage)

Karl IV.

AKG Images, Berlin: 129, 133 u., 134 li., 135, 138,
141 u., 146, 157 (N.N.), 130, 131, 137, 142, 149,
160 (Erich Lessing), 134 r., 143 (Hervé Cham-
pollion), 139 o. (Tristan Lafranchis), 145, 150
(Bildarchiv Steffens), 148 (Werner Forman),
161 (Visioars), 162 (Jürgen Raible)
BPK, Berlin: 156 (Lutz Braun)
Bridgeman, Berlin: 133 o. (National University
Library, Prague, Czech Republic/Giraudon),
139 u. (Private Collection/The Stapleton
Collection), 141 o. (Giraudon),
158 (Staatsarchiv Hamburg)
Süddeutsche Zeitung Photo, München:
152 (Scherl)
Ullstein Bild, Berlin: 144 (Archiv Gerstenberg),
159 (Imagebroker net.)
Vaticanisches Geheimarchiv/Archivio Segreto
Vaticano, Città del Vaticano: 153 (N.N.)
Wikipedia: 132 (Miniatur aus der Bilderchronik
Heinrich VII. (Balduineum)/Landeshauptar-
chiv Koblenz), 154 (Schedelsche Weltchronik,
Blatt 99v/100r)

Thomas Müntzer

AKG Images, Berlin: 165, 167 r., 170, 172, 173,
174, 176, 178, 179, 183, 185, 186, 187, 190, 193,
201, 203 u. (N.N.), 169, 189 (Erich Lessing),
180 (Schütze/Rodemann), 194 (Bildarchiv
Monheim)
BPK, Berlin: 171 (SBB), 177 (SBB/Christine
Kösser), 203 o.
Deutsche Fotothek, Dresden: 188 (Sächsische
Landes- Staats- und Universitätsbibliothek
Dresden (SLUB)
Interfoto München: 200 li., 200 Mi., 200 r.
Süddeutsche Zeitung Photo, München: 196 (N.N.)
Ullstein Bild, Berlin: 167 li. (Röhnert),
191 (Ihlow), 198 (N.N.), 199 (Mehner),

Gustav Stresemann